21世纪高等院校经管类核心课规划教材

Law of Economy

经济法

（第三版）

秦　雷　主编

张真真　陈东仿　陈元刚　副主编

东北财经大学出版社
Dongbei University of Finance & Economics Press

大连

图书在版编目（CIP）数据

经济法 / 秦雷主编 . —3版 . —大连：东北财经大学出版社，2020.3
（2022.1重印）
（21世纪高等院校经管类核心课规划教材）
ISBN 978-7-5654-3767-0

Ⅰ．经… Ⅱ．秦… Ⅲ．经济法–中国–高等学校–教材 Ⅳ．D922.29

中国版本图书馆CIP数据核字（2020）第021218号

东北财经大学出版社出版
（大连市黑石礁尖山街217号 邮政编码 116025）
网 址：http://www.dufep.cn
读者信箱：dufep@dufe.edu.cn
大连东泰彩印技术开发有限公司印刷 东北财经大学出版社发行
幅面尺寸：185mm×260mm 字数：522千字 印张：22.25 插页：1
2020年3月第3版 2022年1月第5次印刷
责任编辑：蔡 丽 责任校对：蓝 海
封面设计：冀贵收 版式设计：钟福建
定价：49.00元

教学支持 售后服务 联系电话：（0411）84710309
版权所有 侵权必究 举报电话：（0411）84710523
如有印装质量问题，请联系营销部：（0411）84710711

第三版前言

三年来，我国改革开放不断向前推进，依法治国、建立社会主义法治国家的理念已深入人心，作为改革开放和依法治国支撑柱石的社会主义法律制度、社会经济立法也更趋于完善。由于相关法律的修订以及废止或颁布，为使本书与实际立法及社会经济的发展更好地契合，我们对本书第二版进行了较大幅度的修改。

本书第三版的修订主要由秦雷完成并定稿，其他编者通力合作；同时，衷心感谢东北财经大学出版社蔡丽编辑及其同仁对教材维护以及再版工作付出的辛勤劳动。

本版对第二版的内容进行了全面修订。因对外国企业实施国民待遇，相关法律被废止，我们在企业法中删去了"外商投资企业法"的相关内容；鉴于创新创业的重要性，相应增加了"中小企业促进法"的相关内容；因《中华人民共和国反不正当竞争法》《中华人民共和国商标法》于2019年被修正，以及新增和修订了部分税收法律和法规、新出台了一些司法解释，我们对这些部分的内容进行了相应的修改。同时，我们对全书的字、词、句等进行了修订，使相关内容更完善，更便于准确理解。此外，此次修订删除了部分二维码的内容，更新了部分二维码的内容，增加了部分典型的可读性强的案例作为二维码的内容。

2019年12月28日，第十三届全国人民代表大会常务委员会第十五次会议对《中华人民共和国证券法》进行修订，于2020年3月1日起施行。2020年5月28日，第十三届全国人民代表大会第三次会议表决通过了《中华人民共和国民法典》，自2021年1月1日起施行；《中华人民共和国婚姻法》《中华人民共和国继承法》《中华人民共和国收养法》《中华人民共和国担保法》《中华人民共和国合同法》《中华人民共和国物权法》《中华人民共和国侵权责任法》《中华人民共和国民法通则》《中华人民共和国民法总则》同时废止。因此，2020年7月，本书在重印第三版时，对涉及以上法律的内容进行了修改。修改内容主要集中于第一章、第五章和第十一章，其他章也有个别完善之处。2020年12月，本书在重印第三版时，因为《中华人民共和国专利法》修改、《中华人民共和国刑法》修正、《中华人民共和国契税法》颁布，所以本书的工业产权法、税法、证券法以及竞争法等进行了内容增减及更新修改，同时修正了其他章节的个别表述，以使其更科学。2021年7月，本书在重印第三版时，主要依据《中华人民共和国印花税法》以及部分《民法典》司法解释对相关内容进行了修改完善，并对其他少数地方进行了内容的增补及文字改动。

　　因受作者见识所限，本书仍存在诸多不足，希望各位专家和学者等读者批评指正。

编　者

第二版前言

时光如梭,《经济法》由东北财经大学出版社出版已经三年了。在这三年中,我国的社会经济发生了巨大的变化,经济法治建设也已经提升到了新的高度。特别是党的十八届四中全会审议通过了《中共中央关于全面推进依法治国若干重大问题的决定》,对于推进我国市场经济法治建设具有里程碑式的意义。由此,经济发展各领域的立法不断修订和完善,本书的内容也需要不断更新和完善,这为我们修订出版本书提供了契机。

本书第二版修订主要由各位编者共同完成,最后由主编总纂定稿。同时,衷心感谢东北财经大学出版社蔡丽编辑及其同仁,正是他们的努力才能够让本书顺利、及时地修订出版。

本书第二版修订并未对内容结构进行大的调整,但内容上根据新颁布和修订的法律、法规进行了必要的补充和修改。同时,为了读者更好地理解教材内容,第二版加进了互联网阅读元素,以二维码的形式增加了"拓展阅读""案例窗"栏目,对教材内容进行扩展,大大增强了本书的可读性。在 2017 年 5 月的第 6 次印刷中,根据 2017 年 3 月 15 日第十二届全国人民代表大会第五次会议通过的《中华人民共和国民法总则》,编者修改了本书第一章的相关内容,又根据有关增值税的通知修改了第九章的相关内容。在 2018 年 7 月的第 9 次印刷中,编者根据《中华人民共和国民法总则》《中华人民共和国反不正当竞争法》等,替换或增加了关于经济法律关系主体、反不正当竞争等内容;将适当位置的"国家工商行政管理总局"更改为"国家市场监督管理总局";增加和删除了部分二维码,调整了部分二维码的位置,更新了部分二维码的内容。在 2019 年 1 月的第 10 次印刷中,编者根据修订后的《中华人民共和国公司法》《中华人民共和国个人所得税法》《中华人民共和国产品质量法》等对教材内容进行了相应修订。

希望各位专家和学者等读者批评指正本书的不足之处。

编　者
2016 年 12 月

第一版前言

改革开放以来，我国社会经济的发展取得了举世瞩目的成就。虽然近年来我国经济发展速度呈现一定的回落，但仍是世界上经济发展最快的国家之一。这些成就的取得得益于国家总体经济发展战略以及社会主义市场经济体制的建立和市场经济秩序的稳定，而经济法在实施国家总体战略、建立和维护市场经济秩序方面具有不可比拟的优势。在我国法治社会建设提速的大环境下，具备一定的经济法知识对于提高市场主体的法律意识和维护与遵守市场经济秩序起着重要的作用，同时是市场主体维护自身权益的必然要求。

"经济法"是教育部"高等教育面向21世纪教学内容和课程体系改革计划"中经济类和管理类专业的核心课程之一，足见其重要性。绝大多数高校也将经济法列为经济类和管理类专业开设的一门专业基础课程。为了给高校非法律专业的学生学习经济法提供方便，同时为了帮助其他读者了解和自学经济法基础知识，我们不揣浅陋，编写了这本《经济法》。

经济法作为一个重要的法律部门，在理论上仍有许多未决之争论，如经济法该如何定义以及经济法的调整对象应当包括哪些内容等。其主因在于经济法与其他部门法之间，尤其是与民商法、行政法、社会法之间的界限并不易界定清楚。我们无意参与法学理论界的争论，也无意把本书的重心放在对经济法与其他部门法关系的界定上，我们的初衷是在实用的基础上为非法律专业学生和其他读者较系统地、突出重点地介绍经济法的理论与实务知识。

本书是为适应我国高等学校非法律专业学生学习和掌握经济法的实际需要，以实用为原则，依据相关理论和我国最新颁布的主要经济法律、法规，并参照有关司法解释的内容编写而成的。考虑到经济类和管理类学生的知识结构以及专业要求，在内容的选择上尽量与学生所学专业相联系，以便于学生在以后的实际工作中更好地对所学知识加以运用。全书共十三章，包括经济法基础理论、企业法、公司法、破产法、合同法、竞争法、产品质量法、消费者权益保护法、税收法律制度、工业产权法、证券法、票据法、经济仲裁和诉讼法律制度。全书体系较完整，重点突出，结构及内容新颖。为体现本书的实用性、新颖性，我们在每章前都有学习目标，每章后有关键术语、基本训练（包括单选题、多选题、实务题等），以保证学习目标的完成，注重实际应用能力的培养，具有很强的实用性。

本书由秦雷、张真真、陈元刚任主编，参加编写人员的具体分工如下：秦雷编写第一、三、五、十一章；陈元刚编写第二章；陈东仿编写第六、七章；陈东仿、陈元刚编写第四章；朱静编写第八章；冯潇编写第九章；张真真编写第十、十二章；王牧编写第十三章。本书最后由主编统稿。

在经济转型的关键时期，我国加大了经济立法的力度，一是对现有的法律、法规加速修订，二是加大了新法立法的步伐。为了增强教材的时效性和实用性，在本书的第二次重印中，我们对第九章税法的相关内容进行了更新。

本书适合大学经济类、管理类专业本科学生使用，也可作为专科生教材、企业员工培训教材以及在职人员自学参考用书。

本书在编写过程中参考了大量他人的研究成果，但限于篇幅未在书中一一列出，而列于书末参考文献中，在此表示感谢。

衷心感谢本书责任编辑的热情帮助及专业化指导，正是她的帮助和指导，使本书得以顺利出版；同时，感谢给予我们各方面帮助的其他同志。

由于编者学术水平有限，书中难免有不当之处，恳请读者不吝赐教。

编　者

2014年11月

目 录

第一章　经济法基础理论

学习目标

◆ 重点掌握经济法产生的基础、经济法的含义及特征、经济法律关系及构成要素。
◆ 掌握物权与债权制度、代理与时效制度。
◆ 了解经济法的发展过程、违反经济法的法律责任。

第一节　经济、法律与经济法

　　学习一门学科，首先要了解的就是该学科的特征及产生和发展的历史。经济法的产生和发展是社会经济发展的必然结果，现代意义上的经济法是市场经济发展到一定阶段的产物。经济法具有不同于其他法律部门的特征，有其自身的调整对象。

一、经济与法律

　　"经济"一词具有丰富的内涵。不同的时代、不同的学科甚至在东西方文化中，"经济"一词的含义都有所差别。古希腊的色诺芬在其著作《经济论》中最早使用"经济"一词，其原意为"家庭管理"。古希腊奴隶制的经济生产是建立在奴隶主对生产资料和奴隶的私人占有基础之上，以家庭为单位的生产。所以管理家庭经济的学说的实质就是奴隶主如何管理财产，使财富不断增加的学问。[1]而我国古代"经济"主要是指"经邦济世""经邦济国"。到了现代，"经济"一词主要指节约、经济活动、社会生产关系的总和、一国国民经济的总称等含义，其中经济活动包括了产品的生产、分配、交换和消费等环节。从这些含义来看，现代社会中不管是个人、组织还是国家等都离不开经济，没有经济的发展就没有国家、社会等的发展，个人的福利就不可能提高，生活水平就可能会停滞。

　　经济的发展离不开良好的制度环境，而不管是宏观的还是微观的制度环境都离不开法律，法律是确定制度的基础。只有在法律基础上建立起来的制度，才具有良好的稳定性，才能给人们以良好的预期。因而法律对于经济发展的重要性是不言而喻的。法律既可以积极地确认、巩固和发展统治阶级的经济基础，消灭过时的经济基础，竭力扫除或限制、削弱有损于统治阶级赖以生存的经济基础发展的各种因素，又可以对其赖以存在与发展的经济基础起引导、促进和保障的作用。[2]

　　法律是随着社会经济的不断发展而产生、发展的。法律的产生经历了由习惯到习惯法，再到成文法的漫长过程。恩格斯对此有非常经典的论述：在社会发展某个很早的阶

---

[1]　姚开建. 经济学说史［M］. 2版. 北京：中国人民大学出版社，2011：9.
[2]　朱力宇. 法理学原理与案例教程［M］. 2版. 北京：中国人民大学出版社，2010：387-388.

段，产生了这样一种需要：把每天重复着的产品生产、分配和交换用一个共同规则约束起来，借以使个人服从生产和交换的共同条件。这个规则首先表现为习惯，不久便成了法律。①

从法律的词源来说，在汉语中，最初"法"与"律"是分开使用的。"法"的渊源极其久远。据《说文解字》，"法"的含义主要是公平、正直以及对违法犯规者进行惩罚。而"律"字在法学上的使用较早见于《易经》。《唐律疏义》记载："律之与法，文虽有殊，其义一也。"所以，在唐代，"法"与"律"是可以通用的。在我国古代，最早将"法""律"二字合而为"法律"一词以指称一种规范体系的人，是春秋时代的管仲。②在我国，具有现代意义的"法律"一词出现在19世纪末20世纪初。总之，现代意义上的法是表现为国家意志、以权利和义务为内容、具有普遍约束力和国家强制性的社会行为规范。现代意义上的法律有广义和狭义之分。广义的法律如同法一样，包括全国人民代表大会及其常务委员会，国务院，各省、自治区、直辖市人民代表大会及其常务委员会等机构制定的规范性文件；狭义的法律仅指全国人民代表大会及其常务委员会制定的规范性文件。

与其他社会规范相比，法律的特征表现为：

（1）法律须体现统治阶级的意志。统治阶级的意志正是通过法律的形式上升为国家意志的。当然，统治阶级的意志是由一定物质生活条件所决定的。

（2）法律是由国家制定或认可的行为规范。"制定"即有权的国家机关根据调整社会关系和规范人的行为的需要，依照一定程序创制新的法律规范。"认可"即由国家权力确认某种社会上已经通行的规则具有法律效力，这些规则可能来源于习惯、教义或礼仪等。

（3）法律是由国家强制力保证实施的行为规范。国家强制力由军队、警察、监狱等国家机构支撑。

（4）法律是调整人的行为和社会关系的行为规范，既包括社会规范，也包括技术规范，如环境保护、食品安全等。

（5）法律是确定社会关系当事人权利和义务的规范。法律所规定的权利和义务不仅指个人、组织（法人和其他组织）及国家（作为普通法律主体）的权利和义务，还包括国家机关及其公职人员在依法执行公务时所行使的职权和职责，这在经济法中表现尤为突出。

二、经济法的产生和发展

经济法是经济与法律的综合体，是与经济最密切相关的部门法之一，但作为部门法，其存在的历史并不长。国内外法学界关于经济法产生问题，主要有两类观点：一是产生于古代社会，在古代社会"诸法合体"的法律体系中就包含了经济法。二是产生于资本主义社会，即经济法是随着市场经济而产生、发展起来的，只有到资本主义阶段，才有经济法独立存在的社会经济基础。上述两种关于经济法产生的认识都有相应的理由，不同学者的不同认识是源于对经济法产生的含义和判断标准有着不同的理解。我们认为就经济法产生问题可从以下三个方面来认识：一是经济立法（经济法规）的产生；二是经济法作为部门法的产生；三是经济法作为一门独立法学学科的产生。当然，三者之间又不可能完全分

① 恩格斯. 论住宅问题 [M] //马克思，恩格斯. 马克思恩格斯选集：第3卷. 中共中央马克思恩格斯列宁斯大林著作编译局，译. 3版. 北京：人民出版社，2012：260.
② 王方玉. 法理学导论 [M]. 北京：知识产权出版社，2013：14-15.

开，经济立法（经济法规）的产生是经济法成为独立法律部门的基础和前提，也是经济法成为一门法学学科的前提。经济立法（经济法规）自古就有，在古代，无论东方还是西方基本上都是"诸法合体"，民法、刑法、经济法不分，典型的如古巴比伦的《汉谟拉比法典》，我国的《周礼》《秦律》等。"《周礼》所涉及的经济制度，实为后世经济立法的滥觞……将西周作为中国经济立法的开始阶段应是较为妥帖的。"①因而经济立法（经济法规）的产生无须讨论。这里我们主要介绍经济法作为部门法和独立法学学科的产生和发展。

拓展阅读 1-1

（一）经济法产生和发展的基础

为什么古代虽有经济法规，但无作为独立法律部门的经济法？这是因为古代没有经济法作为独立法律部门产生的社会经济基础。经济法具有突出的现代性，这是经济法不同于其他传统部门法的重要特征，因而经济法是一种现代法②，是能够有效解决现代社会突出的现代问题的法③，即到了现代社会才有了经济法作为独立法律部门存在的基础。现代社会实质上就是通常所说的工业社会，是指以工业生产为经济主导成分的社会，是继农业社会或传统社会之后的社会发展阶段。西方国家在工业革命后纷纷进入工业社会，并普遍采用市场经济作为基本经济制度（资本主义经济制度）的实现形式。正是作为西方工业社会基本经济制度实现形式的市场经济成了经济法产生的起点和发展的推动力。经济法作为调整一定经济关系的部门法，并不是在国家和法产生的初期就存在的，其是随着商品经济的出现而萌芽，随着市场经济的孕育、发展而兴起、发展起来的。随着商品生产和交换规模的扩大，统一市场体系的建成，国际、国内市场的衔接，资本主义国家最终形成了现代市场经济体制，现代经济法也正式作为一部部门法登上了历史舞台。④

市场经济就是以市场为"导向"或以市场为"媒介"的一种经济形式，即一切经济活动过程都需要通过市场这个中介环节来进行。市场经济的发展大体上经历了三个阶段：原始市场经济、古典市场经济和现代市场经济。原始市场经济是以手工生产力为基础，以单家独户占有生产资料为特征，在自然经济夹缝中存在，并作为自然经济补充形式的一种市场经济形式，是一种初始的市场经济。古典市场经济又称自由市场经济，是以机器生产力为基础，以单个厂商占有生产资料为特征，政府采取不干预的市场经济形式。其典型形式是资本主义自由竞争时期的市场经济。现代市场经济是指建立在现代生产力水平以及现代科学技术的基础上，以生产资料的高度集团化与国有化为特征，采取宏观调控的市场经济形式。其是市场经济发展的高级阶段。现代市场经济萌芽于20世纪初，形成于两次世界大战期间，成熟于20世纪50年代初期，大力发展于60年代以后。⑤

市场经济发展的不同阶段总是伴随着经济理论的发展和指导，而在不同经济理论影响下的政府则会采取不同的策略制定出相应的法律或政策以适应或促进市场经济的发展。

马克思曾指出："对现代生产方式的最早的理论探讨即是重商主义。"⑥所以，重商主

① 郭建. 中国经济立法史 [M]. 北京：新华出版社，2019：4.
② 李昌麒. 经济法 [M]. 北京：清华大学出版社，2012：9.
③ 张守文. 分配危机与经济法规制 [M]. 北京：北京大学出版社，2015：4.
④ 吴弘. 新编经济法学 [M]. 上海：立信会计出版社，2004.
⑤ 白永秀，任保平. 中国市场经济理论与实践 [M]. 北京：高等教育出版社，2007：18，30-33.
⑥ 马克思. 资本论：第3卷 [M]. 中共中央马克思恩格斯列宁斯大林著作编译局，译. 北京：人民出版社，1975：376.

义是资本主义最初的经济学说。重商主义的基本观点之一就是主张国家干预经济。在重商主义的影响下，早期的资本主义国家制定了一系列体现国家干预经济的法律、法规。这些法律、法规在一定程度上使封建主义生产方式得以迅速过渡到资本主义生产方式，帮助资本主义实现早期积累。所以马克思说，原始积累的"所有这些方法都是利用国家的权力，也就是利用集中的有组织的社会暴动，来大力促进从封建生产方式向资本主义生产方式的转变过程，缩短过渡时间"①，进而形成了有利于巩固资产阶级政权的物质基础及其生产方式。但重商主义也存在明显不足，它过分强调干预，强调对社会经济生活实行全面的、严格的干预，其结果只能导致经济发展缺乏活力。这与现代经济法的本质——适度干预、谨慎干预、依法干预大相径庭。在重商主义的影响下，国家虽然制定了一系列体现国家干预社会经济生活的法律、法规，但制定这些法律、法规的目的不是维护社会整体利益，而是为了商业资产阶级的政治目的——推翻封建势力，建立有利于巩固资产阶级政权的物质基础及其生产方式。如18世纪的英国在"圈地运动"中先后颁布过2 000多个法令，马克思评论道："18世纪的进步表现为法律本身现在成了掠夺人民土地的工具。"此时的资本主义社会还出现了工厂法、劳工法、矿业法、济贫法、谷物法等。②但这些所谓的经济政策或立法与其说是经济法，倒不如说是披着经济法的合法外衣，实际上是政府一时的经济性的行政指令，因而不是现代意义上的经济法。③

　　与重商主义学派过分强调国家干预相反，以亚当·斯密为代表的古典经济学派极力反对国家干预。亚当·斯密在1776年出版的《国民财富的性质和原因的研究》（以下简称《国富论》）一书中对重商主义过分强调国家干预进行了批评，并指责18世纪英国政府扶助的重商主义垄断现象，认为重商主义政策导致的垄断抑制了竞争。以亚当·斯密为代表的古典经济学派强调自由主义经济。自由主义经济的思想适应了当时产业资本主义发展对自由开放的社会经济结构的强烈要求，成为资本主义生产方式和资产阶级政权的政策依据。亚当·斯密在《国富论》中提出了著名的"看不见的手"的理论，并依此理论认为政府的任务在于：第一，建立市场体系的政治前提，即建立基本法律与秩序、保护产权和维护合同制度；第二，"建立和维护某些公用事业和某些公共制度"，具体包括"积累资本（私人、社会、人力）以及促进技术和组织创新"。除此以外，增加社会财富的办法就是经济活动完全自由，不需要政府进行干预，国家在社会经济领域只充当"守夜人"。这种思想反映了当时代表先进生产力的资产阶级的利益和要求，并与实行自由放任的经济政策相结合，推动了整个西方市场经济的发展。因此这一时期立法主要是民商法，如1804年颁布的《法国民法典》，丰富、完备的民商法律制度是这一时期法律发展的重大成果。④关税、贸易等方面的发展也得到国家法律的支持，而且出现了若干新型的经济法律制度，如劳动法、企业法、金融法、产业法以及财政法等。

　　但是，在自由主义经济理论引导下的西方市场经济的发展过程中，经济危机不断发生，特别是在20世纪20年代末30年代初西方国家陷入了空前严重的经济危机，几乎使西方资本主义经济陷入绝境。从重商主义政策导致不正常垄断到自由主义经济政策导致

　　① 马克思. 资本论：第1卷［M］. 中共中央马克思恩格斯列宁斯大林著作编译局，译. 北京：人民出版社，1975：819.
　　② 吴弘. 新编经济法学［M］. 上海：立信会计出版社，2004.
　　③ 曹胜亮. 经济法［M］. 武汉：华中科技大学出版社，2009：8.
　　④ 曹平，高桂林，侯佳儒. 中国经济法基础理论新探索［M］. 北京：中国法制出版社，2005：18.

严重经济危机可以看出，在市场经济的发展中，国家的过度干预和自由放任政策都会导致经济发展出现严重问题。在经济危机严重的美国，罗斯福政府采取"罗斯福新政"。罗斯福政府主要的认识就是，政府必须干预经济，采取积极的财政政策来刺激消费和增加投资，弥补自由主义经济政策造成的有效需求不足。正是在这样的背景下，经济学家凯恩斯于1936年出版了其代表作《就业、利息和货币通论》。在该书中，凯恩斯反对自由放任的经济政策，明确提出国家直接干预经济的主张。经济学和经济政策从此步入凯恩斯主义时代，现代国家干预主义由此诞生。与此相适应，西方国家颁布了大量体现国家干预经济的法律、法规。在德国有学者积极对这些新的法律、法规进行理论解释，认为现代法律体系出现了"经济法"这样一个法律部门。[1]从此，西方国家的经济再一次得到快速发展。

但到20世纪70年代，遵循凯恩斯主义的国家相继陷入"滞胀"。凯恩斯主义认为经济增长将促进充分就业，高通胀与低增长、高失业不可能并存。但是在滞胀的情况下，政府如果采取扩张性政策来降低失业率，则会带来更严重的通胀，而采取紧缩性政策来降低通货膨胀率，则会引起更严重的失业与萧条。政府的"有形之手"在操纵西方经济几十年后也"失灵"了。[2]之后西方兴起了新自由主义经济学，西方各国纷纷采取新自由主义经济政策，促进经济发展，但经济发展速度总体上大不如前。特别是2007—2009年的全球金融危机，再次把西方国家推到干预经济的前沿，各国政府纷纷出台法律、政策对金融危机实施干预。

从市场经济发展的过程看，国家在制定经济发展政策时总是面临自由放任（由市场自发调节经济）与国家干预的制度选择。无论是单方面选择自由放任政策还是国家干预政策，都会使经济陷入困境，原因在于"市场失灵"与"政府失灵"都是客观存在的。获得1986年诺贝尔经济学奖的布坎南提出的公共选择理论，就认为市场存在缺陷，国家也存在缺陷，国家应当有选择地对市场的根本性缺陷进行积极弥补，以减少市场体制的摩擦、降低交易费用。我国经济法研究专家们从经济法产生和存在的必要性出发，对"市场失灵"与"政府失灵"问题进行了深入的研究。

漆多俊认为，市场调节并非万能的，在一定条件下市场缺陷将造成严重后果，即"市场失灵"。市场缺陷之一是：在市场上存在阻碍市场机制发挥作用的因素，使得市场机制不能进入某些领域施展其作用，如垄断、限制竞争行为和不正当竞争行为会阻碍市场机制发挥作用。市场缺陷之二是：由于市场机制具有唯利性，因而它是一种非理性的调节，有些经济领域它不愿意进入，如私人投资往往不愿涉足公共设施和公用、公益事业，私人投资者注重短期利益而使自然资源和环境遭到破坏。市场缺陷之三是：市场调节具有被动性和滞后性，是一种事后调节，因而它不能及时给市场提供信息，往往在周期性经济危机出现后才采取措施。由于存在上述"市场失灵"的情况，所以国家介入经济就是为了对社会经济进行某种调节，以维护和促进社会经济结构和运行的协调、稳定和发展。[3]

国家调节也存在缺陷，会发生调节失灵的现象，即"政府失灵"。漆多俊认为政府失

① 曹平，高桂林，侯佳儒. 中国经济法基础理论新探索［M］. 北京：中国法制出版社，2005：19.
② 顾功耘. 经济法教程［M］. 2版. 上海：上海人民出版社，北京大学出版社，2006：33-34.
③ 漆多俊. 经济法基础理论［M］. 武汉：武汉大学出版社，2000：15-19.

灵表现在两方面：一是国家调节是一种新的职能活动，如果调节缺乏经验，那就容易造成违背客观经济规律、搅乱社会经济结构和运行的后果；二是国家是权力中心，权力如不加以制约，就容易随意扩张。比如，当权者出于私利滥用权力干预经济，或提供、发布虚假经济信息，权力寻租等。为解决政府失灵问题，有着法治传统的资本主义国家已经制定了一系列规范国家的法律。①

李昌麒把"市场失灵"的表现形式概括为：市场不完全、市场不普遍；信息不充分和不对称、外部性问题、公共产品供应不足、存在经济周期等。他同时指出，经济法的产生缘于市场对自身能力局限的不能克服和民法与行政法的功能局限。经济法对市场失灵的克服具有其内在的优势：可以直接限制市场主体的私权；可以直接改变市场主体的利益结构；具有公共利益优势和远视优势。因此，经济法具有其他部门法克服市场失灵时的无法比拟的优势。②

李昌麒认为，政府作用的领域或范围是应当受到严格限制的。"政府干预"与"干预政府"是经济立法必须正确处理的一个问题的两个方面，偏向任何一个方面都会影响经济法功能的全面发挥，所以，如何规范政府干预经济的行为是我国经济法理论研究和经济立法面临的重要任务。经济法在实现政府干预法治化的进程中，必须从四个方面对政府干预经济的行为进行规范，即对干预程序、干预方法、干预领域和范围、干预责任进行规范。③

美国经济学家保罗·萨缪尔森也认为，世界上任何一个政府，无论多么保守，都不会对经济袖手旁观。现代经济中，政府针对市场机制的缺陷肩负起许多责任。军队、警察、国家气象服务以及高速公路建设等，都是常见的政府活动的领域。诸如宇宙空间探索和科学研究等公共事业，都得到了政府的大力资助。政府或许还会对一些行业（如金融业及药业）加以监管，而对另一些（如教育和医疗）行业则予以补贴。此外，政府对人民征税，并将税收中的一部分再分配给老年人和贫困者。他还认为，在包罗万象的政府职能中，政府对于市场经济所行使的职能主要有三项：提高效率、促进公平以及促进宏观经济的稳定与增长。④

总之，在市场经济发展过程中，市场经济的缺陷和政府本身存在的缺陷都需要政府对市场经济进行适度干预、依法干预。这是现代经济法产生和发展的理论与现实基础。所以，经济法的基础和逻辑起点就是市场与政府的双重失灵，而实现市场经济的健康发展与政府干预的和谐统一则是经济法的根本目的。

拓展阅读1-2

（二）西方国家经济法的产生和发展

以上我们分析了现代经济法产生和发展的基础。下面我们以德国、日本、美国等为例简单介绍一下西方国家经济法的发展状况。

① 漆多俊. 经济法基础理论 [M]. 武汉：武汉大学出版社，2000：25-26.
② 李昌麒. 经济法学 [M]. 3版. 北京：法律出版社，2016：26-29.
③ 李昌麒. 论市场经济、政府干预和经济法之间的内在联系 [M]//杨紫烜. 经济法研究：第1卷. 北京：北京大学出版社，2000：71，80-86.
④ 萨缪尔森，诺德豪斯. 宏观经济学 [M]. 萧琛，蒋景媛，等译注. 18版. 北京：人民邮电出版社，2007：30.

1. 德国

德国是最早制定经济法的国家，因此有人认为德国是经济法的发源地，也有人称"德国是经济法之母"。德国在19世纪70年代出现了生产与资本的迅速集中，卡特尔垄断组织在许多经济部门广泛发展。由于德国是新兴资本主义国家，垄断导致的市场失灵与市场缺陷较之英美等老牌资本主义国家并不明显。德国为了争霸欧洲以及争夺海外市场，大力扶持、参与卡特尔，使私人垄断资本向国家垄断资本转化，发展国家资本主义。德国在1896年制定了世界上最早的反不正当竞争法——《向不正当竞争行为斗争法》；德国在1897年德国最高法院通过判决，否定了约束同业公会等团体而保障自由营业的法律条款；1910年德国出台了扶持卡特尔的钾矿业法，抑制新设企业进入钾矿业。从19世纪末开始，俾斯麦政府通过对海关进行保护和制定单行的经济监督法律，如1896年颁布的《股票交易所法》、1901年颁布的《保险监督法》等，开始对自由经济进行干预，并于第一次世界大战之初对经济和企业实行全面干预。1914年8月4日，德国制定了16项战争经济法，其中最重要的法律是《一般授权法》。该法第3条规定："联邦参议院被授权在战争时期制定法律，只要其证实对经济损失有所必要和帮助。"德国法学界认为，德国现代经济法就是在这一天产生的。[①]德国于1919年颁布了《煤炭经济法》，这是世界上第一部以经济法命名的法律。德国又于1923年11月2日制定了《卡特尔条例》。纳粹执政后，为了加速经济发展、巩固其独裁统治，于1933年7月15日颁布了《强制卡特尔法》，授权帝国经济部长根据该法可以对一定的行业制定市场调整规则，可以通过强制方式建立卡特尔。根据《强制卡特尔法》，德国政府于1934年2月27日颁布了《德国经济机构结构准备法》，1936年11月26日通过了《价格冻结条例》，将一切价格冻结在1936年10月17日的水平，任何新的价格提高均需政府许可。这一时期的经济立法随着纳粹政府强化其对经济的统治而大量出现。第二次世界大战后，联邦德国议会进行了大量的立法和修法活动。[②]

2. 日本

日本经济法深受德国影响。日本不仅经济法规数量大，而且经济法也被认为是一个独立的法律部门。严格地说，日本经济法产生于第一次世界大战期间。当时，为适应战时经济统制，日本先后制定和实施了《军需工业总动员法》《船舶管理法》《军用汽车补助法》《战时海上保险法》等。第一次世界大战以后，波及整个资本主义世界的经济危机爆发了。在日本最先出现的是农业危机，为了摆脱农业危机，日本颁布了一系列有关的法律、法规。从1945年第二次世界大战结束至1984年年末，日本所颁布的经济法律、法规达332件，尤其是在1979年出版的《六法全书》中，经济法独立成篇，与公法、民事法、刑法、社会法、税法并列，可见经济法在日本的法律体系中所占的重要地位。日本的经济法体系按功能可分为：①实行经济民主化和非军事化的经济法；②维护竞争、限制垄断的经济法；③振兴经济、促进企业合理发展的经济法；④危机对策法；⑤协调国际经济关系法，即解决贸易纠纷和对外合作方面的法规。[③]

3. 美国

美国没有使用"经济法"这一明确的概念，但实质意义的经济法大量存在。美国的经

① 史际春. 经济法总论（教学参考书）[M]. 北京：法律出版社，2000：5-6.
② 史际春. 经济法总论（教学参考书）[M]. 北京：法律出版社，2000：11-14.
③ 张国轩. 经济法原理 [M]. 北京：中国财政经济出版社，1999：51.

济法以反垄断法和危机对策法为主要内容。早在1890年，美国国会就通过了《谢尔曼反托拉斯法》。该法具有明显的国家运用法律手段直接干预经济这一现代经济法的本质特征，因而大多认为"这是第一部现代意义的资本主义性质的经济法"。后来，美国又制定了一系列反垄断法，如1914年颁布的《克莱顿法》《联邦贸易委员会法》、1936年颁布的《罗宾逊–帕特曼法案》、1937年颁布的《米勒–泰丁法案》、1938年颁布的《惠勒–李法案》、1950年颁布的《塞勒–凯弗维尔法》、1962年颁布的《反托拉斯民事诉讼法》等，构成了美国比较完备的反垄断法体系。1929年世界性经济危机爆发，美国总统罗斯福于1933年3月执政后宣布施行"新政"，要求国会授予总统"紧急时期大权"，并先后颁布了《国家复兴法》《紧急银行法》《产业调整法》《联邦紧急救济法》《社会保障法》《国家劳工关系法》等70多部法律、法规。当代美国为了维持其在全球经济中的统治地位，通过经济立法大力推行贸易单边主义和所谓的"经济制裁"，削弱了世界经济发展的动力。

此外，经济法作为国家干预经济的一种法律手段，也被苏联[①]和东欧国家普遍采用。在某种意义上，社会主义国家更需要经济法，因为新生的社会主义国家不得不面对残酷的国际竞争，特别是资本主义国家的强力打压，尤其需要更多地借助国家强制力来迅速建立并巩固自己赖以存在的公有制。同时，社会主义国家在成立之初均采用计划经济体制，这种经济体制充分体现了社会主义国家具有更多的直接的经济建设和经济管理职能，所以计划经济体制的显著特征就是政府对社会经济生活进行全方位的管理（或干预），社会主义国家也正是通过制定经济政策和颁布经济法规来实现这种管理的。在"十月革命"胜利后，列宁领导的苏联政府在20世纪20年代早期实行了新经济政策，大量采用了经济立法的方式来促进经济建设。但后来苏联法学专家对经济法是否是独立的法律部门展开了激烈的争论。政府虽然不承认经济法是一个独立的法律部门，但是在现实中还是进行了大量的经济立法，以便于国家对社会经济生活进行干预。东欧国家的经济法比较有特点的是捷克斯洛伐克[②]，它于1964年颁布了《捷克斯洛伐克社会主义共和国经济法典》，这也是世界上唯一的经济法典，用经济法典对国家在国民经济运行过程中所产生的各种社会关系进行统一调整。其他东欧国家大多把经济法作为一个独立的法律部门，建立了比较完备的经济法规体系，如南斯拉夫[③]、罗马尼亚等国。

（三）中国经济法的产生和发展

改革开放前，除《中华人民共和国宪法》（以下简称《宪法》）外，我国没有严格意义上的经济法律，只有一些条例和各种经济政策。经济法是在改革开放以后才出现的。学术界虽对我国改革开放后经济法的发展阶段有分歧，但一般以划分为两阶段为通说。[④]

1.中国经济法的产生阶段（1979—1992年）

此阶段我国以有计划的商品经济体制取代传统的计划经济体制，一方面注重市场调节，另一方面也保留了计划调节，国家的经营模式也逐步注重市场机制和价值规律，重视以法律手段调节经济。如《中华人民共和国经济合同法》（1981年通过，1993年修改，

---

① 苏联于1991年解体。
② 1993年1月1日起，捷克斯洛伐克联邦共和国解体，分为捷克共和国和斯洛伐克共和国。
③ 1992—2006年，南斯拉夫除塞尔维亚人之外的各民族纷纷独立建国，此国家逐渐解体，"南斯拉夫"也随之成为历史名词。
④ 吕忠梅，刘大洪. 经济法的法学与法经济学分析［M］. 北京：中国检察出版社，1998：37–39.

1999年10月1日废止）（以下简称《经济合同法》）、《中华人民共和国全民所有制工业企业法》（1988年通过，2009年修改）以及外商投资企业相关法律等，涉及经济生活的方方面面，但总体来说，是为满足经济体制改革初期的要求而设定的，因而表现出以下特点：①经济法与民商法、行政法不分，将大量的本应属于民商法调整的社会关系纳入经济法范围，如《经济合同法》；同时由于国家直接介入经济生活，使得以约束政府行政权力的行政法也难以发挥作用。②国家的宏观调控主要依靠计划手段，这主要源于国家管理国民经济的方式，即投资开发国有企业并直接进行管理。③缺少规制市场主体行为的反垄断法及限制不正当竞争的法律。

此阶段我国在具体立法方面主要有20余部，如《中华人民共和国森林法》（1984年通过，1998年、2009年修正，2019年修订）；《中华人民共和国环境保护法》（1989年通过，2014年修订）；《中华人民共和国个人所得税法》（1980年通过，2018年第七次修正）（以下简称《个人所得税法》）；《中华人民共和国会计法》（1985年通过，1993年修正，1999年修订，2017年修正）（以下简称《会计法》）；《中华人民共和国税收征收管理法》（1992年通过，1995年、2001年、2015年修正）（以下简称《税收征收管理法》）等。

2.中国经济法的发展阶段（1993年至今）

1993年3月，《中华人民共和国宪法修正案》明确提出"国家实行社会主义市场经济"，并且明确提出要注重经济立法。因此，从1993年起，围绕推进改革和建立市场经济体制，我国进入大规模经济立法的时期。此阶段我国在具体立法方面主要有近40部，如《中华人民共和国产品质量法》（1993年通过，2000年、2009年、2018年修正）（以下简称《产品质量法》）；《中华人民共和国反不正当竞争法》（1993年通过，2017年修订，2019年修正）（以下简称《反不正当竞争法》）；《中华人民共和国消费者权益保护法》（1993年通过，2009年、2013年修正）（以下简称《消费者权益保护法》）；《中华人民共和国票据法》（1995年通过，2004年修正）（以下简称《票据法》）；《中华人民共和国担保法》（1995年通过，2021年1月1日废止）；《中华人民共和国价格法》（1997年通过）（以下简称《价格法》）；《中华人民共和国证券法》（1998年通过，2004年修正，2005年修订，2013年、2014年修正，2019年修订）（以下简称《证券法》）；《中华人民共和国合同法》（1999年通过，2021年1月1日废止）；《中华人民共和国反垄断法》（2007年通过）（以下简称《反垄断法》）；《中华人民共和国侵权责任法》（2010年通过，2021年1月1日废止）；《中华人民共和国车船税法》（2011年通过，2019年修正）（以下简称《车船税法》）等。

中国经济法体系迅速形成并不断得到发展。这些法律、法规直接以弥补市场缺陷、维护社会公平并促进经济与社会的良性发展为目的。当然，经济法的发展不是要代替民商法、行政法，而是经济法与民商法、行政法相互补充、共同作用，促进我国市场经济健康、有序发展。

我国还进行了市场经济就是法治经济的大讨论。现代市场经济是法治经济，这绝非妄断，而是一个科学的命题，也是一个革命性的命题。实行市场经济的国家同时必须实行法治，没有法治的"市场经济"不是真正的市场经济。[1]足见经济法在市场经济发展中的作用。

拓展阅读1-3

---

① 钱弘道.经济分析法学［M］.北京：法律出版社，2003：32.

1997年，党的十五大报告明确提出"依法治国，建设社会主义法治国家"的治国基本方略。1999年，"依法治国"写入《宪法》，获得了《宪法》确认。党的十八大以来，中央将依法治国提升至"全面推进依法治国"的新高度。党的十九大报告提出："成立中央全面依法治国领导小组，加强对法治中国建设的统一领导。"2018年3月，中共中央印发《深化党和国家机构改革方案》，组建中国共产党中央全面依法治国委员会，负责全面依法治国的顶层设计、总体布局、统筹协调、整体推进、督促落实，作为党中央决策议事协调机构。中国共产党中央全面依法治国委员会的主要职责是，统筹协调全面依法治国工作，坚持依法治国、依法执政、依法行政共同推进，坚持法治国家、法治政府、法治社会一体建设，研究全面依法治国的重大事项、重大问题，统筹推进科学立法、严格执法、公正司法、全民守法，协调推进中国特色社会主义法治体系和社会主义法治国家建设等。组织、体制、机制的完善必将更快地推进我国社会经济法治化的进程。

（四）学科经济法的产生

经济法的最初出现仅仅是一个概念，其含义并不十分明确，但是经过不断丰富和发展，到今天经济法不仅成了独立的法律部门，也成为一门法学学科。

经济法概念的最先使用者是法国的空想主义者摩莱里（Morelly），他在1755年出版的《自然法典》一书中使用了"经济法"这个概念。在《自然法典》里，他针对资本主义制度的弊端设计了一种新的理想制度，为保证这种制度的实现拟就了一个"合乎自然意图的法制蓝本"。有专家认为按现代法律观念来看，这实际上是一个包括根本法、经济法、行政法、婚姻法、教育法和刑法等在内的较为完整的法律体系，而且经济法在其中占有十分重要的地位。但摩莱里在这里提出的经济法的调整范围仅限于分配领域，编制了"分配法或经济法"这样一个共12条的单行法律草案，说明当时分配领域出现了一些其他法律调整不了的社会关系，应由新的法律——"分配法或经济法"来调整。摩莱里所认识的经济法已经包含我们现在所称的经济法的最本质特征，即国家对社会生活进行干预。

1842—1843年，法国著名的空想社会主义者德萨米（Dezamy）分册出版了《公有法典》，他在书中将"分配法和经济法"作为专章进行论述。在《公有法典》中，德萨米在很大程度上继承了摩莱里的经济法律思想，并且在一些方面有所发展。如他主张实行公有制，认为公有制的最好形式是公社，认为最好的分配方式是按比例平等分配，主张建立没有贸易的社会制度，重视对劳动关系的法律调整等。

1865年，法国小资产阶级思想家蒲鲁东（Proudhon）在他的《工人阶级的政治能力》一书提出"经济法是政治法和民法的补充和必然产物"的法律思想。在蒲鲁东看来，社会生活中已经出现了一种政治法和民法不能调整的经济关系，我们可以认为他主张由经济法来调整这种经济关系。所以，蒲鲁东对经济法的理解更接近现代意义上的经济法。但蒲鲁东作为无政府主义者，极力主张"打倒政权"，但是如果没有了"政权"，哪来政府对经济关系进行干预？也就不可能有真正现代意义的经济法了。

从19世纪七八十年代开始，资本主义社会迅速向垄断和社会化方向发展，各主要发达国家被迫或主动干预、参与社会经济生活的程度日益加深，早期资产阶级思想家在政治国家与市民社会、公法与私法之间人为设定的界限在实践中再难固守，于是注重理性和抽象思维的德国学者适时对经济法现象作出了概括。1906年德国学者里特尔（Ritter）在创刊于德国的《世界经济年鉴》中使用了"经济法"一词，有专家认为现代经济法的术语由此提出。从20世纪初至20世纪20年代初，德国法学家赫德曼（Hedeman）等发表了一系列关于经济法的论文。1916年，赫德曼在《经济学字典》中给出了经济法的概念，认为经济法是经济规律在法律上的反映，将有关经济法制和保护、监督卡特尔的法律称为经济法，从而在理论上揭示了经济法产生的客观必然性。

20世纪20年代，德国出版了不少以经济法为名的学术专著和教材，如鲁姆夫（Rumpf）的《经济法的概念》、赫德曼的《经济法基础》等。与此同时，经济法的概念也传入到当时世界上建立的第一个社会主义国家——苏联。这个时候的经济法概念才有了比较完整的含义，经济法作为一门法律学科也从此诞生。

三、经济法的概念

概念在法学中占有重要地位，因为法学是崇尚严谨的科学，经济法也不例外。"概念是解决法律问题所必需和必不可少的工具。没有限定严格的专门概念，我们便不能清楚地和理性地思考法律问题。"[①]因而概念是研究和学习经济法的基础。但要严格定义经济法的概念却很难，哈特（Hart）曾在《法律的概念》一书中慨叹：在与人类社会有关的问题中，没有几个像"什么是法律"这个问题一样，如此反反复复地被提出来并且由严肃的思想家们用形形色色的、奇特的甚至反论的方式予以回答。[②]自经济法概念出现以来，两个多世纪了，各国法学家就经济法的概念仍未达成一致。

我国的专家和学者们从不同的角度给出了多种经济法的定义，并根据定义之不同形成了不同的流派。我们无意也不可能给经济法以精准的定义，但为行文的方便，仍需明确经济法的含义。我们认为，经济法是调整国家基于社会整体利益对市场主体及其行为进行干预而形成的经济关系的法律规范的总称。这一概念体现了以下几方面的含义：

（1）经济法是调整经济关系的法律规范。经济法所要调整的经济关系是涉及社会整体利益的经济关系，不是市场主体之间的任何经济关系，从而体现了经济法的社会属性，是以"社会本位"为存在基础的法律规范。美国法学家庞德（Pound）认为，利益包括个人利益、公共利益（国家利益）和社会利益三类。个人利益无疑应由民商法调整，公共利益应由行政法调整，社会利益则更多地依赖经济法来调整。[③]

（2）这里的市场主体应作广义的理解，即市场主体不仅是指市场活动的主体，还包括市场决策、市场管理的主体。所有市场主体本身以及其市场行为都应受经济法的规范和调整。

（3）经济法体现了国家运用法律对市场经济活动的干预，从而使经济法具有了较强的权力属性。这在根本上体现了现代经济法的本质特征，也符合现代市场经济体制对国家干预的需求，同时符合各国现代市场经济发展的实践。

（4）经济法在调整体现社会整体利益的经济关系时，可以是事前调整，也可以是事后

---

① 博登海默. 法理学：法律哲学与法律方法［M］. 邓正来，译. 北京：中国政法大学出版社，1999：486.
② 哈特. 法律的概念［M］. 张文显，郑成良，杜景义，等译. 北京：中国大百科全书出版社，1996：289-290.
③ 程宝山. 经济法学［M］. 郑州：郑州大学出版社，2009：19.

调整。事前调整是指国家制定大量的经济法律规范明确并维护社会整体利益，从而使市场主体不去从事有违社会整体利益的行为，并自觉维护社会整体利益；事后调整则体现在当市场主体之间的经济关系损害了社会整体利益时，市场主体必须承担相应的法律后果，受到法律的制裁。

拓展阅读1-4

四、经济法的调整对象及特征

经济法有自己的调整对象是经济法成为独立法律部门的基础之一，但经济法只调整特定的经济关系。作为重要法律部门的经济法具有不同于其他部门法的特征。

（一）经济法的调整对象

经济法的调整对象是特定的经济关系，具体指国家对市场主体及其行为进行干预所形成的经济关系。这些特定的经济关系还可以进一步细分。

1.市场主体管理关系

市场主体管理关系主要是指在市场准入、企业形态设定等活动过程中发生的市场主体之间的社会关系。在市场经济条件下，市场主体不是一个封闭的、单一的经济活动主体，它和其他市场主体之间相互依存、相互发展，它所从事的活动是整个社会经济活动的组成部分。尤其是在当今社会，市场主体已经成为担负社会责任的主体。在这种情况下，国家为了全局性和整体性的利益，为了整个社会经济的协调发展，就必须对市场主体的组织及其活动进行必要的干预，包括市场准入、企业形态的设定、财务管理、审计、监督检查等。

2.市场秩序调控关系

市场秩序调控关系是国家在创造平等的市场竞争条件、维护公平竞争秩序过程中对市场主体行为进行干预所发生的社会关系。统一、开放和竞争有序的市场体系的建立对社会主义市场经济体制的建立和完善、维护市场主体的利益至关重要。但由于市场机制天然的功能缺陷，市场竞争中出现的不完全竞争或垄断、市场发育不平衡、交易费用过高等问题，依靠市场本身是无法解决的。这就要求国家在积极培育市场体系的同时，加强市场监督管理，为市场主体的平等竞争创造条件。

3.宏观经济调控关系

宏观经济调控关系是指国家为实现宏观经济及其总量平衡，保障经济持续、稳定、协调增长，运用经济政策和经济杠杆等手段，在对供给与需求总量、货币收支总量、财政收支总量、外汇收支总量等国民经济的总体活动进行调节和控制过程中与其他社会组织所发生的经济关系。宏观经济调控关系由经济法调整，有助于发挥宏观调控的长处，弥补市场调节的缺陷，防止或消除经济中的总量失衡和经济结构失衡，优化资源配置，更好地把人民的当前利益与长远利益、局部利益与整体利益结合起来，促进社会经济的可持续发展。

4.社会分配关系

社会分配关系是指在国民收入分配过程中所发生的关系。社会分配是指对劳动者所创造的国民收入进行的分配，是社会再生产的重要环节之一，包括初次分配和再分配。初次分配是在创造国民收入的部门和单位中进行的分配。再分配是指在国民收入初次分配的基础上，在全社会范围内进行的又一次分配。再分配主要是通过国家预算和公民用自己的收入支付服务性行为所收取的费用等途径进行。我国坚持以共享发展成果为理念，力推实现人人享有、各得其所的全民共享，保障人民在各方面合法权益的全面共享，推动人人参与、人人尽力、人人都有成就感的共建共享，通过从低级到高级、从不均衡到均衡的渐进共享，最终实现发展成果惠及每一个社会成员的共同富裕。①从摩莱里首次提出的"经济法"概念仅限于"分配法"来看，他认识到社会分配关系在经济关系中是极为重要的。由此可见，经济法在调整我国社会分配关系方面也将起到重要作用。但限于篇幅，本书将不过多介绍社会分配关系方面的法律。

（二）经济法的特征

经济法具有一般法律的基本特征，如国家意志性、特殊规范性和强制性等。经济法还有自己的一些特点，具体表现在以下几个方面：

1. 综合性

经济法的综合性主要表现在经济法的调整手段、调整范围以及规范构成等方面都具有综合的因素。例如，经济法在调整同一经济关系时，有可能采用民事的手段、行政的手段甚至刑事的手段来进行综合性的调整。

2. 经济性

经济法的经济性主要表现在：一是经济法往往把经济制度、经济活动的内容和要求直接规定为法律。正如赫德曼所说经济法是经济规律在法律上的反映，任何经济法律规范都不是立法者主观意志的随意编造，而是取决于客观经济条件是否成熟和客观经济规律是否需要。二是经济法是规范和调整市场主体之法，而市场主体进入市场往往都具有经济目的，且涉及各种经济领域。三是经济法在调整经济关系时，虽然可以采取诸如经济、行政、刑事等手段，但经济法调整的手段主要还是经济手段，通常表现为赔偿损失等。

3. 干预性

经济法是因"市场失灵"而制定的国家干预之法，是国家管理国民经济运行、从事经济活动、参与经济关系的产物，所以经济法在调整经济关系的过程中直接体现了国家的意志，体现了法的强制性、授权性、指导性。经济法常以限制或禁止性规定来规范主体的行为，以此限制或者取缔某种经济活动和某种经济关系的发生或存在，并以奖励与惩罚并用的方法来促进市场主体的行为符合社会经济利益的整体需要，借以达到促进与支持某种经济关系的建立和发展的目的，并为处理经济纠纷提供相应的依据。

4. 政策性

经济法制度的形成与经济政策的联系十分密切，有很强的"政策性"，这是以往的传统部门法所没有的。经济法的政策性具体指：一是很多国家的政策直接成为经济法的法律渊源。二是经济法的许多法律、法规是从国家的政策演化而成的。政策的规范性不同于法律规范，如法律规范的逻辑结构应当包括行为模式、条件假设和法律后果，政策却没有这样严密的、规范性的逻辑结构，政策具有的是方向性规定、原则性规定、概括性规定、不稳定性等特征。三是很多经济案件的司法决断直接引用国家的相关政策。

五、经济法的渊源

经济法的渊源是指经济法存在或表现的形式。我国经济法的渊源以制定法为主，主要

---

① 韩喜平. 中国理念 [M]. 沈阳：辽宁人民出版社，2019：178.

包括以下类型:

1.宪法

宪法是由全国人民代表大会制定的规范性文件。如《宪法》明确规定"国家实行社会主义市场经济。国家加强经济立法,完善宏观调控",这是我们制定经济法律、法规的总的指导方针。

2.法律

法律是由全国人民代表大会及其常务委员会制定的规范性文件,在地位和效力上仅次于宪法。以法律形式表现的经济法律规范构成了经济法的主体和核心部分,如《反不正当竞争法》《价格法》《税收征收管理法》《个人所得税法》《会计法》《中华人民共和国审计法》《证券法》《中华人民共和国中国人民银行法》《商业银行法》《中华人民共和国预算法》《中华人民共和国土地管理法》《中华人民共和国公司法》(以下简称《公司法》)等。

3.行政法规

行政法规是由国家最高行政机关即国务院制定的规范性文件,其地位和效力仅次于宪法和法律。经济法大量以该种形式存在,如《中华人民共和国外汇管理条例》《中华人民共和国反倾销条例》《国务院关于鼓励外商投资的规定》《首次公开发行股票并上市管理办法》《中华人民共和国公司登记管理条例》(以下简称《公司登记管理条例》)等。

4.地方性法规

地方性法规是地方权力机关制定的规范性文件,其不得与宪法、法律和行政法规相抵触。全国人民代表大会及其常务委员会还专门制定了一些授权法,授权有关地方国家机关就经济体制改革和对外开放方面的问题制定法规和规章。

5.部门规章

部门规章是由国务院的组成部门及其直属机构在其职权范围内制定的规范性文件,如中国人民银行颁发的《人民币银行结算账户管理办法》《支付结算办法》、中国证券监督管理委员会(以下简称中国证监会)发布的《证券市场禁入规定》《上市公司信息披露管理办法》等。

6.司法解释

司法解释是最高人民法院在总结审判经验的基础上,为明确法律的适用、统一全国的审判工作而发布的指导性文件。司法解释也是经济法的渊源之一。

7.政策、习惯及学理

政策和习惯具有经济法渊源的意义,而学理则与政策和习惯有着密切的联系,是间接的渊源。前已述及政策性是经济法的重要特点,我国的重大改革措施一般都先进行试点,出台相应的试验性的政策,待成熟后逐渐加以立法。同时,随着社会经济发展和社会关系复杂化,再完善的法律体系都将表现出一定的不适应性。而当法律存在某些漏洞时,就需要政策、习惯来对这些社会关系进行调整,并在运用时涉及相关学理问题,因而政策、习惯及学理对经济法来说也具有一定的渊源意义。[①]

8.国际条约或协定

国际条约是指我国与他国缔结的双边、多边协议和其他具有条约性质的文件。国际条

---

① 赵国运.经济法[M].郑州:河南人民出版社,2008:21.

约不属于国内法的范畴，但我国签订和加入的国际条约对于国内的国家机关、社会团体、企事业单位和公民也有约束力，因此这些条约就其具有与国内法同样的约束力而言，也是我国经济法的渊源，如我国与有关国家签订的双边投资保护协定等。

第二节　经济法律关系

经济法律关系对市场主体有重要作用。通常，市场主体只有加入具体的经济法律关系，才会产生具体的权利与义务，也才有获利的可能性。

一、经济法律关系概述

在法治社会，法律关系与经济法律关系是社会关系的重要构成部分。

（一）法律关系的概念与特征

法律关系是指法律规范在调整人们行为过程中所形成的权利与义务关系。

法律关系具有以下特征：①它是一种意志关系，属上层建筑范畴。这里的意志包括国家的意志（统治者的意志）和行为人的意志。②它是由法律规范和调整的关系。法律关系的产生、变更和消灭是以得到法律认可为前提的，因而法律规范是法律关系存在的前提条件。③它是以权利与义务为内容的关系。法律规范和调整人们的行为是通过界定行为人的权利与义务得以实现的。④它是受国家强制力保证实施的关系。法律规范是由国家强制力保证实施的行为规范，故由此而形成的关系受国家强制力的保护。

（二）经济法律关系的概念与特征

经济法律关系是法律关系的一种，指在国家干预社会经济生活的过程中，由经济法律规范确认的，在经济法主体之间形成的以权利与义务为内容的关系。[①]

经济法律关系具有如下特征：

（1）经济法律关系主要产生于经济领域，是国家干预社会经济活动过程中形成的意志的关系。这一关系体现了国家意志和当事人意志两个方面。后者必须以前者为依据，不能违背前者的基本内容；后者又是前者的归宿，即国家意志最终是靠当事人意志来实现调整经济关系的目的，没有当事人意志，经济法律关系既不能形成，也不可能实现。

（2）经济法律关系是具有确定的经济内容的权利与义务关系。经济法律关系是为了完成一定的经济任务和实现一定的经济目的而存在的。经济权利与义务关系的确定是经济法律关系形成的标志，其变更是经济法律关系变更的依据，其实现也是当事人参与经济法律关系的根本目的。

（3）经济法律关系是由经济法规范和调整的法律关系。经济法律规范是经济法律关系产生及内容得以实现的前提，经济法律关系是经济法调整经济关系的必然结果。

（4）经济法律关系所确定的权利与义务具有强制性。经济法律关系的权利与义务一旦形成，就受国家强制力保护，当事人不得违背。如果一方当事人不履行经济法律关系确定的义务，将受到法律的追究。任何一方的权利受到侵害，都可请求法律的保护。

---

① 李昌麒. 经济法［M］. 北京：清华大学出版社，2012：20.

二、经济法律关系的构成

经济法律关系由主体、内容和客体三个基本要素构成，且缺一不可，其中任何一项发生变更，都可能引起经济法律关系的变更。

（一）经济法律关系的主体

1.经济法律关系主体的概念

经济法律关系主体是指参加经济法律关系、享受经济权利和承担经济义务的当事人。其中，享受经济权利的当事人被称为权利主体，承担经济义务的当事人被称为义务主体。

2.经济法律关系的主体资格

经济法律关系的主体必须具备法定的主体资格。主体资格是指当事人参加经济法律关系、享受经济权利和承担经济义务的资格或能力。只有具有经济法律关系主体资格的当事人，才能参与经济法律关系。经济法律关系的主体资格既可由经济法律部门规定，也可由其他法律部门规定。

经济法律关系的主体资格可依据两种方式取得：一是法定取得，即依法律规定，凡是能够对经济生活实行干预并且接受干预的社会组织和公民，都可以作为经济法律关系的主体；二是授权取得，即依据有授权资格的机关授权而取得的可以对社会经济生活实施某种干预的资格。未取得经济法律关系的主体资格的组织不能参与经济法律关系，不能享受经济权利和承担经济义务，不受法律保护。

3.经济法律关系主体的范围

经济法律关系主体的范围是由经济法调整的对象范围决定的，大致可分为四大类：

（1）法人。

法人是法律关系最重要的主体，指具有民事权利能力和民事行为能力，依法独立享有民事权利和承担民事义务的组织。其民事权利能力和民事行为能力，从其成立时产生，到其终止时消灭。依照《中华人民共和国民法典》（以下简称《民法典》），取得法人资格须具备以下条件：一是依法成立，依据不同的法律可以设立不同类型的法人；二是要有自己的名称、组织机构、住所；三是要有自己的财产或者经费；四是必须能够独立承担法律责任。法人是经济法律关系最重要的主体，是国民经济最主要的参与者，也是经济活动的主要实施者。依照法律或者法人章程的规定，代表法人从事民事活动的负责人，为法人的法定代表人。法定代表人以法人名义从事的民事活动，其法律后果由法人承受。

法人可分为三大类：

①特别法人。其包括机关法人、农村集体经济组织法人、城镇农村合作经济组织法人、基层群众性自治组织法人。基层群众性自治组织法人是指居民委员会和村民委员会。

有独立经费的机关和承担行政职能的法定机构从成立之日起，具有机关法人资格。机关法人又称国家机关，是享有法定权力、代表国家行使国家职能的各种组织的总称，包括权力机关、行政机关和司法机关。各级机关法人是具有不同经济干预权限的经济法律关系主体，其中主要是国家行政机关中的经济管理机关，是经济决策和经济管理的重要主体。目前我国的经济管理机关可以分为四种：第一，综合性经济管理机关，如计划主管部门、市场监督管理部门；第二，职能性经济管理机关，如卫生行政主管部门、税务主管部门；第三，行业性经济管理部门，如化工主管部门、农业主管部门；第四，监督性经济管理机关，如审计部门。

②营利性法人。这是指以取得利润并分配给股东等出资人为目的而成立的法人，包括有限责任公司、股份有限公司和其他企业法人等。营利性法人须依法登记并取得登记机关发给的营利性法人营业执照，方能成立并从事营利性活动。营利性法人是市场经营性主体的主要组成部分，也是社会财富的主要创造者。

③非营利法人。这是指为公益目的或者其他非营利目的成立，不向出资人、设立人或者会员分配所取得利润的法人。非营利法人主要包括事业单位法人、社会团体法人、基金会法人、社会服务机构法人、捐助法人等。部分具有经济管理职能的行业协会经依法登记也可以取得法人资格，具有一定的经济干预权限。

（2）非法人组织。

其是经济法律关系的重要主体。非法人组织是不具有法人资格，但能够依法以自己的名义从事相应活动的组织，包括个人独资企业、合伙企业、不具有法人资格的专业服务机构等。非法人组织需要经过批准才能成立的，必须依法报批。除法律另有规定外，非法人组织的出资人或设立人要对其债务承担无限责任或无限连带责任。

（3）自然人。

其在某些情况下也可以成为经济法律关系的主体，如有了收入后向税务机关缴纳所得税等。作为经济法律关系主体的自然人一般要求具有完全民事行为能力。18周岁以上的自然人为成年人，是完全民事行为能力人，可以独立实施民事法律行为。不满18周岁的自然人为未成年人。16周岁以上的未成年人，以自己的劳动收入为主要生活来源的，视为完全民事行为能力人。8周岁以上的未成年人为限制民事行为能力人，可以从事与其年龄相当的民事活动；限制民事行为能力人还包括不能完全辨认自己行为的成年人。不满8周岁的未成年人为无民事行为能力人，由其法定代理人代理实施民事法律行为。

拓展阅读1-6

（4）农村承包经营户、个体工商户。

农村承包经营户是指农村集体经济组织的成员，在法律允许的范围内，按照承包合同规定成为从事商品生产经营的主体。《民法典》第五十四条规定："自然人从事工商业经营，经依法登记，为个体工商户。个体工商户可以起字号。"个体工商户的债务，个人经营的，以个人财产承担；家庭经营的，以家庭财产承担；无法区分的，以家庭财产承担。农村承包经营户的债务，以从事农村土地承包经营的农户财产承担；事实上由农户部分成员经营的，以该部分成员的财产承担。

此外，国家、法人和非法人的分支机构在某些条件下也可以成为经济法律关系的主体，如国家发行政府债券、对外签订政府贷款和担保合同等。

（二）经济法律关系的内容

1.经济法律关系的内容的含义

经济法律关系的内容是指经济法律关系主体享有的权利和承担的义务。这是经济法律关系的核心。经济法律关系的权利和义务一旦确定之后，就受国家强制力的保护。

2.经济权利

经济权利是指经济法律关系的主体在经济管理及经营活动过程中依法具有的自己为一定行为或不为一定行为和要求他人为一定行为或不为一定行为的资格。经济权利包括以下几个方面的含义：

（1）经济法律关系的主体有权在法定范围内依照自己的利益需要，根据自己的意志实施一定的经济行为。这一行为包括作为和不作为，前者指依主体的意志进行某种行为，后者则是依主体的意志不进行某种行为。

（2）经济法律关系的主体有权依法要求负有义务的人做出或不做出一定的行为，以实现自己的利益。

（3）经济法律关系的主体在其合法权利受到侵害或不能实现时，有权依法请求国家有关机关给予强制力保护。

公民依法享有的经济权利会随着一个国家社会经济的发展而不断丰富。

经济权利是满足经济法律关系主体经济利益的基础。经济权利的主要内容包括以下几个方面：

（1）经济职权，指国家机关行使经济管理职能时依法享有的权利，包括计划权、协调权、监督权等。

（2）财产所有权，指所有者对自己财产享有的一种独立支配权，是一种物权，包括占有、使用、收益和处分四项职能。

（3）经营管理权，指企业进行生产经营活动时依法享有的权利，包括人、财、物、产、供、销等管理的多项权利。

（4）请求权，指经济法主体的合法权益受到侵犯时依法享有的要求侵权人停止侵权行为和要求国家机关保护其合法权益的权利，如要求赔偿权、请求调解权、申请仲裁权、经济诉讼权以及申请破产权等。

3.经济义务

经济义务是指经济法律关系主体为了满足经济权利主体的权利，在法律规定的范围内必须实施或不能实施某种经济行为。这是相对权利而存在的，是法律对经济法律关系主体行为的限制和约束。经济义务包括以下含义：

（1）义务主体必须做出或者不做出一定行为，以满足经济权利主体的利益需要。

（2）义务主体实施的义务行为是在法定的范围内进行的。超越法律规定的限度，义务主体则不受限制和约束。

（3）义务主体不依法履行义务，就应承担相应的法律责任。

经济义务的主要内容包括：①贯彻国家的方针和政策，遵守法律、法规；②履行经济管理的职责；③完成指令性计划；④履行合同和协议；⑤依法纳税；⑥不侵犯其他经济法律关系主体的合法权益及其他经济义务。

（三）经济法律关系的客体

1.经济法律关系的客体的概念

经济法律关系的客体是指经济法律关系主体享有的权利和承担的义务所共同指向的对象。如果没有客体，权利与义务就失去了依附的目标和载体，也不可能产生权利与义务。

因此，客体是经济法律关系不可缺少的要素之一。

2.经济法律关系的客体的类型

学者对经济法律关系的客体的类型有不同的看法，但概括起来可分为以下几大类：

（1）物，是指可以为人们控制或支配，有一定经济价值并以物质形态表现出来的物体。不能为人所控制或支配，或即使能为人所控制或支配，但无一定经济价值的物，不能作为经济法律关系的客体。从法的角度来看，物可划分为很多种，如生产资料与生活资料、流通物与限制（禁止）流通物、特定物与种类物、有形物与无形物、主物与从物等。

（2）行为，是指经济法律关系的主体为达到一定经济目的所进行的活动。它包括经济管理行为、完成一定工作的行为和提供一定服务的行为。广义的经济管理行为既包括经济管理行为，也包括经营管理行为，是指相关主体行使经济与经营决策的行为、经济命令与批准的行为、经济监督检查的行为等。完成一定工作的行为是指经济法律关系主体的一方利用自己的资金、技术和设备为对方完成一定的工作任务，而对方根据完成工作的数量和质量支付一定报酬的行为。提供一定服务的行为是指为对方提供一定服务满足对方的需求，而对方支付一定酬金的行为。这一行为与完成一定工作的行为不同，前者通过一定行为最终表现为一定的经济效果，后者则是通过劳动最终表现为一定的客观物质成果。

（3）智力成果，亦称无形财富、知识财富，是指人们创造的能够带来经济价值的创造性脑力劳动成果，如专利权、专有技术等。随着社会进步和科学技术的发展，智力成果在社会财富中将日显重要，其成为经济法律关系的客体是必然的。智力成果一般不具有直接的物化形态，但可以创造物质财富，带来经济效益。

（4）经济信息，是指反映社会经济活动发生、变化等基本情况的各种数据、情报和资料的总称。经济信息分为计划信息、控制信息、生产和经营信息、统计信息等。在信息时代，经济信息成为一种重要的资源，对经济的运行有十分重要的影响。因而需要把经济信息的搜集与分析、加工与传递以及经济信息系统的建立、完善与管理等纳入经济法制建设的轨道。经济信息在经济法律关系客体中的地位日益重要，在《中华人民共和国统计法》《会计法》等经济法律中都规定了有关信息收集、传递和管理的制度。[1]

此外，在现实经济生活中，权利亦可能成为经济法律关系的客体。权利本是经济法律关系的内容，但当某种权利成为另一种权利的对象时，该权利就成为经济法律关系的客体的组成部分。如土地使用权的客体是土地，但土地使用权在土地出让和转让法律关系中则成为这一法律关系指向的对象，从而构成该法律关系的客体。

三、经济法律关系的发生、变更和终止

经济法律关系的发生是指由于一定客观情况的出现而在经济法律关系主体之间形成一定的经济权利与义务关系。经济法律关系的变更是指已经发生的经济法律关系要素的变化。经济法律关系的终止是指经济法律关系主体之间的经济权利与义务归于消灭。

经济法律事实是指能够引起经济法律关系发生、变更和终止的客观情况。[2]经济法律事实形式多样，但概括起来主要有经济行为和事件两大类。

---

① 李昌麒. 经济法 [M]. 北京：清华大学出版社，2012：28.
② 李昌麒. 经济法学 [M]. 北京：法律出版社，2016：66.

（一）经济行为

经济行为是指经济法律关系的主体为了实现一定的经济目的而自觉实施的能够引起经济法律关系产生、变更或消灭的有意识活动。经济行为按其性质可以划分为经济合法行为和经济违法行为。这两种行为都可以引起经济法律关系的发生、变更和终止。

1.经济合法行为

这是指经济法律关系主体实施的符合法律规定的经济行为。这种行为又可以分为以下几类：

（1）经济管理行为，即具有经济职权的经济法律关系主体干预经济的行为，具体而言是国家在调控经济和规制市场时发生的行为，如国有资产管理行为、征税行为等。

（2）经营管理行为，即企业或其他经济组织和个人为实现一定的经济目的而依法实施的一切行为，如企业发包、承包行为，农户经营承包行为等。

（3）行政执法、经济仲裁、经济审判行为，是指行政机关、仲裁机构、各级人民法院在处理经济纠纷案件或经济违法行为中的查处、裁决等行为。

2.经济违法行为

这是指经济法律关系主体违反经济法律、法规规定所实施的行为，如国家机关的不当罚款行为、市场主体的垄断和不正当竞争行为、侵犯消费者合法权益的行为等。

（二）事件

事件是不以当事人的主观意志为转移但能引起经济法律关系发生、变更和终止的客观情况。事件可以是自然现象，也可以是社会现象。前者如严重的自然灾害，可以引起计划法律关系、税收法律关系发生变化；后者如军事行动或政府禁令，它们都可以引起某项干预行为的变化，如引起外贸管制关系发生等。

第三节　物权与债权

物权与债权都是财产权利，是我们学习和理解经济法的基础知识之一，但其本身并不属于经济法的范畴。2021年1月1日实施的《民法典》"物权编"对物权关系进行统一规范，关于债权关系的规范主要体现在《民法典》"合同编"等相关规定中。

一、物权

物权即人们对于物的权利。物权根据不同标准也可进行多种分类，常用的包括所有权、用益物权、担保物权等。本部分主要介绍所有权和用益物权。

（一）物权法概述

物权法是调整平等主体之间因物的归属和利用而发生的法律规范的总称。《民法典》对促进我国社会经济发展、构建和谐社会、保护公民的合法财产权利将产生深远的影响。

1.物及其分类

物权法中的物是指人们能够支配的物质实体，具有以下法律特征：

（1）有体性，即物权法中的物通常为有体之物，必须是客观存在的物质实体或自然力。

（2）必须存在于人体之外。人体本身虽是物质实体，但人是独立的权利主体，所以是不能被他人支配的，不能作为民事权利的客体。

（3）可支配性，即物能够被权利主体支配。

（4）稀缺性，即物权法中的物不可能任由人们免费和自由取用，而是必须支付相应对价方能取得支配权。

从不同角度、按照不同标准可将物分为不同类型：

（1）动产与不动产。动产是能够移动并且不会损害其价值的物，如洗衣机；不动产是不能移动或虽可移动但移动会损害其价值的物，如房屋。

（2）特定物与种类物。特定物是指具有独立特征或被权利人指定，不能以他物替代的物，包括独一无二的物和种类物中因指定而特定化的物。种类物是指以品种、质量、规格或度量衡确定，不需具体指定的物。

（3）主物与从物。主物是指独立存在，与其他独立物结合使用，并在其中发挥主要效用的物。在两个独立物结合使用中处于附属地位、起辅助和配合作用的是从物。如当事人无其他约定，主物转让的，从物随主物转让。

（4）原物与孳息。原物是指依其自然属性或法律规定产生新物的物，如产生幼畜的母畜、带来利息的存款等。孳息是指因物或者权益而产生的收益，包括天然孳息和法定孳息。天然孳息是原物根据自然规律产生的物，如幼畜。法定孳息是原物根据法律规定带来的物，如存款利息、股利、租金等。天然孳息，一般由所有权人取得；既有所有权人又有用益物权人的，由用益物权人取得；当事人另有约定的，按照约定取得。法定孳息，当事人有约定的，按照约定取得；没有约定或者约定不明确的，按照交易习惯取得。

2.物权及其分类

物权一般指合法权利人依法对特定的物享有直接支配和排他的权利，包括所有权、用益物权和担保物权。物权是和债权对应的一种民事权利，它们共同组成法律中最基本的财产权形式。与债权相比，物权具有如下特征：

（1）物权的权利主体是特定的，而义务主体是不特定的。物权是特定主体享有的、排除一切不特定人的侵害的财产权利，是一种绝对权（又称对世权）。

（2）物权的内容是直接支配一定的物，并排斥他人干涉。所谓直接支配，是指权利人无须借助于他人的行为就能够行使自己的权利。所谓排斥他人干涉，是指物权具有排他性。这种排他性一方面是指物权具有不容他人侵犯的性质；另一方面是指同一物之上不得同时成立两个内容不相容的物权。

（3）物权的标的是物。

物权也有多种分类：

（1）所有权与他物权。所有权是指所有人依法可以对物进行占有、使用、收益和处分的权利。它是物权中最完整、最充分的权利。他物权是指所有权以外的物权，亦称限制物权。它是所有权权能与所有权人发生分离，由所有权人以外的人即他物权人对物享有一定程度的直接支配权。

（2）用益物权与担保物权。根据设立物权的目的不同，可将他物权分为用益物权和担保物权。用益物权是指以物的使用收益为目的的物权，包括地上权、地役权、永佃权等。担保物权是指以担保债权为目的，即以确保债务的履行为目的的物权，包括抵押权、质权、留置权等。

（3）动产物权与不动产物权。这是按物权的客体为动产或不动产而作的分类。

（4）有期物权与无期物权。这是按物权的存在有无期限来划分的。有期物权指物权的存续有明确期限的物权，如土地承包经营权、建设用地使用权、抵押权、质权等。有期物权的期限由法律规定或由当事人创设该物权时商定。无期物权指物权的存续无时间限制的物权。除了物权客体灭失等原因，物权会持续存在，无时间限制，如所有权。①

3.物权变动

物权变动是指物权的设立、变更、转让和消灭。设立是创设原来没有的物权；变更则是在权利人不变的情况下改变物权的相关内容；转让是物权人将物权有偿或无偿地转移给他人；消灭是指已经存在的物权依法定事由而终止。不动产与动产的物权变动是不同的。

（1）不动产的物权变动。

《民法典》"物权编"第二百零九条规定："不动产物权的设立、变更、转让和消灭，经依法登记，发生效力；未经登记，不发生效力，但法律另有规定的除外。"因此，我国不动产的物权变动采用登记生效主义，即当事人在完成一定法律行为或其他法律事实后，还需要登记这个法律事实才能完成不动产物权的变动。该条中"法律另有规定的除外"情形主要有三种：

①依法属于国家的自然资源，所有权可以不登记。

②《民法典》"物权编"第二百二十九至二百三十一条规定了物权变动的三种特殊情况：

一是因人民法院、仲裁机构的法律文书或者人民政府的征收决定等，导致物权设立、变更、转让或者消灭的，自法律文书或者征收决定等生效时发生效力。

二是因继承取得物权的，自继承开始时发生效力。

三是因合法建造、拆除房屋等事实行为设立和消灭物权的，自事实行为成就时发生效力。

上述三种情形的物权变动虽不以登记为要件，但获得权利的主体在处分该物权时，仍应当依法办理登记；未经登记，不发生效力。

③部分物权的变动不以登记为生效要件，但以登记为对抗要件。如土地承包经营权自土地承包经营权合同生效时设立，未经登记，不得对抗善意第三人；地役权自地役权合同生效时设立，未经登记，不得对抗善意第三人；已经登记的宅基地使用权转让或者消灭的，应当及时办理变更登记或者注销登记，即宅基地使用权不以登记为生效要件。

《民法典》"物权编"对不动产物权登记的有关事项作了详细的规定。我国对不动产实行统一登记制度。不动产登记由不动产所在地的登记机构办理。不动产物权的设立、变更、转让和消灭，依照法律规定应当登记的，自记载于不动产登记簿时发生效力。在办完登记手续以后，登记机关发给不动产权属证书。不动产权属证书记载的事项与不动产登记

---

① 吕彦. 物权法学 [M]. 成都：四川大学出版社，2011：8.

簿不一致的，除有证据证明不动产登记簿确有错误外，以不动产登记簿为准。权利人、利害关系人认为不动产登记簿记载的事项错误的，可以申请更正登记。不动产登记簿记载的权利人不同意更正的，利害关系人可以申请异议登记。登记机构予以异议登记，但申请人自异议登记之日起15日内不提起诉讼的，异议登记失效。当事人签订买卖房屋的协议或者签订其他不动产物权的协议，为保障将来实现物权，按照约定可以向登记机构申请预告登记。预告登记后，未经预告登记的权利人同意，处分该不动产的，不发生物权效力。预告登记后，债权消灭或者自能够进行不动产登记之日起90日内未申请登记的，预告登记失效。当事人之间订立有关设立、变更、转让和消灭不动产物权的合同，除法律另有规定或者当事人另有约定外，自合同成立时生效；未办理物权登记的，不影响合同效力。

（2）动产的物权变动。

动产物权的设立和转让，自交付时发生效力，但法律另有规定的除外。所以当事人虽就动产所有权转移问题达成协议，但在尚未交付标的物以前，所有权并不转移。《民法典》"物权编"第二百二十五条规定："船舶、航空器和机动车等的物权的设立、变更、转让和消灭，未经登记，不得对抗善意第三人。"因此对于船舶、航空器和机动车等动产，其所有权的转移仍以交付为要件；但如果交付后没有办理登记，不能对抗善意第三人。交付分现实交付与交付替代两种形态，后者又包括简易交付、指示交付、占有改定三种类型。

4.物权的保护

《民法典》"物权编"规定，物权保护方式主要有：

（1）请求确认物权。因物权的归属、内容发生争议的，利害关系人可以请求确认权利。

（2）请求返还原物。无权占有不动产或者动产的，权利人可以请求返还原物。

（3）请求排除妨害或者消除危险。妨害物权或者可能妨害物权的，权利人可以请求排除妨害或者消除危险。

（4）请求物权复原。造成不动产或者动产毁损的，权利人可以依法请求修理、重作、更换或者恢复原状。

（5）请求物权损害赔偿。侵害物权，造成权利人损害的，权利人可以依法请求损害赔偿，也可以依法请求承担其他民事责任。

以上规定的物权保护方式，可以单独适用，也可以根据权利被侵害的情形合并适用。

（二）所有权

所有权是指所有权人对自己的动产或不动产，依法享有的占有、使用、收益和处分的权利。根据权利主体的性质不同可将所有权分为国家所有权、集体所有权和私人所有权；根据权利客体的性质不同可将所有权分为动产所有权和不动产所有权；根据权利主体的数量不同可将所有权分为单独所有权和共有所有权。

1.所有权的权能

所有权包括以下权能：

（1）占有权，是指权利主体对于财产的实际控制权。

（2）使用权，是指权利主体对于财产的利用权。

（3）收益权，是指权利主体通过财产的占有、使用等途径获取经济利益的权利。

（4）处分权，是指权利主体在法律允许的范围内对财产进行处置的权利。处分分为事实上的处分和法律上的处分。前者指权利主体对物或权利加以变更或消灭，使其形态加以改变，如加工、消费、毁损；后者指通过某种法律行为改变所有物的法律状态，如转让、租借。处分权是财产所有人最基本的权利，是所有权的核心内容。

2.所有权的法律特征

（1）完全性。所有人对于所有物可以进行全面的占有、使用、收益和处分，即进行完全支配的权利，而他物权人对于标的物仅在某一方面享有支配权。因此，所有权又称完全物权，他物权又称限制物权。

（2）整体性，是指所有权不是对标的物占有、使用、收益和处分的权能的总和，而是一项整体性的权利，是对物的统一支配权。所有权的整体性决定了所有权本身不得在内容或时间上加以分割。

（3）弹力性。所有人可以通过设定他物权使所有权的权能与作为整体的所有权相分离，但所有人并不因此丧失其对所有物的支配权。当他物权消灭时，所有权恢复到它原来的状态，即分离出去的权能又复归于所有权人。

（4）永久性。所有权因标的物的存在而永久存在，不能预定其存续期间。

3.所有权的取得

所有权的取得必须符合法律、法规规定，否则将不受法律保护。所有权的取得方式分为原始取得和继受取得。原始取得主要包括劳动生产、善意取得、没收、孳息、拾得遗失物、发现埋藏物等；继受取得主要有买卖、赠与、继承、互易等。

《民法典》对所有权的取得还作了一些特别规定：

（1）征收与征用。

征收是国家依法定程序将集体所有的土地和城市房屋及其他不动产收归国家所有的制度，是国家所有权的一种特殊取得方式。征收具有强制性、有偿性、公益性的特点。

《民法典》"物权编"第二百四十三条规定："为了公共利益的需要，依照法律规定的权限和程序可以征收集体所有的土地和组织、个人的房屋及其他不动产。征收集体所有的土地，应当依法足额支付土地补偿费、安置补助费以及农村村民住宅、其他地上附着物和青苗等的补偿费用，并安排被征地农民的社会保障费用，保障被征地农民的生活，维护被征地农民的合法权益。征收组织、个人的房屋及其他不动产，应当依法给予征收补偿，维护被征收人的合法权益；征收个人住宅的，还应当保障被征收人的居住条件。"

《民法典》"物权编"还规定了征用制度。因抢险救灾、疫情防控等紧急需要，依照法律规定的权限和程序可以征用组织、个人的不动产或者动产。被征用的不动产或者动产使用后，应当返还被征用人。组织、个人的不动产或者动产被征用或者征用后毁损、灭失的，应当给予补偿。

（2）善意取得。

这是指无处分权人将不动产或者动产转让给第三人时，受让人因善意而依法取得该不动产或动产的所有权的制度。

《民法典》"物权编"第三百一十一条规定，善意取得需同时符合下列条件：①受让人受让该不动产或者动产时是善意，即不知出让人是无处分权人；②以合理的价格转让；③转让的不动产或者动产依照法律规定应当登记的已经登记，不需要登记的已经交付给受让人。

善意取得成立后的法律效果是：①受让人取得标的物的所有权。②受让动产上的原有权利消灭。③出让人对原所有人负赔偿责任。由于善意取得发生后，原权利人无权要求受让人返还原物，只能要求无权处分人承担赔偿责任，也可以要求出让人返还不当得利。

（3）拾得遗失物。

这是指发现他人遗失之物而予以占有的法律事实。拾得遗失物成立需具备两个条件：一是标的物为遗失物，遗失物是指占有人非基于自身意思而丧失占有的动产；二是应有拾得行为，拾得是指发现并占有遗失物。

《民法典》"物权编"对遗失物处理的具体规定包括：

①拾得遗失物，应当返还权利人。拾得人应当及时通知权利人领取，或者送交公安等有关部门。

②有关部门收到遗失物，知道权利人的，应当及时通知其领取；不知道的，应当及时发布招领公告。遗失物自发布招领公告之日起1年内无人认领的，归国家所有。

③拾得人在遗失物送交有关部门前，有关部门在遗失物被领取前，应当妥善保管遗失物。因故意或者重大过失致使遗失物毁损、灭失的，应当承担民事责任。

④权利人领取遗失物时，应当向拾得人或者有关部门支付保管遗失物等支出的必要费用；权利人悬赏寻找遗失物的，领取遗失物时应当按照承诺履行义务；拾得人侵占遗失物的，无权请求保管遗失物等支出的费用，也无权请求权利人按照承诺履行义务。

⑤拾得漂流物、发现埋藏物或者隐藏物的，参照适用拾得遗失物的有关规定。法律另有规定的，依照其规定。

4. 业主的建筑物区分所有权

《民法典》"物权编"第三百七十一条规定："业主对建筑物内的住宅、经营性用房等专有部分享有所有权，对专有部分以外的共有部分享有共有和共同管理的权利。"由此可知，建筑物区分所有权是由专有部分的所有权、共有部分的共有权及共同管理权构成，其中专有权是主要的权利。

（1）专有部分的所有权，是指业主对其建筑物专有部分享有占有、使用、收益和处分的权利。专有部分是指建筑物在构造上和使用上具有独立性、可分割出来单独登记的部分。业主行使权利不得危及建筑物的安全，不得损害其他业主的合法权益。业主将住宅改变为经营性用房的，除遵守法律、法规以及管理规约外，应当经有利害关系的业主同意。业主转让建筑物内的住宅、经营性用房，其对共有部分享有的共有和共同管理的权利一并转让。

（2）共有部分的共有权，是指建筑物区分所有人对建筑物共用部分享有的占有、使用及收益的权利，也称共用部分的持份权。业主对专有部分以外的共有部分既享有权利，又承担义务，且此项义务不得放弃。

《民法典》"物权编"规定的共有部分包括：

①建筑区划内的道路，属于业主共有，但属于城镇公共道路的除外。

②建筑区划内的绿地，属于业主共有，但属于城镇公共绿地或者明示属于个人的除外。

③建筑区划内的其他公共场所、公用设施和物业服务用房，属于业主共有。

④占用业主共有的道路或者其他场地用于停放汽车的车位，属于业主共有。建筑区划

内，规划用于停放汽车的车位、车库的归属，由当事人通过出售、附赠或者出租等方式约定。

⑤建筑物及其附属设施的维修资金，属于业主共有。

（3）共有部分的共同管理权。业主对专有部分以外的共有部分享有共同管理的权利，包括对共同财产和公共事务的参与决策、管理的权利。业主可以设立业主大会，选举业主委员会。

《民法典》"物权编"第二百七十八条规定，下列事项由业主共同决定：

①制定和修改业主大会议事规则；

②制定和修改管理规约；

③选举业主委员会或者更换业主委员会成员；

④选聘和解聘物业服务企业或者其他管理人；

⑤使用建筑物及其附属设施的维修资金；

⑥筹集建筑物及其附属设施的维修资金；

⑦改建、重建建筑物及其附属设施；

⑧改变共有部分的用途或者利用共有部分从事经营活动；

⑨有关共有和共同管理权利的其他重大事项。

业主共同决定事项，应当由专有部分面积占比 2/3 以上的业主且人数占比 2/3 以上的业主参与表决。上述第⑥项至第⑧项规定的事项，应当经参与表决专有部分面积 3/4 以上的业主且参与表决人数 3/4 以上的业主同意。决定前款其他事项，应当经参与表决专有部分面积过半数的业主且参与表决人数过半数的业主同意。

业主大会或者业主委员会，对任意弃置垃圾、排放污染物或者噪声、违反规定饲养动物、违章搭建、侵占通道、拒付物业费等损害他人合法权益的行为，有权依照法律、法规以及管理规约，请求行为人停止侵害、排除妨碍、消除危险、恢复原状、赔偿损失。

案例窗 1-1

5.相邻关系

相邻关系是指相邻不动产的权利人，在行使对不动产的权利时，相互应当给予必要的便利或接受必要的限制所产生的权利与义务关系。相邻关系中相邻一方对相邻另一方的权利，被称为相邻权。《民法典》"物权编"规定不动产的相邻权利人应当按照有利生产、方便生活、团结互助、公平合理的原则，正确处理相邻关系。法律、法规对处理相邻关系有规定的，依照其规定；法律、法规没有规定的，可以按照当地习惯。主要的相邻关系有：

（1）相邻用水、排水关系。不动产权利人应当为相邻权利人用水、排水提供必要的便利。对自然流水的利用，应当在不动产的相邻权利人之间合理分配。对自然流水的排放，应当尊重自然流向。

（2）相邻通行关系。不动产权利人因通行等必须利用相邻权利人土地的，相邻权利人应当提供必要的便利。

（3）相邻修建、管线安设关系。不动产权利人因建造、修缮建筑物以及铺设电线、电缆、水管、暖气和燃气管线等必须利用相邻土地、建筑物的，该土地、建筑物的权利人应当提供必要的便利。

（4）相邻通风、采光、日照关系。建造建筑物，不得违反国家有关工程建设标准，不得妨碍相邻建筑物的通风、采光和日照。

（5）相邻环保关系。不动产权利人不得违反国家规定弃置固体废物，排放大气污染物、水污染物、土壤污染物、噪声、光辐射、电磁波辐射等有害物质。

（6）相邻安全关系。不动产权利人挖掘土地、建造建筑物、铺设管线以及安装设备等，不得危及相邻不动产的安全。

如果不动产权利人因用水、排水、通行、铺设管线等利用相邻不动产的，应尽量避免对相邻的不动产权利人造成损害。

案例窗 1-2

6.共有

不动产或者动产可以由两个以上的单位、个人共有。

（1）共有的分类。

①按份共有。《民法典》"物权编"规定，按份共有人对共有的不动产或者动产按照其份额享有所有权。按份共有人对共有的不动产或者动产享有的份额，没有约定或者约定不明确的，按照出资额确定；不能确定出资额的，视为等额享有。

②共同共有。共同共有人对共有的不动产或者动产共同享有所有权。共有人对共有的不动产或者动产没有约定为按份共有或者共同共有，或者约定不明确的，除共有人具有家庭关系等外，视为按份共有。共同共有具有以下法律特征：

第一，共同共有的成立以共同关系的存在为前提。

第二，共同共有是不分份额的共有。

第三，共同共有人对共有物共同（平等）地享有权利、承担义务，而不是按比例分配。

（2）共有物的管理、处分及分割。

①共有物的管理。共有人按照约定管理共有的不动产或者动产；没有约定或者约定不明确的，各共有人都有管理的权利和义务。

②共有物的处分。处分共有的不动产或者动产以及对共有的不动产或者动产作重大修缮、变更性质或者用途的，应当经占份额 2/3 以上的按份共有人或者全体共同共有人同意，但共有人之间另有约定的除外。

③共有物的分割。共有人约定不得分割共有的不动产或者动产，以维持共有关系的，应当按照约定，但共有人有重大理由需要分割的，可以请求分割；没有约定或者约定不明确的，按份共有人可以随时请求分割，共同共有人在共有的基础丧失或者有重大理由需要分割时可以请求分割。因分割造成其他共有人损害的，应当给予赔偿。共有人可以协商确定分割方式。达不成协议，共有的不动产或者动产可以分割并且不会因分割减损价值的，应当对实物予以分割；难以分割或者因分割会减损价值的，应当对折价或者拍卖、变卖取得的价款予以分割。共有人分割所得的不动产或者动产有瑕疵的，其他共有人应当分担损失。

案例窗 1-3

（3）共有物的转让。

按份共有人可以转让其享有的共有的不动产或者动产份额，但转让时应当将转让条件及时通知其他共有人；其他共有人享有同等条件下的优先购买权，但其他共有人应当在合理期限内行使优先购买权。"同等条件"应综合共有份额的转让价格、价款履行方式及期限等因素确定。"合理期限"，如按份共有人之间有约定，则按约定，没有约定或约定不明，则按下列情形确定：①转让人向其他按份共有人发出的包含同等条件内容的通知中载明行使期间的，以该期间为准；②通知中未载明行使期间，或者载明的期间短于通知送达之日起15日的，为15日；③转让人未通知的，为其他按份共有人知道或者应当知道最终确定的同等条件之日起15日；④转让人未通知，且无法确定其他按份共有人知道或者应当知道最终确定的同等条件的，为共有份额权属转移之日起6个月。

两个以上其他共有人主张行使优先购买权的，协商确定各自的购买比例；协商不成的，按照转让时各自的共有份额比例行使优先购买权。共有份额的权利主体因继承、遗赠等原因发生变化时，其他按份共有人不能主张优先购买权，除非他们之间另有约定。

（4）因共有财产产生的债权和债务。

因共有的不动产或者动产产生的债权和债务，在对外关系上，共有人享有连带债权、承担连带债务，但法律另有规定或者第三人知道共有人不具有连带债权和债务关系的除外；在共有人内部关系上，除共有人另有约定外，按份共有人按照份额享有债权、承担债务，共同共有人共同享有债权、承担债务。偿还债务超过自己应当承担份额的按份共有人，有权向其他共有人追偿。

（三）用益物权

除所有权外，物权还包括他物权，他物权包括用益物权和担保物权。这里我们主要讨论用益物权，担保物权将在《民法典》"合同编"中进行讨论。

用益物权是用益物权人对他人所有的不动产或者动产，依法享有占有、使用和收益的权利。用益物权包括：①土地承包经营权；②建设用地使用权；③宅基地使用权；④居住权；⑤地役权；⑥准物权，包括海域使用权、探矿权、采矿权、取水权和使用水域、滩涂从事养殖、捕捞的权利等。

用益物权的特征是：①用益物权是由所有权派生的物权；②用益物权是受限制的物权；③用益物权是一项独立的物权，且是主物权（地役权除外），不是从物权；④用益物权一般以不动产为客体。

1.土地承包经营权

所谓土地承包经营权，是指土地承包经营权人依法对其承包经营的耕地、林地、草地等享有占有、使用和收益的权利。

《民法典》"物权编"规定，土地承包经营权自土地承包权合同生效时设立。土地承包经营权的期限因为内容的不同而有所不同：耕地的承包期为30年；草地的承包期为30年至50年；林地的承包期为30年至70年。承包期限届满，土地承包经营权人可依照农村土地承包的法律规定继续承包。登记机构应当向土地承包经营权人发放土地承包经营权证、林权证等证书，并登记造册，确认土地承包经营权。

土地承包经营权人有权依法将土地承包经营权互换、转让；但未经依法批准，不得将承包地用于非农建设。土地承包经营权互换、转让的，当事人可以向登记机构申请登记；未经登记，不得对抗善意第三人。承包期内发包人不得调整承包地，也不得收回承包地；法律另有规定的，依照其规定。承包地被征收的，土地承包经营权人有权依法获得相应补偿。

土地承包经营权人可以自主决定依法采取出租、入股或者其他方式向他人流转土地经营权。流转期限为5年以上的土地经营权，自流转合同生效时设立。当事人可以就流转土地向登记机构申请土地经营权登记；未经登记，不得对抗善意第三人。通过招标、拍卖、公开协商等方式承包农村土地，经依法登记取得权属证书的，也可以依法采取出租、入股、抵押或者其他方式流转土地经营权。

2. 建设用地使用权

建设用地使用权是指建设用地使用权人以建造建筑物、构筑物及其附属设施为目的，对国有土地进行占有、使用和收益的权利。建设用地使用权可以在土地的地表、地上或者地下分别设立。新设立的建设用地使用权，不得损害已设立的用益物权。

（1）建设用地使用权的取得。设立建设用地使用权可以采取出让、划拨等方式。工业、商业、旅游、娱乐和商品住宅等经营性用地以及同一土地有两个以上意向用地者的，应当采取招标、拍卖等公开竞价的方式出让。严格限制以划拨方式设立建设用地使用权。采取划拨方式的，应当遵守法律、法规关于土地用途的规定。

建设用地使用权的取得必须向登记机构办理登记，登记是建设用地使用权生效的条件。登记机构应当向建设用地使用权人发放建设用地使用权证书。

（2）建设用地使用权的流转。权利人取得建设用地的使用权后，除法律、法规另有规定的以外，有权将建设用地使用权转让、互换、出资、赠与或者抵押。建设用地使用权转让、互换、出资、赠与或者抵押的，当事人应当采用书面形式订立相应的合同；使用期限由当事人约定，但不得超过建设用地使用权的剩余期限。建设用地使用权转让、互换、出资或者赠与的，应当向登记机构申请变更登记。建设用地使用权转让、互换、出资或者赠予的，附着于该土地上的建筑物、构筑物及其附属设施一并处分。建筑物、构筑物及其附属设施转让、互换、出资或者赠与的，该建筑物、构筑物及其附属设施占用范围内的建设用地使用权一并处分。所以建设用地使用权与附着在上面的建筑物所有权采取"房随地走、地随房走、房地一体"的流转规则。住宅建设用地使用权期间届满的，自动续期；自动续期的费用缴纳或者减免依照相关法律、法规办理。

3. 居住权

居住权是居住权人按照合同约定，以满足生活居住需要而对他人的住宅享有占有、使用的用益物权。当事人设立居住权须签订书面形式的居住权合同。除当事人另有约定，居住权的设立是无偿的。当事人设立居住权应当向登记机关申请登记，居住权自登记时设立。居住权不可以转让或者继承；设立居住权的住宅也不能够出租，除非当事人另有约定。

4. 地役权

地役权是指地役权人按照合同约定，利用他人的不动产来提高自己的不动产的效益的权利。其中，他人的不动产为供役地，自己的不动产为需役地。地役权自地役权合同生效时设立；当事人要求登记的，可以向登记机构申请地役权登记；未经登记，不得对抗善意第三人。

（1）地役权的特征。

与其他的用益物权不同，地役权具有从属性和不可分性。

①地役权的从属性，是就地役权与需役地的关系而言的，具体表现为：

一是地役权不得与需役地相分离单独转让，不得单独设定抵押；

二是地役权不得与需役地的所有权或使用权相分离，作为其他权利的标的。

除合同另有约定外，以土地承包经营权、建设用地使用权等转让的，地役权一并转让；以土地承包经营权、建设用地使用权等抵押的，在实现抵押权时，地役权一并转让。

②地役权的不可分性，是指地役权存在于全部需役地和供役地，不能分割为各个部分或仅仅以一部分的形成而单独存在。

（2）地役权的效力。

①地役权人有权依据合同约定的利用目的和方法利用供役地，同时尽量减少对供役地权利人物权的限制。

②地役权的期限由当事人约定，但不得超过土地承包经营权、建设用地使用权等用益物权的剩余期限。

③地役权与其他用益物权的关系。土地所有权人享有地役权或者负担地役权的，设立土地承包经营权、宅基地使用权时，该土地承包经营权人、宅基地使用权人继续享有或者负担已设立的地役权；土地上已设立土地承包经营权、建设用地使用权、宅基地使用权等权利的，未经上述用益物权人同意，土地所有权人不得设立地役权；需役地以及需役地上的土地承包经营权、建设用地使用权部分转让时，转让部分涉及地役权的，受让人同时享有地役权；供役地以及供役地上的土地承包经营权、建设用地使用权部分转让时，转让部分涉及地役权的，地役权对受让人具有约束力。

（3）地役权的消灭。

地役权人有下列情形之一的，供役地权利人有权解除地役权合同，地役权消灭：

①违反法律规定或者合同约定，滥用地役权；

②有偿利用供役地，约定的付款期限届满后在合理期限内经两次催告未支付费用。

二、债权

债权与债务是相对应的概念，这里我们主要介绍债权，其理由在于债权是债的主要体现。我们通常说债的关系既包括债权关系，也包括债务关系。

（一）债与债权

债是指按照合同的约定或者依照法律的规定，在当事人之间产生的特定的权利和义务关系。享有权利的人是债权人，负有义务的人是债务人。

债的构成要素包括债的主体、债的内容和债的客体（又称标的）。债的主体即债权人和债务人。有权要求对方当事人为一定行为或不为一定行为的是债权人，也就是权利主体；负有满足对方当事人权利的为债务人，也就是义务主体。

债的内容包括债权和债务。债权和债务是通过给付联结起来的，债权人有权请求债务人履行给付义务，债务人有义务向债权人作出给付。债权和债务相互依存，无债权就无债务。

债的客体（标的），是指债权和债务所共同指向的对象，即给付。给付是指债务人应为的特定行为。给付可分为作为和不作为，作为是"积极的给付"，不作为是"消极的给付"。从形式看，给付包括交付财物、支付金钱、转移权利、提交成果、提供服务、不作为等。债的客体必须是法律、法规所允许的。

债权是债的主要方面，讨论债的特征多以债权为例。债权是指在债的关系中，债权人享有的请求对方当事人为一定行为或不为一定行为的权利。

（二）债权的特征

与物权相比，债权具有以下的特征：[1]

---

① 谭华霖. 民法分论教程［M］. 北京：对外经济贸易大学出版社，2011：93.

（1）债权是财产权。债权或直接具有一定的财产价值，或可以转化为一定的财产价值。

（2）债权是请求权。债权的作用主要是请求权的行使，而非直接支配债务人的人身、债务人的行为或者债务人应给付之物，此与物权不同。债权是请求权，但并非所有的请求权都是债权，如物权请求权就不是债权。

（3）债权是相对权。相对权是指债权仅对债务人有效，即只能请求债务人履行，不能要求债务人之外的第三人履行（另有约定除外），也不能直接支配债务人的人身或财产。物权则是对世权。

（4）债权有期限性。债权主要是作为债权人实现特定目的的一种手段而存在，目的达到，债权即归于消灭。作为物权的典型代表的所有权具有永续性。

（三）债的分类

1.法定之债与意定之债

按照债的设定及内容是否允许当事人自由决定，债可以分为：

（1）法定之债，是指债的发生及内容均由法律加以明确规定的债。不当得利之债、无因管理之债、侵权行为之债、缔约过失之债，都属于法定之债。

（2）意定之债，是指债的发生及内容完全由当事人依其自由意思加以决定的债。单方允诺属于意定之债。

2.特定之债与种类之债

（1）特定之债，是指以特定物为标的的债。特定物可以是依物的性质而特定，如某幅字画，也可以是依当事人的意思指定的物，如某房屋、某牌号的小车等，不能用其他的物来代替。特定之债有以下特点：

①标的物被商定或指定后，债权人或债务人原则上不得变更；

②当标的物灭失时，发生履行不能的情况，债务人可不实际履行。

（2）种类之债，是指以种类物为标的的债。实践中，买卖、消费等合同大多以不特定物为标的物。种类之债的特点是：

①以种类物为给付标的；

②只有在标的物特定化之后才能履行；

③标的物的所有权自交付时转移于债权人。正式交付前标的物意外灭失的责任由债务人承担，交付之后由债权人承担。

3.简单之债与选择之债

（1）简单之债，又称单纯之债，是指债的标的是单一的，当事人只能就该种标的履行的债。简单之债的当事人只能就某一标的履行债务，否则将构成债的不履行。

（2）选择之债，是指债的关系成立时有数个标的，有选择权的当事人有权从数个标的中选择一个标的为给付的债。选择之债中没有多个债存在，而是只有一个债，但履行债的标的有多个，选择其一为给付即可。《民法典》"合同编"第五百一十五条规定，标的有多项而债务人只需履行其中一项的，债务人享有选择权；但是，法律另有规定、当事人另有约定或者另有交易习惯的除外。享有选择权的当事人在约定期限内或者履行期限届满未作选择，经催告后在合理期限内仍未选择的，选择权转移至对方。同时，当事人行使选择权负有及时通知对方的义务。

从选择之债的数种给付中确定一种给付，被称为选择之债的特定。经特定后，债务才能得到履行，所以选择之债的特定对于双方当事人极为重要。特定的方法有三种：

①因合意而特定，即双方当事人协商一致从数种给付中选择一种给付作为债的标的。

②因行使选择权而特定。选择权可以归属于债权人、债务人或第三人，但各国一般都规定除法律另有规定或当事人另有约定外，选择权属于债务人。

③因给付不能而特定。当数种给付因给付不能仅存一种给付时，由于选择权已无从行使，该选择之债即特定。

4.按份之债与连带之债

根据债的主体多少，可将债分为单一之债和多数之债。如果债权人和债务人均为一人，则叫单一之债；如果债权人或债务人一方或双方为数个人，则叫多数之债。《民法典》"合同编"规定了两种多数之债，即按份之债与连带之债。

（1）按份之债，是指两个或两个以上的债权人或债务人各自按照一定的份额（等份或不等份）享有债权或承担债务的债。两个或两个以上的债权人各自就自己的债权份额享有请求权、受领权的，为按份债权；两个或两个以上的债务人各自就自己的债务份额承担清偿义务的，为按份债务。多数之债，除法律有特别规定或者当事人有特别约定外，都属于按份之债。按份之债的主体仅在自己的份额内享有权利或承担义务，对其他债的当事人不发生影响。

（2）连带之债，是指两个或两个以上的债权人或债务人，对外享有连带债权或负有连带债务的债。在连带之债中，多数债权人中的任何一个人都有要求债务人清偿全部债务的权利，这种连带关系被称为连带债权；多数债务人中的任何一人都负有清偿全部债务的义务，这种连带关系被称为连带债务。在连带之债中，每一个债务人对债务均负全部的清偿义务，债权人有权要求任何一个债务人履行全部义务，因而所有债务人以其所有的财产作为债权人债权实现的责任财产。当其中一个债务人无力清偿债务时，债权人可以向其他债务人提出请求，这样对债权人非常有利。

连带之债产生的原因是：第一，因法律的规定而发生，主要有个人合伙债务、合伙型联营债务、代理关系中的连带责任、共同侵权行为人的连带责任、连带保证中的连带责任。第二，因当事人约定而产生。例如当事人有明确约定，可产生连带之债。

（四）债产生的根据

债产生的根据又称债产生的原因，即引起债的关系产生的法律事实。各国法律规定，可产生债的法律事实主要有合同、侵权行为、无因管理、不当得利及其他。

1.合同

合同是最常见的、最普遍的债产生的原因。合同是当事人之间设立、变更、终止民事关系的协议。合同依法成立后，即在当事人间产生债权和债务关系，因此合同是债的产生根据。基于合同所产生的债为合同之债。

2.侵权行为

侵权行为是指不法侵害他人的合法权益的行为。当事人一方不法侵害他人的财产权利或人身权利而造成另一方损失时，加害人应依法承担民事责任。受侵害的当事人一方有权请求加害人赔偿损失，加害人则负有赔偿损失的义务。因此，侵权行为也可以在加害人与受害人之间形成债的关系。侵权行为虽是法律所禁止的不法行为，但基于侵权行为所产生的侵权行为之债是合法的，是受法律保护的。

3. 无因管理

无因管理与不当得利在《民法典》中被合称为准合同。无因管理是指既未受他人之托，也不负有法律规定的义务而自觉为他人管理事务。[①]管理他人事务的人为管理人；接受管理人管理事务的人为本人或受益人；因事务的管理在管理人和本人或受益人之间产生的权利与义务关系，为无因管理之债。凡是为了他人利益免受损失的管理行为，都可被称为无因管理。

（1）无因管理成立的要件。

①没有法定的或者约定的义务。所谓法定的义务，是指法律直接规定的义务；所谓约定的义务，是指因合同产生的义务。

②管理人须对他人事务进行管理或者服务。对他人事务进行管理或者服务，即指管理他人事务。

③管理人须为避免他人利益受损失而进行管理。管理人的管理是否是为他人谋利益，应当从动机和效果两个方面看：从动机看，管理事务的动机是避免他人利益受损失，而不是为了使自己利益不受损失；从效果看，因管理所取得的利益最终要归本人或受益人，而不是归管理人自己。

（2）无因管理之债的内容。

①管理人的义务与责任。管理人自管理行为开始起，即应尽到适当管理、通知、继续管理和报告、计算的义务。其中，适当管理义务为管理人的主要义务，其他义务为管理人的从属义务。管理人应承担因未尽善良管理人的注意，未以有利于本人或受益人的方法进行管理，或者违反管理人所负担的义务等产生的法律责任。

②本人或受益人的义务。本人或受益人对管理人所负担的义务，即管理人所享有的权利。无因管理成立后，本人或受益人负有下列义务：一是偿还必要的费用；二是清偿必要的债务；三是赔偿损害。

4. 不当得利

不当得利是指没有合法根据，取得不当利益，造成他人损失。其中，取得不当利益的一方被称为受益人，受到损失的一方被称为受害人或者受损人。

（1）不当得利的构成要件。

①受益人获得财产上的利益，包括消极得利（财产应减少而未减少）和积极得利（财产积极增加）。

②受害人或者受损人遭受财产上的损失。

③受益与受害或受损之间存在因果关系。

④受益人获得利益无合法依据。

（2）不当得利的类型。

①民事法律行为不成立，如无效及被撤销所产生的不当得利。

---

① 彭万林. 民法学 [M]. 7版. 北京：中国政法大学出版社，2011：346.

②履行不存在的债务所产生的不当得利。

③因合同解除产生的不当得利。

④基于受益人、受害人或第三人行为而产生的不当得利。

⑤基于事件而产生的不当得利。

（3）得利人的返还义务。

不当得利中，受益人应当将取得的不当利益返还受害人或者受损人，返还利益的范围应包括原物和原物的孳息。但得利人不知道且不应当知道取得的利益没有法律根据，取得的利益已经不存在的，不承担返还该利益的义务。得利人已经将取得的利益无偿转让给第三人的，受损失的人可以请求第三人在相应范围内承担返还义务。

此外，悬赏广告、缔约过失行为等也可以产生债的关系。

有关债的其他内容，限于篇幅，我们将以合同之债为典型在本书第五章"合同法"中讨论。

第四节　代理与时效

代理与时效制度是民法的重要制度，但鉴于其对学习和理解经济法知识与案例的重要性，我们在此作简单介绍。

一、代理

代理是重要的民事法律行为，在商务活动与现实生活中都有重要作用，因为人不可能所有的事都亲力亲为，很多时候要委托他人去完成自己应尽的义务、履行自己的权利。

（一）代理的概念与特征

代理是指代理人在代理权限范围内，以被代理人的名义实施民事法律行为，被代理人对代理人的代理行为承担民事责任的一种法律制度。在代理关系中，以被代理人名义实施民事行为的人，被称为代理人；由他人代为实施民事行为的人，被称为被代理人，也称本人；与代理人实施民事行为的人，被称为第三人。

代理具有如下法律特征：

（1）代理人以被代理人的名义实施民事法律行为。非以被代理人的名义而以自己的名义代替他人实施法律行为，不属代理，如行纪等。

（2）代理行为应是具有法律意义的行为。主要包括三类：一是民事法律行为；二是民事诉讼行为；三是某些行政行为，如代理专利申请、商标注册等。

（3）代理人在被代理人授权范围内独立进行意思表示，即代理人必须在代理权限内进行代理活动，不能超越代理权限的范围；同时，代理人在代理权限内可以独立地进行意思表示。

（4）代理行为产生的法律后果直接由被代理人承担。代理人在代理权限内进行的代理行为，在法律上被视为被代理人自己的法律行为，由此而产生的权利和义务当然直接由被代理人承担。

（二）代理的种类

根据代理权产生的根据，代理可分为委托代理和法定代理。

（1）委托代理是指委托代理人按照被代理人的委托行使代理权的代理。委托合同与委托授权行为皆为产生委托代理权的根据。委托合同是委托人与受托人约定，由受托人处理委托人事务的合同。委托合同的成立和生效，并不当然地产生代理权，只有在委托人做出授予代理权的单方行为后，代理权才发生。委托代理授权的形式，可以是书面形式，也可以是口头形式，但法律、法规规定用书面形式的，应当用书面形式。

（2）法定代理是指法定代理人依照法律的规定行使代理权的代理。在法定代理中，代理权之授予基于法律的直接规定。法定代理主要适用于被代理人为无行为能力人或限制行为能力人的情况。

（三）无权代理

1.无权代理的概念与类型

无权代理是指没有代理权而以他人名义进行代理活动的法律行为。[①]无权代理在法律上并不当然无效，如经本人追认，就成为有权代理。无权代理包括三种情况：

（1）自始就不存在代理权的代理，即当事人实施代理行为，根本未获得被代理人的授权。

（2）超越代理权的代理，即代理人虽然获得了被代理人的授权，但其实施的代理行为不在被代理人的授权范围之内，就其超越代理权限所实施的代理行为，成立无权代理。

（3）代理权终止后的代理，即代理人获得了被代理人的授权，但在代理权期限届满后，代理人继续实施代理行为，就其超过代理权存续期限所实施的代理行为，成立无权代理。

2.无权代理的法律效果

对于无权代理，《民法典》第一百七十一条规定："未经被代理人追认的，对被代理人不发生效力。"由此看出，通过被代理人行使追认权，无权代理行为可转化为有权代理，产生与有权代理同样的法律效果。

被代理人追认权的行使，有明示和默示两种方式。所谓明示，是指被代理人以明确的意思表示对无权代理行为予以承认。所谓默示，是指被代理人虽没有明确表示承认无权代理行为对自己的效力，但以特定的行为，如以履行义务的行为对无权代理行为予以承认，或是被代理人明知他人以自己名义实施民事法律行为，但不作否认表示。

被代理人追认权的行使，可以向交易相对人作出，也可以向无权代理人作出。一经作出追认，无权代理行为即获得与有权代理行为同样的法律效力，因为追认的表示具有溯及力，无权代理行为自始有效，被代理人应受无权代理行为之后果约束。

与无权代理人进行民事行为时，不知也不应知其为无权代理的善意交易相对人享有撤销权。交易相对人行使撤销权后，基于无权代理所为的民事行为不发生效力，但撤销权的行使应于被代理人行使追认权之前行使，且被撤销的无权代理行为，被代理人不得再行追认。

无权代理行为发生后，被代理人享有追认或拒绝追认的选择权，代理行为处于效力未定状态。若被代理人明确表示拒绝追认或在交易相对人确定的催告期内不作出追认的表示，代理行为不生效。

---

① 刘心稳. 中国民法［M］. 3版. 北京：中国政法大学出版社，2012：68.

3.表见代理

表见代理指基于相对人对代理权外部特征的理解，虽然从代理内部关系上看代理人没有代理权，但相对人有理由相信其有代理权而与其进行法律行为时，该法律行为直接对被代理人发生法律效果的代理情形。因此，表见代理是无权代理的一种，其代理权不是基于被代理人的明示授权，而是基于被代理人的默示或者表面授权（以一种让相对人相信存在授权的形式）产生的代理。[①]如果善意的相对人不愿该无权代理产生与有权代理同样的法律效果，也可通过撤销权的行使，使其归于无效。

表见代理的构成要件为：

（1）交易相对人有理由相信无权代理人拥有代理权。这是指交易相对人根据所知的某些情况可以合理地认为无权代理人拥有代理权。

（2）交易相对人为善意且无过失，即交易相对人不知道也不可能知道无权代理人并不拥有代理权。此时，交易相对人应就其善意负担举证责任。

（3）无权代理人与第三人所为的民事行为，符合法律行为的一般有效要件和代理行为的表面特征。

表见代理的发生原因主要包括：

（1）被代理人以书面或口头形式直接或间接地向第三人表示以他人为自己的代理人，而事实上他并未对该他人进行授权，第三人信赖被代理人的表示而与该他人进行交易。

（2）被代理人与代理人之间的委托合同不成立、无效或被撤销，但尚未收回代理证书，交易相对人基于对代理证书的信赖，与行为人进行交易。

（3）代理关系终止后，被代理人未采取必要措施公示代理关系终止的事实并收回代理人持有的代理证书，造成第三人不知代理关系终止而仍与代理人进行交易。

二、时效

时效是指因一定事实状态在法定期间的持续存在而产生的、与该事实状态相适应的法律效果的法律制度。时效是导致民事法律关系发生、变更和消灭的法律事实。时效制度的设立，属于强行性规定，当事人不得约定不受时效限制或变更法定的时效期间。

时效分为取得时效和诉讼时效（消灭时效）。我国法律无取得时效之规定，所以在此仅介绍诉讼时效。

（一）诉讼时效的概念与种类

1.诉讼时效的概念

诉讼时效又称消灭时效，是指使在法定期间内不行使权利的权利人丧失胜诉权的法律制度。诉讼时效具有以下特征：

（1）有当事人不行使权利的事实状态存在，且该状态持续了一段时间。

（2）诉讼时效届满不消灭权利人的实体权利，只是让义务人产生了居于权利人已丧失胜诉权的抗辩权，即在诉讼开启时，义务人提出主张且人民法院确认诉讼时效已经届满的情况下，应驳回权利人的诉讼请求；如果义务人未提出诉讼时效抗辩，人民法院不应对诉讼时效问题进行释明以及主动适用诉讼时效的规定进行裁判。

---

① 崔建远，等. 民法总论［M］. 北京：清华大学出版社，2010：112.

（3）诉讼时效届满，当事人一方向对方表示同意履行义务或自愿履行义务后又反悔的，人民法院不予支持。

2.诉讼时效的种类

（1）普通诉讼时效，是指普遍适用于法律规定的各种民事法律关系的时效。除法律另有规定外，所有的民事法律关系皆适用普通诉讼时效。《民法典》第一百八十八条规定，向人民法院请求保护民事权利的诉讼时效期间为3年，法律另有规定的除外，依照其规定。

（2）特别诉讼时效，是指由法律就某些民事法律关系规定的特别适用的区别于普通诉讼时效期间的时效。特别诉讼时效不具有普遍性，只适用于特殊的民事法律关系。

《民法典》"合同编"第五百九十四条规定，因国际货物买卖合同和技术进出口合同争议提起诉讼或者申请仲裁的时效期间为4年。《中华人民共和国保险法》（以下简称《保险法》）第二十六规定，人寿保险的被保险人或者受益人向保险人请求给付保险金的诉讼时效期间为5年，自其知道或者应当知道保险事故发生之日起计算。

（3）长期诉讼时效，是指诉讼时效期间为20年的诉讼时效。20年为我国最长的诉讼时效期间，且不适用诉讼时效期间中止、中断的规定，旨在保护那些不知道或者不应当知道自己权利被侵害的当事人。

3.诉讼时效的起算

《民法典》规定，诉讼时效期间自权利人知道或者应当知道权利受到损害以及义务人之日起计算。但是，从权利被侵害之日起超过20年的，人民法院不予保护。其意思为，权利人不知或不应知道权利已被侵害，自权利被侵害之日起经过20年的，其权利也失去法律的强制性保护。如果同一债务因约定分期履行，诉讼时效期间自最后一期履行期限届满之日起计算；无民事行为能力人或者限制民事行为能力人对其法定代理权的诉讼时效期间自该法定代理终止之日起计算；附条件的或附期限的债的请求权，从条件成就或期限届满之日起算；请求他人不作为的债权请求权，应当自权利人知道义务人违反不作为义务时起算。

（二）诉讼时效期间的中止、中断和延长

1.诉讼时效期间的中止

在诉讼时效期间进行中，因发生一定的法定事由使权利人不能行使请求权，暂时停止计算诉讼时效期间，待阻碍时效期间进行的法定事由消除后，诉讼时效期间继续进行。

（1）中止的法定事由。《民法典》第一百九十四条规定，在诉讼时效期间的最后6个月内，因不可抗力或者其他障碍不能行使请求权的，诉讼时效中止。不可抗力是指不能预见、不能避免和不能克服的客观情况。不可抗力的主要情形有：①自然灾害，如台风、洪水、冰雹；②政府行为，如征收、征用；③社会异常事件，如罢工、骚乱。发生不可抗力时，权利人主观上要求行使权利，但客观上无法行使，所以法律规定中止时效予以救济。其他障碍为概括性规定，主要包括如下情况：①无民事行为能力人或者限制民事行为能力人没有法定代理人，或者法定代理人死亡、丧失民事行为能力、丧失代理权；②继承开始后未确定继承人或者遗产管理人；③权利人被义务人或者其他人控制；④其他导致权利人不能行使请求权的障碍。

（2）诉讼时效期间中止的时间。诉讼时效期间可以中止的时间，为诉讼时效期间的最后6个月内。

（3）诉讼时效期间中止的法律效果。诉讼时效期间中止后，中止的期间不计入时效期间内。待中止事由消除后，时效期间继续进行，但自中止时效的原因消除之日起满6个月，诉讼时效期间届满。

2. 诉讼时效期间的中断

诉讼时效期间中断是指在诉讼时效进行期间，因发生一定的法定事由，使已经经过的时效期间归于无效，待时效期间中断的事由消除后，诉讼时效期间重新计算。

（1）中断的法定事由。《民法典》第一百九十五条规定，有下列情形之一的，诉讼时效中断：①权利人向义务人提出履行请求；②义务人同意履行义务；③权利人提起诉讼或者申请仲裁；④与提起诉讼或者申请仲裁具有同等效力的其他情形。

（2）诉讼时效中断的法律效果。诉讼时效中断后，诉讼时效停止计算；从中断、有关程序终结时起，重新开始计算诉讼时效，原来经过的时效期间不计算在内。

3. 诉讼时效期间的延长

有的权利人在诉讼时效期间内未能行使权利确有正当原因，其原因不包括在使诉讼时效期间中止、中断的法定事由之内，严格适用诉讼时效将造成不公平的结果。针对这种情况，依据《民法典》第一百八十八条，有特殊情况的，人民法院可以延长诉讼时效期间，以便保护特殊情况下权利人由于特殊原因未能及时行使的权利，避免造成不公平的结果。

（三）诉讼时效的客体

诉讼时效的客体是指诉讼时效制度所适用的权利类型。关于诉讼时效的客体，依诉讼时效制度的立法目的，应解释为仅适用于请求权。但并非一切请求权均适用诉讼时效。一般认为债权请求权以及物上请求权中的返还财产请求权、恢复原状请求权适用诉讼时效。物上请求权中的排除妨害请求权、消除危险请求权、所有权确认请求权，基于身份关系的请求权以及基于相邻关系的请求权等，一般不发生诉讼时效制度的适用，即不受时效制度限制。

《最高人民法院关于审理民事案件适用诉讼时效制度若干问题的规定》第一条规定，当事人可以对债权请求权提出诉讼时效抗辩，但对下列债权请求权不能适用诉讼时效抗辩：

（1）支付存款本金及利息请求权；

（2）兑付国债、金融债券以及向不特定对象发行的企业债券本息请求权；

（3）基于投资关系产生的缴付出资请求权；

（4）其他依法不适用诉讼时效规定的债权请求权。

《民法典》第一百九十六条还规定，下列请求权不适用诉讼时效的规定：

（1）请求停止侵害、排除妨碍、消除危险；

（2）不动产物权和登记的动产物权的权利人请求返还财产；

（3）请求支付抚养费、赡养费或者扶养费；

（4）依法不适用诉讼时效的其他请求权。

第五节　违反经济法应承担的法律责任

法律如果没有规定责任，是无法发挥作用的，因此，不管何种类型的法律都有违反法律即应承担相应责任的规定，法律责任是法的基本构成要素。经济法与其他法律部门不同的地方在于其法律责任的种类齐全，包括了民事责任、行政责任、刑事责任三大责任类型。

一、法律责任的概念与种类

"责任"一词在法律上有多种意义：一为职责，如生产承包责任制、岗位责任制等；二为义务，如法律上常用的保证责任、举证责任等，应为保证义务、举证义务；三为法律责任，如民事责任、行政责任、刑事责任等。

法律责任是指行为人不履行法定的或约定的义务，依法应当承担的不利后果。简言之，法律责任就是因违法行为而承担的法律后果。违法行为的性质不同，当事人应承担的法律责任的性质也不同。一般认为法律责任可分为民事责任、行政责任和刑事责任三类。民事责任是指法律关系的主体由于侵权行为、违约行为或由于法律的特别规定依法所应承担的不利的民事法律后果。行政责任是指法律关系的主体违反法律、法规的规定所应承受的由国家行政机关或国家授权的组织依行政程序对其给予的行政制裁。刑事责任是指法律关系主体触犯国家刑法所应承受的由国家审判机关给予的刑事制裁。

二、违反经济法应承担的具体法律责任

经济法在对经济法律关系进行调整时即可以追究违反经济法的当事人的民事责任，也可以追究行政责任，甚至还可以追究刑事责任，以保障经济法的实施。

1.违反经济法的民事责任

经济法律关系主体违反了经济法律、法规，损害了其他经济法律关系主体的财产权益和其他民事权益，依法应当承担相应的民事法律后果。民事责任主要表现为具有财产内容的财产责任。由于民事责任发生在有经济法律关系的当事人之间，是违法行为人对受害人承担的责任，因此法律允许违法行为人向受害人自行承担民事责任。在一定的范围内，民事责任的承担方式和范围也可以由当事人自行约定。根据《民法典》，在经济法律关系中，违法行为人承担民事责任的方式主要有：①停止侵害；②排除妨碍；③消除危险；④返还财产；⑤恢复原状；⑥修理、重作、更换；⑦继续履行；⑧赔偿损失；⑨支付违约金；⑩消除影响、恢复名誉；⑪赔礼道歉。上述承担民事责任的方式可以单独适用，也可以合并适用。

2.违反经济法的行政责任

违反经济法的行政责任指经济法律关系主体违反经济法律、法规，破坏了法律所要建立和维护的正常的社会经济秩序，国家行政机关或国家授权的组织依照行政程序对违法行为人给予相应的行政制裁。行政制裁包括行政处分和行政处罚。对违反经济法的责任人给予的行政制裁通常是行政处罚，主要包括：

（1）警告。警告一般以书面形式作出，必须向经济违法行为人本人宣布并送达本人。

（2）罚款。罚款是处罚机关强制违法行为人承担金钱给付义务，缴纳一定数额款项的处罚形式，是一种比较常用的行政制裁措施。罚款一般是针对违法行为人的非法收入。

（3）没收违法所得、没收非法财物。这是指行政处罚实施机关强制收缴违反经济法律、法规的单位或个人违法所得的金钱或财物的一种行政处罚措施。没收违法所得、没收非法财物一般针对违法行为人的非法收入。

（4）责令停产、停业、整顿。这是行政处罚实施机关对违法从事生产经营者而给予的直接剥夺其生产经营活动的权利的一种处罚形式，是一种比较严厉的行政处罚措施。

（5）暂扣或吊销许可证和营业执照。该种处罚是行政处罚实施机关依法对持有某种许可证或营业执照的违反经济法律、法规的单位或个人给予取消资格的处罚。暂扣或吊销许可证和营业执照的条件有严格规定，行政处罚机关实施处罚的程序应严格依法进行，程序不合法的行政处罚无效。

3.违反经济法的刑事责任

刑事责任是对违反经济法的当事人最严厉的一种法律责任形式。经济法律关系主体违反经济法规定，破坏社会主义市场经济秩序并触犯刑律，国家机关将对有关单位和个人追究刑事责任，给予相应的刑事制裁。《中华人民共和国刑法》（以下简称《刑法》）分则第三章专章规定了破坏社会主义市场经济秩序罪，我国许多经济法律、法规也规定了对严重违反经济法、破坏社会主义市场经济秩序的单位和个人追究刑事责任的法律条文。对单位犯罪所判处的刑罚主要是罚金，对个人犯罪或犯罪单位的直接负责的主管人员或直接责任人员可判处的刑罚包括全部主刑（管制、拘役、有期徒刑、无期徒刑、死刑）和全部附加刑（罚金、剥夺政治权利、没收财产、驱逐出境）。

关键术语

经济法（economic law）　市场经济（market economic）　政府干预（government intervene）　经济法律关系（economic legal relationship）　物权（right in rem）　债权（obligatory right）　代理（agency）　诉讼时效（prescription of litigation）　法律责任（legal liability）

基本训练

一、单选题

1.最先提出"经济法"这一概念的是（　　）。
　　A.摩莱里的《自然法典》　　　　　　B.德萨米的《公有法典》
　　C.德萨米的《自然法典》　　　　　　D.摩莱里的《公有法典》

2.享有经济职权的主体是（　　）。
　　A.企业　　　　B.国家机关　　　　C.事业单位　　　　D.社会团体

3.能够引起经济法律关系发生、变更和终止的总是一定的（　　）。
　　A.当事人的要求　　B.事件　　　　C.行为　　　　D.法律事实

4.下列各项中，属于法律事实中事件范围的是（　　）。
　　A.经济管理行为　　B.签订合同　　　　C.战争　　　　D.擅自发行股票

5.诉讼时效期间的计算是从（　　）开始的。
　　A.发生争议时　　　　　　　　　　B.法律行为生效时
　　C.知道或应当知道时　　　　　　　D.知道或应当知道权利被侵害时

6.万某为了生意周转向韩某借款30万元，于2020年10月11日到期，但由于万某生意失败而无法归还。韩某于2020年12月1日再次向万某索要该笔借款，万某依旧无法归还。根据《民法典》，韩某有权向人民法院提起诉讼请求法院保护其权利的期间为（　　　）。

  A.2020年12月1日至2023年12月1日　　B.2020年12月1日至2022年12月1日

  C.2020年10月11日至2023年10月11日　　D.2020年10月11日至2022年10月11日

  7.下列依据《民法典》"物权编"关于住宅建设用地使用权期间届满后续期的表述，正确的是（　　　）。

  A.自动续期　　　　　　　　　　　　B.建设用地使用权收归国有，不得续期

  C.经县级以上人民政府批准，可以续期　D.经不动产登记机构批准，可以续期

  8.根据规定，对不动产登记簿记载的权利人有异议的利害关系人可以申请异议登记。法律要求异议登记申请人在异议登记之日起一定期间内起诉；不起诉的，异议登记失效。该期间为（　　　）。

  A.5日　　　　　　　B.10日　　　　　　　C.15日　　　　　　　D.20日

二、多选题

  1.经济法律关系的构成要素包括（　　　）。

  A.主体　　　　　　　B.客体　　　　　　　C.权利　　　　　　　D.内容

  2.经济法的调整对象有（　　　）。

  A.平等主体间的财产关系　　　　　　B.宏观经济调控关系

  C.市场秩序调控关系　　　　　　　　D.市场主体管理关系

  3.常见的代理权滥用的情况有（　　　）。

  A.代理人与自己进行民事行为

  B.代理双方当事人进行同一民事行为

  C.超越代理权的行为

  D.代理人与第三人恶意串通，损害被代理人的利益

  4.引起诉讼时效中断的事由包括（　　　）。

  A.权利人提起诉讼的

  B.当事人一方向义务人提出请求履行义务要求的

  C.当事人一方同意履行义务的

  D.义务人下落不明的

  5.根据《民法典》，代理可分为（　　　）。

  A.协议代理　　　　　B.委托代理　　　　　C.法定代理　　　　　D.指定代理

  6.用益物权是指以物的使用收益为目的的物权，下列属于用益物权的有（　　　）。

  A.不动产抵押权　　　　　　　　　　B.留置权

  C.宅基地使用权　　　　　　　　　　D.农村土地承包经营权

  8.所有权是最完整的物权，其所包括的权能有（　　　）。

  A.占有权　　　　　　B.使用权　　　　　　C.收益权　　　　　　D.处分权

三、简答题

  1.如何理解经济法的概念？

  2.简述经济法的调整对象。

  3.简述经济法律关系的主体。

4.试述经济法律关系的内容。

5.简述物权、债权的含义及特征。

6.简述所有权的含义及特征。

7.简述用益物权的含义及特征。

8.试述代理的含义及特征。

9.简述诉讼时效的含义及种类。

四、实务题

王某于2016年8月以83万元的价格买下了某市华光小区的一套三室两厅的商品房，后因房价上涨，王某也因工作关系想把该房屋卖掉，自己搬到离工作较近的区域去居住。后经人介绍，王某的原同事李某与王某签订了房屋买卖合同，约定由李某以138万元的价格购买该房屋，且承担其他相关费用。合同签订后，李某一次性支付了全部房款，王某遂将该房屋交付李某居住，双方还商定要尽快办理过户登记手续。但是，10天后，王某的战友张某说自己想来某市发展，并表示愿意以150万元的价格购买王某的该处住房，王某非常心动，便将该房屋已经卖给李某的情况隐瞒，并与张某又签订了一份房屋买卖合同买卖该房屋，张某很快完成房款支付，并与王某迅速到房地产交易中心办理了房屋过户登记手续。但之后，张某发现李某早已搬入该房居住，于是起诉至人民法院，要求李某立即搬出该房屋。

问题：

（1）人民法院应该如何处理张某与李某之间的问题？为什么？

（2）王某应该对李某承担何种法律责任？为什么？

第二章　企业法

学习目标

◆ 重点掌握个人独资企业、合伙企业、中外合资企业、中外合作企业的特征、成立的条件，上述各类企业的权利和义务。

◆ 掌握个人独资企业、合伙企业、中外合资企业、中外合作企业的概念，上述各类企业事务的管理。

◆ 了解各类企业法的立法意义、各类企业的解散及清算。

第一节　企业法概述

企业是市场经济活动的主要主体，企业法是规定市场主体的设立、组织与活动的法。不同的企业类型由不同法律进行规范。

一、企业的概念和分类

理解企业的含义和分类是学习企业法的基础，我国不同的企业法对不同企业的含义都有规定。企业的类型与企业法的分类有密切关系，前者是后者的基础。

（一）企业的概念

企业（enterprise）是依法成立并具有法定组织形式及法律地位的以营利为目的的从事生产经营及服务的独立核算的经济组织。企业有如下特征：

（1）企业是社会经济组织。企业作为社会组织，必须由多人组成，是一个群体，且有自己的机构及工作程序。企业是一种社会经济组织，必须从事经济活动，还必须是一定的人员和一定的物的结合。

（2）企业是以营利为目的从事生产经营活动的社会经济组织。企业必须是从事生产经营活动的社会组织。生产经营活动是指创造社会财富的活动，包括生产、交易、服务等经营活动，且以营利为目的。

（3）企业是实行独立核算的社会经济组织。核算含有计量、记录、计算的意思。实行独立核算是要单独计算成本费用，以收抵支，计算盈亏，对经济业务作出全面反映和控制。不实行独立核算的社会经济组织不能称为企业。

（4）企业是依法设立的具有一定法律地位的经济组织。企业一旦成立就在一定程度上独立于其设立人，而成为一个独立的市场竞争的主体。企业在生产经营活动中以企业的名义而不是以设立人的名义与外界发生各种联系，形成各种法律关系，由此而产生的法律责任也由企业来承担。当然由于企业组织方式的不同，其与出资者的关系紧密程度就不同，因而其独立程度不同，承担责任的方式也不相同。法人型企业独立性较强，在责任的承担上也仅以法人财产为限；合伙和个人独资企业相对于设立人的独立性就比较弱，出资人对企业的责任比较大，如对企业的债务要承担连带责任等。

（二）企业的分类

依据不同的标准，可将企业分为不同类型。

（1）按企业的经济性质，企业可分为全民所有制企业、集体所有制企业、私营企业、混合所有制企业。采用这种划分方法除了可明确企业财产所有权的归属外，还方便国家对不同经济性质的企业采用不同的经济政策和监管办法。

（2）按企业所属行业，企业可分为工业企业、农业企业、商业企业、矿业企业、各种服务性企业等。这种划分方法一方面有利于经济统计，为国家的经济布局提供参数；另一方面也是出于管理的需要。

（3）按出资者的不同，企业可分为独资企业、合资企业、公司企业、内资企业、外商投资企业等。这样划分的目的是国家统计和宏观决策的需要，也是国家管理的需要。2020年1月1日起施行的《中华人民共和国外商投资法》第二条规定：本法所称外商投资企业，是指全部或者部分由外国投资者投资，依照中国法律在中国境内经登记注册设立的企业。该法第三十一条规定：外商投资企业的组织形式、组织机构及其活动准则，适用《中华人民共和国公司法》《中华人民共和国合伙企业法》等法律的规定。

（4）按企业的法律地位，企业可分为法人企业和非法人企业。这样划分能明确反映出企业的法律地位及责任能力，不仅有利于国家管理，而且有利于企业间的经济交往活动。

各国由于情况不同，对企业的划分标准也可能不同，或者在同一种划分标准下，其具体划分内容也不同。如我国按经济性质将企业划分为全民所有制企业、集体所有制企业、私营企业等，为多数国家所没有。又如对合伙企业，有的国家认为其可具有法人资格，有的国家则认为其不具有法人资格。

二、企业法的概念及我国企业法的构成

企业法是规范和调整企业设立、存续和终止的各种法律关系的法律规范的总称，它是企业设立、进行生产经营以及终止的行为规范，同时是国家对企业进行管理调控的法律依据。

我国的企业法主要由如下一些法律、法规构成：《公司法》、《中华人民共和国全民所有制工业企业》、《中华人民共和国合伙企业法》（以下简称《合伙企业法》）、《中华人民共和国个人独资企业法》（以下简称《个人独资企业法》）、《中华人民共和国乡镇企业法》、《中华人民共和国乡村集体所有制企业条例》、《中华人民共和国城镇集体所有制企业条例》等。

这些法律、法规根据我国企业的复杂情况，对企业的经济性质、事业特点、法律地位、设立条件、组织结构、活动要求等分别作出了细致全面的规定。

本章主要介绍《个人独资企业法》《合伙企业法》《中小企业促进法》等有关内容。鉴于公司在我国经济社会发展中的重要地位，我们将单独成章介绍《公司法》。

第二节　个人独资企业法

《个人独资企业法》是用来规范个人独资企业的设立、经营活动与终止的法律。这里的个人独资企业仅指中国公民在中国境内设立的企业。

一、个人独资企业概述

个人独资企业只能依据《个人独资企业法》设立，不具有法人资格，其投资人需对所投资的企业债务承担无限责任。个人独资企业一般投资额较小，又称微型企业。

1. 个人独资企业的概念

我国1988年的《私营企业暂行条例》第七条规定："独资企业是指一人投资经营的企业。独资企业投资者对企业债务负无限责任。"这是第一次明确规定了独资企业这种企业形式。根据2000年1月1日实施的《个人独资企业法》第二条规定，个人独资企业是指依照《个人独资企业法》在中国境内设立，由一个自然人投资，财产为投资人个人所有，投资人以其个人财产对企业债务承担无限责任的经营实体。

2. 个人独资企业的特征

《个人独资企业法》规定，法律、行政法规禁止从事营利性活动的人不得作为投资人申请设立个人独资企业。从该法的规定看，独资企业具有以下法律特征：

（1）个人独资企业是由一个自然人投资设立的，其投资者人数是单一的。这里的自然人只限于具有完全民事行为能力的中国公民。个人独资企业以营利为目的，具有从事经营活动的资格，可以在核准登记的范围内从事经营活动。所以，个人独资企业与投资人是相对分离的，在经营活动中，个人独资企业应当以企业的名义开展经营活动。

（2）个人独资企业的财产为投资人个人所有，即投资人对个人独资企业的财产依法享有所有权。个人独资企业的全部资产，包括以独资企业名义所获得的利润，归投资者个人所有。当投资人直接运用投资财产从事经营时，投资人既是财产的所有者又是经营者，是所有者与经营者的统一。但也正是由于"独资"，投资人对个人独资企业具有完全的控制权，且法律没有强制规定企业所有权与企业经营权分离的机制，投资人可以视企业的情况自主选择经营管理方式。

（3）个人独资企业不具有法人资格。个人独资企业是自然人从事商业经营的一种组织形式，但其本身不是独立的法律主体，没有自己的法律人格，其虽可以企业名义独立开展经营活动，但最终法律责任由企业和投资人共同承担。个人独资企业设置的财产目录和业务账簿，用于记载投入企业经营的财产情况和企业业务状况，其主要目的是填写纳税账表和使企业主了解、掌握企业的经营状况。

（4）投资人以其个人财产对企业的债务承担无限责任。所以，个人独资企业债权人债权的实现在很大程度上依赖于投资人的信用和偿债能力，所以《个人独资企业法》对个人独资企业的资本并未作任何强制性的规定。

二、个人独资企业法概述

《个人独资企业法》的出台为个人创业提供了更多企业形式的选择，对促进就业也有积极作用。

1.个人独资企业法的含义和立法宗旨

《个人独资企业法》是调整一个自然人设立独资企业、从事生产经营活动的法律规范。《个人独资企业法》第一条规定："为了规范个人独资企业的行为，保护个人独资企业投资人和债权人的合法权益，维护社会经济秩序，促进社会主义市场经济的发展，根据宪法，制定本法。"这一条文揭示了该法的立法宗旨：①规范个人独资企业的行为；②保护个人独资企业投资人和债权人的合法权益；③维护社会经济秩序，促进社会主义市场经济的发展。

因此，《个人独资企业法》的颁布和实施，可以引导、监督和管理个人独资企业，规范个人独资企业的行为。《个人独资企业法》的出台也标志着我国现代企业法律制度的建设迈上了一个新的台阶，与《合伙企业法》《公司法》一起初步形成了与社会主义市场经济体制相适应的现代企业法律制度体系。

2.个人独资企业法的适用范围

制定《个人独资企业法》的目的是规范个人独资企业的行为，保护个人独资企业投资人和债权人的合法权益，维护社会经济秩序，促进社会主义市场经济的发展，因此《个人独资企业法》只适用于个人独资企业。《个人独资企业法》不适用于具有独资特点的全民所有制企业，不适用于国有独资公司及其他一人有限责任公司，也不适用于外商投资企业。

三、个人独资企业的权利和义务

1.个人独资企业的权利

作为企业的一种具体类型，个人独资企业与其他企业一样依法享有自主从事经营活动的权利，所以国家通过立法采取各种具体措施严格保护个人独资企业的合法权益不受侵犯。《个人独资企业法》第五条明确规定，国家依法保护个人独资企业的财产和其他合法权益。此外，《个人独资企业法》规定了个人独资企业的发展权：个人独资企业可以依法申请贷款、取得土地使用权，并享有法律、行政法规规定的其他权利。任何单位和个人不得违反法律、行政法规的规定，以任何方式强制个人独资企业提供财力、物力、人力。对于上述违法强制行为，个人独资企业有权拒绝；如有上述违反法律、行政法规规定的强制行为的，应按有关法律、行政法规予以处罚，并追究有关责任人员的责任。

2.个人独资企业的义务

《个人独资企业法》对个人独资企业的义务也进行了详细规定：

（1）个人独资企业从事经营活动必须遵守法律、行政法规，遵守诚信原则，不得损害社会公共利益。在现代社会，法律的任务之一就是保护社会经济秩序和社会公共利益，因此个人独资企业的经营活动不得扰乱社会经济秩序、损害社会公共利益。诚信原则是市场经济活动中必须遵守的最基本的原则。

（2）个人独资企业应当依法履行纳税义务。《个人独资企业法》仅规定了个人独资企业应当依法履行纳税义务，而对个人独资企业纳税的具体内容未加规定。个人独资企业如何履行纳税义务，还有待相关税收法律、法规的具体规定，以避免重复纳税。

（3）个人独资企业应当依法设置会计账簿，进行会计核算。在有关会计的专门法律中对企业设置账簿、进行会计核算等事项已经作了具体规定，个人独资企业的财务会计管理应当与之相衔接。

（4）个人独资企业有保障职工权益的义务。《个人独资企业法》第六条规定："个人独资企业应当依法招用职工。职工的合法权益受法律保护。个人独资企业职工依法建立工会，工会依法开展活动。"第二十二条规定："个人独资企业招用职工的，应当依法与职工签订劳动合同，保障职工的劳动安全，按时、足额发放职工工资。"第二十三条规定："个人独资企业应当按照国家规定参加社会保险，为职工缴纳社会保险费。"第三十九条还特别规定："个人独资企业违反本法规定，侵犯职工合法权益，未保障职工劳动安全，不缴纳社会保险费用的，按照有关法律、行政法规予以处罚，并追究有关责任人员的责任。"

四、个人独资企业的设立

个人独资企业的设立需要符合一定的条件，并向市场监督管理部门申请登记，取得营业执照后方可从事经营活动。

（一）个人独资企业的设立条件

我国对个人独资企业在立法上采取了准则主义，即只要符合设立的条件，企业即可登记成立，无须经过有关部门的批准。当然，个人独资企业不得从事法律、行政法规禁止经营的业务。如果个人独资企业拟从事法律、行政法规规定须报经有关部门审批的业务，应当在申请设立登记时提交有关部门的批准文件。《个人独资企业法》第八条规定了设立个人独资企业应当具备的条件：

（1）投资人只能是一个自然人。个人独资企业中的"人"只能是自然人，因此个人独资企业属于自然人企业，与合伙企业有相似之处。所以，自然人之外的法人、其他组织不能投资设立个人独资企业，自然人以外的团体或社会组织虽然也常有单独投资经营的情形，但从不被视为独资企业。设立个人独资企业，投资人应当有相应的民事权利能力和完全的民事行为能力，法律、行政法规禁止从事营利性活动的人（如政府公务员），不得作为投资人申请设立个人独资企业。

（2）有合法的企业名称。个人独资企业的名称不仅应当与公司企业和合伙企业区别开来，而且应当与其他个人独资企业区别开来。因此，个人独资企业的名称应当与其责任形式及所从事的营业相符合。

（3）有投资人申报的出资。由于个人独资企业的投资人以其个人财产对企业债务承担无限责任，这种责任形式本身就是对交易安全的一种保障，债权人可以通过追究投资人个人的财产责任来保障自己的债权实现。但《个人独资企业法》并没有规定个人独资企业的最低资本数额要求。

（4）有固定的生产经营场所和必要的生产经营条件。这是个人独资企业开展经营活动的物质基础。

（5）有必要的从业人员。从业人员是企业开展经营活动必不可少的要素和条件，关于从业人员的人数，法律并没有作具体规定，由企业视经营情况而定。

（二）个人独资企业的设立程序

个人独资企业的设立程序是指为使个人独资企业成立而依法进行的一系列法律行为及所经法律程序的总称。个人独资企业的设立程序主要包括申请、受理、审查、登记。

根据《个人独资企业法》，申请设立个人独资企业，应当由投资人或者其委托的代理人向个人独资企业所在地的登记机关提交设立申请书、投资人身份证明、生产经营场所使用证明等文件。在设立过程中，既可以由投资人亲自办理有关事项，也可以委托代理人办理有关事项。委托代理人申请设立登记时，应当出具投资人的委托书和代理人的合法证明。个人独资企业设立申请书应当载明下列事项：①企业的名称和住所；②投资人的姓名和居所；③投资人的出资额和出资方式；④经营范围。

登记机关应当在收到设立申请文件之日起15日内，对符合《个人独资企业法》规定条件的，予以登记，发给营业执照；对不符合《个人独资企业法》规定条件的，不予登记，并应当给予书面答复，说明理由。个人独资企业营业执照的签发日期，为个人独资企业成立日期。在领取个人独资企业营业执照前，投资人不得以个人独资企业名义从事经营活动。违反《个人独资企业法》，未领取营业执照，以个人独资企业名义从事经营活动的，责令停止经营活动，处以3 000元以下的罚款。

（三）对个人独资企业的登记管理

个人独资企业存续期间登记事项发生变更的，应当在作出变更决定之日15日内向登记机关申请办理变更登记。为了规范个人独资企业的经营行为，强化对个人独资企业登记和管理，《个人独资企业法》规定，提交虚假文件或采取其他欺骗手段，取得企业登记的，责令改正，处以5 000元以下的罚款；情节严重的，并处吊销营业执照。涂改、出租、转让营业执照的，责令改正，没收违法所得，处以3 000元以下的罚款；情节严重的吊销营业执照。伪造营业执照的，责令停业，没收违法所得，处以5 000元以下的罚款。构成犯罪的，依法追究刑事责任。个人独资企业成立后无正当理由超过6个月未开业的，或者开业后自行停业连续6个月以上的，吊销营业执照。企业对其名称享有专用权，违反《个人独资企业法》，个人独资企业使用的名称与其在登记机关登记的名称不相符合的，责令限期改正，处以2 000元以下的罚款。

（四）登记机关的责任

登记机关对不符合《个人独资企业法》规定条件的个人独资企业予以登记，或者对符合《个人独资企业法》规定条件的企业不予登记的，对直接责任人员依法给予行政处分；构成犯罪的，依法追究刑事责任。登记机关的上级部门的有关主管人员强令登记机关对不符合《个人独资企业法》规定条件的企业予以登记，或者对符合《个人独资企业法》规定条件的企业不予登记的，或者对登记机关的违法登记行为进行包庇的，对直接责任人员依法给予行政处分；构成犯罪的，依法追究刑事责任。登记机关对符合法定条件的申请不予登记或者超过法定时限不予答复的，当事人可依法申请行政复议或者提起行政诉讼。

五、个人独资企业事务的管理

个人独资企业的投资人享有一定的权利，也应承担相应的责任，其可以亲自对企业进行管理，也可以委托他人对企业进行管理，受托人应尽到管理的职责。

个人独资企业投资人对本企业的财产依法享有所有权，其有关权利可以依法进行转让或继承，所以个人独资企业并不是独立的财产所有权主体，个人独资企业的财产与投资人的个人财产并没有明确的界限。因而《个人独资企业法》第三十一条规定，个人独资企业财产不足以清偿债务的，投资人应当以其个人的其他财产予以清偿。如果个人独资企业投资人在申请企业设立登记时明确以其家庭共有财产作为个人出资，应当依法以家庭共有财产对企业债务承担无限责任。

《个人独资企业法》第十九条规定，个人独资企业投资人可以自行管理企业事务，也可以委托或者聘用其他具有民事行为能力的人负责企业的事务管理。可见，个人独资企业的事务有两种管理方式：一是自行管理；二是委托他人管理。这两种方式均不会改变投资人与个人独资企业在财产权利和责任承担等方面的关系。为了保护投资人、受托人和第三人的正当权益，投资人委托或者聘用他人管理个人独资企业事务，应当与受托人或者被聘用的人签订书面合同，明确委托的具体内容和授予的权利范围。需要特别指出的是，投资人对受托人或者被聘用的人员职权的限制，不得对抗善意第三人。

为了保护投资人的合法权益，《个人独资企业法》专门规定了受托人或者被聘用人员的义务和责任。

首先，受托人或者被聘用的人员应当履行诚信及勤勉义务，按照与投资人签订的合同负责个人独资企业的事务管理。如果在管理个人独资企业事务时违反双方订立的合同，给投资人造成损害的，承担相应民事赔偿责任。

其次，投资人委托或者聘用的管理个人独资企业事务的人员不得有下列行为：

（1）利用职务上的便利，索取或者收受贿赂；
（2）利用职务或者工作上的便利侵占企业财产；
（3）挪用企业的资金归个人使用或者借贷给他人；
（4）擅自将企业资金以个人名义或者以他人名义开立账户储存；
（5）擅自以企业财产提供担保；
（6）未经投资人同意，从事与本企业相竞争的业务；
（7）未经投资人同意，同本企业订立合同或者进行交易；
（8）未经投资人同意，擅自将企业商标或者其他知识产权转让给他人使用；
（9）泄露本企业的商业秘密；
（10）法律、行政法规禁止的其他行为。

投资人委托或者聘用的人员违反规定从事上述行为，侵犯个人独资企业财产权益的，责令退还侵占的财产；给企业造成损失的，依法承担赔偿责任；有违法所得的，没收违法所得；构成犯罪的，依法追究刑事责任。

六、个人独资企业的解散与清算

个人独资企业也可以经由投资人决定解散或依法定事由解散，并且应该进行清算，之后申请注销。

1.个人独资企业的解散条件

个人独资企业的解散，即个人独资企业的终止。《个人独资企业法》第二十六条规定，个人独资企业应当解散的情形包括：①投资人决定解散；②投资人死亡或者被宣告死亡，无继承人或者继承人决定放弃继承；③被依法吊销营业执照；④法律、行政法规规定的其他情形。

2.个人独资企业的清算

企业清算工作的主要内容包括：通知或者向债权人公告，接受债权人的债权申报，对债权进行审查、财产清理、财产分配等。

根据《个人独资企业法》，个人独资企业解散，由投资人自行清算或者由债权人申请人民法院指定清算人进行清算。投资人自行清算的，应当在清算前15日内书面通知债权人，无法通知的，应当予以公告。债权人应当在接到通知之日起30日内，未接到通知的应当在公告之日起60日内，向投资人申报其债权。个人独资企业解散后，原投资人对个人独资企业存续期间的债务仍应承担偿还责任，但债权人在5年内未向债务人提出偿债请求的，该责任消灭。清算期间，个人独资企业不得开展与清算目的无关的经营活动。

3.财产的分配

在清算工作中，财产分配制度的主要内容是财产分配的顺序和内容。个人独资企业解散，其财产应当按照下列顺序清偿：①所欠职工工资和社会保险费用；②所欠税款；③其他债务。

在按以上规定的顺序清偿债务前，投资人不得转移、隐匿财产。个人独资企业及其投资人在清算前或清算期间隐匿或转移财产，逃避债务的，依法追回其财产，并按照有关规定予以处罚；构成犯罪的，依法追究刑事责任。

个人独资企业清算结束后，投资人或者人民法院指定的清算人应当编制清算报告，并于15日内向登记机关办理注销登记。

案例窗2-1

第三节　合伙企业法

合伙企业是我国市场经济发展中较重要的市场主体，合伙企业法是规范合伙企业的法律。《合伙企业法》经2006年修订后增加了关于有限合伙的规定。

一、合伙企业法概述

合伙是很古老的商业活动。合伙的基本含义是"一起合伙干"，合伙是人之间的合作。合伙人是指与人合作经营一个合伙企业或生意的人。合伙企业法只规范合伙人经营合伙企业的行为，合伙做生意由其他法律进行规范。

（一）合伙企业法的含义

合伙企业法有广义和狭义之分。狭义的合伙企业法是指由国家最高立法机关依法制定的、规范合伙企业合伙关系的专门法律，即《合伙企业法》。该法由第八届全国人民代表大会常务委员会第二十四次会议于1997年2月23日通过，自1997年8月1日起施行，2006

年8月第十届全国人民代表大会常务委员会第二十三次会议进行了修订，主要增加了关于有限合伙的规定。广义的合伙企业法是指国家立法机关或者其他有权机关依法制定的、调整合伙企业合伙关系的各种法律规范的总称。除合伙企业法外，国家有关法律、行政法规和规章中关于合伙企业的法律规范，都属于广义合伙企业法的范畴。《合伙企业法》仅适用于其所规定的合伙企业，不适用于契约性合伙活动。

（二）合伙企业法的基本原则

1.协商原则

在以书面形式订立合伙协议时，依法由全体合伙人协商一致。

2.平等、自愿、公平、诚信原则

订立合伙协议、设立合伙企业，应当遵循平等、自愿、公平、诚信的原则。平等是指全体合伙人具有平等法律地位、享受平等的法律待遇以及享有平等的法律保护。自愿是指全体合伙人根据自己的真实意愿作出签订合伙协议、设立合伙企业的意思表示。公平是指全体合伙人在签订合伙协议、设立合伙企业的过程中，应当本着公平的观念实施自己的行为。诚信是指全体合伙人应诚实、守信，以善意的方式处理有关问题。

3.守法守德原则

合伙企业及其合伙人必须遵守法律、行政法规，遵守社会公德、商业道德，承担社会责任。

4.合法权益受法律保护原则

一是受法律保护的对象是合法的财产和权益，也就是合伙企业及其合伙人财产应属于合法占有的财产，其权益也属于依法所享有的权益。二是严禁任何单位和个人侵犯合伙企业及其合伙人合法占有的财产和依法应享有的权益。

5.依法纳税原则

合伙企业从事生产经营以及与生产经营有关的活动所取得的各项收入，按照国家有关税收规定，由合伙人分别缴纳个人所得税，合伙企业不缴纳企业所得税。

（三）合伙企业设立登记

申请合伙企业设立登记，应当向企业登记机关提交登记申请书、合伙协议书、合伙人身份证明等文件。合伙企业的经营范围中有属于法律、行政法规规定在登记前须经批准的项目的，该项经营业务应当依法经过批准，并在登记时提交批准文件。企业登记机关应当自收到申请登记文件之日起20日内，作出是否登记的决定。对符合《合伙企业法》规定条件的，予以登记，发给营业执照；对不符合《合伙企业法》规定条件的，不予登记，并应当给予书面答复，说明理由。合伙企业的营业执照签发日期，为合伙企业成立日期。合伙企业领取营业执照前，合伙人不得以合伙企业名义从事经营活动。合伙企业设立分支机构，应当向分支机构所在地的企业登记机关申请登记，领取营业执照。

二、普通合伙企业

普通合伙企业是指依照《合伙企业法》在中国境内设立的由各合伙人订立合伙协议，共同出资、合伙经营、共享收益、共担风险，并对合伙企业债务承担无限连带责任的营利性组织。

（一）普通合伙企业的特征

根据《合伙企业法》，普通合伙企业的特征包括以下方面：

（1）合伙企业是由两个以上的投资人共同投资兴办的。合伙企业的投资人可以为自然人，也可以为法人和其他组织，但是必须为两个或者两个以上，这使合伙企业区别于独资企业。但《合伙企业法》规定国有独资公司、国有企业、上市公司以及公益性的事业单位、社会团体不得成为普通合伙人。

（2）合伙人以合伙协议确定各方出资、分享利润和承担债务的份额。在合伙人合意的基础上形成的协议是合伙企业成立的基石，因此合伙协议是合伙人之间确定权利与义务关系的最重要的依据。

（3）合伙人对合伙企业的债务承担无限连带责任。在合伙企业与第三人的关系中，合伙企业以合伙共有财产清偿第三人的债务，在合伙企业财产不足以清偿合伙企业的债务时，合伙人负有以其在合伙出资以外的个人财产清偿合伙债务的责任。合伙人之间可以依据合伙协议确定各自应当承担的债务份额，某一合伙人承担超过所约定责任的部分，有权向其他合伙人追偿。

（4）合伙企业属人合型企业。合伙企业的设立在一定程度上是基于合伙人之间的相互信赖。在合伙企业中，合伙人共同参与企业的经营管理，合伙人均具有代表合伙企业执行合伙事务的权利，合伙企业吸收新的合伙人必须经全体合伙人一致同意，任何一个合伙人不得在未经其他合伙人同意的情况下转让其在合伙企业中的份额。

（二）普通合伙企业设立的条件

《合伙企业法》第八条规定，设立合伙企业应当具备下列条件：

（1）有两个以上合伙人，并且都依法承担无限责任。合伙人应当是具有完全民事行为能力的人。法律、行政法规禁止从事营利性活动的人，不得成为合伙企业的合伙人，具体包括国家公务员、法官、检察官及警察等。

（2）有书面合伙协议。合伙协议是各合伙人通过协商达成的确定相互间的权利与义务的具有法律约束力的协议。合伙协议应当载明下列事项：合伙企业的名称和主要经营场所的地点；合伙目的和合伙企业的经营范围；合伙人的姓名及住所；合伙人出资的方式、数额和缴付出资的期限；利润分配和亏损分担办法；合伙企业事务的执行；入伙与退伙；争议解决办法；合伙企业的解散与清算；违约责任。

合伙协议经全体合伙人签名、盖章后生效。合伙人依照合伙协议享有权利，承担责任；经全体合伙人协商一致，可以修改或者补充合伙协议。

（3）有各合伙人实际缴付的出资。合伙人可以用货币、实物、土地使用权、知识产权或者其他财产权利出资，也可以用劳务出资。对货币以外的出资需要评估作价的，可以由全体合伙人协商确定，也可以由全体合伙人委托法定评估机构进行评估；以劳务出资的，其评估办法由全体合伙人协商确定。合伙人应当按照合伙协议约定的出资方式、数额和缴付出资的期限，履行出资义务。各合伙人按照合伙协议实际缴付的出资，为对合伙企业的出资。

（4）有合伙企业的名称。合伙企业在其名称中应标明"普通合伙"字样，但不得使用"有限"或者"有限责任"字样。

（5）有经营场所和从事合伙经营的必要条件。

（三）合伙企业的财产

合伙人的出资、以合伙企业名义取得的收益和依法取得的其他财产，均为合伙企业的财产。

1.合伙企业分割财产限制

（1）合伙人在合伙企业清算前，不得请求分割合伙企业的财产，但《合伙企业法》另有规定的除外。因此，合伙企业的财产具有独立性和完整性。独立性是指合伙企业的财产独立于合伙人，合伙人出资后就失去了对出资部分财产的所有权、持有权，合伙企业对原始财产和积累财产的财产权主体都是合伙企业，而不是单独的每一个合伙人。完整性是指合伙企业的财产是作为一个完整的统一体而存在的，合伙人对合伙企业财产权益的表现形式只是按照合伙协议所确定的财产收益份额或者比例。

根据退伙的相关规定，有下列情形之一的，合伙企业应当向合伙人的继承人退还被继承合伙人的财产份额：①继承人不愿意成为合伙人；②法律规定或者合伙协议约定合伙人必须具有相关资格，而该继承人未取得该资格；③合伙协议约定不能成为合伙人的其他情形。

合伙人的继承人为无民事行为能力人或者限制民事行为能力人的，经全体合伙人一致同意，可以依法成为有限合伙人，普通合伙企业依法转为有限合伙企业。全体合伙人未能一致同意的，合伙企业应当将被继承合伙人的财产份额退还该继承人。

（2）合伙人在合伙企业清算前私自转移或者处分合伙企业财产的，合伙企业不得以此对抗善意第三人。合伙企业的财产是由合伙人依约定或依规定来管理和使用的，任何合伙人都无权在合伙企业清算前私自处分或转移合伙企业的财产；如果合伙人违背了约定或规定，擅自出让了其无权处分的财产，《合伙企业法》的规定是保护善意第三人。

2.合伙企业财产的转让

合伙企业财产的转让指合伙人向他人转让其在合伙企业中全部或部分财产的行为。合伙人向合伙人以外的人转让其在合伙企业中的全部或者部分财产份额时，除合伙协议另有约定外，须经其他合伙人一致同意。合伙人之间转让在合伙企业中的全部或者部分财产份额时，应当通知其他合伙人。

合伙人向合伙人以外的人转让其在合伙企业中的财产份额的，在同等条件下，其他合伙人有优先购买权；但是，合伙协议另有约定的除外。

合伙人以外的人依法受让合伙人在合伙企业中的财产份额的，经过修改合伙协议成为合伙企业的合伙人，依照《合伙企业法》和修改后的合伙协议享有权利，履行义务。

3.合伙企业财产的质押

《合伙企业法》规定，合伙人以其在合伙企业中的财产份额出质的，须经其他合伙人一致同意；未经其他合伙人一致同意，其行为无效，由此给善意第三人造成损失的，由行为人依法承担赔偿责任。

（四）合伙企业事务的管理

各合伙人对执行合伙企业事务享有同等的权利，合伙企业既可以由全体合伙人共同执行合伙企业事务，也可以由合伙协议约定或者全体合伙人决定，委托一名或者数名合伙人执行合伙企业事务。全体合伙人在委托一名或者数名合伙人执行合伙企业事务时可以规定必要的权限，但是合伙企业对合伙人执行合伙企业事务以及对外代表合伙企业权利的限制，不得对抗不知情的善意第三人。执行合伙企业事务的合伙人，对外代表合伙企业。如果合伙协议或者全体合伙人一致同意委托一名或者数名合伙人执行合伙企业事务，其他合伙人不再执行合伙企业事务。但是不参加执行事务的合伙人有权监督执行事务的合伙人，检查其执行合伙企业事务的情况。执行合伙企业事务的一名或者数名合伙人，应当依照约定向其他不参加执行事务的合伙人报告事务执行情况以及合伙企业的经营状况和财务状况，其执行合伙企业事务所产生的收益归全体合伙人，所产生的亏损或者民事责任，由全体合伙人承担。

被委托执行合伙企业事务的合伙人不按照合伙协议或者全体合伙人的决定执行事务的，其他合伙人可以决定撤销该委托。全体合伙人均负有不得自营或者同他人合作经营与本合伙企业相竞争的业务；除合伙协议另有约定或者经全体合伙人同意，有不得同本合伙企业进行交易或者从事损害本合伙企业利益的活动的义务。

合伙企业的利润分配、亏损分担，按照合伙协议的约定办理；合伙协议未约定或者约定不明确的，由合伙人协商决定；协商不成的，由合伙人按照实缴出资比例分配、分担；无法确定出资比例的，由合伙人平均分配、分担。但是为维护合伙经营的平等、公平原则，同时为避免出现"假合伙"的现象，《合伙企业法》规定，合伙协议不得约定将全部利润分配给部分合伙人或者由部分合伙人承担全部亏损。

合伙人依法或者按照合伙协议对合伙企业有关事项作出决议时，除法律另有规定或者合伙协议另有约定外，经全体合伙人决定实行一人一票的表决办法。合伙企业的下列重大事务必须经全体合伙人一致同意：改变合伙企业的名称，改变合伙企业的经营范围、主要经营场所的地点，处分合伙企业的不动产，转让或者处分合伙企业的知识产权和其他财产权利，以合伙企业名义为他人提供担保，聘任合伙人以外的人担任合伙企业的经营管理人员。

（五）入伙与退伙

1.入伙

入伙是指合伙关系存续期间，现有合伙人以外的人加入而成为新的合伙人。新合伙人入伙时，应当经全体合伙人同意，并依法订立书面入伙协议，原合伙人应当向新合伙人告知原合伙企业的经营状况和财务状况。入伙的新合伙人与原合伙人享有同等权利，承担同等责任，但是入伙协议另有约定的，按照协议约定。新入伙人一旦入伙就应当对入伙前合伙企业的债务承担连带责任。

2.退伙

退伙是指在合伙企业继续存在的情况下，部分合伙人退出合伙企业，解除其合伙人身份；如果全体合伙人宣布退出合伙，应当构成合伙的解散，而不应当视作退伙。

退伙分为三种情况：

（1）约定退伙，是指在合伙协议约定合伙期限内合伙人因合伙协议约定的退伙事由出现、经全体合伙人同意、发生合伙人难以继续参加合伙企业的事由或其他合伙人严重违反合伙协议约定的义务而提出的退伙。在合伙协议未规定合伙期限的情况下，约定退伙的合伙人在不给合伙企业事务的执行造成不利影响的前提下，经提前30天通知其他合伙人而宣布退伙。合伙人无正当理由不得擅自退伙，否则应赔偿因其擅自退伙给其他合伙人造成的损失。

（2）当然退伙，是指在合伙人死亡或者被依法宣告死亡、被依法宣告为无民事行为能力人、丧失偿债能力或者被人民法院强制执行在合伙企业中的全部财产份额的情形，上述情形实际发生之日为退伙生效日。《合伙企业法》第四十八条规定，合伙人有下列情形之一的，当然退伙：作为合伙人的自然人死亡或者被依法宣告死亡；个人丧失偿债能力；作为合伙人的法人或者其他组织依法被吊销营业执照、责令关闭、撤销，或者被宣告破产；法律规定或者合伙协议约定合伙人必须具有相关资格而丧失该资格；合伙人在合伙企业中的全部财产份额被人民法院强制执行。

（3）除名退伙，是指经其他合伙人一致同意，因某一或几个合伙人未履行出资义务、故意或者重大过失给合伙企业造成损失、执行合伙企业事务时有不正当行为或者有协议约定的其他事由而将其除名。对合伙人的除名决议应当书面通知被除名人，被除名人自接到除名通知之日起，除名生效，被除名人退伙。被除名人如果对除名决议有异议的，可以在接到除名通知之日起30日内，向人民法院提起诉讼。

但是不管何种原因导致合伙人退伙，其他合伙人应当与该退伙人按照退伙时的合伙企业的财产状况进行结算，退还退伙人的财产份额。退伙时尚有未了结的合伙企业事务的，待了结后进行结算。退伙人在合伙企业中财产份额的退还办法，由合伙协议约定或者由全体合伙人决定，可以退还货币，也可以退还实物。退伙人对其退伙前已发生的合伙企业债务，仍应与其他合伙人承担连带责任。合伙人退伙时，合伙企业财产少于合伙企业债务的，退伙人应当按照合伙协议约定的比例或者在未约定比例的情况下按出资额的比例分担亏损。

（六）特殊的普通合伙企业

从事专业知识和专门技能为客户提供有偿服务的专业服务机构，可以设立为特殊的普通合伙企业。特殊的普通合伙企业名称中应当标明"特殊普通合伙"字样。

合伙人或者数个合伙人在执业活动中因故意或者重大过失造成合伙企业债务的，应当承担无限责任或者无限连带责任，其他合伙人以其在合伙企业中的财产份额为限承担责任。合伙人在执业活动中非因故意或者重大过失造成的合伙企业债务以及合伙企业的其他债务，由全体合伙人承担无限连带责任。

合伙人执业活动中因故意或者重大过失造成的合伙企业债务，以合伙企业财产对外承担责任后，该合伙人应当按照合伙协议的约定对给合伙企业造成的损失承担赔偿责任。

特殊的普通合伙企业应当建立执业风险基金，办理职业保险。执业风险基金用于偿付合伙人执业活动造成的债务。执业风险基金应当单独立户管理，具体管理办法由国务院规定。

三、有限合伙企业

有限合伙企业的重要特征是其合伙人分为两类：一类为承担无限责任的合伙人，即普通合伙人；另一类是承担有限责任的合伙人，即有限合伙人。有限合伙人仅以出资为限对合伙企业债务承担责任。有限合伙企业由普通合伙人负责经营。

（一）有限合伙企业概述

有限合伙企业是指由有限合伙人和普通合伙人共同组成的，普通合伙人对合伙企业的债务承担无限连带责任，有限合伙人以他认缴的出资额为限对合伙企业债务承担责任的合伙组织。《合伙企业法》规定，凡《合伙企业法》中对有限合伙企业有特殊规定的，应适用有关有限合伙企业的特殊规定；无特殊规定的，适用有关普通合伙企业及其合伙人的一般规定。

有限合伙企业与普通合伙企业及有限公司的区别在于：

（1）在经营管理方面，有限合伙企业中的有限合伙人一般是不参与合伙人具体经营管理的，而是由普通合伙人从事具体的经营管理；有限公司的股东有权直接或间接参与公司的经营管理，而普通合伙企业中的合伙人一般都可以参与合伙企业的经营管理。

（2）在风险承担方面，有限合伙企业中不同类型的合伙人所承担的责任是有所不同的，有限合伙人以他的出资额为限承担有限责任，而普通合伙人之间承担无限连带责任；有限公司的股东仅以出资额为限对公司债务承担有限责任，而普通合伙企业的合伙人对合伙债务承担无限连带责任。

（二）有限合伙企业设立的法律规定

1.有限合伙企业对合伙人的要求

有限合伙企业一般由2个以上50个以下合伙人设立，法律另有规定的除外。有限合伙企业必须是由普通合伙人和有限合伙人共同组成的企业，所以其至少应当有一名普通合伙人。如果有限合伙企业仅剩有限合伙人，则应当解散；有限合伙企业仅剩普通合伙人的，可转为普通合伙企业。自然人、法人和其他组织都可参与设立有限合伙企业成为其中的有限合伙人。

2.有限合伙企业的名称

按照企业名称登记管理的有关规定，企业名称当中是要含有企业的组织形式的，有限合伙企业名称中应当标明"有限合伙"字样，而不能标明"普通合伙""特殊普通合伙""有限公司""有限责任公司"等字样。

3.有限合伙企业的合伙协议

有限合伙企业的合伙协议是有限合伙企业生产经营的重要法律文件，是有限合伙企业设立的基础。有限合伙企业的合伙协议除符合普通合伙企业合伙协议的规定外，还应包括以下事项：

（1）普通合伙人和有限合伙人的姓名或者名称、住所；

（2）执行事务合伙人应具备的条件和选择程序；

（3）执行事务合伙人权限与违约处理办法；

（4）执行事务合伙人的除名条件和更换程序；

（5）有限合伙人入伙、退伙的条件、程序以及相关责任；

（6）有限合伙人和普通合伙人相互转变程序。

4.有限合伙人的出资

有限合伙人出资采用的是认缴制。有限合伙人可以货币、实物、知识产权、土地使用权或者其他财产权利作价出资，但有限合伙人不得以劳务出资。有限合伙人应当按照合伙协议的约定按期足额缴纳出资；有限合伙人未按期足额缴纳的，应当承担补缴义务，并对其他合伙人承担违约责任。《合伙企业法》规定，有限合伙企业登记事项中应当载明有限合伙人的姓名或者名称及认缴的出资数额。

（三）有限合伙企业的事务执行

1.有限合伙企业事务由普通合伙人执行

有限合伙企业事务执行人有权对外从事经营活动，经营活动的后果是由全体合伙人承担。如果合伙协议约定由数个合伙人执行合伙事务，则这些普通合伙人均为合伙事务的执行人；如果合伙协议无约定或推举执行人，则全体普通合伙人就是合伙事务的共同执行人。合伙事务的执行人除享有一般的与合伙人相同的权利外，有接受其他合伙人的监督和检查、谨慎执行合伙事务的义务；如果由于其过失造成了合伙企业财产的损失，应向合伙企业或者其他合伙人承担赔偿责任。同时，执行事务合伙人可以要求在合伙协议中确定执行事务的报酬及报酬提取方式。

有限合伙人不执行合伙事务，所以不得对外代表有限合伙企业。有限合伙人的下列行为，不视为执行合伙事务：①参与决定普通合伙人入伙、退伙；②对企业的经营管理提出建议；③参与选择承办有限合伙企业审计业务的会计师事务所；④获取经审计的有限合伙企业财务会计报告；⑤对涉及自身利益的情况，查阅有限合伙企业财务会计账簿等财务资料；⑥在有限合伙企业中的利益受到侵害时，向有责任的合伙人主张权利或者提起诉讼；⑦执行事务合伙人怠于行使权利时，督促其行使权利或者为了本企业的利益以自己的名义提起诉讼；⑧依法为本企业提供担保。

2.有限合伙企业的利润分配

有限合伙企业不得将全部利润分配给部分合伙人，但合伙协议另有约定的除外。

3.有限合伙人的权利

（1）有限合伙人可以同本企业进行交易。除合伙协议另有约定的外，有限合伙人可以同本有限合伙企业进行交易。因为有限合伙人并不参与有限合伙企业事务的执行，所以对有限合伙企业的对外交易行为并无直接或者间接的控制权，有限合伙人与本有限合伙企业进行交易时，一般不会损害本有限合伙企业的利益。有限合伙协议可以对有限合伙人与有限合伙企业之间的交易进行限定。

（2）有限合伙人可以经营与本企业相竞争的业务，但合伙协议另有约定的除外。与普通合伙人不同，有限合伙人一般不承担竞业禁止义务。但合伙协议可以约定禁止有限合伙人自营或者同他人合作经营与本有限合伙企业相竞争的业务。

（四）有限合伙人财产份额的出质、对外转让及债务清偿

1.有限合伙人财产份额的出质

除合伙协议另有约定外，有限合伙人可以将其在有限合伙企业中的财产份额出质。有限合伙人在有限合伙企业中的份额是他的财产权益，在有限合伙企业存续期间，可以对这项财产权利进行一定的处分，包括有限合伙人对该财产份额进行质押。

2.有限合伙人财产份额的对外转让

有限合伙人可以按照合伙协议的约定向合伙人以外的人转让其在有限合伙企业中的财产份额，但应当提前30日通知其他合伙人。有限合伙人对外转让其在有限合伙企业的财产份额时，有限合伙企业的其他合伙人有优先购买权。

3.有限合伙人的债务清偿

有限合伙人的自有财产不足清偿其与合伙企业无关的债务的，该合伙人可以用其从有限合伙企业中分取的收益来清偿；债权人也可依法请求人民法院强制执行该合伙人在有限合伙企业中的财产份额用于清偿。所以，有限合伙人清偿其债务时，首先应当以自有财产进行清偿，只有自有财产不足清偿时，有限合伙人才可以使用其在有限合伙企业中分取的收益进行清偿，也只有在有限合伙人的自有财产不足清偿其与合伙企业无关的债务的，人民法院才可以应债权人请示强制执行该合伙人在有限合伙企业中的财产份额用于清偿。人民法院强制执行有限合伙人的财产份额时，应当通知全体合伙人，在同等条件下，其他合伙人有优先购买权。

（五）有限合伙企业的入伙与退伙

1.入伙

《合伙企业法》规定，新入伙的有限合伙人对入伙前有限合伙企业的债务，以其认缴的出资额为限承担责任；在普通合伙企业中，新入伙的合伙人对入伙前合伙企业的债务承担连带责任。

2.退伙

（1）有限合伙人可以当然退伙的情形。《合伙企业法》第七十八条规定，有限合伙人出现下列之一情形时当然退伙：①作为合伙人的自然人死亡或者被依法宣告死亡；②作为合伙人的法人或者其他组织依法被吊销营业执照、责令关闭、撤销，或者被宣告破产；③法律规定或者合伙协议约定合伙人必须具有相关资格而丧失该资格；④合伙人在合伙企业中的全部财产份额被人民法院强制执行。

（2）有限合伙人可以不退伙的情形。作为有限合伙人的自然人在有限合伙企业存续期间丧失民事行为能力的，其他合伙人不得因此要求其退伙。作为有限合伙人的自然人在有限合伙企业存续期间丧失民事行为能力，并不影响有限合伙企业的正常生产经营活动，其他合伙人不能要求该丧失民事行为能力的合伙人退伙。

（3）有限合伙人继承人的权利。作为有限合伙人的自然人死亡、被依法宣告死亡或者作为有限合伙人的法人及其他组织终止时，其继承人或者权利承受人可以依法取得该有限合伙人在有限合伙企业中的资格。

（4）有限合伙人退伙后的责任承担。有限合伙人退伙后，对基于其退伙前的原因发生的有限合伙企业债务，以其退伙时从有限合伙企业中取回的财产承担责任。

（六）合伙人性质的转变

《合伙企业法》规定，除合伙协议另有约定外，普通合伙人转变为有限合伙人，或者有限合伙人转变为普通合伙人，应当经全体合伙人一致同意。有限合伙人转变为普通合伙人的，对其作为有限合伙人期间有限合伙企业发生的债务承担无限连带责任；普通合伙人转变为有限合伙人的，对其作为普

案例窗 2-2

通合伙人期间合伙企业发生的债务承担无限连带责任。

四、合伙企业的解散与清算

合伙企业有下列情形之一时，应当解散：①合伙协议约定的经营期限届满，合伙人不愿继续经营的；②合伙协议约定的解散事由出现；③全体合伙人决定解散；④合伙人已不具备法定人数满30天；⑤合伙协议约定的合伙目的已经实现或者无法实现；⑥被依法吊销营业执照、责令关闭或者被撤销；⑦法律、行政法规规定的其他原因。

合伙企业的解散，应当进行清算，并通知和公告债权人。合伙企业解散，清算人由全体合伙人担任；未能由全体合伙人担任清算人的，经全体合伙人过半数同意，可以自合伙企业解散后15日内指定一名或者数名合伙人，或者委托第三人，担任清算人。若在宣告解散后15日内不能确定清算人的，合伙人或者其他利害关系人可以申请人民法院指定清算人。清算人依据法律规定执行清算事务。清算事务包括：①清理合伙企业财产，分别编制资产负债表和财产清单；②处理与清算有关的合伙企业未了结事务；③清缴所欠税款；④清理债权、债务；⑤处理合伙企业清偿债务后的剩余财产；⑥代表合伙企业参加诉讼或者仲裁活动。

合伙企业财产在支付清算费用后，按下列顺序进行清偿：合伙企业职工工资、社会保险费用和法定补偿金；缴纳所欠税款；清偿债务。其中，法定补偿金主要是指法律、行政法规和规章所规定的应当支付给职工的补偿金，如《中华人民共和国劳动法》规定的解除劳动合同的补偿金。合伙企业财产按上述顺序清偿后仍有剩余的，则依据合伙协议约定的比例或者未约定比例的依据出资比例在合伙人之间分配。当合伙企业清算时，其全部财产不足以清偿其债务，则由合伙人依据合伙协议约定的比例或者未约定比例的依据出资比例进行分担。合伙企业解散后，原合伙人对合伙企业存续期间的债务仍应承担连带责任，但债权人在5年内未向债务人提出偿债请求的，合伙人的债务清偿责任消灭。

清算结束，全体合伙人根据清算组织编制的清算报告，在清算报告上签名、盖章后，在15日内向企业登记机关报送，办理合伙企业注销登记。

五、违反合伙企业法应承担的法律责任

合伙企业、合伙人及其他相关人员违反《合伙企业法》，也需要承担相应的法律责任。

（一）违法行为及其法律责任

1.合伙企业及合伙人违法应承担的法律责任

（1）违反《合伙企业法》规定，提交虚假文件或者采取其他欺骗手段，取得合伙企业登记的，由企业登记机关责令改正，处以5 000元以上5万元以下的罚款；情节严重的，撤销企业登记，并处以5万元以上20万元以下的罚款。

（2）违反《合伙企业法》规定，合伙企业未在其名称中标明"普通合伙""特殊普通合伙""有限合伙"字样的，由企业登记机关责令限期改正，处以2 000元以上1万元以下的罚款。

（3）违反《合伙企业法》规定，未领取营业执照，而以合伙企业或者合伙企业分支机构名义从事合伙业务的，由企业登记机关责令停止，处以5 000元以上5万元以下的

罚款。

（4）合伙企业登记事项发生变更时，未依照规定办理变更登记的，由企业登记机关责令限期登记；逾期不登记的，处以2 000元以上2万元以下的罚款。合伙企业登记事项发生变更，执行合伙事务的合伙人未按期申请办理变更登记的，应当赔偿由此给合伙企业、其他合伙人或者善意第三人造成的损失。

（5）合伙人执行合伙事务，或者合伙企业从业人员利用职务上的便利，将应当归合伙企业的利益据为己有的，或者采取其他手段侵占合伙企业财产的，应当将该利益和财产退还合伙企业；给合伙企业或者其他合伙人造成损失的，依法承担赔偿责任。

（6）合伙人对《合伙企业法》规定或者合伙协议约定必须经全体合伙人一致同意始得执行的事务擅自处理，给合伙企业或者其他合伙人造成损失的，依法承担赔偿责任。

（7）不具有事务执行权的合伙人擅自执行合伙事务，给合伙企业或者其他合伙人造成损失的，依法承担赔偿责任。

（8）合伙人违反《合伙企业法》或者合伙协议的约定，从事与本合伙企业相竞争的业务或者与本合伙企业进行交易的，该收益归合伙企业所有；给合伙企业或者其他合伙人造成损失的，依法承担赔偿责任。

（9）合伙人违反合伙协议的，应当依法承担违约责任。合伙人履行合伙协议发生争议的，合伙人可以通过协商或者调解解决。不愿通过协商、调解解决或者协商、调解不成的，可以按照合伙协议约定的仲裁条款或者事后达成的书面仲裁协议，向仲裁机构申请仲裁。合伙协议中未订立仲裁条款，事后又没有达成书面仲裁协议的，可以向人民法院起诉。

2.合伙企业清算人违法应承担的法律责任

（1）清算人未依照《合伙企业法》向企业登记机关报送清算报告，或者报送清算报告隐瞒重要事实，或者有重大遗漏的，由企业登记机关责令改正。由此产生的费用和损失，由清算人承担和赔偿。

（2）清算人执行清算事务，牟取非法收入或者侵占合伙企业财产的，应当将该收入和侵占的财产退还合伙企业；给合伙企业或者其他合伙人造成损失的，依法承担赔偿责任。

（3）清算人违反《合伙企业法》规定，隐匿、转移合伙企业财产，对资产负债表或者财产清单作虚假记载，或者在未清偿债务前分配财产，损害债权人利益的，依法承担赔偿责任。

3.行政管理机关及其人员违法应承担的法律责任

有关行政管理机关的工作人员违反规定，滥用职权、徇私舞弊、收受贿赂、侵占合伙企业合法权益的，依法给予行政处分。

（二）其他有关规定

1.违反《合伙企业法》的刑事责任

违反《合伙企业法》规定，构成犯罪的，依法追究刑事责任。

2.民事赔偿责任和缴纳罚款、罚金的承担顺序

违反《合伙企业法》规定，应当承担民事赔偿责任和缴纳罚款、罚金，其财产不足以同时支付的，先承担民事赔偿责任。

第四节　中小企业促进法

中小企业是我国社会经济发展的重要力量，大型企业一般也需经历由小到大的发展历程。中小企业不限制企业的组织形式，既可以是个人独资企业、合伙企业，也可以是有限责任公司等。

一、中小企业促进法概述

《中华人民共和国中小企业促进法》（以下简称《中小企业促进法》）制定于2002年6月，2003年开始实施，2017年9月进行了修订并于2018年1月1日实施。该法不属于企业组织法，而是属于企业促进法，是为了促进中小企业更好发展而制定的法律，是企业组织法的延伸。《中小企业促进法》对于促进中小企业发展乃至国家社会经济发展都具有重要作用，在"大众创业、万众创新"的新时代更是具有划时代的意义。

（一）《中小企业促进法》的立法目的

中小企业，特别是小型微型企业（简称小微企业）在市场竞争中往往处于不利地位，受到不公平的待遇，还不时受到大企业的排挤。为中小企业创立和发展创造有利的经营环境，坚持各类企业权利平等、机会平等、规则平等，制定和完善法律以保护中小企业正当的发展权利势在必行，这也是发达国家通行的做法。《中小企业促进法》的立法目的主要包括：①改善中小企业经营环境；②保障中小企业公平参与市场竞争；③维护中小企业合法权益；④支持中小企业创业创新；⑤促进中小企业健康发展；⑥扩大城乡就业；⑦发挥中小企业在国民经济和社会发展中的重要作用等。

（二）中小企业的含义与划分标准

1.中小企业的含义

"中小企业"的称谓最早出现在19世纪末。第二次工业革命完成，西方发达国家建立起了资本主义的大工业体系和现代商业体系，大企业、大公司也开始在经济生活中占据主导地位；与大企业相对应，出现了小企业的概念。"中小企业"既是一个相对概念，也是一个动态发展的概念。按《中小企业促进法》，中小企业是指在中华人民共和国境内依法设立的，人员规模、经营规模较小的企业，包括中型企业、小型企业和微型企业。

2.中小企业的划分标准

我国负责对中小企业进行综合管理的部门是国务院工业和信息化部。2011年6月，工业和信息化部、国家统计局、国家发展改革委、财政部联合制定了《中小企业划型标准规定》，该标准新增加了微型企业这一标准，使企业规模的类型更趋完善。该标准在指标上结合行业特点，在"从业人员、营业收入、资产总额"指标中选择一个或两个指标作为划分依据，简单且符合行业实际，具有灵活性和可操作性。该标准将中小企业划分为16个行业，包括农、林、牧、渔业，工业（包括采矿业，制造业，电力、热力、燃气及水生产和供应业），建筑业，批发业，零售业，交通运输业（不含铁路运输企业），仓储业，邮政业，住宿业，餐饮业，信息传输业（包括电信、互联网和相关服务），软件和信息技术服务业，房地产开发经营，物业管理，租赁和商务服务业，其他未列明行业（包括科学研究和技术服务业，水利、环境和公共设施管理业，居民服务、修理和其他服务业，社会工作，文化、体育和娱乐业等）。各个行业的划分标准都有自己的特点，划分以统计部门的数据为依据。国家统计局2017年发布的《统计上大中小微型企业划分办法（2017）》根据不同行业对企业进行了划分，行业不同，划分的标准也不同。

拓展阅读2-1

二、促进中小企业发展的主要措施

《中小企业促进法》的内容十分丰富，对中小企业的扶持、引导主要包括财税支持、融资促进、创业扶持、创新支持、市场开拓、服务措施、权益保障等方面。

（一）财税支持

财税支持政策对于促进中小企业的发展具有直接的示范效应，主要包括财政和税收两方面的内容。

财政方面的主要措施包括：

一是设立中小企业发展专项资金。中央财政应在本级预算中设立中小企业科目，安排中小企业发展专项资金；县级以上地方各级政府应根据实情在本级财政预算中安排中小企业发展专项资金。中小企业发展专项资金通过资助、奖励等方式重点用于支持企业公共服务体系和融资服务体系建设，有效推动了中小企业创新发展和结构调整，缓解了中小企业融资难等问题，取得了较好成效。同时，《中小企业促进法》规定了中小企业专项发展资金向小微企业倾斜的原则。

二是设立中小企业发展基金。国家和县级以上各级政府都应设立中小企业发展基金，并遵循政策导向和市场化运作原则，引导和带动社会资金支持初创期中小企业，促进企业创新。

税收优惠方面，《中小企业促进法》明确规定，国家实行有利于小微企业发展的税收政策，对符合条件的小微企业按照规定实行缓征、减征、免征企业所得税、增值税等措施，简化税收征管程序，减轻小微企业的税收负担。同时，国家对小微企业实行行政事业性收费减免等优惠政策。

（二）融资促进

融资难是制约中小企业发展的重要因素，要改善中小企业发展环境一定要改善融资环境。具体的措施包括：

一是强化金融机构对中小企业特别是小微企业的信贷支持等金融服务。中国人民银行应综合运用货币政策工具，鼓励和引导金融机构加大对小微企业的信贷支持，改善小微企业的融资环境。这里的货币政策工具包括存款准备金、利率政策、再贴现、中央银行贷款和公开市场业务。国务院银行业监督管理机构对开展小微企业金融服务应制定差异化监管政策，提高小微企业的不良贷款容忍度，引导金融机构增加小微企业的融资规模和比重。国家鼓励各类金融机构开发和提供适合中小企业的金融产品和服务；政策性金融机构也应采取多种形式服务中小企业。国家推进和支持普惠金融体系建设，大型银行应当设立普惠金融机构，为小微企业提供金融服务。其他银行业金融机构可以设立小微企业金融服务专营机构，地方中小银行应积极为所在地小微企业提供金融服务。

二是健全多层次资本市场体系，推动股权融资，发展债券市场，促进中小企业直接融资。

三是完善融资担保制度，支持金融机构为中小企业提供多种形式的担保融资。县级以上人民政府应建立中小企业信用担保体系，鼓励担保机构为中小企业融资提供信用担保。

四是推动保险机构开展中小企业贷款保证保险和信用保险业务，开发相应保险产品。

（三）创业扶持

创业是企业的起点，也是千万人心中的梦。提供中小企业更佳的创业环境是《中小企业促进法》的重要目的。创业扶持的主要措施包括：①政府应通过多种方式为中小企业提供各方面的法律政策咨询和公共信息服务。②高校毕业生、退役军人、失业人员、残疾人员等创办小微企业，按规定享受税收优惠和收费减免。③创业投资企业和个人投资者投资初创期科技创新企业，按规定享受税收优惠。④优化审批流程，降低中小企业设立成本，如企业登记过程中实行的"多证合一、一照一码"等。⑤建设和创办小微企业创业基地、孵化基地。⑥为创业者提供低成本生产经营场所或为中小企业获得生产经营场所提供便利。⑦鼓励互联网平台为中小企业提供多方面服务。⑧简化中小企业注销登记程序，方便其退出。

（四）创新支持

创新是企业的生命，是社会进步的灵魂，也是国家发展的动力。我国创新的方式正向依靠持续的知识积累、技术进步和劳动力素质提升转变，必将促进社会经济向形态更高级、分工更精细、结构更合理的阶段演进。《中小企业促进法》创新方面的主要措施有以下几方面：①鼓励中小企业管理、技术等创新，加速固定资产折旧，完善研发费用加计扣除政策。②支持中小企业采用人工智能等现代技术提高生产经营效率。③鼓励中小企业参与关键技术研究、军民融合和相关标准的制定。④鼓励中小企业提高知识产权创造、运用、保护和管理能力。⑤鼓励各类创新服务机构为中小企业提供优质服务。⑥国家和各级政府采取措施鼓励产学研合作，通过资源共享、合作，促进中小企业创新能力的提高。

（五）市场开拓

促进中小企业市场开拓方面的政策主要包括：①国家采取措施完善市场体系，保障中小企业公平参与市场竞争的权利。②促进各类企业融合发展。支持大中小型企业就原材料供应、生产、销售、服务外包、技术改造等方面自愿开展协作，共同发展。③细化政府采购政策，促进中小企业发展。明确要采取多种措施提高中小企业在政府采购中的份额，政府采购不得对中小企业实行差别待遇或歧视待遇。除中小企业不能提供的商品和服务外，为中小企业预留的采购份额应当占本部门年度政府采购项目预算总额的30%以上，其中，预留给小微企业的比例不低于60%。④各级政府要多方面帮助中小企业发展对外经济技术合作与交流，支持中小企业开拓境外市场。⑤为中小企业到境外投资提供便利条件，支持其开拓国际市场。

（六）服务措施

促进中小企业发展的服务措施主要有：①建立健全中小企业公共服务体系。中小企业公共服务体系是指由所有向中小企业提供服务的机构组成的，以营造良好的发展环境并服务中小企业为宗旨，为中小企业的创业创新和发展提供多层次、多渠道、多功能、全方位服务的社会化公共服务网络。②县级以上政府要建立和完善中小企业公共服务机构，为中小企业提供公益性服务。③县级以上政府应建立跨部门政策信息互联网发布平台，为中小企业提供便捷、无偿的信息服务。④鼓励各类服务机构为中小企业提供各方面专业化服务。⑤开展中小企业经营管理人员培训，提升中小企业管理水平。⑥支持和创新中小企业人才培养模式，加强中小企业人才保障。⑦规范中小企业行业组织职能，更好地维护中小企业权益，为中小企业服务。

（七）权益保障

《中小企业促进法》权益保障方面的规定主要有：①加强中小企业财产权及其他合法权益的保护。产权制度是社会主义市场经济的基石，有恒资产者有恒心，市场主体财产权的有效保障和实现是经济社会发展的基础。《民法典》也规定，民事主体的财产权利以及其他合法权益受法律保护，任何组织或个人不得侵犯。②县级以上政府主管部门应建立专门渠道听取中小企业对政府部门相关工作的意见和建议，并及时反馈有关部门，督促改进。相关部门应及时调查、处理中小企业投诉、举报。③地方各级政府应依法管理和服务中小企业，不得强制或变相强制企业参加考核、评比、表彰、培训等活动。④机关、事业单位和大型企业不得违约拖欠中小企业款项，如有拖欠，中小企业有权要求及时支付并赔偿损失。⑤任何单位不得违法向中小企业收取费用、罚款，不得摊派财物；依法收取行政事业性收费目录清单之内的行政事业性费用，严禁各类其他收费、提高收费标准。⑥县级以上地方政府有关部门应依法对中小企业实施监督检查，建立随机抽查机制，减轻企业负担。

此外，《中小企业促进法》就执行该法的相关法律责任进行了详细的规定，防止相关部门侵犯中小企业的合法权益；同时规定了中小企业的相应义务，以促进中小企业健康发展。

关键术语

个人独资企业（sole-proprietorship enterprise） 投资人（investor） 合伙企业（partnership enterprise） 合伙企业的财产（partnership enterprise's property） 入伙（join a group） 退伙（withdraw from a group） 无限连带责任（unlimited joint and several liability） 中小企业（medium-sized and small enterprises）

基本训练

一、单选题

1.下列关于个人独资企业特征的说法不正确的是（　　　）。

　　A.个人独资企业只能由一个自然人投资设立

　　B.个人独资企业的财产只能由个人独资企业所有

　　C.个人独资企业是没有法人资格的企业

　　D.投资人对个人投资企业的债务承担无限责任

2.下列关于普通合伙企业的出资说法错误的是（　　　）。

　　A.合伙人可以分期缴付出资

　　B.合伙人首次缴付的出资不得低于认缴数额的20%

　　C.合伙人以劳务出资的，其评估办法由全体合伙人协商确定

　　D.合伙人可以用土地使用权出资

3.下列关于个人独资企业义务的说法正确的是（　　　）。

　　A.个人独资企业只需遵守《个人独资企业法》

　　B.个人独资企业经营中可以不纳税

　　C.个人独资企业可以不设置会计账簿

　　D.个人独资企业须保障职工权益

4.设立普通合伙企业，应当具备的条件是（　　　）。

　　A.由2个以上50个以下合伙人设立

　　B.合伙人为自然人的，应当具有完全民事行为能力

　　C.合伙人必须实际缴付出资

　　D.有书面合伙协议或口头合伙协议

5.下列不具有法人资格的企业是（　　　）。

　　A.有限责任公司　　　　　　　　　　B.个人独资企业

　　C.股份有限公司　　　　　　　　　　D.中外合资经营企业

6.下列不能作为有限合伙人的出资方式的是（　　　）。

　　A.货币　　　　　B.著作权　　　　　C.工业产权　　　　　D.劳务

7.政府采购中要采取多种措施提高中小企业在政府采购中的份额，除中小企业不能提供的商品和服务外，向中小企业预留的采购份额应当占本部门年度政府采购项目预算总额的（　　　）。

　　A.20%　　　　　　B.30%　　　　　　C.40%　　　　　　　D.50%

8.政府采购中要采取多种措施提高中小企业在政府采购中的份额，除中小企业不能提供的商品和服务外，向中小企业预留的采购份额中，预留给小微企业的比例不低于（　　　）

　　A.40%　　　　　　B.50%　　　　　　C.60%　　　　　　　D.70%

二、多选题

1.下列关于有限合伙企业，说法正确的有（　　　）。

A.至少应当有1名普通合伙人

B.一般由2个以上50个以下合伙人设立

C.至少应当有1名有限合伙人

D.其他组织不可以成为有限合伙人

2.下列合营企业的事项中，须经出席董事会会议的董事一致通过方可作出决议的是（　　）。

A.合营企业章程的修改　　　　　B.资产抵押

C.合营企业的合并　　　　　　　D.合营企业注册资本减少

3.下列关于有限合伙企业名称，不正确的说法有（　　）。

A.应当标明"有限合伙"字样　　　B.应当标明"普通合伙"字样

C.应当标明"特殊普通合伙"字样　D.应当标明"有限公司"字样

4.个人独资企业应当解散的情形包括（　　）。

A.投资人决定解散

B.投资人死亡无继承人或者继承人决定放弃继承

C.被依法吊销营业执照

D.经营不善被市场监督管理局宣布破产

5.根据《合伙企业法》，除合伙协议另有约定外，下列合伙企业事务中，必须经全体合伙人一致同意方可执行的有（　　）。

A.处分合伙企业不动产

B.改变合伙企业名称

C.以合伙企业名义为他人提供担保

D.聘任合伙人以外的人担任合伙企业的经营管理人员

6.根据《合伙企业法》，关于普通合伙企业利润分配、亏损分担说法正确的是（　　）。

A.按照合伙协议的约定办理

B.合伙协议未约定或者约定不明确的，由合伙人协商决定

C.协商不成的，由合伙人按照实缴出资比例分配、分担

D.无法确定出资比例的，由合伙人平均分配、分担

7.下列关于有限合伙人的行为，不视为执行合伙事务的是（　　）。

A.参与决定普通合伙人入伙、退伙

B.对企业的经营管理提出建议

C.获取经审计的有限合伙企业财务会计报告

D.参与选择承办有限合伙企业审计业务的会计师事务所

三、简答题

1.简述企业的概念及特征。

2.个人独资企业有哪些特征？

3.简述普通合伙企业的概念及法律特征。

4.如何处理合伙人的退伙？

5.试述普通合伙与有限合伙的区别。

6.简述《中小企业促进法》的立法目的。

7.简述中小企业的含义及划分标准。

8.试述《中小企业促进法》的创业扶持政策和创新扶持政策。

四、实务题

甲、乙、丙分别出资5万元、8万元、12万元于2019年5月注册成立一家合伙企业A，约定丙为合伙事务执行人，各合伙人按出资比例分享利润、分担损失。2019年年底，甲因急需用钱擅自抽回其在合伙企业中的5万元出资，并声明退伙。经查明，此时合伙企业共亏损23 000元，其中5 000元是由甲的擅自退伙造成的。在妥善处理甲的问题之后，考虑到企业资金短缺，乙、丙两人于2020年2月向银行贷款5万元。为了改善企业经营管理水平，2020年3月邀请熟悉食品业务的丁加入A企业，并许诺让丁担任合伙事务执行人，以丁在2020年期间的劳务作价5万元算作出资。丁了解企业的情况后欣然接受，并签订了书面入伙协议。后来因A企业在经营中被骗，损失严重，且亏损较多，无力支付银行的到期贷款，于是银行向人民法院提起诉讼，要求A企业及各合伙人承担还款责任。

问题：

（1）甲能否申请退伙？应该如何处理甲的退伙问题？

（2）在银行的5万元贷款应该如何清偿？

第三章　公司法

学习目标

◆ 重点掌握公司设立的条件、股东的权利和义务、有限责任公司和股份有限公司的区别、股权转让的相关规定、股份及债券发行和上市的条件、公司合并和分立的程序等。

◆ 掌握公司、有限责任公司、股份有限公司及公司法的含义及特征，公司组织机构的职权，股东大会和董事会的召开及表决机制，个人独资公司和国有独资公司的特别规定，公司利润的分配，公司董事监事及高管的义务等。

◆ 了解公司的产生、公司的设立登记、公开发行股份的程序、公司的解散和清算、违反公司法的法律责任。

第一节　公司法概述

公司出现有其社会历史、经济及组织基础，它是随着工业社会的发展而出现并发展起来的。公司必须依公司法成立，经依法登记后才能正式开展经营活动。公司的设立活动及经营活动都必须遵守公司法。

一、公司的概念、特征与种类

公司是依法设立的以营利为目的的企业法人。从不同的角度可以将公司分为不同的类型，在我国，《公司法》确立的公司形式为有限责任公司和股份有限公司。

拓展阅读 3-1

（一）公司的概念

公司虽然是现代社会最为重要的企业组织形式，但各国公司法对于公司的定义不尽相同。在英国，公司是指任何以经营商业或工业企业为目标的由个人组成的团体。《法国民法典》第1832条规定了民事公司，即"公司由二人或数人依据一项契约约定将其财产或技艺用于共同事业，以期分享利润或获取由此可得之经济利益而设立"。[①]在我国，《公司法》第二条规定："本法所称公司是指依照本法在中国境内设立的有限责任公司和股份有限公司。"从这一规定看，《公司法》并未给出公司的确切定义，但是通过《公司法》的相关规定可以认为：我国的公司是指股东依照《公司法》设立的，股东以其出资额或所持股份为限对公司承担责任，公司以其全部资产对公司债务承担责任的企业法人。

---

① 朱慈蕴. 公司法原论［M］. 北京：清华大学出版社，2011：2.

（二）公司的特征

（1）公司必须依法设立。依法设立是我国法律对各种法人的共同要求。公司作为法人必须依法定条件及程序设立。《公司法》规定了公司设立的条件和程序，而且只有依据这些规定设立才能取得公司的资格，这充分体现了《公司法》的强制性。不依照《公司法》设立的公司就不是《公司法》意义上的公司，就不能得到《公司法》的保护。

（2）公司必须以营利为目的。营利是通过经营获取利润，以较少的经营投入获取较大的经营收益。营利是企业组织存在和活动的基本动机和目的，是经营活动的出发点和归属点。没有营利，就没有企业的发展；不能营利，企业就无法生存。营利是企业的生命和根本。股东之所以把资本金投入公司，是因为公司有可能帮助股东实现收益最大化的目标，但如果公司不以营利为目的，势必与股东的投资目的相悖。因而各国大都规定公司法上的公司为商事公司，是以营利为目的的商业组织。

（3）公司是具有独立法人资格的经济组织。企业可分为法人企业与非法人企业。法人企业是指具有民事权利能力和民事行为能力，依法独立承担民事责任的组织。非法人企业则是以自己的名义从事生产、经营和提供服务活动，但不独立承担民事责任的组织。《公司法》第三条规定："公司是企业法人，有独立的法人财产，享有法人财产权。公司以其全部财产对公司的债务承担责任。"公司的独立法人资格表现在：首先，公司拥有独立的法人财产，享有法人财产权。公司的财产来自股东的投资，股东一旦将投资的财产移交给公司，在法律上这些财产便属于公司所有，股东就丧失了对这些财产的直接支配权。公司财产与股东个人财产在法律上是分开的，股东只能按出资的比例享受一定权利。其次，公司独立承担财产责任。《公司法》规定公司以其全部财产对公司的债务承担责任；同时，股东责任、公司责任、公司员工的责任是分开的、独立的。最后，公司具有独立的组织机构和名称。这是《公司法》对公司的法定要求，否则公司不能成立。

（4）公司是以股东投资为基础设立的经济组织。公司存在的基础和前提条件是股东的投资行为，没有股东的投资就没有公司。股东投入公司的财产在公司成立后成为股权。《公司法》第四条规定，公司股东依法享有资产受益、参与重大决策和选择管理者等权利。公司股东的这些权利都是以股权为基础而存在的。

（三）公司的种类

根据不同标准，公司可以分为不同的类型。

1.根据公司的信用标准划分

（1）人合公司，是指以股东个人信用为基础的公司。无限责任公司是最典型的人合公司。

（2）资合公司，是指以股东的出资额为基础的公司。股份有限公司是典型的资合公司。

（3）人合兼资合公司，是指同时具有人的信用和资本信用两种因素的公司。有限责任公司即属这种公司。

2.根据公司的控制和被控制关系划分

（1）母公司，是指通过持有其他公司的股份而能实际控制其他公司经营活动的公司。

（2）子公司，是指其一定比例的股份被其他公司持有、经营活动受其他公司控制的公司。

3.根据公司的组织系统划分

（1）总公司，是指依法首先设立或同时设立，具有独立法人资格，并管辖全部企业组织系统的公司。

（2）分公司，是指公司依法设立的以总公司名义进行经营活动，其法律后果由总公司承担的分支机构。分公司不是独立的公司，不具有企业法人资格，不是独立的法律主体。

4.根据公司的国籍划分

（1）本国公司，是指具有本国国籍，依本国法律享受权利、履行义务的公司。

（2）外国公司，是指依外国法设立的，不具有本国国籍的公司。

（3）跨国公司，是指以本国为基地，在其他国家或地区设立分公司、子公司或其他参股性投资企业，从事国际性生产经营及服务活动的大型经济组织。

5.根据股东所承担的责任形式划分

（1）有限责任公司，是指由50个以下的股东共同出资设立，股东以其认缴的出资额为限对公司债务承担有限责任，公司以其全部资产为限对其债务承担有限责任的企业法人。有限责任公司有如下特征：

①股东责任的有限性。有限责任公司各股东对公司所负责任，仅以其认缴的出资额为限，除此之外对公司债权人不负直接责任，即股东对公司的债务仅以其认缴的出资额为限承担有限责任。公司对其债务也仅以公司全部财产为限承担有限责任；如果公司的财产不足以清偿全部债务，股东也没有以自己出资以外的个人财产为公司清偿债务的义务。

②人资两合性。就某一个有限责任公司而言，只有对该公司出资才可能成为其股东，体现了资合性；但不是任何人都可以成为该公司的股东，且有人数限制，体现出人合性。

③组织运营的封闭性。封闭性表现为：第一，股东人数有上限。《公司法》第二十四条规定，有限责任公司由50个以下股东出资设立。第二，从设立方式上来看，有限责任公司只能采用发起设立方式而不能采用募集设立方式，不能向社会公开发行股票筹集资本。第三，公司资本的不等额性。有限责任公司的资本不划分为等额股份，股东出资后获得的是出资证明书，而不是股票，不能自由转让。第四，管理方式基本封闭。如不必向社会公开披露财务、生产、经营管理等信息。

④组织机构设置的灵活性。依据《公司法》，公司的生产经营规模小、股东人数少的有限责任公司的组织机构，可设置为股东会、1名执行董事和1至2名执行监事；公司的生产经营规模较大、股东人数多的有限责任公司的组织机构，可设置为股东会、董事会、监事会；个人独资公司，股东会、董事会、监事会都不设。

⑤设立程序的简便性。我国有限责任公司的设立一般不需要审批，有特殊情况才需审批，即投资者只要满足《公司法》规定的设立有限责任公司的条件，办理登记手续后，公司即可成立。设立过程中所涉及事务主要为股东之间的内部事务，如设立协议的签订、公司章程的制定和出资的履行等主要由投资者自己决定，因而其设立程序比较简单。

（2）股份有限公司，是指全部资本由等额股份构成并通过发行股票筹集资本，股东以其所认购股份为限对公司承担有限责任，公司以其全部资产为限对公司债务承担有限责任的企业法人。股份有限公司具有以下特征：

①股东责任的有限性。股份有限公司的股东仅以其认购的股份为限对公司负责，对公司债权人不负任何直接的法律责任。公司的债权人既不能向股东主张权利，也不能要求股

东以其个人财产清偿公司的债务，但公司仍需以其全部资产为限对公司债务承担有限责任。

②公司组织的资合性。股份有限公司是典型的资合公司，其资合性表现为：第一，公司对外信用的基础是公司资本，即公司所募集的股本总额。它既是公司成立的要件，是公司能够得以发展的源泉，也是对公司债权人的总担保。[1]第二，投资者只要出资就可以成为公司股东，并不看投资人有无信用；投资者出资只要是合法的，就不问其来源。第三，股份可在法定场所自由转让。股份自由转让所带来的股东频繁变动并不影响股份有限公司的持续经营能力。

③公司运营的公开性。英美法国家一般把股份有限公司称为开放式公司，就是因为其经营状况要公开。由于股份有限公司可以公开发行股票募集资本以及其股票可以自由转让，所以决定了其经营状况的有关信息，只要不涉及商业秘密，不仅要向股东公开，而且要向社会公开，使社会公众及时了解公司的经营状况，以最大限度地保护公司股东、债权人及社会公众的利益。

④公司资本的股份性。《公司法》规定股份有限公司将资本划分为等额股份，即将资本总额划分为若干等额的股份，每股面值金额与股份数的乘积是资本总额。股东持有的股份数量可以不同，但每股的票面金额必须相等。这种资本的股份化和股份的均等化不仅适应股份有限公司公开发行股份、募集社会资本的要求，而且便于股东权的行使和利润分配。

⑤所有权与经营权的分离性。所有权与经营权的分离（两权分离），实际就是所有者不再亲自经营自己的企业，自己只保留对企业的最终控制权和剩余索取权（如公司终止后的剩余财产分配权），而将经营权授予董事、经理。从法学角度看，股份有限公司的股东享有股东权，而公司则享有法人财产权，这两种权利是分别独立的。

（3）无限责任公司，是指由负无限责任的股东组成的公司。股东除对公司负有相应的出资义务外，还须对公司债务承担无限连带责任。

（4）两合公司，是指由负无限责任的股东和负有限责任的股东组成的公司。在这类公司中，无限责任股东除负有一定的出资义务外，还须对公司债务承担无限连带责任。而有限责任股东，除有一定的出资义务外，只以其对公司的出资额为限对公司债务承担责任。

在上述公司形式中，无限责任公司和两合公司目前在各国逐渐减少，而有限责任公司和股份有限公司目前是世界各国主要的企业组织形式。《公司法》规定的公司只包括有限责任公司和股份有限公司两种。

二、公司法的概念和特征

不同国家在公司立法上采用的体例不同，有的国家采用单行法，有的国家规定在商法典中，其理由是公司是商事主体。不管采用何种体例，各国公司法在内容上逐步趋于一致。

（一）公司法的概念

公司法是调整公司的设立、组织与活动、解散、清算及其他对内与对外法律关系的法律规范的总称。公司法调整的对象和范围包括公司设立过程、存续期间和终止过程中的法律行为和法律关系。公司法有广义和狭义之分。广义的公司法是指国家关于公司的设立、组织与活动的各种法律、法规和规章的总称；狭义的公司法是指关于公司的设立、组织与

---

[1] 彭真明. 公司法教程［M］. 北京：对外经济贸易大学出版社，2007：47.

活动的单个法律。

西方国家的公司法已经有三百余年的历史。在大陆法系国家，早期的公司法主要规定在商法典中。早在1673年，法国就颁布了世界上第一部商事法律——《商事条例》，该条例的商人部分首次专门规定了无限公司的法律问题。后来随着公司作用和影响的增大，大陆法系国家的公司法从商事法典中分离出来，采用单行法的形式。例如，德国于1892年颁布了《有限责任公司法》，于1965年颁布了《股份及股份两合公司法》。英国于1856年制定了第一部规定股东有限责任的公司法——《合股公司法》。从19世纪末到现代，英国商务部成立了专门委员会，不定期对公司法进行审查和修订。英国于1948年制定了新《公司法》，并分别于1967年、1972年、1980年、1985年对该法作了重大修改。

近年来，各国公司法出现了国际统一化的趋势，其中有代表性的是欧盟为统一各成员国公司法所发布的一系列"关于公司法的指令"。这类"指令"本身不能对各成员国的公民或企业直接发生效力，但各成员国有义务通过制定或修改相应的国内法使"指令"变为国内法，以约束本国的公司和公民。

我国的公司立法时间不长，也较为薄弱。我国历史上第一部公司法是1904年的《大清公司律》，1914年北洋政府颁布《公司条例》，1929年南京国民政府颁布《中华民国公司法》。中华人民共和国成立后，中央人民政府政务院①于1950年、1951年先后颁布了《私营企业暂行条例》《私营企业暂行条例实施办法》，规定了无限公司、有限公司、两合公司、股份有限公司和股份两合公司等5种公司形式。20世纪90年代，我国加快了公司立法的步伐，1992年以来制定了一批法规和规章。1993年12月29日全国人民代表大会常务委员会通过了《公司法》，该法分为11章，共230条，1994年7月1日起施行；之后于1999年、2004年、2005年、2013年、2018年进行了多次修正、修订。同时，最高人民法院先后发布了关于适用《公司法》若干问题的规定（一）、（二）、（三）、（四）、（五），丰富了公司法的内容以及增强了《公司法》在社会经济发展中的适应性。

（二）公司法的特征

（1）公司法是一种组织法。组织法是指规定某种社会组织的设立、变更、终止、内部组织机构及其运作的法律规范的总称。公司法规定公司的设立条件、设立程序、公司的组织机构以及公司组织的变更、公司终止的条件和程序，着重调整投资人与公司的关系，公司与其内部成员的关系，公司领导成员的权利与义务关系以及公司在设立、变更和消灭过程中与其他人和有关单位的关系，体现出组织法的特征。

（2）公司法是一种行为法。行为法是指调整由法律主体的行为或活动而产生的社会关系的法律规范的总称。公司法是一部规定公司的行为活动的法律，它规定与公司的组织特点有关的经营活动如股票的发行、转让等；但与公司的组织特点有关的经营活动如公司对外签订合同等不属于公司法的调整对象。

（3）公司法的内容中强制性规范较多。公司是现代企业制度的主要形式，是市场经济主体最重要的组织形式，对社会经济生活的影响重大，所以必须对公司的设立、活动等作出必要的强行规定。

---

① 中央人民政府政务院是1949年10月1日中华人民共和国成立至1954年9月15日第一届全国人民代表大会召开前中国国家政务的最高执行机构。

（4）公司法是具有较强国际性的法律。虽然公司法主要调整的是本国公司，但世界各国关于公司的基本分类及模式等大体相同，所以具有国际趋同性。从公司法的适用来看，《公司法》适用于外商投资的有限责任公司；外国的法人、自然人在我国法律规定的范围内可以成为股份有限公司的发起人；《公司法》对外国公司的分支机构作了专门规定。

拓展阅读3-2

拓展阅读3-3

三、公司的登记管理

公司登记管理始于公司设立。公司设立指发起人为组建公司，使其取得法人资格，必须采取和完成的各种连续的准备行为。与公司设立密切相关的是公司成立。公司成立是指公司经过设立程序，具备了法律规定的条件，依法取得法人资格的一种法律事实。因此，公司只有在法定机关登记后才能正式成立，才具有法人资格，其权利才能受到法律的保护。

（一）公司设立登记的管辖及登记事项

市场监督管理部门是我国的公司登记机关。国家市场监督管理总局主管全国的公司登记工作。我国的公司登记实行国家、省（自治区、直辖市）、设区的市（地区）和县（市）三级管辖制度。

（1）国家市场监督管理总局负责登记的公司有：①国务院国有资产监督管理机构履行出资人职责的公司以及该公司投资设立并持有50%以上股份的公司；②外商投资的公司；③依照法律、行政法规或者国务院决定的规定，应当由国家市场监督管理总局登记的公司；④国家市场监督管理总局规定应当由其登记的其他公司。

（2）省（自治区、直辖市）市场监督管理部门负责登记的公司包括：①省、自治区、直辖市人民政府国有资产监督管理机构履行出资人职责的公司以及该公司投资设立并持有50%以上股份的公司；②省、自治区、直辖市市场监督管理部门规定由其登记的自然人投资设立的公司；③依照法律、行政法规或者国务院决定的规定，应当由省、自治区、直辖市市场监督管理部门登记的公司；④国家市场监督管理总局授权登记的其他公司。

（3）设区的市（地区）市场监督管理部门、县（市）市场监督管理部门，以及直辖市的市场监督管理部门、设区的市市场监督管理部门的区分局，负责本辖区内下列公司的登记：①上述（1）和（2）所列公司以外的其他公司；②国家市场监督管理总局和省、自治区、直辖市市场监督管理部门授权登记的公司，但其中的股份有限公司由设区的市（地区）市场监督管理部门负责登记。

公司登记事项包括：①名称；②住所；③法定代表人姓名；④注册资本；⑤公司类型；⑥经营范围；⑦营业期限；⑧有限责任公司股东或者股份有限公司发起人的姓名或者名称。

（二）公司设立登记的程序

1.申请名称预先核准

《公司登记管理条例》规定设立公司应当申请名称预先核准。法律、行政法规或者国务院决定规定设立公司必须报经批准，或者公司经营范围中属于法律、行政法规或者国务院决定规定在登记前须经批准的项目的，应当在报送批准前办理公司名称预先核准，并以公司登记机关核准的公司名称报送批准，即公司在设立登记或报批前必须取得公司登记机关发给的"企业名称预先核准通知书"。设立有限责任公司，应当由全体股东指定的代表或者共同委托的代理人向公司登记机关申请名称预先核准；设立股份有限公司，应当由全体发起人指定的代表或者共同委托的代理人向公司登记机关申请名称预先核准。预先核准的公司名称保留期为6个月。预先核准的公司名称在保留期内，不得用于从事经营活动，不得转让。

公司名称必须符合相关法律、法规的要求：

（1）依法设立的有限责任公司，必须在公司名称中标明有限责任公司或者有限公司字样；依法设立的股份有限公司，必须在公司名称中标明股份有限公司或者股份公司字样。

（2）除法律、行政法规另有规定的外，公司名称由行政区划名称、字号、行业或者经营特点、组织形式组成。但是，跨省、自治区、直辖市经营的企业，其名称可以不含行政区划名称；跨行业综合经营的企业，其名称可以不含行业或者经营特点。公司名称中的行政区划名称应当是企业所在地的县级以上地方行政区划名称。市辖区名称在公司名称中使用时应当同时冠以其所属的设区的市的行政区划名称。开发区、垦区等区域名称在公司名称中使用时应当与行政区划名称连用，不得单独使用。

（3）公司只能使用一个名称，公司名称一经登记核准即受法律保护。公司名称中的字号应当由2个以上的字组成，可以使用自然人投资人的姓名作为字号。县级以上地方行政区划名称、行业或者经营特点不得作为字号，另有含义的除外。公司名称由当事人依法自愿选用并自行承担相应法律责任。

（4）公司名称的禁止性规定。公司名称不得有下列情形：损害国家尊严或者利益；损害社会公共利益或者妨碍社会公共秩序；使用或者变相使用政党、党政军机关、群团组织名称及其简称、特定称谓和部队番号；使用外国国家（地区）、国际组织名称及其通用简称、特定称谓；含有淫秽、色情、赌博、迷信、恐怖、暴力的内容；含有民族、种族、宗教、性别歧视的内容；违背公序良俗或者可能有其他不良影响；可能使公众受骗或者产生误解。同时，公司名称中不得含有另一个企业名称，国家市场监督管理总局另有规定的除外。

（5）除国务院决定设立的公司外，都不得冠以"中国""中华""全国""国家""国际"等字样的名称；凡冠有上述字样或在名称中间使用这些字样，都由国家市场监督管理总局核准。

2.申请设立登记

设立有限责任公司，应当由全体股东指定的代表或者共同委托的代理人向公司登记机关申请设立登记。设立国有独资公司，应当由国务院或者地方人民政府授权的本级人民政府国有资产监督管理机构作为申请人，申请设立登记。法律、行政法规或者国务院决定规定设立有限责任公司必须报经批准的，应当自批准之日起90日内向公司登记机关申请设立登记；逾期申请设立登记的，申请人应当报批准机关确认原批准文件的效力或者另行报批。设立股份有限公司，应当由董事会向公司登记机关申请设立登记；以募集方式设立股份有限公司的，应当于创立大会结束后30日内向公司登记机关申请设立登记。

国务院办公厅2016年6月30日发布《关于加快推进"五证合一、一照一码"登记制度改革的通知》，实施公司登记改革，全国自2016年10月1日起正式实施"五证合一、一照一码",将工商营业执照、组织机构代码证、税务登记证、社会保险登记证和统计登记证等五证合一,由登记部门直接核发加载统一社会信用代码的营业执照,实行"一照一码",以降低创业准入的制度性成本,推进大众创业、万众创新。公司营业执照签发日期为公司成立日期。公司凭公司登记机关核发的"企业法人营业执照"刻制印章,开立银行账户。

3.分公司登记

公司设立分公司的,应当自决定作出之日起30日内向分公司所在地的公司登记机关申请登记;法律、行政法规或者国务院决定规定必须报经有关部门批准的,应当自批准之日起30日内向公司登记机关申请登记。核准登记的,领取"营业执照"。分公司登记事项发生变更的,应办理变更登记。公司撤销分公司的,应当办理注销登记。

分公司的登记事项包括名称、营业场所、负责人、经营范围。分公司的经营范围不得超出公司的经营范围。设立分公司应当向公司登记机关提交下列文件:

(1)公司法定代表人签署的设立分公司的登记申请书;

(2)公司章程以及由公司登记机关加盖印章的"企业法人营业执照"复印件;

(3)营业场所使用证明;

(4)分公司负责人任职文件和身份证明;

(5)国家市场监督管理总局要求提交的其他文件。

4.公司的变更登记与注销登记

公司的变更或注销登记应及时向原登记机关提出。公司的名称、法定代表人、注册资本增加、经营范围、类型、股东等发生变化,应当于变更登记事项发生之日起30日内向原登记机关申请变更登记;住所变更应当在迁入新址前申请变更登记;注册资本减少以及公司合并、分立的,应当自公告之日起45日后申请变更登记。公司董事、监事、经理发生变动的,应当向原公司登记机关备案。公司章程修改未涉及登记事项的,也应将修改后的公司章程或者公司章程修正案送原公司登记机关备案。未经核准变更登记,公司不得擅自改变登记事项。

公司终止的,应经公司登记机关注销登记。注销登记是公司终止的法律标志。公司申请注销登记,应提交下列文件:①公司清算组织负责人签署的注销登记申请书;②人民法院的破产裁定、解散裁判文书,公司依照《公司法》作出的决议或者决定,行政机关责令关闭或者公司被撤销的文件;③股东会、股东大会、一人有限责任公司的股东、外商投资的公司董事会或者人民法院、公司批准机关备案、确认的清算报告;④企业法人营业执照;⑤法律、行政法规规定应当提交的其他文件。

公司登记机关应当将公司登记、备案信息通过企业信用信息公示系统向社会公示。吊销企业法人营业执照和营业执照的公告由公司登记机关发布。

(三)公司的信息公示

公司信息的公示需要遵守《企业信息公示暂行条例》《公司登记管理条例》的相关规定。

1.政府公示企业信息

市场监督管理部门应当通过企业信用信息公示系统,公示其在履行职责过程中产生的下列企业信息:①注册登记、备案信息;②动产抵押登记信息;③股权出质登记信息;④行政处罚信息;⑤其他依法应当公示的信息。前述企业信息应当自产生之日起20个工作日内予以公示。市场监督管理部门以外的其他政府部门应当公示其在履行职责过程中产生的下列企业信息：①行政许可准予、变更、延续信息；②行政处罚信息；③其他依法应当公示的信息。

2.公司公示的自身信息

公司应当自下列信息形成之日起20个工作日内通过企业信用信息公示系统向社会公示：①有限责任公司股东或者股份有限公司发起人认缴和实缴的出资额、出资时间、出资方式等信息；②有限责任公司股东股权转让等股权变更信息；③行政许可取得、变更、延续信息；④知识产权出质登记信息；⑤受到行政处罚的信息；⑥其他依法应当公示的信息。市场监督管理部门发现企业未依照规定履行公示义务的，应当责令其限期履行。

3.公司年度报告公示

公司应当于每年1月1日至6月30日，通过企业信用信息公示系统向公司登记机关报送上一年度年度报告，并向社会公示。当年设立登记的公司，自下一年起报送并公示年度报告。年度报告内容包括：①企业通信地址、邮政编码、联系电话、电子邮箱等信息；②企业开业、歇业、清算等存续状态信息；③企业投资设立企业、购买股权信息；④企业为有限责任公司或者股份有限公司的，其股东或者发起人认缴和实缴的出资额、出资时间、出资方式等信息；⑤有限责任公司股东股权转让等股权变更信息；⑥企业网站以及从事网络经营的网店的名称、网址等信息；⑦企业从业人数、资产总额、负债总额、对外提供保证担保、所有者权益合计、营业总收入、主营业务收入、利润总额、净利润、纳税总额信息。前述①至⑥项规定的信息应当向社会公示，第⑦项规定的信息由企业选择是否向社会公示。经企业同意，公民、法人或者其他组织可以查询企业选择不公示的信息。

四、公司职工和工会的参与管理权

在我国，保护职工的合法利益、保证职工参加民主管理是每一家公司的责任。在公司中，职工及其工会参与管理主要体现在两个方面：

（1）公司工会代表职工就职工的劳动报酬、工作时间、福利、保险、劳动安全与卫生等事项依法与公司签订集体合同。

（2）公司研究决定改制以及经营方面的重大问题、制定重要的规章制度时，应当听取公司工会的意见，并通过职工代表大会或者其他形式听取职工的意见和建议。

第二节 有限责任公司

有限责任公司是公司的重要形式，一般为中小企业广泛采用。其优点在于股东人数不多，便于沟通；组织机构简单，可节约运营成本；公司设立也相对简便。

一、有限责任公司的设立

符合法定条件即可设立有限责任公司。设立时应注意一般有限责任公司、一人有限责任公司、国有独资公司的设立条件和程序略有差异。

（一）有限责任公司设立的条件

1.股东符合法定人数

《公司法》规定，有限责任公司由50个以下股东出资设立。一个自然人股东或者一个法人股东可以单独依法设立有限责任公司。国家单独出资、由国务院或者地方人民政府委托本级人民政府国有资产监督管理机构履行出资人职责的，可以单独设立国有独资的有限责任公司。

2.有符合公司章程规定的全体股东认缴的出资额

（1）公司资本出资制度。资本是指股东依公司章程之约定向公司缴纳的财产。根据各国公司法对股东出资要求的不同，可归纳为不同的出资制度：①法定资本制，公司资本由公司章程规定，股东必须足额缴纳出资公司才能成立。②授权资本制，公司资本由公司章程规定，股东仅需要缴纳部分资本即可成立，其余股本授权公司董事会根据生产经营状况由股东按公司章程规定延迟缴纳。③折中资本制，即公司章程规定，股东只需缴纳法定比例出资公司就可成立，其余部分在法定期限内缴纳完毕。

（2）公司资本的原则。一般认为公司资本有三大原则：①资本确定原则，即公司章程必须确定符合法定资本最低限额的注册资本总额，且应由发起人全部认足或募足；否则，公司便不能成立。②资本维持原则，在公司存续期间公司应维持与其资本额相当的实有资产。③资本不变原则，即公司注册资本一旦确定，原则上不得改变，增加或减少都必须经过严格的法定程序。

（3）有限责任公司的注册资本。《公司法》规定有限责任公司的注册资本为在公司登记机关登记的全体股东认缴的出资额。法律、行政法规以及国务院决定对有限责任公司注册资本实缴、注册资本最低限额另有规定的，从其规定。

（4）股东的出资方式。股东可以用货币、实物、知识产权、土地使用权出资；也可以用能以货币估价并可以依法转让的非货币财产作价出资（如股权、债权、矿业权等）。股东不得以劳务、信用、自然人姓名、商誉、特许经营权或者设定担保的财产等作价出资。

公司股东的出资方式应符合以下规定：①股东以货币出资的，应当将货币出资足额存入有限责任公司在银行开设的账户。②股东以非货币财产出资的，应当评估作价，核实财产，不得高估或者低估作价；法律、行政法规对评估作价有规定的，从其规定；同时，应当依法办理财产转移手续。③有限责任公司成立后，发现作为设立公司出资的非货币财产的实际价额显著低于公司章程所定价额的，应当由交付该出资的股东补足其差额；公司设立时的其他股东承担连带责任。④股东应当按期足额缴纳公司章程中规定的各自所认缴的出资额。股东不按约定或法律规定缴纳出资的，除应当向公司足额缴纳外，还应当向已按期足额缴纳出资的股东承担违约责任。

3.股东共同制定章程

《公司法》第十一条规定，设立公司必须依法制定公司章程。公司章程对公司、股东、董事、监事、高级管理人员具有约束力。公司章程包括两方面的内容：

（1）法定内容，包括：①公司名称和住所；②公司经营范围；③公司注册资本；④股东的姓名或者名称；⑤股东的出资方式、出资额和出资时间；

案例窗 3-1

⑥公司的机构及其产生办法、职权、议事规则；⑦公司法定代表人；⑧股东会会议认为需要规定的其他事项。

（2）任意内容，是指股东认为应当订入公司章程而法律没有明确规定的内容。

股东应当在公司章程上签名、盖章。

4.有公司名称，建立符合有限责任公司要求的组织机构

公司作为独立的企业法人，必须有自己的名称。有限责任公司在公司名称中标明公司的法律性质，便于国家有关部门管理和社会公众识别，也有利于保障公司的合法权益。公司的名称一经确定，该公司对这一名称即享有名称权，他人不得再使用这一名称；作为构成公司形象的主要因素，是公司"商誉"的重要组成部分，属于公司的无形资产，也是《保护工业产权巴黎公约》所确认的工业产权的保护对象之一。

公司成立之后没有相应的组织机构就无法运行。符合有限责任公司要求的组织机构是指《公司法》中规定应设立的机构，即股东会、董事会或执行董事、监事会或执行监事等。

5.有公司住所

公司以其主要办事机构所在地为住所。经公司登记机关登记的公司的住所只能有一个，公司的住所应当在其公司登记机关辖区内。确定公司住所的主要意义有：①在民事诉讼中，可根据住所地来确认地域管辖；②可以确定送达诉讼文书的处所；③住所是确定债务履行地的依据；④住所是确定公司行政管辖机关的依据；⑤在涉外民事关系中，住所是决定该关系适用何国法律的依据之一。

（二）有限责任公司的设立程序

1.订立发起人协议

有限责任公司只能由发起人发起设立。经过可行性分析，发起人应该签订发起人协议，对拟设立公司的基本情况作出意向性规定，并明确各方权利与义务。在公司设立前，发起人对设立费用及相关债务承担无限连带责任。

2.订立公司章程

设立公司必须先订章程，将要设立的公司的基本情况都通过章程反映出来，这样才便于有关部门审查、批准和登记。

3.设立审批

《公司法》规定，国家法律、行政法规规定必须经有关部门审批的，应当在公司登记前办理审批手续。

4.确立公司组织机构

股东出资缴纳完毕后，应依法建立公司组织机构，并选出相关负责人。股东只有确立了公司组织机构及公司高级管理人选后，才可申请设立登记。

5.设立登记

股东认足公司章程规定的出资后，即可向公司登记机关申请设立登记。申请设立有限责任公司，应当向公司登记机关提交下列文件：①公司法定代表人签署的设立登记申请书；②全体股东指定代表或者共同委托代理人的证明；③公司章程；④股东的主体资格证明或者自然人身份证明；⑤载明公司董事、监事、经理的姓名、住所的文件以及有关委派、选举或者聘用的证明；⑥公司法定代表人任职文件和身份证明；⑦企业名称预先核准通知书；⑧公司住所证明；⑨国家市场监督管理总局要求提交的其他文件。

此外，法律、行政法规或者国务院决定规定设立有限责任公司必须报经批准的，还应当提交有关批准文件。

6.签发出资证明书

公司成立后应向股东签发出资证明书。出资证明书是证明股东已缴纳出资额的文件，由公司在登记注册后签发。出资证明书应当载明下列事项：①公司名称；②公司成立日期；③公司注册资本；④股东的姓名或者名称、缴纳的出资额和出资日期；⑤出资证明书的编号和核发日期。出资证明书必须由公司盖章。

二、有限责任公司的组织机构

公司的组织机构，是指公司依法设置的，按照法律或公司章程规定行使决策、执行和监督职能的组织体系。有限责任公司的组织机构一般包括股东会、董事会、监事会；股东人数较少的公司可以不设董事会和监事会，只设执行董事和执行监事。

（一）有限责任公司的股东会

1.股东会的组成

有限责任公司的股东会由股东组成。股东是指取得公司股份或认缴公司出资，作为公司成员并对公司享有股权的人。[①]股东在公司成立之前可以先予产生。除国家有某些限制的特别规定外，有权代表国家投资的政府部门或机构、企业法人、具有法人资格的事业单位和社会团体、自然人，均可以按照规定成为有限责任公司的股东。

2.股东的权利和义务

股东作为出资者按投入公司的资本额享有所有者的资产受益、参与重大决策和选择管理者等的权利，具体为：①参加股东会并根据出资份额或持股比例享有表决权；②了解公司经营状况和财务状况；③选举和被选举为董事会、监事会成员；④依法或依约定获取股利、转让出资；⑤有限责任公司股东可以优先购买其他股东转让的出资；⑥优先认购公司新增的注册资本；⑦公司终止后，依法分得公司的剩余财产；⑧查阅、复制公司章程、股东会会议记录、董事会会议决议、监事会会议决议和财务会计报告，但股东有非法目的的除外；⑨诉讼权，董事、高级管理人员违反法律、行政法规或者公司章程的规定，损害股东利益的，股东可以向人民法院提起诉讼；⑩公司章程规定的其他权利。

股东负有以下义务：①足额缴纳所认缴的出资；②依其所缴的出资额或所持公司股份承担公司债务；③公司成立后，股东不得抽逃出资[②]；④公司股东滥用股东权利给公司或者其他股东造成损失的，应当依法承担赔偿责任；⑤公司股东滥用公司法人独立地位和股东有限责任，逃避债务，严重损害公司债权人利益的，应当对公司债务承担连带责任，这在理论上就是"公司法人人格否认"制度。

公司法人人格否认制度，又称"刺破公司面纱"制度或"揭开公司面纱"制度，指为阻止公司独立人格的滥用和保护公司债权人利益及社会公共利益，就具体法律关系中的特定事实，否认公司与其背后的股东各自独立的人格及股东的有限责任，责令公司的股东

---

①　彭真明.公司法教程 [M].北京：对外经济贸易大学出版社，2007：212.
②　股东的下列行为属于抽逃出资：（1）制作虚假财务会计报表，虚增利润进行分配；（2）通过虚构债权和债务关系，将其出资转出；（3）利用关联交易将出资转出；（4）其他未经法定程序将出资抽回的行为。

（包括自然人股东和法人股东）对公司债权人或公共利益直接负责，以实现公平、正义目标之要求而设置的一种法律制度。公司法人人格的否认具有以下特征：①公司人格的否认以公司取得法人资格为前提；②公司人格否认是在具体法律关系中否认公司的独立人格；③公司人格否认的后果是由滥用权利的股东直接清偿公司的债务。

3.股东会的职权

股东会是公司的最高权力机构。股东会行使下列职权：①决定公司的经营方针和投资计划；②选举和更换由非职工代表担任的董事、监事，决定有关董事、监事的报酬事项；③审议批准董事会的报告；④审议批准监事会或者监事的报告；⑤审议批准公司的年度财务预算方案、决算方案；⑥审议批准公司的利润分配方案和弥补亏损方案；⑦对公司增加或者减少注册资本作出决议；⑧对发行公司债券作出决议；⑨对公司合并、分立、变更公司形式、解散和清算等事项作出决议；⑩修改公司章程；⑪公司章程规定的其他职权。

4.股东会决议

有限责任公司股东会的议事方式和表决程序，除《公司法》有规定的以外，由公司章程规定。股东会会议作出下列决议必须经代表2/3以上表决权的股东通过：修改公司章程，增加或者减少注册资本，公司合并、分立、解散，或者变更公司形式的决议。其他决议经代表1/2以上表决权的股东通过即可。

股东会决议由股东按照出资比例或章程规定行使表决权。

对《公司法》所列股东会职权，股东以书面形式一致表示同意的，可以不召开股东会会议，直接作出决定，并由全体股东在决定文件上签名、盖章。

5.股东会的召集及形式

首次股东会会议由出资最多的股东召集和主持，并依法行使职权。以后的股东会召集，设董事会的有限责任公司股东会会议由董事会召集，董事长主持；董事长不能履行职务或不履行职务的，由副董事长主持；副董事长不能履行职务或不履行职务的，由半数以上董事共同推举1名董事主持。有限责任公司不设董事会的，股东会会议由执行董事召集和主持。如上述人员或机构不能尽召集之责时，可由监事会或无监事会之公司监事召集和主持股东会会议。以上人员或机构都不能尽召集之责时，代表1/10以上表决权的股东可以自行召集和主持股东会会议。

除公司章程另有规定或者全体股东另有约定的外，召开股东会会议，应当于会议召开15日前通知全体股东。

有限责任公司股东会会议的形式分为定期会议和临时会议两种。定期会议应当按照公司章程的规定召开。代表1/10以上表决权的股东，1/3以上的董事，监事会或者不设监事会的公司的监事提议召开临时会议的，应当召开临时会议。

案例窗 3-2

（二）有限责任公司的董事会和经理

1.有限责任公司的董事会

（1）董事会是公司股东会的执行机构。董事会由3~13人组成。董事任期由公司章程规定，但每届任期不得超过3年；董事任期届满，连选可以连任。两个以上的国有企业或者其他两个以上的国有投资主体投资设立的有限责任公司，其董事会成员中应当有公司职工代表；其他有限责任公司董事会成员中也可以有公司职工代表。董事会中的职工代表由公司职工通过职工代表大会、职工大会或者其他形式民主选举产生。董事会设董事长1人，可以设副董事长。董事长、副董事长的产生办法由公司章程规定。

股东人数较少或者规模较小的有限责任公司，可以设1名执行董事，不设立董事会。执行董事可以兼任公司经理。

（2）董事会的职权。①召集股东会会议，并向股东会报告工作；②执行股东会的决议；③决定公司的经营计划和投资方案；④制订公司的年度财务预算方案、决算方案；⑤制订公司的利润分配方案和弥补亏损方案；⑥制订公司增加或者减少注册资本以及发行公司债券的方案；⑦制订公司合并、分立、变更公司形式、解散的方案；⑧决定公司内部管理机构的设置；⑨决定聘任或者解聘公司经理及其报酬事项，并根据经理的提名决定聘任或者解聘公司副经理、财务负责人及其报酬事项；⑩制定公司的基本管理制度。此外，董事会还享有公司章程规定的其他职权。

（3）董事会的召开。董事会会议由董事长召集和主持；董事长不能履行职务或者不履行职务的，由副董事长召集和主持；副董事长不能履行职务或者不履行职务的，由半数以上董事共同推举1名董事召集和主持。董事会决议的表决，实行1人1票。

董事会的议事方式和表决程序，除《公司法》有规定的外，由公司章程规定。

2.有限责任公司的经理

经理由董事会聘任，负责公司的日常经营管理工作。经理对董事会负责，行使下列职权：①主持公司的生产经营管理工作，组织实施董事会决议；②组织实施公司年度经营计划和投资方案；③拟订公司内部管理机构设置方案；④拟定公司的基本管理制度；⑤制定公司的具体规章；⑥提请聘任或者解聘公司副经理、财务负责人；⑦决定聘任或者解聘除应由董事会决定聘任或者解聘以外的负责管理的人员；⑧董事会授予的其他职权。

公司章程对经理职权另有规定的，从其规定。经理可列席董事会会议。

案例窗3-3

（三）有限责任公司的监事会

1.监事会的组成

监事会是公司的内部监督机构。《公司法》规定，其成员不得少于3人。股东人数较少或者规模较小的有限责任公司，可以设1至2名监事，不设立监事会。监事的任期每届为3年。监事任期届满，连选可以连任。监事会应当包括股东代表和适当比例的公司职工代表，其中职工代表的比例不得低于1/3，具体比例由公司章程规定。监事会中的职工代表由公司职工通过职工代表大会、职工大会或者其他形式民主选举产生。

监事会设主席1人，由全体监事过半数选举产生。董事、高级管理人员不得兼任监事。

2.监事会或监事的职权

监事会或监事的职权包括：①检查公司财务；②对董事、高级管理人员执行公司职务的行为进行监督，对违反法律、行政法规、公司章程或者股东会决议的董事、高级管理人员提出罢免的建议；③当董事、高级管理人员的行为损害公司的利益时，要求董事、高级管理人员予以纠正；④提议召开临时股东会会议，在董事会不履行《公司法》规定的召集和主持股东会会议职责时召集和主持股东会会议；⑤向股东会会议提出提案；⑥依照《公司法》第一百五十二条，对董事、高级管理人员提起诉讼；⑦公司章程规定的其他职权。

监事可以列席董事会会议，并对董事会决议事项进行质询或者提出建议。监事会、不设监事会的公司的监事行使职权所必需的费用，由公司承担。

监事会、不设监事会的公司的监事发现公司经营情况异常，可以进行调查；必要时，可以聘请会计师事务所等协助其工作，费用由公司承担。

监事会每年度至少召开一次会议，监事可以提议召开临时监事会会议。监事会的议事方式和表决程序，除《公司法》有规定的外，由公司章程规定。监事会决议应当经半数以上监事通过。监事会应当对所议事项的决定作成会议记录，出席会议的监事应当在会议记录上签名。

三、公司董事、监事、高级管理人员的资格和义务

《公司法》规定的公司高级管理人员是指公司的经理、副经理、财务负责人，上市公司董事会秘书和公司章程规定的其他人员。董事、监事、高级管理人员把持公司的各关键部门，只有符合一定的资格条件才能担任公司经营管理的重任；同时，在经营管理中上述人员还必须忠于公司事务，尽职尽责。

（一）公司董事、监事、高级管理人员的资格

有下列情形之一的，不得担任公司的董事、监事、高级管理人员：①无民事行为能力或者限制民事行为能力；②因贪污、贿赂、侵占财产、挪用财产或者破坏社会主义市场经济秩序，被判处刑罚，执行期满未逾5年，或者因犯罪被剥夺政治权利，执行期满未逾5年；③担任破产清算的公司、企业的董事或者厂长、经理，对该公司、企业的破产负有个人责任的，自该公司、企业破产清算完结之日起未逾3年；④担任因违法被吊销营业执照、责令关闭的公司、企业的法定代表人，并负有个人责任的，自该公司、企业被吊销营业执照之日起未逾3年；⑤个人所负数额较大的债务到期未清偿。

公司违反上述规定选举、委派董事、监事或者聘任高级管理人员的，该选举、委派或者聘任无效。董事、监事、高级管理人员在任职期间出现上述第①项所列情形的，公司应当解除其职务。

（二）公司董事、监事、高级管理人员的义务

《公司法》第一百四十八条规定，董事、高级管理人员不得有下列行为：①挪用公司资金；②将公司资金以其个人名义或者以其他个人名义开立账户存储；③违反公司章程的规定，未经股东会、股东大会或者董事会同意，将公司资金借贷给他人或者以公司财产为他人提供担保；④违反公司章程的规定或者未经股东会、股东大会同意，与本公司订立合同或者进行交易；⑤未经股东会或者股东大会同意，利用职务便利为自己或者他人谋取属于公司的商业机会，自营或者为他人经营与所任职公司同类的业务；⑥将他人与公司交易的佣金归为己有；⑦擅自披露公司秘密；⑧违反对公司忠实义务的其他行为。

董事、高级管理人员违反以上规定所得的收入应当归公司所有。

董事、监事、高级管理人员执行公司职务时违反法律、行政法规或者公司章程的规定，给公司造成损失的，应当承担赔偿责任。

四、有限责任公司的股权转让

《公司法》对有限责任公司股东向公司股东以外的人转让股权有一定的限制。另外，

由于有限责任公司的封闭性，有可能造成部分股东利益受到侵害等，《公司法》规定一定条件下公司有收购股东股权的义务。

（一）有限责任公司股权转让的一般规定

有限责任公司的股东之间可以相互转让其全部或者部分股权，也可向股东以外的人转让股权，但应当经其他股东过半数同意。其他股东半数以上不同意转让的，不同意的股东应当购买该转让的股权；不购买的，视为同意转让。股东应就股权转让事项书面征求其他股东同意，其他股东自接到书面通知之日起满30日未答复的，视为同意转让。

股东转让股权后，公司应当注销原股东的出资证明书，向新股东签发出资证明书，并相应修改公司章程和股东名册中有关股东及其出资额的记载。

（二）股东的优先购买权

（1）股东对外转让股权时，其他股东在同等条件下有优先购买权。两个以上股东主张行使优先购买权的，协商确定各自的购买比例；协商不成的，按照转让时各自的出资比例行使优先购买权。

（2）人民法院依照法律规定的强制执行程序转让股东的股权时，其他股东在同等条件下有优先购买权。但是其他股东自人民法院通知之日起满20日不行使优先购买权的，视为放弃优先购买权。

案例窗 3-4

（三）公司的股权收购义务

为了防止公司大股东或公司侵害部分股东的利益，《公司法》第七十四条明确规定有以下情形之一的，对股东会该项决议投反对票的股东可以请求公司按照合理的价格收购其股权：①公司连续5年不向股东分配利润，而公司该5年连续盈利，并且符合本法规定的分配利润条件的；②公司合并、分立、转让主要财产的；③公司章程规定的营业期限届满或者章程规定的其他解散事由出现，股东会会议通过决议修改章程使公司存续的。

此外，《公司法》就股东资格的继承问题作了规定，除公司章程另有规定的外，自然人股东死亡后，其合法继承人可以继承股东资格。

五、一人有限责任公司

第二次世界大战以后西方国家大多允许设立一人有限责任公司，所以《公司法》也对一人有限责任公司作出了明确的规定。

（一）一人有限责任公司的含义与特征

《公司法》规定，一人有限责任公司是指只有一个自然人或者一个法人投资设立的有限责任公司，分为自然人一人有限责任公司和法人独资公司。

一人有限责任公司具有以下特征：①股东的唯一性。一人有限责任公司的投资主体是一个自然人或法人。②责任的有限性。一人有限责任公司的股东仅以出资额为限对公司承担有限责任，因而公司有独立的法人资格，股东人格与公司人格是相互分开的。③资本的单一性。一人有限责任公司的所有出资都来自一个投资人，从而区别于一般有限责任公司的资本由两个以上投资人出资构成。

（二）一人有限责任公司的特别规定

《公司法》在承认一人有限责任公司的同时对其作了特别规定：①不设股东会。凡需由股东会决议之事项都应由股东作出，并应采用书面形式，由股东签名后置备于公司。一人有限责任公司是否设立董事会、监事会，由公司章程具体规定。②一个自然人只能投资设立一个一人有限责任公司。该一人有限责任公司不能投资设立新的一人有限责任公司。③一人有限责任公司应当在公司登记中注明自然人独资或者法人独资，并在公司营业执照中载明。④一人有限责任公司应当在每一会计年度终了时编制财务会计报告，并经会计师事务所审计。

此外，《公司法》明确了一人有限责任公司法人资格的例外：股东不能证明公司财产独立于股东自己财产的，应当对公司债务承担连带责任。

六、国有独资公司

国有独资公司也是属于一人有限责任公司，不过由于其投资主体的特殊性，《公司法》对其作了特别规定。

（一）国有独资公司的概念和特征

国有独资公司指国家单独出资、由国务院或者地方人民政府委托本级人民政府国有资产监督管理机构履行出资人职责的有限责任公司。

其特征如下：①投资主体具有唯一性。它是一人有限责任公司，投资主体只能是国家，由国家单独出资。②投资经营范围的特定性。国有独资公司这种组织形式适用于国务院确定的生产特殊产品的公司或者属于特定行业的公司，主要指关系国计民生、国防、社会安全或者国家专营的产品、行业，如造币、烟草、军工、邮政、通信、电力等行业。③出资人职责的特定性。国务院或各级政府国有资产监督管理机构受托履行出资人职责，即由国有资产监督管理机构代行股东权利。

（二）国有独资公司的组织机构

（1）不设股东会，由国有资产监督管理机构行使股东会职权。这些职权主要有：①委派或更换董事会成员，从董事会成员中指定董事长、副董事长；②授权董事会行使股东会部分职权；③依照法律、行政法规的规定，对公司的国有资产实施监督管理；④对公司资产的转让，依照法律、行政法规的规定，办理审批和财产权转移手续；⑤决定公司的合并、分立、解散、增减资本和发行公司债券。

（2）设立董事会。董事会是公司的执行机关。董事每届任期不得超过3年。董事会成员中应当有公司职工代表。董事会成员由国有资产监督管理机构委派；但董事会成员中的职工代表由公司职工代表大会选举产生。董事长、副董事长由国有资产监督管理机构从董事会成员中指定。

（3）设经理，经理由董事会聘任或者解聘。经国有资产监督管理机构同意，董事会成员可以兼任经理。国有独资公司的董事长、副董事长、董事、高级管理人员，未经国有资产监督管理机构同意，不得在其他公司或者其他经济组织兼职。

（4）设立监事会。国有独资公司监事会成员不得少于5人，其中职工代表的比例不得低于1/3。

监事会成员由国有资产监督管理机构委派；但监事会中的职工代表由公司职工代表大会选举产生。监事会主席由国有资产监督管理机构从监事会成员中指定。

监事会的职权：行使《公司法》第五十四条第一至三项规定的职权和国务院规定的其他职权。

第三节　股份有限公司

股份有限公司是最重要的公司形式之一，是现代企业制度的典型代表。股份有限公司经核准可以向社会公开募集资本，因此其涉及面非常广，也比较容易做大做强。企业家多对股份有限公司情有独钟。

一、股份有限公司的设立

股份有限公司设立有比较严格的条件，设立程序必须合法，设立方式有发起设立和募集设立两种。

（一）股份有限公司设立的方式

股份有限公司的设立方式分为发起设立和募集设立两种。发起设立是指由发起人认购公司应发行的全部股份而设立公司；募集设立是指由发起人认购公司应发行股份的一部分，其余股份向社会公开募集或者向特定对象募集而设立公司。一般来说，股份有限公司更常采用的方式是募集设立。

（二）股份有限公司设立的条件

1.发起人符合法定人数

股份有限公司的发起人是指依法办理筹建股份有限公司事务的人。《公司法》规定设立股份有限公司的发起人应当在2人以上200人以下，其中须有半数以上的发起人在中国境内有住所。发起人应当签订发起人协议，明确各自在公司设立过程中的权利和义务。发起人既可以是自然人，也可以是法人。

作为发起人应承担如下责任：①在公司不能成立时，对设立行为所产生的债务和费用负连带责任。②在公司不能成立时，对认股人已缴纳的股款，负返还股款并加算银行同期存款利息的连带责任。③在公司设立过程中，由于发起人的过失致使公司利益受到损害的，应当对公司承担赔偿责任。④发起人（认股人）缴纳股款或者交付抵作股款的出资后，不得抽回其股本；未按期募足股份或发起人未按期召开创立大会或者创立大会决议不设立公司的情形除外。

2.有符合公司章程规定的全体发起人认购的股本总额或者募集的实收股本总额

（1）发起设立。注册资本为在公司登记机关登记的全体发起人认购的股本总额。在发起人认购的股份缴足前，不得向他人募集股份。

（2）募集设立。注册资本为在公司登记机关登记的实收股本总额。以募集设立方式设立的，发起人认购的股份不得少于公司股份总数的35%；但法律、行政法规另有规定的，从其规定。

法律、行政法规以及国务院决定对股份有限公司注册资本实缴、注册资本最低限额另有规定的，从其规定。

（3）发起人的出资要求。出资要求与有限责任公司基本相同。以发起设立方式设立股份有限公司的，发起人应当书面认足公司章程规定其认购的股份，并按照公司章程规定缴纳出资。以非货币财产出资的，应当依法办理其财产权的转移手续。发起人不依法缴纳出资的，应当按照发起人协议承担违约责任。股份有限公司成立后，发起人未按照公司章程的规定缴足出资的，应当补缴；其他发起人承担连带责任。

3.股份发行、筹办事项符合法律规定

以募集设立方式设立股份有限公司的，其股本除由发起人自己认购一部分外，还须向社会公众募集。《公司法》对公开募集股份作了较严格的规定。

（1）须经有关部门核准。向社会公开募集股份时，必须经过国务院证券管理部门核准（实行注册制的除外）。国务院证券管理部门依法对发起人申请向社会公开募集股份的材料进行审查，并作出核准或不核准的决定。凡未经国务院证券管理部门核准，发起人不得向社会公开募集股份。

（2）向社会公开有关信息。发起人向社会公开募集股份，必须公告招股说明书，并制作认股书。认股书应当载明招股说明书所列事项：①发起人认购的股份数；②每股的票面金额和发行价格；③无记名股票的发行总数；④募集资金的用途；⑤认股人的权利、义务；⑥本次募股的起止期限及逾期未募足时认股人可以撤回所认股份的说明。认股书由认股人填写认购股数、金额、住所，并签名、盖章。认股人按照所认购股数缴纳股款。

（3）由证券经营机构承销和银行代收股款。发起人向社会公开募集股份，应当由依法设立的证券公司承销，签订承销协议。发起人还应同银行签订代收股款协议；代收股款的银行应按协议代收和保存股款，向缴纳股款的认股人出具收款单据，并负有向有关部门出具收款证明的义务。

4.发起人制定公司章程，采用募集方式设立的经创立大会通过

股份有限公司章程应包括以下内容：①公司名称和住所；②公司经营范围；③公司设立方式；④公司股份总数、每股金额和注册资本；⑤发起人的姓名或者名称、认购的股份数、出资方式和出资时间；⑥董事会的组成、职权、任期和议事规则；⑦公司法定代表人；⑧监事会的组成、职权、任期和议事规则；⑨公司利润分配办法；⑩公司的解散事由与清算办法；⑪公司的通知和公告办法；⑫股东大会会议认为需要规定的其他事项。

股份有限公司创立大会应在股款筹足、经法定验资机构验资并出具证明后30日内召开；否则，认股人有权要求发起人返还所缴股款并加算银行同期存款利息。发起人应当在创立大会召开15日前将会议日期通知各认股人或者予以公告。创立大会应有代表股份总数过半数的认股人出席，方可举行。

股份有限公司创立大会行使下列职权：①审议发起人关于公司筹办情况的报告；②通过公司章程；③选举董事会成员；④选举监事会成员；⑤对公司的设立费用进行审核；⑥对发起人用于抵作股款的财产的作价进行审核；⑦不可抗力或者经营条件发生重大变化直接影响公司设立的，可作出不设立公司的决议。

创立大会对以上所列事项作出决议，必须经出席会议的认股人所持表决权过半数通过。

5.有公司名称，建立符合股份有限公司要求的组织机构（参见有限责任公司）

6.有公司住所（参见有限责任公司）

（三）股份有限公司的成立

设立股份有限公司，应当由董事会向公司登记机关申请设立登记；以募集方式设立股份有限公司的，应当于创立大会结束后 30 日内向公司登记机关申请设立登记。申请设立股份有限公司，应当向公司登记机关提交下列文件：①公司法定代表人签署的设立登记申请书；②董事会指定代表或者共同委托代理人的证明；③公司章程；④发起人的主体资格证明或者自然人身份证明；⑤载明公司董事、监事、经理的姓名、住所的文件以及有关委派、选举或者聘用的证明；⑥公司法定代表人的任职文件和身份证明；⑦企业名称预先核准通知书；⑧公司住所证明；⑨国家市场监督管理总局要求提交的其他文件。此外，法律、行政法规或者国务院决定规定设立股份有限公司必须报经批准的，还应当提交有关批准文件。

以募集方式设立股份有限公司的，还应当提交创立大会的会议记录以及依法设立的验资机构出具的验资证明；以募集方式设立股份有限公司公开发行股票的，还应当提交国务院证券监督管理机构的核准文件。

企业法人营业执照签发日为股份有限公司成立日。

（四）公司形式的变更

有限责任公司与股份有限公司这两种公司形式可以互相变更。有限责任公司可以变更为股份有限公司，但应依法办理相关手续：①应当符合《公司法》规定的股份有限公司的条件。②折合的实收股本总额不得高于公司净资产额。净资产是股东实际拥有的不含负债的资产。③依照《公司法》有关设立股份有限公司的程序办理变更手续。为增加资本向社会公开发行股份时，应当依照相关法律和法规的规定办理。④公司依法变更公司形式的，公司原有的债权、债务由变更后的公司承担。

股份有限公司变更为有限责任公司应符合有限责任公司的相关规定。

二、股份有限公司的组织机构

股份有限公司的组织机构由股东大会、董事会和经理、监事会组成。股份有限公司，特别是上市公司涉及面广、资产庞大，必须有健全的组织机构，且其职权设置合理才能保护广大股东的利益。

（一）股份有限公司的股东大会

1.股东大会的性质和职权

股份有限公司股东大会由全体股东组成，股东大会是公司的权力机构。股份有限公司股东大会的职权与有限责任公司股东大会的职权基本相同。但股份有限公司，除有特别规定外，股东可以依法自由转让出资，无须经股东大会批准。（关于股东的权利、义务参见第二节的相关内容）

2.股东大会的形式及召开

股东大会的形式分为年会和临时会议两种。年会即每年按时召开 1 次，上市公司的股东大会年会应于上一个会计年度完结之后的 6 个月之内举行。临时会议是指在年会以外遇有特殊情况依法召开的大会。《公司法》规定了召开临时会议的 5 种情况：①董事人数不足《公司法》规定人数或者公司章程所定人数的 2/3 时；②公司未弥补的亏损达实收股本总额 1/3 时；③单独或者合计持有公司 10% 以上股份的股东请求时；④董事会认为必要时；⑤监事会提议召开时。出现上述情形之一的，应当在 2 个月内召开临时股东大会。

股东大会会议由董事会召集，董事长主持；董事长不能履行职务或者不履行职务的，由副董事长主持；副董事长不能履行职务或者不履行职务的，由半数以上董事共同推举 1 名董事主持。董事会不能履行或者不履行召集股东大会会议职责的，监事会应当及时召集和主持；监事会不召集和主持的，连续 90 日以上单独或者合计持有公司 10% 以上股份的股东可以自行召集和主持。

股份有限公司召开股东大会，应当将会议召开的时间、地点和审议的事项于会议召开 20 日前通知各股东；临时股东大会应当于会议召开 15 日前通知各股东；发行无记名股票的，应当于会议召开 30 日前公告会议召开的时间、地点和审议事项。

单独或者合计持有公司 3% 以上股份的股东，可以在股东大会召开 10 日前提出临时提案并书面提交董事会；董事会应当在收到提案后 2 日内通知其他股东，并将该临时提案提交股东大会审议。临时提案的内容应当属于股东大会的职权范围，并有明确议题和具体决议事项。股东大会不得对上述通知中未列明的事项作出决议。无记名股票持有人出席股东大会会议的，应当于会议召开 5 日前至股东大会闭会时将股票交存于公司。

3. 股东大会的决议

（1）股份有限公司股东大会的决议分为特别决议和一般决议。特别决议是指对修改公司章程，增加或者减少注册资本，公司合并、分立、解散或者变更公司形式，以及上市公司在一年内购买、出售重大资产或者担保金额超过公司资产总额 30% 的决议。在此之外的决议为一般决议。特别决议须经出席会议的股东所持表决权的 2/3 以上通过，一般决议只需经出席会议的股东所持表决权的半数以上通过。

股东大会选举董事、监事，可以根据公司章程的规定或者股东大会的决议，实行累积投票制。所谓累积投票制，是指股东大会选举董事或者监事时，每一股份拥有与应选董事或者监事人数相同的表决权，股东拥有的表决权可以集中使用。

（2）股东出席股东大会，所持每一份股份有一份表决权。股东可以自己出席股东大会，也可以委托代理人出席股东大会。代理人受托出席股东大会时，须向公司提交股东授权委托书，并只能在授权范围内行使表决权。公司的控股股东在行使表决权时，不得作出有损于公司和其他股东合法权益的决定。公司的关联股东在股东大会审议有关关联交易事项时，不应当参与投票表决，其所代表的有表决权的股份数不计入有效表决总数；股东大会决议的公告应当充分披露非关联股东的表决情况。如有特殊情况，关联股东无法回避时，公司在征得有关部门的同意后，可以按照正常程序进行表决，并在股东大会决议公告中作出详细说明。

（3）股份有限公司股东大会应对所议事项的决定形成会议记录。主持人、出席会议的董事应当在会议记录上签名。会议记录应当与出席会议的股东的签名册及代理出席的委托书一并保存。

4. 股东大会、董事会决议违法与违规的处罚

股东大会、董事会的决议违反法律、行政法规，侵犯股东合法权益的，股东有权向人民法院提起要求停止该违法行为和侵害行为的诉讼。

（二）股份有限公司的董事会和经理

1.股份有限公司的董事会

（1）董事会是股份有限公司股东大会的执行机构，对股东大会负责。股份有限公司的董事会由5~19名董事组成，董事任期3年；董事会成员中可以有公司职工代表；上市公司还应当设立独立董事。董事会设董事长1人，可以设副董事长1~2人。董事长和副董事长由董事会以全体董事的过半数选举产生。

拓展阅读3-4

（2）股份有限公司董事会的职权。股份有限公司董事会的职权与有限责任公司董事会的职权基本相同。

（3）股份有限公司董事会的召开。股份有限公司董事会每年度至少召开两次会议，由董事长召集主持；董事长不能履行职务或者不履行职务的，由副董事长召集主持；副董事长不能履行职务或者不履行职务的，由半数以上董事共同推举1名董事召集主持。董事会的每次会议应于会议召开10日前通知全体董事和监事。

代表1/10以上表决权的股东、1/3以上董事或者监事会，可以提议召开董事会临时会议。董事长应当自接到提议后10日内，召集和主持董事会会议。董事会召开临时会议，可以另定召集董事会的通知方式和通知时限。

董事会会议应由董事本人出席，如因故不能出席，可书面委托其他董事代为出席，并于委托书中载明授权范围。董事会应对会议所议事项的决定作成会议记录，出席会议的董事应当在会议记录上签名。董事应当对董事会的决议承担责任。董事会的决议违反法律、行政法规或者公司章程、股东大会决议，致使公司遭受严重损失的，参与决议的董事对公司负赔偿责任。但经证明在表决时曾表明异议并记载于会议记录的，该董事可以免除责任。

（4）股份有限公司董事会的决议。股份有限公司的董事会，须有过半数的董事出席方可举行。董事会的决议必须经全体董事的过半数通过，董事会决议的表决，实行1人1票。董事应当对董事会的决议承担责任。

上市公司董事与董事会会议决议事项所涉及的企业有关联关系的，不得对该项决议行使表决权，也不得代理其他董事行使表决权。该董事会会议由过半数的无关联关系董事出席即可举行，董事会会议所作决议须经无关联关系董事过半数通过。出席董事会的无关联关系董事人数不足3人的，应将该事项提交上市公司股东大会审议。

2.股份有限公司的经理

股份有限公司的经理负责公司的日常经营管理工作，由公司董事会聘任或者解聘。公司董事会可以决定由董事会成员兼任经理。股份有限公司经理的职权与有限责任公司经理的职权相同。

（三）股份有限公司的监事会

股份有限公司应设监事会，其成员不得少于3人。监事会应包括股东代表和适当比例的公司职工代表，且职工代表的比例不得低于1/3，具体比例由公司章程规定；监事任期3年。监事会设主席1人，可以设副主席。监事会主席和副主席由全体监事过半数选举产生。监事会主席召集和主持监事会会议；监事会主席不能履行职务或者不履行职务的，由监事会副主席召集和主持监事会会议；监事会副主席不能履行职务或者不履行职务的，由半数以上监事共同推举1名监事召集和主持监事会会议。董事、高级管理人员不得兼任监事。

监事会每6个月至少召开1次会议。监事可以提议召开临时监事会会议。监事会的议事方式和表决程序，除《公司法》有规定的外，主要由公司章程规定。监事会应当对所议事项的决定作成会议记录，出席会议的监事应当在会议记录上签名。

监事会行使职权所必需的费用，由公司承担。股份有限公司监事会的职权与有限责任公司监事会的职权相同。

三、股份有限公司董事、监事、高级管理人员的资格和义务

股份有限公司董事、监事、高级管理人员的资格和义务与有限责任公司相同。

第四节　公司股份与债券的发行和转让

有限责任公司和股份有限公司都可以发行公司债券，但只有股份有限公司才能发行股份。公司债券、股份的发行是其转让的前提。公司债券、股份的发行和转让都必须符合法定的条件。

一、股份发行

股份有限公司可以公开发行股份（股票），但必须符合法定的条件和程序，发行股份时还必须遵守一定的原则。

（一）股份与股票

1.股份

股份是用来划分股份有限公司注册资本的最小计量单位。股份的特征表现为：①股份所代表的金额相等。股份作为股份有限公司资本的最基本的构成单位，其所代表的金额是相等的，相同性质的每一股份代表的权利也是相等的。②股份表示股东享有权益的范围。股份作为股东法律地位的表现形式，反映着股东的权利和利益。③股份具有证券性，通常表现为股票，以便于流通。股份的转让并不影响公司资产的稳定性。

2.股票

股票是股份的法律表现形式，是公司签发的证明股东所持股份的凭证。股份有限公司成立后，即向股东正式交付股票，公司成立前不得向股东交付股票。

股票可以分为不同的类别（详细分类参见第十一章相关内容）。如以股票上面是否记载持有人的姓名和名称，可分为记名股票和无记名股票。公司可发行记名股票，也可发行无记名股票。但是公司向发起人、法人发行的股票，应当为记名股票，并应当记载该发起人、法人的名称或者姓名，不得另立户名或者以代表人姓名记名。

公司发行记名股票的，应当置备股东名册，记载下列事项：①股东的姓名或者名称及住所；②各股东所持股份数；③各股东所持股票的编号；④各股东取得股份的日期。发行无记名股票的，公司应当记载其股票数量、编号及发行日期。

（二）股份发行概述

1.股份发行的概念

股份发行是指股份有限公司为筹集资本出售或分配股份的行为。股份的发行即股票的发行。股份的发行分为新设发行和新股发行。新设发行是公司在设立过程中发行股份，这是公司第一次发行股份。新股发行是公司在成立之后发行股份，又称增资发行，是指公司第一次发行股份以后的各次发行。

2.股份发行的原则

股份的发行实行公平、公正，以及同股同权、同股同价的原则。同次发行的股票，每股的发行条件和价格应当相同，任何单位或者个人所认购的股份，每股应当支付相同价额。股票的发行价格可以等于或超过票面金额（溢价发行），但不能低于票面金额。

3.发行新股

依照《上市公司证券发行管理办法》，公司公开发行新股必须符合有关增资发行的一般条件：

（1）上市公司的组织机构健全、运行良好，并符合相关规定。

（2）上市公司的盈利能力具有可持续性。其具体为：①最近3个会计年度连续盈利。扣除非经常性损益后的净利润与扣除前的净利润相比，以低者作为计算依据。②业务和盈利来源相对稳定，不存在严重依赖于控股股东、实际控制人的情形。③现有主营业务或投资方向能够可持续发展，经营模式和投资计划稳健，主要产品或服务的市场前景良好，行业经营环境和市场需求不存在现实或可预见的重大不利变化。④高级管理人员和核心技术人员稳定，最近12个月内未发生重大不利变化。⑤公司重要资产、核心技术或其他重大权益的取得合法，能够持续使用，不存在现实或可预见的重大不利变化。⑥不存在可能严重影响公司持续经营的担保、诉讼、仲裁或其他重大事项。⑦最近24个月内曾公开发行证券的，不存在发行当年营业利润比上年下降50%以上的情形。

（3）上市公司财务状况良好，并符合相关规定。

（4）上市公司最近36个月内财务会计文件无虚假记载，且不存在禁止的重大违法行为。

（5）上市公司募集资金的数额和使用应当符合相关规定。

（6）上市公司不存在禁止公开发行证券的情形。

公司公开发行新股有配股和增发两种方式。配股即向原股东配售，除符合上述一般条件外，还应符合下列规定：①拟配售股份数量不超过本次配售股份前股本总额的30%。②控股股东应当在股东大会召开前公开承诺认配股份的数量。③采用证券法规定的代销方式发行。

增发即向不特定的对象公开募集股份。增发除符合上述一般条件外，还须符合下列条件：①最近3个会计年度加权平均净资产收益率平均不低于6%。扣除非经常性损益后的净利润与扣除前的净利润相比，以低者作为加权平均净资产收益率的计算依据。②除金融类企业外，最近一期末不存在持有金额较大的交易性金融资产和可供出售的金融资产、借予他人款项、委托理财等财务性投资的情形。③发行价格应不低于公告招股意向书前20个交易日公司股票均价或前1个交易日的均价。

二、股份转让

股份转让是指股份有限公司的股东，依照法定条件和程序将自己的股份让与他人，受让人取得股份成为该公司股东的行为。股东持有的股份可以依法转让，公司不得以公司章程禁止或限制。

（一）股份转让的限制

为保护公司、股东及公司债权人的利益，《公司法》对股份转让作了必要的限制。

（1）股份转让场所限制。股东转让其股份，应当在依法设立的证券交易场所进行或者按照国务院规定的其他方式进行。

（2）发起人所持股份转让限制。发起人持有的本公司股份，自公司成立之日起1年内不得转让。公司公开发行股份前已发行的股份，自公司股票在证券交易所上市交易之日起1年内不得转让。

（3）公司董事、监事、高级管理人员所持股份转让限制。上述人员应当向公司申报所持有的本公司的股份及其变动情况，在任职期间每年转让的股份不得超过其所持有本公司股份总数的25%；所持本公司股份自公司股票上市交易之日起1年内不得转让。上述人员离职后半年内，不得转让其所持有的本公司股份。公司章程可以对公司董事、监事、高级管理人员转让其所持有的本公司股份作出其他限制性规定。

（4）公司不得收购本公司股份。但有下列情形之一的除外：①减少公司注册资本；②与持有本公司股份的其他公司合并；③将股份用于员工持股计划或者股权激励；④股东因对股东大会作出的公司合并、分立决议持异议，要求公司收购其股份的；⑤将股份用于转换上市公司发行的可转换为股票的公司债券；⑥上市公司为维护公司价值及股东权益所必需。

公司收购本公司股份须履行必要的决策程序。上述第①②项收购，应经股东大会决议；第③⑤⑥项收购，可以依照公司章程的规定或者股东大会的授权，经2/3以上董事出席的董事会会议决议；同时，第③⑤⑥项收购应当通过公开的集中交易方式进行。

公司收购本公司股份须限时注销或转让。属于第①项情形的，应自收购之日起10日内注销；属于第②④项情形的，应在6个月内转让或者注销；属于第③⑤⑥项情形的，公司合计持有的本公司股份数不得超过本公司已发行股份总额的10%，并应在3年内转让或者注销。

此外，公司不得接受本公司的股票作为质权的标的。

（二）股份转让的方式

1.记名股票的转让

记名股票由股东以背书方式或者法律、行政法规规定的其他方式转让；转让后由公司将受让人的姓名或者名称及住所记载于股东名册。股东大会召开前20日内或者公司决定分配股利的基准日前5日内，不得进行上述规定的股东名册的变更登记。但是，法律对上市公司股东名册变更登记另有规定的，从其规定。

2.无记名股票的转让

无记名股票的转让由股东将该股票交付给受让人后即发生转让的效力。《公司法》第一百四十条规定："无记名股票的转让，由股东将该股票交付给受让人后即发生转让的效力。"在现代证券市场上，这种转让一般通过证券商（经纪人）在证券交易所发出指令，由电脑系统撮合成交，无须持股人与受让人见面，转让效率比记名股票高。上市公司的股票，依照法律、行政法规及证券交易所交易规则上市交易。

（三）记名股票的失效

记名股票被盗、遗失或者灭失，股东可以依照《中华人民共和国民事诉讼法》（以下简称《民事诉讼法》）规定的公示催告程序，请求人民法院宣告该股票失效。人民法院宣告该股票失效后，股东可以向公司申请补发股票。

三、公司债券的发行与转让

公司债券是指公司依照法定程序发行、约定在一定期限还本付息的有价证券。依法发行的公司债券可以在法定的场所转让。

（一）公司债券的特征和种类

1.公司债券的特征

（1）公司债券是一种有价证券。公司债券是公司债的表现形式，它所表示的是，债券持有人作为公司的债权人，享有按照约定的期限收回本金，取得利息的债权；发行债券的公司作为债务人，负有按照约定的期限向债券持有人还本付息的债务。

（2）公司债券是一种要式证券。公司债券的制作和记载必须按照法律规定的方式进行。根据《公司法》，公司以实物券方式发行公司债券的，必须在债券上载明公司名称、债券票面金额、利率、偿还期限等事项，并由法定代表人签名，公司盖章。

（3）公司债券的持有人具有广泛性。由于公司债券是向社会公众公开募集的，并且具有流通性，因而公司债券的持有人具有广泛性。这使得公司债券所表现的债与一般的债有所不同，它表现的是发行债券的公司与广泛的债权人（债券持有人）之间的债的关系。

2.公司债券的种类

（1）记名公司债券和无记名公司债券。记名公司债券是指在公司债券上记载债权人姓名的公司债券。无记名公司债券是指在债券上不记载债权人姓名的公司债券。目前，我国已发行的公司债券大多为无记名公司债券。

（2）可转换公司债券和非转换公司债券。可转换公司债券是指在一定条件下，可以转换成股票的公司债券。不能转换成股票的公司债券被称为非转换公司债券。《公司法》规定，上市公司经股东大会决议可以发行可转换为股票的公司债券，并在公司债券募集办法中规定具体的转换办法。上市公司发行可转换为股票的公司债券，应当报国务院证券监督管理机构核准。发行可转换为股票的公司债券，应当在债券上标明可转换公司债券字样，并在公司债券存根簿上载明可转换公司债券的数额。

3.公司债券与股份的区别

（1）投资人享有的权利不同。债券持有人是公司的债权人，只享有在公司债券到期之后，对发行公司请求还本付息的权利，无参与公司经营管理的权利。而股份持有人是公司的股东，享有基于股东身份所产生的各种股东权利，是公司的最终所有者。

（2）发行主体和条件不同。在我国，股票的发行主体只限于股份有限公司，而公司债券的发行主体还可以是有限责任公司。公司债券的发行价格可以按票面金额，也可以超过或低于票面金额；但股票的发行价格不能低于票面金额。

（3）利益的分配不同。公司债债权人不管公司是否有盈余，都有权要求公司支付利息。而股东只有在公司有充分盈余时，才能请求支付股息和红利；公司债的利率也是预先确定并保持不变的，而股息和红利则视公司盈余的多少灵活确定。在公司分配盈余或分配剩余财产时，公司债优先于公司股份。

（4）风险责任不同。购买公司债是一种出借行为，因而公司债债权人不承担风险责任或只承担较小的风险责任；到清偿期限时，公司必须偿还本金，如公司破产或解散，公司债所有人有权得到公平清偿。而认购股份则是一种出资行为，股东一般无权要求返还出资，相反必须承担出资额范围内的有限责任，如公司破产、解散，只能参与公司剩余财产的分配。①

（二）公司债券的发行条件

根据《证券法》第十五条，公开发行公司债券，应符合下列条件：①具备健全且运行良好的组织机构；②最近3年平均可分配利润足以支付公司债券1年的利息；③募集的资金必须按照公司债券募集办法所列资金用途使用；④国务院规定的其他条件。

此外，《上市公司证券发行管理办法》第十四条规定的公开发行可转换公司债券除符合股票发行条件外，还应当符合下列规定：①最近3个会计年度加权平均净资产收益率平均不低于6%。扣除非经常性损益后的净利润与扣除前的净利润相比，以低者作为加权平均净资产收益率的计算依据；②本次发行后累计公司债券余额不超过最近一期末净资产额的40%；③最近3个会计年度实现的年均可分配利润不少于公司债券1年的利息。

有下列情形之一的，不得再次公开发行公司债券：①对已公开发行的公司债券或者其他债务有违约或者延迟支付本息的事实，仍处于继续状态；②违反《证券法》规定，改变公开发行公司债券所募集资金的用途。

公开发行公司债券筹集的资金，不得用于弥补亏损和非生产性支出。上市公司发行可转换为股票的公司债券，除应当符合上述规定的条件外，还应当符合经国务院批准的国务院证券监督管理机构规定的条件。但是，按照公司债券募集办法，上市公司通过收购本公司股份的方式进行公司债券转换的除外。

（三）发行公司债券的其他规定

公司发行公司债券应当置备公司债券存根簿。发行记名公司债券的，应当在公司债券存根簿上载明下列事项：①债券持有人的姓名或者名称及住所；②债券持有人取得债券的日期及债券的编号；③债券总额，债券的票面金额、利率、还本付息的期限和方式；④债券的发行日期。发行无记名公司债券的，应当在公司债券存根簿上载明债券总额、利率、偿还期限和方式、发行日期及债券的编号。

（四）公司债券的转让和转换

1.公司债券的转让

公司债券可以转让，转让价格由转让人与受让人约定。公司债券在证券交易所上市交易的，按照证券交易所的交易规则转让。

记名公司债券由债券持有人以背书方式或者法律、行政法规规定的其他方式转让；转让后由公司将受让人的姓名或者名称及住所记载于公司债券存根簿。无记名公司债券的转

①　高程德. 经济法［M］. 8版. 上海：上海人民出版社，2000：223.

让由债券持有人将该债券交付给受让人后即发生转让的效力。

2.公司债券的转换

发行可转换为股票的公司债券的，公司应当按照其转换办法向债券持有人换发股票，但债券持有人对转换股票或者不转换股票有选择权。

四、上市公司

《公司法》所称上市公司，是指其股票在证券交易所上市交易的股份有限公司。上市公司具有以下特征：①是股份有限公司的一种；②是股票获准上市的股份有限公司；③是股票在证券交易所交易的股份有限公司。

公司上市的目的和作用是：①增强公司融资功能及加快公司发展壮大的速度；②提高股东的投资回报率；③提高公司的知名度和商誉；④规范公司行为，提高管理水平。

第五节 公司的财务会计制度

健全的财务会计制度是公司顺利运转、快速发展必备的条件之一，因而公司对此作了专门规定。

一、公司的财务会计制度的概念

公司的财务会计制度是对存在于法律、行业通行规则和公司章程之中的公司财务会计处理规则的总称，是利用货币价值形式反映公司财务状况和经营成果，加强内部经营管理，提高经济效益的一项重要制度。公司的财务会计制度由财务制度和会计制度两部分组成。公司的财务制度是运用财务手段处理货币资金的筹集、支配和使用活动的法律制度；公司的会计制度则是公司办理会计事务应遵循的规则、方法和程序的总称。[①]公司建立自己的财务会计制度是公司立法中一项重要的法律制度，是公司的法定要求，也是避免公司财务风险的重要举措。

二、财务会计在公司中的作用

公司是以营利为目的、具有法人资格的经济组织，公司通过自己的经济活动，创造更多的财富，使自身的资产增加，获取利润。只有使公司的财务会计管理规范化、明确化，才能使公司的经营活动有合理的基础，使股东及公司债权人的权益得到切实的保障。

具体来看，公司的财务会计工作的作用表现为：

（1）投资者除参加决定一些重大事项外，一般不参与日常的生产经营活动，投资者只有通过公司财务状况来了解公司的生产经营状况，作为公司的债权人就更是如此。所以，公司的财务会计工作有利于保护投资者和债权人的利益。

（2）公司财务会计制度的规范化和公开化，可使社会各方面都能方便地了解到公司的经营状况和盈利能力；对经营状况比较好的公司，可以起到吸收社会投资的作用。

（3）各公司在统一的财务会计制度规定下筹集、分配资金，记录、反映经济业务，这

---

① 宁金成. 公司法学［M］. 郑州：郑州大学出版社，2009：343.

有利于政府掌握情况，制定政策，实施管理。

（4）保障公司高效运转。健全的财务会计制度是公司依法合理地筹措、利用资金，提高经济效益的有效手段，是加强和改善公司内部经营管理的重要措施，可以促进公司的高效运转。

（5）有利于执法部门的监督。公司一经设立就应履行法律、行政法规等规定的各项义务，如纳税等。国家执法部门监督的重要手段之一就是检查公司的财务会计制度及财务会计的运行情况。

三、公司财务会计工作的基本要求

《公司法》对公司的财务会计工作的基本要求主要有以下几方面：

（1）公司必须依照法律、法规和有关部门的规定建立本公司的财务会计制度，并编制各项财务会计报表。公司应当在每一会计年度终了时制作财务会计报告，并依法经会计师事务所审计。公司财务会计报告是指公司对外提供的反映公司某一特定日期财务状况和某一会计期间经营成果、现金流量等的文件。按《企业财务会计报告条例》，财务会计报告分为年度、半年度、季度和月度财务会计报告。年度、半年度财务会计报告应当包括会计报表、会计报表附注、财务情况说明书。会计报表应当包括资产负债表、利润表、现金流量表及相关附表。

（2）依法披露公司的财务会计信息。有限责任公司应当按照公司章程规定的期限将财务会计报告送交各股东。股份有限公司的财务会计报告应当在召开股东大会年会的20日前置备于本公司，供股东查阅；公开发行股票的上市公司必须公告的财务会计报告包括年度财务会计报告、半年度财务会计报告和季度财务会计报告。

（3）公司应当向聘用的会计师事务所提供真实、完整的会计凭证、会计账簿、财务会计报告及其他会计资料，不得拒绝、隐匿、谎报。

（4）公司除法定的会计账簿外，不得另立会计账簿。公司的资产也不得以任何个人名义开立账户存储。

（5）公司应当依照法定程序聘任或解聘会计师事务所。

四、利润分配

利润分配是公司股东获取投资收益的渠道之一，对于有限责任公司来说，还是主要渠道，因此对股东的投资行为有较大影响。公司利润分配需符合法律规定或章程约定。

（一）利润

利润是指企业在一定时期（一年）内生产经营的财务成果，包括营业利润、投资净收益以及营业外收支净额。公司利润按下列顺序分配：①弥补以前年度亏损（在不超过税法规定的弥补期限之内）；②缴纳所得税；③弥补在税前利润弥补亏损之后仍存在的亏损；④提取法定公积金；⑤提取任意公积金；⑥支付股利。股东会或者董事会违反规定，在弥补亏损和提取法定公积金、法定公益金之前向股东分配利润的，必须将违反规定分配的利润退还公司。

（二）公积金

公积金是公司为预防亏损、增加财力和扩大营业规模而依照法律与公司章程规定或股东大会决议，从公司利润或公司资本收益中提取的一种储备金。提取公积金制度是国家规定的一项强制性制度，各国公司法一般都有规定。

1.公积金的类型

公积金分为资本公积金和盈余公积金。

（1）资本公积金是直接由资本原因所形成的公积金，主要来自超过票面金额发行股份所得的溢价款、法定财产重估增值、接受捐赠的资产价值等。

（2）盈余公积金是从公司盈余中提取的公积金。盈余公积金又分为法定盈余公积金和任意盈余公积金两种。法定盈余公积金按照税后利润（减弥补亏损）的10%提取，当盈余公积金累计金额已达注册资本50%以上时可不再提取；任意盈余公积金按照公司章程规定或股东会决议提取和使用。

2.公积金的作用

（1）弥补亏损。公司可使用盈余公积金弥补亏损。

（2）转增资本。经股东会决议，资本公积金和盈余公积金可转为股本，从而增加公司的注册资本，增强公司的经营实力。股份有限公司用盈余公积金转增股本时，留存的法定盈余公积金不少于转增前公司注册资本的25%。

（三）股利

股利又称红利，是公司盈利中分派给股东的部分。投资人向公司投资的目的就是获得股利。一般来说，公司在纳税、弥补亏损和提取法定公积金前，不得分配股利。公司持有的本公司股份也不得分配利润。

公司弥补亏损和提取公积金后所余税后利润，有限责任公司依照股东所持出资比例或章程约定分配；股份有限公司按照股东持有的股份比例分配，但股份有限公司章程规定不按持股比例分配的除外。

第六节　公司的合并与分立、解散与清算

公司合并与分立不仅对公司影响深远，对公司债权人及公司员工的影响也极大，因而《公司法》对公司合并与分立有较严的程序要求。

一、公司的合并与分立

公司的合并与分立是在公司设立后极有可能发生的情况，为数不少的公司就是通过合并方式做大做强的。公司合并在分立要符合法定程序，且要处理好债权和债务关系。

（一）公司的合并

公司合并是指两家或两家以上的公司依照法定条件和程序变为一家公司的行为。

1.合并的形式

公司合并的形式有两种：吸收合并与新设合并。吸收合并是指接纳一个或一个以上的企业加入本公司，加入方解散并取消原法人资格，接纳方存续。新设合并是指公司与一个或一个以上的企业合并成立一个新公司，原合并各方解散，取消原法人资格。

2.合并的程序

公司合并的程序为：

（1）作出决定或决议。有限责任公司由股东会就公司合并作出决议，作出合并的决议须经代表 2/3 以上表决权的股东通过。股份有限公司由股东大会就公司合并作出决议。

（2）签订合并协议。合并协议由合并各方共同签订。合并协议应当包括下列主要内容：合并各方的名称、住所；合并后存续公司或新设公司的名称、住所；合并各方的资产状况及处理办法；合并各方的债权和债务处理办法（应当由合并后存续的公司或者新设的公司承继）。

（3）编制资产负债表和财产清单。

（4）通知债权人。公司应当自作出合并决议之日起 10 日内通知债权人，并于 30 日内在报纸上公告。债权人自接到通知书之日起 30 日内，未接到通知书的自公告之日起 45 日内，可以要求公司清偿债务或者提供相应的担保。不清偿债务或者不提供相应担保的，公司不得合并。

（5）办理合并登记手续。公司合并应当自公告之日起 45 日后申请登记。

公司合并协议一般应包括以下内容：①公司名称和住所。②存续期或者新设公司因合并而发行的股份总数、种类和数量，或者投资总数，每个出资人所占的投资总数的比例等。③合并各方现有的资本及对现有资本的处理办法。④合并各方所有的债权、债务的处理方法。⑤存续公司的章程是否变更；公司章程变更后的内容；新设公司章程如何订立及其主要内容。⑥公司合并各方认为应当载明的其他事项。合并协议须符合相关法律、法规规定。

公司合并时，合并各方的债权、债务，应当由合并后存续的公司或者新设的公司承继。合并后须依法进行公司变更登记或注销登记。

（二）公司的分立

公司的分立是指一个公司依照法定条件和程序分为两个或两个以上的公司的行为。

1.分立的形式

《公司法》对分立的形式未作明确规定，一般有两种：一是派生分立，公司以其部分财产和业务另设一个新的公司，原公司存续；二是新设分立，公司以全部财产分别归入两个以上的新设公司，原公司解散。

2.分立的程序

公司分立应当由公司的股东会或者股东大会作出决议；同时要签订分立协议，清理财产，清理债务，报经有关部门批准，并办理工商登记和税务登记手续。

公司分立协议是指公司分立各方就公司分立过程中的有关事项而达成的一致约定。其内容与合并协议大同小异，只是性质不同罢了。

公司分立，其财产应作相应的分割。公司分立，应当编制资产负债表及财产清单。公司应当自作出分立决议之日起 10 日内通知债权人，并于 30 日内在报纸上公告。

公司分立前的债务由分立后的公司承担连带责任，但是公司在分立前与债权人就债务清偿达成的书面协议另有约定的除外。分立后须依法进行公司变更登记或注销登记。

（三）公司注册资本的减少和增加

1.公司注册资本的减少

公司需要减少注册资本时，必须编制资产负债表及财产清单。公司应当自作出减少注册资本决议之日起 10 日内通知债权人，并于 30 日内在报纸上公告。债权人自接到通知书之日起30日内，未接到通知书的自公告之日起45日内，有权要求公司清偿债务或者提供相应的担保。

2.公司注册资本的增加

有限责任公司增加注册资本时，股东认缴新增资本的出资，依照《公司法》设立有限责任公司缴纳出资的有关规定执行。股份有限公司为增加注册资本发行新股时，股东认购新股，依照《公司法》设立股份有限公司缴纳股款的有关规定执行。

增减注册资本，应当依法向公司登记机关办理有关登记手续。

二、公司的解散与清算

如果出现法定或约定的原因，公司可以解散；但不管因何种原因解散公司，都应当对公司债权和债务进行清算。清算完结后公司可以向登记机关申请注销。

（一）公司的解散

根据《公司法》，公司解散的原因如下：①公司章程规定的营业期限届满或者公司章程规定的其他解散事由出现；②股东会或者股东大会决议解散；③因公司合并或者分立需要解散；④依法被吊销营业执照、责令关闭或者被撤销；⑤股东请求人民法院解散公司。

上述第⑤种情况是指公司经营管理发生严重困难，继续存续会使股东利益受到重大损失，通过其他途径不能解决的，持有公司全部股东表决权10%以上的股东，可以请求人民法院解散公司。具体情形包括：①公司持续两年以上无法召开股东会或者股东大会，公司经营管理发生严重困难的；②股东表决时无法达到法定或者公司章程规定的比例，持续两年以上不能作出有效的股东会或者股东大会决议，公司经营管理发生严重困难的；③公司董事长期冲突，且无法通过股东会或者股东大会解决，公司经营管理发生严重困难的；④经营管理发生其他严重困难，公司继续存续会使股东利益受到重大损失的情形。

涉及有限责任公司股东重大分歧的诉讼，按照《最高人民法院关于适用〈中华人民共和国公司法〉若干问题的规定（五）》，法院应该着重调解，而且鼓励当事人自行协商解决。其第五条规定：当事人协商一致以下列方式解决分歧，且不违反法律、行政法规的强制性规定的，人民法院应予支持：①公司回购部分股东股份；②其他股东受让部分股东股份；③他人受让部分股东股份；④公司减资；⑤公司分立；⑥其他能够解决分歧，恢复公司正常经营，避免公司解散的方式。

（二）公司的清算

公司解散应当依据相关法律、法规进行清算。清算是指终结公司的各项财产关系。

1.清算组

（1）清算组的成立。要清算必须成立清算组。因公司章程规定的营业期限届满或者公司章程规定的其他解散事由出现时，或由股东会、股东大会决议解散的，或依法被吊销营业执照、责令关闭或者被撤销，或经营困难、股东请求人民法院解散公司时，应当在15日内成立清算组。有限责任公司的清算组由股东组成，股份有限公司的清算组由董事或者股东大会确定的人员组成。逾期不成立清算组进行清算的，债权人可以申请人民法院指定有关人员组成清算组进行清算。人民法院应当受理该申请，并及时组织清算组进行清算。

（2）清算组的职权。①清理公司财产，分别编制资产负债表和财产清单；②通知、公告债权人；③处理与清算有关的公司未了结的业务；④清缴所欠税款以及清算过程中产生的税款；⑤清理债权、债务；⑥处理公司清偿债务后的剩余财产；⑦代表公司参与民事诉讼活动。

（3）清算组的义务与责任。清算组在公司清算期间代表公司进行一系列民事活动，全权处理公司经济事务和民事诉讼活动。《公司法》规定，清算组成员应当忠于职守，依法履行清算义务；清算组成员不得利用职权收受贿赂或者其他非法收入，不得侵占公司财产；清算组成员因故意或者重大过失给公司或者债权人造成损失的，应当承担赔偿责任。

2. 清算工作程序

（1）登记债权。公司解散时，先要清偿债务，然后才是股东分配剩余财产。清偿债务首先要登记债权。清算组应当自成立之日起10日内通知债权人，并于60日内在报纸上公告。债权人应当自接到通知书之日起30日内，未接到通知书的自公告之日起45日内，向清算组申报其债权。债权人申报债权，应当说明债权的有关事项，并提供证明材料。清算组应当对债权进行登记。在申报债权期间，清算组不得对债权人进行清偿。

（2）清理公司财产，制订清算方案。清算组在清理公司财产、编制资产负债表和财产清单后，应当制订清算方案，并报股东会、股东大会或者人民法院确认。清算组在清理公司财产、编制资产负债表和财产清单后，发现公司财产不足清偿债务的，应当依法向人民法院申请宣告破产。公司经人民法院裁定宣告破产后，清算组应当将清算事务移交给人民法院，依照有关企业破产的法律实施破产清算。

（3）清偿债务。公司财产在分别支付清算费用、职工的工资、社会保险费用和法定补偿金，缴纳所欠税款，清偿公司债务后的剩余财产，有限责任公司按照股东的出资比例分配，股份有限公司按照股东持有的股份比例分配。清算期间，公司存续，但不得开展与清算无关的经营活动。公司财产在未按上述规定清偿前，不得分配给股东。

（4）公告公司终止。公司清算结束后，清算组应当制作清算报告，报股东会、股东大会或者人民法院确认，并报送公司登记机关，申请注销公司登记，公告公司终止。

第七节　违反公司法应承担的法律责任

公司及其各类主体违反公司法规定都应承担相应的责任。《公司法》规定的违反《公司法》的责任形式有民事责任、行政责任和刑事责任3种。下面我们以主体分类进行总结。

一、发起人（股东）的法律责任

发起人（股东）违反《公司法》应承担以下法律责任：

（1）违反《公司法》规定，办理工商登记时虚报注册资本、提交虚假证明文件或者采取其他欺诈手段隐瞒重要事实取得公司登记的，责令改正。对虚报注册资本的，处以虚报注册资本金额5%以上15%以下的罚款；对提交虚假证明文件或者采取其他欺诈手段隐瞒重要事实的公司，处以5万元以上50万元以下的罚款；情节严重的，撤销公司登记或者吊销营业执照。

构成犯罪的，依法追究刑事责任，处3年以下有期徒刑或者拘役，并处或单处虚报注册资本金 1% 以上 5% 以下的罚金。单位犯此罪的，对单位判处罚金，并对其直接负责的主管人员和其他直接责任人员，处 3 年以下有期徒刑或者拘役。

（2）违反《公司法》，公司的发起人、股东虚假出资，未交付或者未按期交付作为出资的货币或者非货币财产的，以及公司的发起人、股东在公司成立后，抽逃其出资的，由公司登记机关责令改正，处以虚假出资或抽逃出资金额 5% 以上 15% 以下的罚款。

构成犯罪的，依法追究刑事责任，处 5 年以下有期徒刑或者拘役，并处或者单处虚假出资金额或者抽逃出资金额 2% 以上 10% 以下的罚金。单位犯此罪的，对单位处以罚金，并对其直接负责的主管人员和其他直接责任人员处 5 年以下有期徒刑或者拘役。

二、公司的法律责任

《公司法》对公司的法律责任主要作了以下的规定：

（1）公司违反《公司法》规定，在法定的会计账簿以外另立会计账簿的，由县级以上人民政府财政部门责令改正，处以 5 万元以上 50 万元以下的罚款。将公司资产以任何个人名义开立账户存储的，没收违法所得，并处以违法所得 1 倍以上 5 倍以下的罚款。构成犯罪的，依法追究刑事责任。

（2）公司在依法向有关主管部门提供的财务会计报告等材料上作虚假记载或者隐瞒重要事实的，由有关主管部门对直接负责的主管人员和其他直接责任人员处以 3 万元以上 30 万元以下的罚款。

（3）公司不依《公司法》规定提取法定公积金的，由县级以上人民政府财政部门责令如数补足应当提取的金额，可以对公司处以 20 万元以下的罚款。

（4）公司在合并、分立、减少注册资本或者进行清算时，不依照《公司法》通知或者公告债权人的，由公司登记机关责令改正，对公司处以 1 万元以上 10 万元以下的罚款。

（5）公司在进行清算时，隐匿财产，对资产负债表或者财产清单作虚假记载或者在未清偿债务前分配公司财产的，由公司登记机关责令改正，对公司处以隐匿财产或者未清偿债务前分配公司财产金额 5% 以上 10% 以下的罚款；对直接负责的主管人员和其他直接责任人员处以 1 万元以上 10 万元以下的罚款。

（6）公司在清算期间开展与清算无关的经营活动的，由公司登记机关予以警告，没收违法所得。

（7）公司成立后无正当理由超过 6 个月未开业的，或者开业后自行停业连续 6 个月以上的，可以由公司登记机关吊销营业执照。公司登记事项发生变更时，未依照《公司法》办理有关变更登记的，由公司登记机关责令限期登记；逾期不登记的，处以 1 万元以上 10 万元以下的罚款。

（8）伪造、涂改、出租、出借、转让营业执照的，由公司登记机关处以 1 万元以上 10 万元以下的罚款；情节严重的，吊销营业执照。未将营业执照置于住所或者营业场所醒目位置的，由公司登记机关责令改正；拒不改正的，处以 1 000 元以上 5 000 元以下的罚款。

（9）外国公司违反《公司法》的规定，擅自在中国境内设立分支机构的，责令改正或者关闭，并可处 5 万元以上 20 万元以下的罚款。

三、清算组的法律责任

《公司法》第二百零六条对清算组的法律责任作了规定。清算组不依照《公司法》向公司登记机关报送清算报告，或者报送清算报告隐瞒重要事实或者有重大遗漏的，由公司登记机关责令改正。清算组成员利用职权徇私舞弊、谋取非法收入或者侵占公司财产的，由公司登记机关责令退还公司财产，没收违法所得，并可以处以违法所得1倍以上5倍以下的罚款。

四、承担资产评估、验资或者验证机构的法律责任

《公司法》第二百零七条对承担资产评估、验资或者验证机构的法律责任作了规定。承担资产评估、验资或者验证的机构提供虚假材料的，由公司登记机关没收违法所得，处以违法所得1倍以上5倍以下的罚款，并可以由有关主管部门依法责令该机构停业、吊销直接责任人员的资格证书，吊销营业执照。

承担资产评估、验资或者验证的机构因过失提供有重大遗漏的报告的，由公司登记机关责令改正；情节较重的，处以所得收入1倍以上5倍以下的罚款，并可以由有关主管部门依法责令该机构停业、吊销直接责任人员的资格证书，吊销营业执照。

承担资产评估、验资或者验证的机构因其出具的评估结果、验资或者验证证明不实，给公司债权人造成损失的，除能够证明自己没有过错的外，在其评估或者证明不实的金额范围内承担赔偿责任。

五、公司登记机关及上级部门违法的法律责任

公司登记机关及上级部门违反《公司法》应承担下列责任：

（1）公司登记机关对不符合《公司法》规定条件的登记申请予以登记，或者对符合《公司法》规定条件的登记申请不予登记的，对直接负责的主管人员和其他直接责任人员，依法给予行政处分。

（2）公司登记机关的上级部门强令公司登记机关对不符合《公司法》规定条件的登记申请予以登记，或者对符合《公司法》规定条件的登记申请不予登记的，或者对违法登记进行包庇的，对直接负责的主管人员和其他直接责任人员依法给予行政处分。

六、其他违反《公司法》的有关规定

其他违反《公司法》的有关规定主要有：

（1）未依法登记为有限责任公司或者股份有限公司，而冒用有限责任公司或者股份有限公司名义的，或者未依法登记为有限责任公司或者股份有限公司的分公司，而冒用有限责任公司或者股份有限公司的分公司名义的，由公司登记机关责令改正或者予以取缔，可以并处10万元以下的罚款。

（2）利用公司名义从事危害国家安全、社会公共利益的严重违法行为的，吊销营业执照。

（3）公司违反《公司法》，应当承担民事赔偿责任和缴纳罚款、罚金的，其财产不足以支付时，先承担民事赔偿责任。

（4）违反公司法规定，构成犯罪的，依法追究刑事责任。

关键术语

公司（corporation） 公司法（company law） 有限责任公司（limited liability company） 股份有限公司（limited company by shares） 两合公司（limited partnership company） 股份（stock） 董事（director） 股东（shareholder）

基本训练

一、单选题

1.下列关于股份有限公司发起人的说法正确的是（ ）。

A.发起人的人数应当为5人以上

B.发起人须有2/3以上在中国境内有住所

C.发起人应当认购公司发行的全部股份

D.发起人应当负责制定公司章程

2.依据《公司法》，下列关于股份有限公司股份发行的表述中，不正确的是（ ）。

A.股份有限公司发行股票必须同股同价

B.股份有限公司向社会公众发行的股票，只能是无记名股票

C.股份有限公司的股票发行价格不得低于票面金额

D.股份有限公司向法人发行的股票，只能是记名股票

3.下列关于甲公司下属的一分公司以自己名义对外签订的合同，说法正确的是（ ）。

A.无效

B.有效，其责任由分公司独立承担

C.有效，其责任由总公司承担

D.有效，其责任由分公司独立承担，总公司负连带责任

4.下列各项中不属于股份有限公司董事会职权的是（ ）。

A.决定公司的经营计划和投资方案 B.决定公司内部管理机构的设置

C.修改公司章程 D.制定公司的基本管理制度

5.《公司法》规定，在募集设立方式中，发起人认购的股份不得少于公司股份总额的（ ）。

A.20% B.25% C.35% D.40%

6.下列出现于A股份有限公司成立过程中的情况，违反《公司法》的规定是（ ）。

A.公司登记机关登记的注册股本总额为1 000万元

B.发起人共有6人，其中4人在中国境内无住所

C.有1名发起人认购股本为1万元

D.有2名发起人的实缴出资中，各有30万元是非专利技术作价金额

7.A为某股份有限公司的发起人，其持有的本公司股份（ ）。

A.自公司成立之日起6个月后才可转让

B.自公司成立之日起1年后才可转让

    C.自公司成立之日起3年后才可转让

    D.在公司存续期间不得转让

8.某股份有限公司净资产额为4亿元，以前未发行过公司债券，现拟发行公司债券。该公司此次发行债券额最多不得超过（　　　）。

    A.4亿元　　　　　　B.2亿元　　　　　　C.1.6亿元　　　　　　D.1亿元

9.甲公司2019年年底的注册资本为人民币3 500万元，截至2019年年初累计已提法定盈余公积1 720万元，2019年弥补亏损后净利润为500万元，则该公司2019年至少应提取法定盈余公积（　　　）。

    A.100万元　　　　　B.75万元　　　　　C.50万元　　　　　D.30万元

10.《公司法》规定，有限责任公司章程应当记载的事项有（　　　）。

    A.利润分配和亏损分担的办法　　　　　B.公司经营范围

    C.公司的基本管理制度　　　　　　　　D.公司章程的修订程序

二、多选题

1.下列属于股份有限公司应当在2个月内召开临时股东大会情形的是（　　　）。

    A.单独或合计持有公司股份10%以上的股东请求

    B.公司未弥补的亏损达股本总额的1/4

    C.因为某董事辞职，致使董事人数不足公司章程规定人数的2/3

    D.监事会提议召开时

2.股份有限公司应该向（　　　）发行记名股票。

    A.公司发起人　　　　　　　　　　　　B.法人

    C.社会公众　　　　　　　　　　　　　D.国家授权投资机构

3.下列属于有限责任公司监事会职权的有（　　　）。

    A.检查公司财务　　　　　　　　　　　B.提议召开临时股东会会议

    C.对董事提出罢免建议　　　　　　　　D.对高级管理人员提起诉讼

4.以下关于一人有限责任公司说法正确的有（　　　）。

    A.注册资本最低限额为人民币5万元

    B.不设股东会

    C.股东应当一次足额缴纳公司章程规定的出资额

    D.股东有可能对公司债务承担连带责任

5.下列属于股份有限公司可以收购本公司股票的情况的有（　　　）。

    A.为减少公司资本而注销股份

    B.将股份奖励给本公司职工

    C.与持有本公司股票的其他公司合并

    D.抵偿债务

6.某股份有限公司注册资本为5 000万元，有7名董事会成员，该公司应在2个月内召开临时股东大会的情形包括（　　　）。

    A.董事会人数减至6人　　　　　　　　B.未弥补亏损达1 000万元

    C.监事会提议召开　　　　　　　　　　D.持有该公司20%股份的股东请求

7.《公司法》规定，以下属于公司不得再次发行公司债券的有（　　　）。

　　A.公司净资产低于人民币9 000万元

　　B.公司股票未能批准上市

　　C.前一次发行的公司债券尚未募足的

　　D.对已发行的公司债券有延迟支付本息事实，且仍处于继续状态的

8.下列关于国有独资公司组织机构的表述，正确的有（　　　　）。

　　A.国有独资公司不设股东会

　　B.国有独资公司设立董事会

　　C.国有独资公司不设监事会

　　D.国有独资公司董事会成员均由国家授权投资的机构委派

三、简答题

1.简述公司的含义及特征。

2.简述公司法的含义及特征。

3.如何确定公司的名称？

4.有限责任公司股东有哪些权利与义务？

5.公司董事、监事及高级管理人员有何义务？

6.有限责任公司与股份有限公司有哪些区别？

7.股份与债券有什么区别？

8.在哪些情况下公司可以收购本公司股份？

9.公司利润应如何分配？

10.试述公司的合并与分立。

四、实务题

甲公司欲作为发起人募集设立一股份有限公司，其拟定的基本构想包括以下内容：①为了吸引外资，开拓国际市场，7个发起人中有4个为住所地在境外的发起人，这为公司的国际化打下良好的基础；②公司的注册资本是8 000万元，其中7个发起人认购2 500万元，由于公司所选项目有非常好的发展前景，其余的5 500万元向社会公众募集；③由于是募集设立的股份有限公司，因此所有的出资必须是货币；④由于发起人认为发行工作很重要，因此决定成立专门小组，自己发行股份；⑤认股人在缴纳股款后，在任何情况下，都不可以要求发起人返还股款；⑥创立大会可以根据需要，结合市场情况由发起人决定召开的时间；⑦如果公司不能设立，发起人和缴足股款的认股人会共同承担相应的法律责任。

资料来源　上海国家会计学院CPA考试辅导委员会. 经济法［M］. 北京：经济科学出版社，2008：102，111.

问题：甲公司拟定的基本构想中哪些不符合法律规定？为什么？

第四章　破产法

学习目标

◆ 重点掌握债务人财产、管理人、债权人会议、和解、破产重整、破产宣告及破产终结。

◆ 掌握破产的原因、破产的申请与受理。

◆ 了解破产的特征、破产法含义和渊源。

第一节　破产法概述

如果企业经营不善，发生资不抵债或者不能清偿到期债务的情况，将会面临退出市场的命运。

一、破产的概念和特征

破产有两种含义：一是指债务人不能清偿到期债务的客观事实状态；二是指人民法院根据当事人的申请或者依职权，为使各债权人获得公平清偿而对不能清偿到期债务的债务人所进行的一种特别程序。后者即法律意义上的破产，又有广义和狭义之分。狭义的破产仅指破产清算程序，以使各债权人获得公平清偿为要旨。广义上的破产不仅包括破产清算程序，还包括以挽救债务人、避免破产为目的的重整、和解程序。本书采用的是广义破产概念。

破产作为一种特别程序，具有以下特征：

（1）债务人可以自行申请破产。普通的民事诉讼中，债务人不能主动向人民法院申请扣押自己的财产。

（2）破产是为全体债权人的利益所进行的总括执行。民事执行程序中的债务人通常具有清偿能力，但拒不履行义务，所以需要强制执行。而破产程序中的债务人已无清偿能力，不能对债权人履行全部义务，故须以破产方式公平解决债务清偿问题。

（3）破产宣告后，破产人为企业法人的，将终结其商事经营活动，并使其丧失民事主体资格。普通的民事诉讼或者民事执行程序并不涉及民事主体资格问题。

二、破产法的概念和特征

破产法是规定在债务人丧失清偿能力时，人民法院强制对其全部财产进行清算分配，公平清偿给债权人，或通过债务人与债权人会议达成的和解协议清偿债务，或进行企业重整，避免债务人破产的法律规范的总称。破产法有广义和狭义之分。狭义的破产法特指破产法典，如我国于2006年8月27日通过的《中华人民共和国企业破产法》（以下简称《企业破产法》）；广义的破产法则还包括其他有关破产的法律、行政法规、部门规章、司法解释等，及散见于其他立法中的调整破产关系的法律规范，如《商业银行法》《保险法》《公司法》《合伙企业法》等立法中有关破产的规定。

从内容上看，破产法是集实体与程序内容合一的综合性法律。其既规定债务人破产能力以及破产法上的撤销权、取回权、别除权和抵销权等实体性内容，又规定破产案件管辖、破产的申请与受理、债权申报等程序性内容。

三、我国破产法的立法概况

1986年12月2日，第六届全国人民代表大会常务委员会第十八次会议通过了《中华人民共和国企业破产法（试行）》。该法适用于全民所有制企业，自1988年11月1日起试行。此后，最高人民法院于1991年11月7日发布了《关于贯彻执行〈中华人民共和国企业破产法（试行）〉若干问题的意见》；1991年颁布了《民事诉讼法》，其第二编第十九章中规定了"企业法人破产还债程序"，适用于非全民所有制的企业法人。至此，所有法人型企业均被纳入破产法的调整体系。2002年7月18日，最高人民法院发布《关于审理企业破产案件若干问题的规定》。

为促进国有企业的破产试行工作，国务院于1994年10月25日发布了《关于在若干城市试行国有企业破产有关问题的通知》，对试点城市中破产企业职工的安置、破产财产（包括土地使用权）的处置、银行贷款损失的处理等破产法实施中的难点问题作出规定，破产企业的所有财产包括担保物均可优先清偿职工债权与职工安置费用，形成政策性破产制度。鉴于一些地方出现滥用政策性破产的现象，1997年3月2日，国务院发布《关于在若干城市试行国有企业兼并破产和职工再就业有关问题的补充通知》，强调政策性破产只适用于国务院确定的范围。

2006年8月27日，第十届全国人民代表大会常务委员会第二十三次会议通过了《企业破产法》，自2007年6月1日起施行，旧法同时废止。新法吸收了《民事诉讼法》的"企业法人破产还债程序"，至此，企业破产问题统一由《企业破产法》调整。此外，最高人民法院先后于2011年、2013年、2019年通过并发布了《最高人民法院关于适用〈中华人民共和国企业破产法〉若干问题的规定（一）》《最高人民法院关于适用〈中华人民共和国企业破产法〉若干问题的规定（二）》《最高人民法院关于适用〈中华人民共和国企业破产法〉若干问题的规定（三）》。

拓展阅读4-1

拓展阅读4-2

四、破产法的适用范围

（一）破产法的主体适用范围

《企业破产法》第二条第一款规定："企业法人不能清偿到期债务，并且资产不足以清偿全部债务或者明显缺乏清偿能力的，依照本法规定清理债务。"第一百三十五条规定："其他法律规定企业法人以外的组织的清算，属于破产清算的，参照适用本法规定的程序。"根据《最高人民法院关于个人独资企业清算是否可以参照适用企业破产法规定的破产清算程序的批复》，在个人独资企业不能清偿到期债务，并且资产不足以清偿全部债务或者明显缺乏清偿能力的情况下，可以参照适用《企业破产法》规定的破产清算程序进行清算。

《企业破产法》主要适用企业法人破产案件，对于非法人企业的破产清算，可以参照《企业破产法》规定的程序进行。但须注意的是，非法人企业因为不具有完全的独立性，人民法院参照适用破产清算程序裁定终结非法人企业的清算程序后，其债权人仍然可以就其未获清偿的部分按照所适用的企业法律规定向投资人主张权利。

案例窗 4-1

（二）破产法的地域适用范围

破产法的地域适用范围是指破产程序的域外效力问题，即一国的破产宣告对位于其他国家的破产人财产是否有效。立法上有破产的普及主义和属地主义之分。普及主义指一国法院的破产宣告的效力及于域外。属地主义则指一国法院的破产宣告的效力仅仅及于破产人在宣告国的财产。

我国破产法的地域适用范围比较特别，对我国人民法院的破产宣告采取普及主义，对其他国家法院的破产宣告采取有限制的承认。《企业破产法》第五条规定："依照本法开始的破产程序，对债务人在中华人民共和国领域外的财产发生效力。对外国法院作出的发生法律效力的破产案件的判决、裁定，涉及债务人在中华人民共和国领域内的财产，申请或者请求人民法院承认和执行的，人民法院依照中华人民共和国缔结或者参加的国际条约，或者按照互惠原则进行审查，认为不违反中华人民共和国法律的基本原则，不损害国家主权、安全和社会公共利益，不损害中华人民共和国领域内债权人的合法权益的，裁定承认和执行。"

第二节　破产程序的开始

一、破产原因

破产原因是破产程序得以发生的实质条件。《公司法》《商业银行法》《合伙企业法》《企业破产法》对于破产原因的规定存在差异。《公司法》第一百八十八条第一款规定："清算组在清理公司财产、编制资产负债表和财产清单后，发现公司财产不足清偿债务的，应当依法向人民法院申请宣告破产。"此外，《商业银行法》第七十一条第一款、《合伙企业法》第九十二条都有类似规定。

上述法律所规定的破产原因均具有单一性，而《企业破产法》则不同。通过《企业破产法》第二条第一款规定可以得出，构成破产应当同时具备两个条件：不能清偿到期债务以及资产不足以清偿全部债务或者明显缺乏清偿能力。《最高人民法院关于适用〈中华人民共和国企业破产法〉若干问题的规定（一）》进一步明确了破产原因：债务人不能清偿到期债务并且具有下列情形之一的，人民法院应当认定其具备破产原因：①资产不足以清偿全部债务；②明显缺乏清偿能力。

对于依法成立的债权，如果债务履行已经届满，债务人未完全清偿债务，人民法院就应当认定债务人不能清偿到期债务。破产原因严格以债务人自身为考量对象，相关当事人以对债务人的债务负有连带责任的人未丧失清偿能力为由，主张债务人不具备破产原因的，人民法院应不予支持。

资产、负债为财务会计概念，因此对于债务人全部资产不足以清偿全部债务通常应该以债务人的资产负债表、审计报告或者资产评估报告为依据。但资产负债表以及审计报告或者资产评估报告采用的准则以及计量方式并不总是能够准确判断债务人是否构成资不抵债，资产负债表、审计报告和资产评估报告只能作为判断债务人资不抵债的表面证据。如果有相反证据足以证明债务人资产能够偿付全部负债的，则不能适用资产负债表、审计报告或者资产评估报告。

判断债务人"明显缺乏清偿能力"的关键是界定债务人的"清偿能力"。能力的界定不能简单地依据企业的账面资产是否大于负债，因为尽管资产大于负债，但由于财产变现能力差也会造成债务人清偿能力不足。根据《最高人民法院关于适用〈中华人民共和国企业破产法〉若干问题的规定（一）》，如果债务人存在下列情形之一，应当认定其明显缺乏清偿能力：①因资金严重不足或者财产不能变现等原因，无法清偿债务；②法定代表人下落不明且无其他人员负责管理财产，无法清偿债务；③经人民法院强制执行，无法清偿债务；④长期亏损且经营扭亏困难，无法清偿债务；⑤导致债务人丧失清偿能力的其他情形。

二、破产申请人

破产程序因破产申请而启动。依据《企业破产法》第七条和第七十条，具备申请债务人破产资格的主体可以分为四类：

一是债务人申请。债务人在发生破产情形时，可以自己向管辖人民法院申请破产。

二是债权人申请。债务人不能清偿到期债务，债权人可以向人民法院提出对债务人进行重整或者破产清算的申请。企业法人已解散但未清算或者未在合理期限内清算完毕，债权人申请债务人破产清算的，除债务人在法定异议期限内举证证明其未出现破产原因外，人民法院应当受理。

三是对债务人负有清算责任的人申请。企业法人已解散但未清算或者未清算完毕，资产不足以清偿债务的，依法负有清算责任的人应当向人民法院申请破产清算。

四是债务人的出资人。债权人申请对债务人进行破产清算的，在人民法院受理破产申请后、宣告债务人破产前，债务人或者出资额占债务人注册资本 1/10 以上的出资人，可以向人民法院申请重整。

此外，《企业破产法》第一百三十四条第一款规定："商业银行、证券公司、保险公司等金融机构有本法第二条规定情形的，国务院金融监督管理机构可以向人民法院提出对该金融机构进行重整或者破产清算的申请。国务院金融监督管理机构依法对出现重大经营风险的金融机构采取接管、托管等措施的，可以向人民法院申请中止以该金融机构为被告或者被执行人的民事诉讼程序或者执行程序。"国务院金融监督管理机构也可以视为一类特殊的破产申请人。

三、破产申请

（一）申请人提交申请书和相关证据

向人民法院提出破产申请，应当提交破产申请书和有关证据。破产申请书应当载明申请人、被申请人的基本情况，申请目的，申请的事实和理由以及人民法院认为应当载明的其他事项。

债务人提出申请的，还应当向人民法院提交财产状况说明、债务清册、债权清册、有关财务会计报告、职工安置预案以及职工工资的支付和社会保险费用的缴纳情况。债权人申请债务人破产的，应当提交债务人不能清偿到期债务的有关证据。

（二）申请的受理

1. 破产申请的审查

人民法院收到破产申请时，为了保证申请人的利益，应当向申请人出具收到申请及所附证据的书面凭证。

人民法院收到破产申请后应当及时对申请人的主体资格、债务人的主体资格和破产原因，以及有关材料和证据等进行审查，并依据《企业破产法》第十条作出是否受理的裁定。人民法院认为申请人应当补充、补正相关材料的，应当自收到破产申请之日起5日内告知申请人。

债权人提出破产申请的，人民法院应当自收到申请之日起5日内通知债务人。通知中应告知债务人不得转移资产、逃避债务，不得进行有碍于公平清偿的行为。债务人对申请有异议的，应当自收到人民法院的通知之日起7日内向人民法院提出。人民法院应当自异议期满之日起10日内裁定是否受理。除上述情形外，人民法院应当自收到破产申请之日起15日内裁定是否受理。有特殊情况需要延长受理案件期限的，经上一级人民法院批准，可以延长15日。

2. 破产申请的受理、驳回

人民法院收到破产申请后，经审查，认为符合《企业破产法》规定的破产条件的，人民法院裁定受理破产申请。

案例窗 4-2

受理破产申请后，人民法院应当将裁定自作出之日起5日内送达申请人。债权人提出申请的，人民法院应当自裁定作出之日起5日内送达债务人。债务人应当自裁定送达之日起15日内，向人民法院提交财产状况说明、债务清册、债权清册、有关财务会计报告以及职工工资的支付和社会保险费用的缴纳情况。债务人违反法律规定，拒不向人民法院提交或者提交不真实的上述文件与情况说明的，人民法院可以对直接责任人员依法处以罚款。

人民法院裁定不受理破产申请的，应当将裁定自作出之日起5日内送达申请人并说明理由。申请人对裁定不服的，可以自裁定送达之日起10日内向上一级人民法院提起上诉。

人民法院受理破产申请后至破产宣告前，经审查发现债务人未发生破产原因的，可以裁定驳回申请。申请人对裁定不服的，可以自裁定送达之日起10日内向上一级人民法院提起上诉。

3.破产申请受理的效果

（1）对债务人的效果。破产申请受理后，债务人应当根据人民法院的要求提供相关财务资料。《企业破产法》第十一条第二款规定，债权人提出申请的，人民法院应当自裁定作出之日起5日内送达债务人。债务人应当自裁定送达之日起15日内，向人民法院提交财产状况说明、债务清册、债权清册、有关财务会计报告以及职工工资的支付和社会保险费用的缴纳情况。

人民法院受理破产申请后，债务人对债权人的个别清偿无效。有关债务人财产的保全措施应当解除，执行程序应当中止。

自人民法院受理破产申请的裁定送达债务人之日起至破产程序终结之日，债务人的法定代表人应当：妥善保管其占有和管理的财产、印章、账簿、文书等资料；根据人民法院、管理人的要求进行工作，并如实回答询问；列席债权人会议并如实回答债权人的询问；未经人民法院许可，不得离开住所地；不得新任其他企业的董事、监事、高级管理人员。

人民法院受理破产申请后，已经开始而尚未终结的有关债务人的民事诉讼或者仲裁应当中止；在管理人接管债务人的财产后，该诉讼或者仲裁继续进行。有关债务人的民事诉讼，只能向受理破产申请的人民法院提起。

（2）对债权人的效果。在人民法院受理破产申请后，债权人只能按照破产程序行使债权，不得接受债务人的个别清偿。因为债务人的相关权利已经交由管理人管理，债权人向债务人取回标的物等请求只能向管理人主张。

（3）对债务人的债务人或者财产持有人的效果。人民法院受理破产申请后，债务人的债务人或者财产持有人应当向管理人清偿债务或者交付财产。债务人的债务人或者财产持有人故意违反规定向债务人清偿债务或者交付财产，使债权人受到损失的，不免除其清偿债务或者交付财产的义务。

（4）对破产申请受理时未履行或未履行完毕的合同的效果。人民法院受理破产申请后，管理人对破产申请受理前成立而债务人和对方当事人均未履行完毕的合同有权决定解除或者继续履行，并通知对方当事人。管理人自破产申请受理之日起2个月内未通知对方当事人，或者自收到对方当事人催告之日起30日内未答复的，视为解除合同。

管理人决定继续履行合同的，对方当事人应当履行，但是对方当事人有权要求管理人提供担保。管理人不提供担保的，视为解除合同。

四、债权申报

破产债权是人民法院受理破产申请时债权人对债务人所享有的债权。破产申请受理后，破产债权人可以申报债权。债权申报期限由人民法院确定，但自人民法院发布受理破产申请公告之日起计算，最短不得少于30日，最长不得超过3个月。

《企业破产法》对债权申报的具体要求包括：

（1）未到期的债权，在破产申请受理时视为到期。

（2）附条件、附期限的债权和诉讼、仲裁未决的债权，债权人可以申报。

（3）债权人应当在人民法院确定的债权申报期限内向管理人申报债权。债务人所欠职工的工资、补偿金、社会保险费用等，不必申报，由管理人调查后列出清单并予以公示。

职工对清单记载有异议的，可以要求管理人更正；管理人不予更正的，职工可以向人民法院提起诉讼。

（4）债权人申报债权时，应当书面说明债权的数额和有无财产担保，并提交有关证据；如是连带债权的，应当说明。

（5）连带债权人可以由其中一人代表全体连带债权人申报债权，也可以共同申报债权。

（6）债务人的保证人或者其他连带债务人已经代替债务人清偿债务的，以其对债务人的求偿权申报债权。债务人的保证人或者其他连带债务人尚未代替债务人清偿债务的，以其对债务人的将来求偿权申报债权，但债权人已经向管理人申报全部债权的除外。

（7）连带债务人数人被裁定适用《企业破产法》规定的程序的，其债权人有权就全部债权分别在各破产案件中申报债权。

（8）管理人或者债务人依照《企业破产法》解除合同的，对方当事人以因合同解除所产生的损害赔偿请求权申报债权。

（9）债务人是委托合同的委托人，被裁定适用《企业破产法》规定的程序，受托人不知道该事实，继续处理委托事务的，受托人以由此产生的请求权申报债权。

（10）债务人是票据的出票人，被裁定适用《企业破产法》规定的程序，该票据的付款人继续付款或者承兑的，付款人以由此产生的请求权申报债权。

（11）在人民法院确定的债权申报期限内，债权人未申报债权的，可以在破产财产最后分配前补充申报，但此前已进行的分配，不再对其补充分配。为审查和确认补充申报债权的费用，由补充申报人承担。债权人未依照《企业破产法》申报债权的，不得依照《企业破产法》规定的程序行使权利。

管理人收到债权申报材料后，应当登记造册，对申报的债权进行审查，并编制债权表。债权表和债权申报材料由管理人保存，供利害关系人查阅。债权表应当提交第一次债权人会议核查。债务人、债权人对债权表记载的债权无异议的，由人民法院裁定确认。债务人、债权人对债权表记载的债权有异议的，可以向受理破产申请的人民法院提起诉讼。

案例窗 4-3

案例窗 4-4

第三节　债务人财产与管理人

债务人的财产在破产宣告后成为破产财产，破产财产上附着多种权利，为合理、公正地处理好这些权利，人民法院应当指定管理人管理破产财产。

一、债务人财产

《企业破产法》第三十条规定："破产申请受理时属于债务人的全部财产，以及破产申请受理后至破产程序终结前债务人取得的财产，为债务人财产。"债务人财产在破产宣告后被称为破产财产。已作为担保物的财产也属于破产财产。与债务人财产相关的各种实体权利包括撤销权、取回权、抵销权和追回权等。

（一）撤销权

破产撤销权是指债务人的财产管理人对债务人在破产申请受理前的法定期间内进行的欺诈债权人或者损害对全体债权人公平清偿的行为，有申请人民法院予以撤销的权利。

《企业破产法》第三十一条规定，人民法院受理破产申请前1年内，涉及债务人财产的下列行为，管理人有权请求人民法院予以撤销：①无偿转让财产的；②以明显不合理的价格进行交易的；③对没有财产担保的债务提供财产担保的；④对未到期的债务提前清偿的；⑤放弃债权的。

人民法院受理破产申请前6个月内，债务人具备破产原因，仍对个别债权人进行清偿的，管理人有权请求人民法院予以撤销，但个别清偿使债务人财产受益的除外。

同时，《企业破产法》明确区分了可撤销行为和无效行为，规定涉及债务人财产的下列行为无效：①为逃避债务而隐匿、转移财产的；②虚构债务或者承认不真实的债务的。

（二）取回权

财产权利人对属于自己所有非破产企业所有的财产，依法通过管理人取回的权利，即破产取回权。《企业破产法》第三十八条规定，除本法另有规定的外，人民法院受理破产申请后，债务人占有的不属于债务人的财产，该财产的权利人可以通过管理人取回。该权利有以下特征：①取回权是对特定物的返还请求权；②它是以物权为基础的请求权；③它是在破产程序中行使的特别请求权；④被取回的财产在取回前，视同破产财产，由管理人管理和支配；⑤取回权的行使只能取回原物。

（三）抵销权

破产抵销权是指破产债权人在破产申请受理时，对破产人负有债务，可以不按破产程序，以自己的破产债权与自己所负债务的相应数额相互抵销的权利。

《企业破产法》第四十条规定，债权人在破产申请受理前对债务人负有债务的，可以向管理人主张抵销，但有下列情形之一的，不得抵销：①债务人的债务人在破产申请受理后取得他人对债务人的债权的。②债权人已知债务人有不能清偿到期债务或者破产申请的事实，对债务人负担债务的，但债权人因为法律规定或者破产申请1年前所发生的原因而负担债务的除外。③债务人的债务人已知债务人有不能清偿到期债务或者破产申请的事实，对债务人取得债权的，但债务人的债务人因为法律规定或者有破产申请1年前所发生的原因而取得债权的除外。

案例窗 4-5

（四）追回权

追回权是指对债务人或其董事、监事、高级管理人员损害债权人或债务人的行为通过人民法院予以否认并追回财产的权利。《企业破产法》规定，因实施被人民法院撤销的行为或破产无效行为而取得的债务人的财产，管理人有权追回。

（五）别除权

别除权是指债权人所享有的，可以不依破产程序而能从破产人的特定财产上得到优先受偿的权利。别除权主要包括因抵押、质押、留置等财产担保方式而产生的担保物权。

别除权人行使优先受偿权利未能完全受偿的，其未受偿的债权作为普通债权；别除权人放弃优先受偿权利的，其债权作为普通债权。但如破产人仅作为担保人为他人债务提供物权担保，担保债权人的债权虽然在破产程序中可以构成别除权，但因破产人不是主债务人，在担保物价款不足以清偿担保债额时，余债不得作为破产债权向破产人要求清偿，只能向原主债务人求偿。

二、破产费用与共益债务

破产费用是在破产程序中为全体债权人共同利益而支付的各项费用的总称。人民法院受理破产申请后发生的下列费用，为破产费用：①破产案件的诉讼费用；②管理、变价和分配债务人财产的费用；③管理人执行职务的费用、报酬和聘用工作人员的费用。

共益债务是指在破产程序中为全体债权人利益而由债务人财产负担的债务的总称。人民法院受理破产申请后发生的下列债务，为共益债务：①因管理人或者债务人请求对方当事人履行双方均未履行完毕的合同所产生的债务；②债务人财产受无因管理所产生的债务；③因债务人不当得利所产生的债务；④为债务人继续营业而应支付的劳动报酬和社会保险费用以及由此产生的其他债务；⑤管理人或者相关人员执行职务致人损害所产生的债务；⑥债务人财产致人损害所产生的债务。

破产费用和共益债务由债务人财产随时清偿。债务人财产不足以清偿所有破产费用和共益债务的，先行清偿破产费用。债务人财产不足以清偿所有破产费用或者共益债务的，按照比例清偿。债务人财产不足以清偿破产费用的，管理人应当提请人民法院终结破产程序。人民法院应当自收到请求之日起15日内裁定终结破产程序，并予公告。

三、管理人

管理人是指破产程序中由人民法院指定的，全面接管破产企业并负责破产财产的保管、清理、估价、处理和分配等破产清算事务的专门机构。

《企业破产法》规定，管理人可以由有关部门、机构的人员组成的清算组或者依法设立的律师事务所、会计师事务所、破产清算事务所等社会中介机构担任。人民法院根据债务人的实际情况，可以在征询有关社会中介机构的意见后，指定该机构具备相关专业知识并取得执业资格的人员担任管理人。个人担任管理人的，应当参加执业责任保险。有下列情形之一的，不得担任管理人：①因故意犯罪受过刑事处罚；②曾被吊销相关专业执业证书；③与本案有利害关系；④人民法院认为不宜担任管理人的其他情形。

管理人主要履行下列职责：①接管债务人的财产、印章、账簿、文书等资料；②调查债务人财产状况，制作财产状况报告；③决定债务人的内部管理事务；④决定债务人的日常开支和其他必要开支；⑤在第一次债权人会议召开之前，决定继续或者停止债务人的营业；⑥管理和处分债务人的财产；⑦代表债务人参加诉讼、仲裁或者其他法律程序；⑧提议召开债权人会议；⑨人民法院认为管理人应当履行的其他职责。

管理人应当勤勉尽责，忠实执行职务。管理人经人民法院许可，可以聘用必要的工作人员；管理人的报酬由人民法院确定；管理人辞去职务应当经人民法院许可。

拓展阅读4-3

拓展阅读4-4

第四节 债权人会议与和解、重整

破产程序中，要在人民法院指导监督下组成债权人会议，对破产过程中的相关利益处理进行表决。进入破产程序的企业并不当然破产，债务人可以提出和解，债务人或债权人还可以提出对破产企业进行重整。

一、债权人会议

（一）债权人会议的性质、组成和召开

债权人会议是在人民法院指导和监督下，表达全体债权人意志，代表债权人整体利益而参与破产程序的临时性机构。在破产程序中，众多的债权人之间具有利益上的一致性，但也有差异，所以各债权人之间利益要靠债权人会议来协调和维护。

债权人会议由所有进行了债权申报的债权人组成。债权人会议成员享有表决权；但有债务人特定财产担保的债权人未放弃优先受偿权的，对通过和解协议、破产财产的分配方案无表决权；债权尚未确定的债权人，除人民法院能够为其行使表决权而临时确定债权额的之外，不得行使表决权。债权人会议设有主席，债权人会议主席由人民法院在有表决权的债权人中指定。债权人可以委托代理人出席债权人会议，并可以授权代理人行使表决权，但应当向人民法院或者债权人会议主席提交授权委托书。债权人会议应当有债务人的职工和工会的代表参加，对有关事项发表意见。

第一次债权人会议由人民法院召集，自债权申报期限届满之日起15日内召开。以后的债权人会议，在人民法院认为必要时，或者管理人、债权人委员会、占债权总额1/4以上的债权人向债权人会议主席提议时召开。召开债权人会议，管理人应当提前15日通知已知的债权人。

（二）债权人会议的职权与决议

《企业破产法》第六十一条规定，债权人会议行使下列职权：①核查债权；②申请人民法院更换管理人，审查管理人的费用和报酬；③监督管理人；④选任和更换债权人委员会成员；⑤决定继续或者停止债务人的营业；⑥通过重整计划；⑦通过和解协议；⑧通过债务人财产的管理方案；⑨通过破产财产的变价方案；⑩通过破产财产的分配方案；⑪人民法院认为应当由债权人会议行使的其他职权。

债权人会议的决议，必须由出席会议的有表决权的债权人过半数通过，并且其所代表的债权额占无财产担保债权总额的1/2以上，但《企业破产法》另有规定的除外。债权人认为债权人会议的决议有下列情形之一，损害债权人利益的，可以书面形式申请撤销：①债权人会议的召开违反法定程序；②债权人会议的表决违反法定程序；③债权人

会议的决议内容违法；④债权人会议的决议超出债权人会议的职权范围。债权人请求人民法院裁定撤销的期限为自债权人会议作出决议之日起15日内；人民法院裁定撤销全部或者部分事项决议之后可责令债权人会议依法重新作出决议。债权人会议的决议，对于全体债权人均有约束力。债权人会议应当对所议事项的决议作成会议记录。

《企业破产法》第六十一条第一款第八项、第九项所列事项，经债权人会议表决未通过的，由人民法院裁定；第一款第十项所列事项，经债权人会议二次表决仍未通过的，由人民法院裁定。债权人对人民法院以上裁定不服的，可以自裁定宣布之日或者收到通知之日起15日内向该人民法院申请复议。复议期间不停止裁定的执行。

（三）债权人委员会

债权人会议可以决定设立债权人委员会。债权人委员会由债权人会议选任的债权人代表和1名债务人的职工代表或者工会代表组成。债权人委员会成员不得超过9人。债权人委员会成员应当经人民法院书面决定认可。债权人委员会在性质上属于破产监督人。

债权人委员会行使下列职权：①监督债务人财产的管理和处分；②监督破产财产分配；③提议召开债权人会议；④债权人会议委托的其他职权。债权人委员会执行职务时，有权要求管理人、债务人的有关人员对其职权范围内的事务作出说明或者提供有关文件。管理人、债务人的有关人员违反《企业破产法》规定拒绝接受监督的，债权人委员会有权就监督事项请求人民法院作出决定；人民法院应当在5日内作出决定。

管理人实施下列行为，应当及时报告债权人委员会：①涉及土地、房屋等不动产权益的转让；②探矿权、采矿权、知识产权等财产权的转让；③全部库存或者营业的转让；④借款；⑤设定财产担保；⑥债权和有价证券的转让；⑦履行债务人和对方当事人均未履行完毕的合同；⑧放弃权利；⑨担保物的取回；⑩对债权人利益有重大影响的其他财产处分行为。未设立债权人委员会的，管理人实施上述规定的行为应当及时报告人民法院。

二、和解

和解是破产企业获得重生的主要方式，其应由债务人提出。债务人提出和解必须提供和解草案。经过与债权人协商一致即达成和解协议。

（一）和解的概念

和解也叫破产和解，是指具备破产原因的债务人，为避免破产清算与债权人之间就延期偿还和减免债务问题达成协议，经人民法院认可后生效的法律程序。和解是一种特殊的法律行为。其与一般的法律行为不同，不仅需要债权人会议与债务人意思表示一致，而且要经过人民法院的裁定认可，方能成立。

和解具有以下特征：①以避免破产清算为目的；②和解申请由债务人提出；③和解的成立首先要取决于债权人的态度；④和解协议最终必须经过人民法院许可方可成立；⑤和解协议无强制执行力。①

---

① 李国光. 新企业破产法疑难释解 [M]. 北京：人民法院出版社，2006：276-277.

（二）和解的程序

1.和解申请的提出与受理

债务人可以依照《企业破产法》，直接向人民法院申请和解，也可以在人民法院受理破产申请后、宣告债务人破产前，向人民法院申请和解。债务人申请和解，应当提出和解协议草案。人民法院经审查认为和解申请符合规定的，应当裁定和解，予以公告，并召集债权人会议讨论和解协议草案。对债务人的特定财产享有担保权的权利人，自人民法院裁定和解之日起可以行使权利。

债权人会议通过和解协议的决议，必须由出席会议的有表决权的债权人过半数同意，并且其所代表的债权额占无财产担保债权总额的2/3以上。

2.破产和解的终止

债权人会议通过和解协议的，由人民法院裁定认可，终止和解程序，并予公告。管理人应当向债务人移交财产和营业事务，并向人民法院提交执行职务的报告。和解协议草案经债权人会议表决未获得通过，或者已经债权人会议通过的和解协议未获得人民法院认可的，人民法院应当裁定终止和解程序，并宣告债务人破产。因债务人的欺诈或者其他违法行为而成立的和解协议，人民法院应当裁定无效，并宣告债务人破产。

3.和解协议的约束力

（1）经人民法院裁定认可的和解协议，对债务人和全体和解债权人均有约束力。和解债权人是指人民法院受理破产申请时对债务人享有无财产担保债权的人，和解债权人未依法申报债权的，在和解协议执行期间不得行使权利，在和解协议执行完毕后，可以按照和解协议规定的清偿条件行使权利；和解债权人对债务人的保证人和其他连带债务人所享有的权利，不受和解协议的影响。按照和解协议减免的债务，自和解协议执行完毕时起，债务人不再承担清偿责任。

（2）债务人不能执行或者不执行和解协议的，人民法院经和解债权人请求，应当裁定终止和解协议的执行，并宣告债务人破产。人民法院裁定终止和解协议执行的，和解债权人在和解协议中作出的债权调整的承诺失去效力。和解债权人因执行和解协议所受的清偿仍然有效，和解债权未受清偿的部分作为破产债权。前述规定的债权人，只有在其他债权人同自己所受的清偿达到同一比例时，才能继续接受分配。

（3）人民法院受理破产申请后，债务人与全体债权人就债权和债务的处理自行达成协议的，可以请求人民法院裁定认可，并终结破产程序。

（4）按照和解协议减免的债务，自和解协议执行完毕时起，债务人不再承担清偿责任。

案例窗4-6

三、破产重整

重整，又名"重组""恢复""司法康复"，也叫"破产重整"，是对于困境企业的一种挽救程序。具体来看，重整是指在债务人不能清偿债务的情况下，由申请人向人民法院提出申请而启动的，保护债务人继续营业，使其实现债务调整和企业整理，从而摆脱困境、走向重生的再建型债务清理制度。[①]

---

① 薄燕娜.破产法教程［M］.北京：对外经济贸易大学出版社，2009：163.

（一）重整程序

1.重整申请及重整期间

债务人或者债权人可以依照《企业破产法》，直接向人民法院申请对债务人进行重整。债权人申请对债务人进行破产清算的，在人民法院受理破产申请后、宣告债务人破产前，债务人或者出资额占债务人注册资本 1/10 以上的出资人，可以向人民法院申请重整。人民法院经审查，认为重整申请符合《企业破产法》规定的，应当裁定债务人重整，并予公告。重整期间自人民法院裁定债务人重整之日起至重整程序终止。

在重整期间，有下列情形之一的，经管理人或者利害关系人请求，人民法院应当裁定终止重整程序，并宣告债务人破产：①债务人的经营状况和财产状况继续恶化，缺乏挽救的可能性；②债务人有欺诈、恶意减少债务人财产或者其他显著不利于债权人的行为；③由于债务人的行为致使管理人无法执行职务。

案例窗 4-7

案例窗 4-8

2.重整期间债务人的权利和义务

（1）债务人的权利。在重整期间，经债务人申请、人民法院批准，债务人可以在管理人的监督下自行管理财产和营业事务。有前述规定情形的，依照《企业破产法》已接管债务人财产和营业事务的管理人应当向债务人移交财产和营业事务，《企业破产法》规定的管理人的职权由债务人行使。在重整期间，债务人或者管理人为继续营业而借款的，可以为该借款设定担保。

（2）债务人的义务。在重整期间，债务人的出资人不得请求投资收益分配，债务人的董事、监事、高级管理人员不得向第三人转让其持有的债务人的股权；但经人民法院同意的除外。

（二）重整计划的制订与批准

1.重整计划的制订

当事人的重整申请被受理之后，应当在法定期限内提交重整计划草案。债务人自行管理财产和营业事务的，由债务人制作重整计划草案。管理人负责管理财产和营业事务的，由管理人制作重整计划草案。债务人或者管理人应当自人民法院裁定债务人重整之日起 6 个月内，同时向人民法院和债权人会议提交重整计划草案。期限届满，经债务人或者管理人请求，有正当理由的，人民法院可以裁定延期 3 个月。债务人或者管理人未按期提出重整计划草案的，人民法院应当裁定终止重整程序，并宣告债务人破产。

重整计划草案应当包括下列内容：①债务人的经营方案；②债权分类；③债权调整方案；④债权受偿方案；⑤重整计划的执行期限；⑥重整计划执行的监督期限；⑦有利于债务人重整的其他方案。

2.重整计划的表决与批准

《企业破产法》第八十二条规定，下列各类债权的债权人参加讨论重整计划草案的债权人会议，并依照下列债权分类，分组对重整计划草案进行表决：①对债务人的特定财产享有担保权的债权；②债务人所欠职工的工资和医疗、伤残补助、抚恤费用，所欠的应当划入职工个人账户的基本养老保险、基本医疗保险费用，以及法律、行政法规规定应当支付给职工的补偿金；③债务人所欠税款；④普通债权。人民法院在必要时可以决定在普通债权组中设小额债权组对重整计划草案进行表决。

债务人的出资人代表可以列席讨论重整计划草案的债权人会议。重整计划草案涉及出资人权益调整事项的，应当设出资人组，对该事项进行表决。

人民法院应当自收到重整计划草案之日起30日内召开债权人会议，对重整计划草案进行表决。出席会议的同一表决组的债权人过半数同意重整计划草案，并且其所代表的债权额占该组债权总额的2/3以上的，即该组通过重整计划草案。债务人或者管理人应当向债权人会议就重整计划草案作出说明，并回答询问。

当各表决组均通过重整计划草案时，重整计划即通过。自重整计划通过之日起10日内，债务人或者管理人应当向人民法院提出批准重整计划的申请。人民法院经审查认为符合法律规定的，无恶意损害少数债权人利益等情形的，应当自收到申请之日起30日内裁定批准，终止重整程序，并予公告。

部分表决组未通过重整计划草案的，债务人或者管理人可以同未通过重整计划草案的表决组协商。该表决组可以在协商后再表决一次。双方协商的结果不得损害其他表决组的利益。未通过重整计划草案的表决组拒绝再次表决或者再次表决仍未通过重整计划草案，但重整计划草案符合下列条件的，债务人或者管理人可以申请人民法院批准重整计划草案：①按照重整计划草案，《企业破产法》第八十二条第一款第一项所列债权就该特定财产将获得全额清偿，其因延期清偿所受的损失将得到公平补偿，并且其担保权未受到实质性损害，或者该表决组已经通过重整计划草案；②按照重整计划草案，《企业破产法》第八十二条第一款第二项、第三项所列债权将获得全额清偿，或者相应表决组已经通过重整计划草案；③按照重整计划草案，普通债权所获得的清偿比例，不低于其在重整计划草案被提请批准时依照破产清算程序所能获得的清偿比例，或者该表决组已经通过重整计划草案；④重整计划草案对出资人权益的调整公平、公正，或者出资人组已经通过重整计划草案；⑤重整计划草案公平对待同一表决组的成员，并且所规定的债权清偿顺序不违反《企业破产法》第一百一十三条的规定；⑥债务人的经营方案具有可行性。

人民法院经审查认为重整计划草案符合以上规定的，应当自收到申请之日起30日内裁定批准，终止重整程序，并予公告。

（三）重整计划的执行、监督与终止

1.重整计划的执行

根据《企业破产法》，重整计划由债务人负责执行，因而债权人在审查重整计划草案时，必须考虑重整计划草案中对债务人董事、监事、经理等高级管理人员中有违法行为者及不称职者的更换，以免重整计划在由债务人执行的过程中发生问题。人民法院裁定批准重整计划后，已接管财产和营业事务的管理人应当向债务人移交财产和营业事务。

2.重整计划的监督

在重整计划中应当规定执行监督的期限。自人民法院裁定批准重整计划之日起，在重

整计划规定的监督期内，由管理人监督重整计划的执行。在监督期内，债务人应当向管理人报告重整计划执行情况和债务人财务状况。监督期届满时，管理人应当向人民法院提交监督报告。自监督报告提交之日起，管理人的监督职责终止。经管理人申请，人民法院可以裁定延长重整计划执行的监督期限。管理人向人民法院提交的监督报告，重整计划的利害关系人有权查阅。

3. 重整计划的终止

债务人不能执行或者不执行重整计划的，人民法院经管理人或者利害关系人请求，应当裁定终止重整计划的执行，并宣告债务人破产；但为重整计划的执行提供的担保继续有效。人民法院裁定终止重整计划执行的，债权人在重整计划中作出的债权调整的承诺失去效力。债权人因执行重整计划所受的清偿仍然有效，债权未受清偿的部分作为破产债权。上述规定的债权人，只有在其他同顺位债权人同自己所受的清偿达到同一比例时，才能继续接受分配。

第五节　破产宣告与破产终结

破产企业如果和解无望，当事人也无意重整，经人民法院审理符合破产条件的，即可宣告破产。宣告破产后破产管理人即应制订相应方案并经债权人会议同意后，处理并分配破产财产。破产财产分配完毕即可宣告破产终结。

一、破产宣告

破产宣告是指人民法院在对破产案件审理后认为债务人具备了法定的破产条件，从而作出裁定，宣告其破产的法律行为。

人民法院依法宣告债务人破产的，应当自裁定作出之日起5日内送达债务人和管理人，自裁定作出之日起10日内通知已知债权人，并予公告。破产宣告前，有下列情形之一的，人民法院应当裁定终结破产程序，并予公告：①第三人为债务人提供足额担保或者为债务人清偿全部到期债务的；②债务人已清偿全部到期债务的。

二、破产财产的变价和分配

破产宣告后，管理人应当及时拟订破产财产变价方案，提交债权人会议讨论。管理人应当按照债权人会议通过的或者人民法院依法裁定的破产财产变价方案，适时变价出售破产财产。变价出售破产财产应当通过拍卖方式进行，但债权人会议另有决议的除外。破产企业的财产可以全部或者部分变价出售。企业变价出售时，可以将其中的无形资产和其他财产单独变价出售。按照国家规定不能拍卖或者限制转让的财产，应当按照国家规定的方式处理。

破产财产的分配应当以货币分配方式进行，但债权人会议另有决议的除外。破产财产在优先清偿破产费用和共益债务后，依照下列顺序清偿：①破产人所欠职工的工资和医疗、伤残补助、抚恤费用，所欠的应当划入职工个人账户的基本养老保险、基本医疗保险费用，以及法律、行政法规规定应当支付给职工的补偿金；②破产人欠缴的除前项规定以外的社会保险费用和破产人所欠税款；③普通破产债权。破产财产不足以清偿同一顺序的清偿要求的，按照比例分配。破产企业的董事、监事和高级管理人员的工资按照该企业职工的平均工资计算。

此外，其他立法对破产分配顺序有特别规定的，依其规定执行。如《商业银行法》第七十一条规定："商业银行不能支付到期债务，经国务院银行业监督管理机构同意，由人民法院依法宣告其破产。商业银行被宣告破产的，由人民法院组织国务院银行业监督管理机构等有关部门和有关人员成立清算组，进行清算。商业银行破产清算时，在支付清算费用、所欠职工工资和劳动保险费用后，应当优先支付个人储蓄存款的本金和利息。"《企业破产法》第一百三十四条第二款还规定："金融机构实施破产的，国务院可以依据本法和其他有关法律的规定制定实施办法。"

管理人应当及时拟订破产财产分配方案，提交债权人会议讨论。破产财产分配方案应当载明下列事项：①参加破产财产分配的债权人名称或者姓名、住所；②参加破产财产分配的债权额；③可供分配的破产财产数额；④破产财产分配的顺序、比例及数额；⑤实施破产财产分配的方法。

债权人会议表决通过破产财产分配方案后，由管理人将该方案提请人民法院裁定认可，经人民法院裁定认可后，由管理人执行。管理人按照破产财产分配方案实施多次分配的，应当公告本次分配的财产额和债权额。管理人实施最后分配的，应当在公告中指明，并载明法律规定的事项。

对于附生效条件或者解除条件的债权，管理人应当将其分配额提存。管理人依照上述规定提存的分配额，在最后分配公告日，生效条件未成就或者解除条件成就的，应当分配给其他债权人；在最后分配公告日，生效条件成就或者解除条件未成就的，应当交付给债权人。

债权人未受领的破产财产分配额，管理人应当提存。债权人自最后分配公告之日起满2个月仍不领取的，视为放弃受领分配的权利，管理人或者人民法院应当将提存的分配额分配给其他债权人。破产财产分配时，对于诉讼或者仲裁未决的债权，管理人应当将其分配额提存。自破产程序终结之日起满2年仍不能受领分配的，人民法院应当将提存的分配额分配给其他债权人。

三、破产程序的终结

破产程序终结主要有以下方式：①因和解、重整程序顺利完成而终结；②因债务人消除破产原因或以其他方式解决债务清偿问题（包括自行和解）而终结；③因债务人的破产财产不足以支付破产费用而终结；④因破产财产分配完毕而终结。破产清算程序仅涉及后两种情况。另外，破产人无财产可供分配的，管理人应当请求人民法院裁定终结破产程序。

在破产人有财产可供分配的情况下，管理人在最后分配完结后，应当及时向人民法院提交破产财产分配报告，并提请人民法院裁定终结破产程序。人民法院应当自收到管理人终结破产程序的请求之日起15日内作出是否终结破产程序的裁定。裁定终结的，应当予以公告。管理人应当自破产程序终结之日起10日内，持人民法院终结破产程序的裁定，向破产人的原登记机关办理注销登记。

在上述规定终结破产程序，以及债务人财产不足以清偿破产费用的，管理人提请人民法院终结破产程序之日起2年内，有下列情形之一的，债权人可请求人民法院按照破产财产分配方案进行追加分配：①发现有依照《企业破产法》第三十一条、第三十二条、第三十三条、第三十六条应当追回的财产的；②发现破产人有应当供分配的其他财产的。有上述情形，但财产数量不足以支付分配费用的，不再进行追加分配，由人民法院将其上交国库。

在破产程序终结后，破产人的保证人和其他连带债务人，对债权人依照破产清算程序未受清偿的债权，依法应当继续承担清偿责任。

关键术语

破产（bankruptcy）　破产法（bankruptcy law）　破产申请（bankruptcy petition）债权人会议（creditor's meeting）　清偿（pay off）　和解（reconciliation）　重整（reforming）破产宣告（adjudication of bankruptcy）

基本训练

一、单选题

1.2019年8月1日，某公司申请破产。8月10日，人民法院受理并指定了管理人。该公司出现的下列（　　）行为属于《企业破产法》中的欺诈破产行为，管理人有权请求人民法院予以撤销。

A.2019年7月5日，将市场价格100万元的仓库以30万元出售给母公司

B.2019年10月15日，将公司一辆价值30万元的汽车赠与甲

C.2019年5月5日，向乙银行偿还欠款50万元及利息4万元

D.2019年6月10日，以协议方式与债务人丙相互抵销20万元债务

2.关于债权人会议主席的产生，下列表述符合《企业破产法》规定的是（　　）。

A.由债权人会议成员选举产生

B.由债权人会议成员从有表决权的债权人中选举产生

C.由管理人从有表决权的债权人中指定产生

D.由人民法院从有表决权的债权人中指定产生

3.甲企业与乙企业签订买卖合同，约定乙企业应于8月30日前交货，货到7日内甲企业付款。同年8月10日，甲企业被人民法院依法宣告破产。对该合同的处理，下列选项中正确的是（　　）。

A.由清算组决定解除还是继续履行

B.由甲企业自主决定解除还是继续履行

C.由债权人会议决定解除还是继续履行

D.不得继续履行

4.依《企业破产法》，以下说法错误的是（　　）。

A.在中国开始的破产程序，对债务人在中国境外的财产发生效力

B.对于外国法院的破产判决，我国人民法院一律应予承认和执行

C.宣告母公司破产，子公司不一定破产

D.宣告子公司破产，母公司不一定破产

5.破产案件的管辖人民法院是（　　　）。

A.债权人住所地人民法院　　　　　B.债务人住所地人民法院

C.债务人财产所在地人民法院　　　D.债务人的主要营业所在地人民法院

6.依《企业破产法》，人民法院受理破产案件后，对债务人财产的其他民事执行程序所带来的法律后果是（　　　）。

A.中止执行　　　　　　　　　　　B.继续执行

C.终结执行　　　　　　　　　　　D.与破产程序合并执行

7.人民法院受理了某公司的破产申请，则以下关于该公司的活动不合法的是（　　　）。

A.解除债权人申请的对该公司所有厂房和机器设备的财产保全措施

B.中止对该公司的执行程序

C.中止该公司已经开始但尚未终结的民事诉讼程序

D.终止该公司在破产申请受理前成立但未履行完毕的合同

8.以下人员中，可以被指定担任管理人的是（　　　）。

A.甲是某律师事务所律师，曾经在履行职务中因重大过失行为被吊销执业证书

B.乙为律师，同时是债务人的股东

C.丙为注册会计师，曾经因过失犯罪受到过刑事处罚

D.丁是注册会计师，经验丰富，定居国外，没有时间回国

二、多选题

1.以下关于破产申请的说法中（　　　）是正确的。

A.债权人和债务人都可以直接向人民法院申请破产

B.债务人提出破产申请应当向人民法院提交财产状况说明、债务清册、债权清册、有关财务报告、企业职工情况和安置预案以及职工工资和社会保险费用交付情况

C.债务人可能不能清偿债务，债权人可以申请宣告债务人破产

D.提出破产申请必须采用书面形式

2.下列各项中，属于应当从破产财产中优先拨付的破产费用是（　　　）。

A.债权人参加破产程序的费用　　　B.破产企业所欠税款

C.破产案件的诉讼费用　　　　　　D.破产财产的管理、变价和分配所需的费用

3.在第一次债权人会议召开之前，管理人实施下列行为时，应当经人民法院许可的是（　　　）。

A.管理人决定继续或者停止债务人的营业

B.全部库存或者营业的转让

C.设定财产担保的事项

D.履行债务人和对方当事人均未履行完毕的合同

4.2019年9月1日，某人民法院受理了湘江服装公司的破产申请并指定了管理人，管理人开始受理债权申报，下列（　　　）属于可以申报的债权请求权。

A.甲公司的设备余款给付请求权，但根据约定该余款的支付时间为2019年10月30日

B.乙公司请求湘江服装公司加工一批服装的合同履行请求权

C.丙银行的借款偿还请求权，但该借款已经设定财产抵押担保

D.当地税务机关对湘江服装公司作出的8万元行政处罚决定

5.关于破产清算、重整与和解的表述,下列说法正确的是(　　)。

A.债务人一旦被宣告破产,则不可能再进入重整或者和解程序

B.破产案件受理后,只有债务人才能提出和解申请

C.即使债务人未出现现实的资不抵债情形,也可申请重整程序

D.重整是破产案件的必经程序

6.关于和解的申请,下列说法正确的是(　　)。

A.债务人不能直接向人民法院申请和解

B.债务人可以直接向人民法院申请和解

C.债务人可以在人民法院受理破产申请后、宣告债务人破产前向人民法院申请和解

D.债务人在人民法院受理破产申请后不能向人民法院申请和解

7.下列有关重整制度表述正确的是(　　)。

A.在重整期间,对债务人的特定财产享有的担保权暂停行使

B.在重整期间,担保物有损坏或者价值明显减少的可能,足以危害担保权人权利的,担保权人可以向人民法院请求恢复行使担保权

C.在重整期间,债务人或者管理人为继续营业而借款的,可以为该借款设定担保

D.在重整期间,债务人的出资人可以请求投资收益分配

8.在重整期间,除特殊情况外,下列表述符合《企业破产法》规定的有(　　)。

A.对债务人的特定财产享有的担保权应暂停行使

B.债务人的出资人不得请求投资收益的分配

C.债务人的董事、监事、高级管理人员不得要求发放其报酬

D.债务人的董事、监事、高级管理人员不得向第三人转让其所持有的债务人的股权

三、简答题

1.简述破产的概念和法律特征。

2.分析我国企业法人的破产原因。

3.简述管理人的基本概念。

4.试述债权人会议。

5.简述破产和解与重整的含义。

四、实务题

甲、乙、丙、丁、戊拟共同组建一有限责任性质的饮料公司,注册资本为200万元,其中甲、乙各以货币60万元出资;丙以实物出资,经评估机构评估为20万元;丁以其专利技术出资,作价50万元;戊以劳务出资,经全体出资人同意作价10万元。公司拟不设董事会,由甲任执行董事;不设监事会,由丙担任公司的监事。

饮料公司成立后经营一直不景气,已欠A银行贷款100万元。经股东会决议,决定把饮料公司唯一盈利的保健品车间分出去,另成立有独立法人资格的保健品厂。后饮料公司增资扩股,乙将其股份转让给大北公司。1年后,保健品厂也出现严重亏损,资不抵债,其中欠B公司货款达400万元。

问题:B公司除采取起诉或仲裁的方式追讨保健品厂的欠债外,还可以采取什么法律手段以实现自己的债权?

第五章 合同法

学习目标

◆ 重点掌握合同的内容、要约和承诺有效的条件、合同的效力、合同履行中的抗辩权、合同债权的保全、合同的担保、合同的转让与终止、违约责任。

◆ 掌握合同和合同法的概念及特征、缔约过失责任、合同法的基本原则、合同的成立、合同履行的规则、合同的变更。

◆ 了解合同的分类、合同的形式、合同履行的原则。

第一节 合同法概述

现代市场经济是商品交换的经济，交换就要签订（书面或口头）合同，要签订合同，我们首先要知道什么是合同、合同有哪些种类、合同法有哪些原则等。这些知识既是学好合同法的基础，也是订好合同的前提。

一、合同的概念与法律特征

（一）合同的概念

中华人民共和国成立以前，著述中大都使用"契约"，而不使用"合同"，但自20世纪50年代初至今，我国的立法和司法实践中主要采用的是"合同"一词。尽管合同的概念源于罗马法的合同，但大陆法和英美法对合同的定义一直存在不同的看法。大陆法学者基本上认为合同是一种合意或协议，英美法学者大都认为合同是一种允诺。我国基本上继受了大陆法的合同概念。

合同有广义和狭义之分。广义合同是两个以上的民事主体之间设立、变更、终止民事权利与义务关系的协议；狭义合同专指债权合同，即两个以上的民事主体之间设立、变更、终止债权和债务关系的协议。广义合同除债权合同之外，还包括物权合同、身份合同等。[1]《民法典》"合同编"第四百六十四条指出，合同是民事主体之间设立、变更、终止民事法律关系的协议。婚姻、收养、监护等有关身份关系的协议，适用有关该身份关系的法律规定；没有规定的，可以根据其性质参照适用《民法典》"合同编"规定。因此，《民法典》"合同编"所涉及的合同应属狭义的合同，即债权合同。

---

① 江平. 中华人民共和国合同法精解［M］. 北京：中国政法大学出版社，1999：3.

（二）合同的法律特征

（1）合同是当事人在平等互利基础上的法律行为。合同当事人的法律地位平等，一方不得凭借行政权力、经济实力等将自己的意志强加给另一方。

（2）合同是双方或多方当事人的法律行为。合同的主体必须有两个或两个以上，合同的成立是各方当事人意思表示一致的结果。

（3）合同是明确当事人之间特定权利与义务关系的协议。通过订立合同，当事人之间可以设立、变更、终止某种特定的民事权利与义务关系，以实现当事人的特定经济目的。

（4）合同是具有相应法律效力的协议。合同依法成立、生效之后，当事人各方都应全面正确履行合同中规定的义务，不得擅自变更或者解除。如果当事人不履行合同中约定的义务，则要依法承担违约责任。

二、合同法的概念与特征

合同法是调整民事主体之间的交易关系的法律规范，主要规范合同的订立，合同的效力，合同的履行、变更、解除、保全，以及违反合同的责任等问题。[①]《民法典》"合同编"对合同法作了详细的规定。《民法典》"合同编"由通则、典型合同、准合同三个分编构成。

合同法具有以下特征：

（1）合同法主要是由任意性规范构成。在市场经济条件下，交易的活跃及快捷要求市场主体在交易活动中能够独立地进行意思表示，快速地作出决定，达成自己的经济目的。这就要求国家通过法律手段对交易活动的干预限制在合理的范围内，所以合同法主要是通过任意性规范而不是强制性规范来调整交易关系，合同法中的大多数规范都是允许当事人通过协商排除适用或加以改变的。

（2）合同法强调主体平等、自愿协商、等价有偿的原则。由于合同法规范的对象是交易关系，而交易关系本质上需要遵守平等协商和等价有偿原则，商品交换必然要求遵循价值规律的原则，实行等价交换，因此决定了合同法更强调平等协商和等价有偿原则。

（3）合同法是具有财富创造功能的法律。[②]合同法主要调整人们的财产流转关系，如果当事人所签合同都得到履行，则当事人的财富获取目的都可以达成，这无异于增加了社会的财富。当然这无疑也需要一部完备的合同法。

（4）合同法具有很强的国际趋同性。世界各国的合同法不仅在内容上日益趋同，而且通过各种组织制定出很多国际性的调整国际贸易的合同公约，如《国际货物买卖合同成立统一法公约》《联合国国际货物销售合同公约》等都是合同法国际性的标志。

三、合同法的基本原则

合同法的基本原则是合同法的主旨和根本准则，是制定、解释、执行和研究合同法的出发点。合同关系作为民事关系适用《民法典》所确立的原则。

---

① 王利明. 合同法研究：第1卷 [M]. 北京：中国人民大学出版社，2002：46.
② 王利明. 合同法研究：第1卷 [M]. 北京：中国人民大学出版社，2002：52.

1.平等原则

《民法典》第四条规定："民事主体在民事活动中的法律地位一律平等。"该规定体现了平等原则，具有两层含义：一是指合同关系中当事人之间的平等，不包括在合同以外的关系。二是指合同当事人在法律地位上的平等，不包括经济实力、规模大小等方面的平等。法律地位上的平等即在法律面前，当事人享有平等的主体资格，享有独立人格，其行为不受他人的支配、干涉和控制。

2.自愿原则

关于自愿原则，《民法典》第五条规定："民事主体从事民事活动，应当遵循自愿原则，按照自己的意思设立、变更、终止民事法律关系。"合同自愿原则体现在交易的全过程中，主要内容包括：①缔约自由，即当事人有权自由决定是否与他人订立合同，任何单位和个人不得非法干预；②选择相对人自由，即当事人可以自由决定与谁订立合同；③决定合同内容自由，即订约当事人可以自由协商决定合同的内容；④选择合同形式的自由，即当事人可以自由决定以何种形式订立合同；⑤变更或解除合同的自由，即在合同成立生效后，当事人双方可以通过协商，决定变更或解除合同。

当然，合同自由也受到必要的限制。如《民法典》"合同编"第四百九十四条规定，国家根据抢险救灾、疫情防控或者其他需要下达国家订货任务、指令性任务的，有关民事主体之间应当依照有关法律、行政法规规定的权利和义务订立合同。依照法律、行政法规的规定负有发出要约义务的当事人，应当及时发出合理的要约。依照法律、行政法规的规定负有作出承诺义务的当事人，不得拒绝对方合理的订立合同要求。

3.公平原则

《民法典》第六条规定："民事主体从事民事活动，应当遵循公平原则，合理确定各方的权利和义务。"公平是市场经济所追求的商品交易原则，《民法典》作为调整交易关系的主要法律，坚持公平的原则具有重要意义。但《民法典》中的公平原则的适用范围仅包括合同关系中的当事人之间的问题，不包括当事人以外的关系；同时，公平是指合同关系中当事人之间的利益关系大体平衡，而不是绝对公平，所以公平原则对当事人仅是一个指导原则。

4.诚信原则

《民法典》第七条规定："民事主体从事民事活动，应当遵循诚信原则，秉持诚实，恪守承诺。"诚信原则是指当事人在从事民事活动时应诚实守信，以善意的方式履行其义务，不得滥用权利及规避法律或合同规定的义务。在大陆法国家，它常常被称为债法中的最高指导原则或"帝王规则"。诚信原则是市场经济活动中形成的重要道德准则，它要求人们在从事民事、经济活动时，讲究信用、信守诺言、诚实不欺，用善意的心理和方式取得权利、履行义务，在不损害他人利益及社会利益的前提下追求自身利益。《民法典》将诚信原则上升为法律规则，足见其对社会主义市场经济发展的重要性。

《民法典》"合同编"中的诚信原则主要体现在：

（1）订立合同时，当事人要根据诚信原则，真实地向对方当事人陈述与合同有关的情况，当事人之间要相互合作，努力促成合同的成立和生效。

（2）合同订立后，当事人要认真做好履行合同的准备工作。

（3）合同履行中，要积极履行法律和合同规定的义务，包括履行依据诚信原则而产生的各种附随义务，如在履行合同时要相互协作和照顾，将合同标的物的使用方法、瑕疵和有关重要事项告诉对方。

（4）合同履行完毕以后，在有些情况下，当事人还要根据诚信原则履行某些必要的附随义务。如雇佣合同终止以后，雇工对雇主的一些重要事项要承担保密义务。

（5）合同解释和合同争议处理。合同需要解释时，诚信原则是解释合同的依据。在解释合同时，应当按照诚信原则的要求妥善平衡当事人双方的利益，公平合理地确定合同的内容。在合同发生争议时，应当按照诚信原则的要求妥善处理纠纷，避免给对方造成不应有的损失。

5.守法与公序良俗原则

《民法典》第八条规定："民事主体从事民事活动，不得违反法律，不得违背公序良俗。"该条规定主要体现在两方面：①当事人在订约和履约中必须遵守法律和行政法规。②当事人在使用合同进行交易时必须遵守社会公德，不得违背社会公共利益，损害社会公共秩序。社会公德是社会公共生活的道德规则，包括公共秩序规则和善良风俗规则，是人们在社会公共生活中应当遵循的基本准则。所以合同当事人的合同关系与行为必须以遵守法律和公序良俗为前提。

四、合同的分类

1.有名合同与无名合同

根据法律是否对合同规定有确定的名称作为标准，合同可分为有名合同与无名合同。有名合同是立法上规定有确定名称及规则的合同，也称典型合同。在《民法典》"合同编"典型合同中规定的买卖合同、赠与合同、借款合同、租赁合同等19类合同是有名合同。无名合同是立法上未规定有确定名称及规则的合同，也称非典型合同。

当事人订立的有名合同可直接适用《民法典》"合同编"中关于该种合同的具体规定。而对于无名合同则只能依照当事人的约定，如无约定则适用《民法典》"合同编"通则中规定的一般规则，并参照《民法典》"合同编"或者其他法律最相类似合同的规定执行。

2.单务合同与双务合同

根据合同当事人是否互相享有权利、负有义务为标准，合同可分为单务合同与双务合同。单务合同是指仅有一方当事人承担义务，另一方当事人只享有权利的合同，典型的如赠与合同。双务合同是指双方当事人相互享受权利、承担义务的合同，典型的如买卖合同等。当事人在单务合同和双务合同中承担不同的义务，从而使他们的法律适用不同，如单务合同履行中不存在同时履行抗辩权等问题。

3.要式合同与不要式合同

根据法律是否要求合同必须符合一定的形式才能成立为标准，合同可分为要式合同与不要式合同。要式合同是必须按照法律规定的特定形式订立才能成立的合同。不要式合同是法律对合同订立未规定特定形式的合同。《民法典》"合同编"规定，合同除有法律特别规定外，均为不要式合同。

4.有偿合同与无偿合同

根据合同当事人为从合同中得到利益是否要支付相应代价为标准，可将合同分为有偿合同与无偿合同。有偿合同是指当事人为从合同中得到利益要支付相应代价的合同，如买卖合同。无偿合同是指当事人不需为从合同中得到的利益支付相应代价的合同，如赠与合同。

5.诺成合同与实践合同

根据合同是否须有实际交付标的物的行为才能成立为标准，合同可分为诺成合同与实践合同。诺成合同是在当事人意思表示一致时即告成立并生效的合同；实践合同又称要物合同，是在当事人意思表示一致后，仍须有实际交付标的物的行为或者开始履行时才能成立的合同，如保管合同。通常，确认某种合同属于实践合同除须根据商务惯例外，还应有相应法律规定。如按照《民法典》"合同编"，自然人之间的借款合同双方达成合意时成立，提供借款时生效。

6.主合同与从合同

根据合同是否须以其他合同的存在为前提而存在为标准，合同可分为主合同与从合同。主合同是无须以其他合同存在为前提即可独立存在的合同；从合同是必须以其他合同的存在为前提才可存在的合同，如保证合同。从合同不能独立存在，所以又称附属合同。主合同的成立与效力直接影响从合同的成立与效力。主合同无效，从合同亦不发生效力。

拓展阅读 5-1

案例窗 5-1

第二节　合同的订立

合同的订立有很强的技巧性。在订合同时既要选定合同的形式，又要确定合同的内容；订约当事人往往还不在同一地点，给合同的订立带来很多的不确定性。所以《民法典》"合同编"通过要约、承诺、缔约过失责任等对当事人的订约行为进行了规范。

一、合同的内容与形式

通常我们在签订合同时，都要拟定合同的条款，有些甚至是一方当事人事先就拟定好的，这些经过当事人协商确定的条款即构成合同的内容。这些内容的表现形式就是合同的形式，既可以是书面的，也可以是口头的。

（一）合同的内容

合同的内容即合同当事人订立合同的各项具体意思表示，是合同成立时各项条件的总和，一般通过合同的条款表现出来。

1.合同的一般条款

《民法典》"合同编"第四百七十条规定，合同内容由当事人约定，一般包括以下条款：

（1）当事人的姓名或者名称和住所。名称是法人和其他组织所有的，姓名则是自然人所有的。自然人的住所指其户籍所在地或经常居住地；法人和其他组织的住所则是指其注册登记地或主要办事机构所在地。

（2）标的。标的是合同当事人权利与义务共同指向的对象，包括物、行为、无形财产等。标的条款是所有合同都必须具备的首要条款，没有标的或对标的未达成协议，当事人的债权和债务关系就没法确立，合同就不能成立，更无法履行。标的既可以是已经存在的财产，也可以是将要产生的财产。

（3）数量。数量的要求是与合同的标的紧密联系在一起的。数量就是指合同标的的多少，它直接决定着合同权利与义务的大小。数量条款包括计量单位和计量方法。计量单位要明确、具体，使用统一的解释方法，不能各行其是；否则，会导致合同无法履行，发生纠纷也难以分清责任。

（4）质量。不同的标的有不同的质量要求。合同要明确规定质量标准和具体要求，以便根据合同确定的检验制度进行检验。质量条款不是合同必备的条款，有时可以用推定的方法确定标的的质量。按封存的"样品"交易，则样品的质量实际就是合同的质量条款。

（5）价款或报酬。价款是指取得标的物的一方给他方的对价；报酬是一方当事人给予完成某项工作或提供某项服务的另一方的酬金。价款或报酬标志着这类合同关系中的财产流转是有偿的。在我国，价款与报酬是以人民币为单位进行计算和支付的。

（6）履行的期限、地点和方式。履行的期限是指履行合同约定义务的时间界限。履行的地点是指履行合同约定义务的地点。履行地点关系到严格履行义务、费用负担和合同纠纷案件的人民法院管辖等，应当做到明确、具体。履行的方式是指履行合同约定义务的方法。

（7）违约责任。违约责任条款是当事人为了保证合同的履行，在合同中就一方违约所应承担的责任进行合法约定的条款。在合同中约定该条款既可以促使当事人按约定履行义务，又可以弥补一方当事人因对方违约而受到的损失。

（8）解决争议的方法。解决争议的方法是当事人关于争议发生后解决争议的方式及地点等的约定。解决争议的方法主要有四种：协商、调解、仲裁、诉讼。即使合同已被撤销或被宣布为无效，解决争议的条款仍然有效，对合同纠纷的解决仍要采用双方所约定的方式。对于涉外合同，当事人还可选择法律的适用；但在中华人民共和国境内履行的中外合资经营企业合同、中外合作经营企业合同和中外合作勘探开发自然资源合同只能适用我国法律。

当事人为了更好地保护自己的权益也可以参照各类合同的示范文本订立合同。示范合同文本又称示范合同、合同格式等，是指由行政主管部门或者行业协会事先拟定的，对当事人订立合同起示范作用的合同文本。

2.合同的格式条款

（1）格式条款的含义及特征。

格式条款又称标准条款，是当事人为了重复使用而预先拟定，并在订立合同时未与对方协商的条款。包含格式条款的合同叫作格式合同。格式条款具有以下法律特征：①重复性。该条款在多次订立的同类合同中不断重复使用。②单方事先决定性。格式条款由一方当事人事先确定，实践中多为提供商品或者服务的一方制定并提出。③持续稳定性。格式条款的内容一般在一段较长时间内都不会发生改变。④当事人地位的不平衡性。一是合同当事人的经济实力差距较大，导致地位不平等；二是由于制定格式条款的当事人决定了格式条款的内容，而相对人既不能决定也没有足够时间和机会对其内容进行必要的分析了解，从而导致当事人的地位不平等。

（2）格式条款的限制性规定。

格式条款的适用可以简化合同签订程序，加快交易速度，降低交易成本。但由于格式条款是由一方当事人拟定，且在合同谈判中不容对方协商修改，因而其内容难免有不够公平之处。所以《民法典》"合同编"对其适用设有特别限制规定，以保证另一方当事人的合法权益。

①格式条款提供方的特别义务。《民法典》"合同编"第四百九十六条规定，采用格式条款订立合同的，提供格式条款的一方应当遵循公平原则确定当事人之间的权利和义务，并采取合理的方式提示对方注意免除或者减轻其责任等与对方有重大利害关系的条款，按照对方的要求，对该条款予以说明。提供格式条款的一方未履行提示或者说明义务，致使对方没有注意或者理解与其有重大利害关系的条款的，对方可以主张该条款不成为合同的内容。

②格式条款的无效。有下列情形之一的，该格式条款无效：一是格式条款具有《民法典》规定的民事法律行为无效和合同免责条款无效的情形；二是提供格式条款一方不合理地免除或者减轻其责任、加重对方责任、限制对方主要权利；三是提供格式条款一方排除对方主要权利。

③格式条款的解释与选用。对格式条款的理解发生争议的，应当按照通常理解予以解释；对格式条款有两种以上解释的，应当作出不利于提供格式条款一方的解释。格式条款和非格式条款不一致的，应当采用非格式条款。

案例窗 5-2

拓展阅读 5-2

（二）合同的形式

合同的形式指体现合同内容、明确当事人权利与义务的方式，是合同当事人意思表示一致的外在表现形式。当事人订立合同，可以采取口头形式、书面形式和其他形式。

1.口头形式

口头形式是指双方当事人以语言表达的方式表现合同内容的形式，如当面交谈、电话联系等。这种方式订立合同的优点是方便易行、简单快捷，其缺点是发生争议时难以举证确认责任，不够安全。重要的合同不宜采用口头形式。在现实生活中，购物凭证虽不是合同成立的要件，但可视为合同成立的证明。

2.书面形式

书面形式是指以文字的方式表现当事人之间所订合同内容的形式。《民法典》"合同编"第四百六十九条规定，书面形式是指合同书、信件、电报、电传、传真等可以有形地表现所载内容的形式。以电子数据交换、电子邮件等方式能够有形地表现所载内容，并可以随时调取查用的数据电文，视为书面形式。对法律、行政法规规定采用书面形式的合同，当事人应当采用书面形式。采用书面形式订立合同的优点是内容明确，便于履行、保存、举证。

3.其他形式

其他形式是指采用除口头、书面形式以外的方式来表现合同内容的形式。其他形式一般包括推定形式和默示形式。推定形式是当事人未用语言、文字表达其意思表示，仅用行为向对方发出要约，对方接受该要约，作出一定或指定的行为作承诺，以成立合同的形式。如当甲登上公共汽车，并向投币箱投币，该行为可推定甲与公交公司订立了一份旅客运送合同。默示形式是指当事人采用沉默不语的方式进行意思表示。

二、合同订立的程序

合同的订立又叫缔约，是指合同当事人进行协商，并使当事人的意思表示逐步达成合意的过程和状态。当事人订立合同，应当具备相应的主体资格，即当事人应当具有相应的民事权利能力和民事行为能力。民事权利能力是指民事法律赋予民事主体从事民事活动从而享受民事权利和承担民事义务的资格；民事行为能力是指民事主体能够独立参加民事法律关系，以自己的法律行为取得民事权利或承担民事义务的法律资格。当事人也可依法委托代理人订立合同。

当事人订立合同，采取要约、承诺的方式进行。当事人意思表示真实一致时，合同即可成立。

（一）要约

要约是合同订立的首要环节和必经程序。要约是指要约人希望和他人订立合同的意思表示，又称发盘、出盘、发价或报价等。发出要约的人称要约人，接受要约的人称受要约人。

1.要约有效的条件

要约人发出的意思表示并非都能成为合法有效的要约。要约有效必须同时具备以下条件：

（1）要约人一定要有订立合同的意图。要约人发出要约的目的在于订立合同，而这种订约的意图一定要由要约人通过其发出的要约充分表达出来，才能在受要约人承约的情况下成立合同。如果要约人以语言、文字明示要约一经承诺，其即受该意思表示约束的，这就表明其有订约的意图，即要约人已经决定订约，而不是"准备"或"正在考虑"订约等。如果要约人并未以语言、文字明示经承诺即受约束的意思，但根据其表意行为，结合交易惯例，第三人能够合理相信其有此意思的，也可认为其有订约意图。[①]

（2）要约一般需要向特定的受要约人发出。要约作为一种意思表示，不能仅仅存在于要约人之内心所想，必须将其表达出来，他人才能知晓，才能产生法律约束力。也就是说，要约只有向要约人希望与之缔结合同的受要约人发出，才能产生法律效力，才可能得到受要约人的承诺。受要约人既可以是一人，也可以是数人，但一般应是特定的，只有特定了才能更好地确定谁可以是承诺人。

（3）要约的内容必须具体、确定。要约的内容必须具有足以使合同成立的主要条款，如不包含合同的主要条款，承诺人将难以作出承诺；即使作了承诺，也会因欠缺合同的主要条款而使合同不能成立。只有包含了未来合同的主要条款，一旦对方承诺就可以使合同成立，才可以认为要约的内容是具体的。当然，不同性质的合同对主要条款的要求不一样。确定是指要约的内容必须明确，且必须是最终的、无保留的。这样才能使受要约人准确理解要约的真实含义并作出承诺，如果要约是意思含混不清或有保留，则受要约人将无法承诺。

---

① 王利民. 合同法研究：第1卷［M］. 3版. 北京：中国人民大学出版社，2015：229.

（4）要约必须送达受要约人才能生效。《民法典》第一百三十七条规定，以对话方式作出的意思表示，相对人知道其内容时生效。以非对话方式作出的意思表示，到达相对人时生效。以非对话方式作出的采用数据电文形式的意思表示，相对人指定特定系统接收数据电文的，该数据电文进入该特定系统时生效；未指定特定系统的，相对人知道或者应当知道该数据电文进入其系统时生效。当事人对采用数据电文形式的意思表示的生效时间另有约定的，按照其约定。

2.要约邀请

要约邀请是希望他人向自己发出要约的意思表示，不属于订立合同的行为。拍卖公告、招标公告、招股说明书、债券募集办法、基金招募说明书、商业广告和宣传、寄送的价目表等，性质为要约邀请。但如果商业广告和宣传的内容符合要约的条件，则视为要约。悬赏广告为要约。

拓展阅读 5-3

3.要约的撤回和撤销

要约的撤回是要约人阻止已经发出的要约发生法律效力的意思表示。撤回要约的通知应当在要约到达受要约人之前或者与要约同时到达受要约人。

要约的撤销是要约人使已经生效的要约失去法律效力的意思表示。有下列情形之一的，要约不得撤销：①要约人以确定承诺期限或者其他形式明示要约不可撤销；②受要约人有理由认为要约是不可撤销的，并已经为履行合同做了准备工作。撤销要约的意思表示以对话方式作出的，该意思表示的内容应当在受要约人作出承诺之前为受要约人所知道；撤销要约的意思表示以非对话方式作出的，应当在受要约人作出承诺之前到达受要约人。

4.要约的失效

《民法典》"合同编"规定有下列情形之一的，要约失效：①要约被拒绝；②要约被依法撤销；③承诺期限届满，受要约人未作出承诺；④受要约人对要约的内容作出实质性变更。

（二）承诺

承诺就是受要约人同意要约意思表示。除法律另有规定或者当事人另有约定的外，承诺生效时，合同成立。承诺也叫接受，即接受要约之意。

1.承诺生效的条件

（1）承诺必须是由受要约人或其代理人向要约人作出的接受要约的意思表示。受要约人是特定相对人时，承诺由该特定人作出；受要约人是不特定相对人时，承诺应由该不特定相对人中任何人作出。承诺必须清楚明确，不能含混不清；否则，不能产生承诺的效力。

（2）承诺应当在要约确定的期限内到达要约人。如果要约明确约定了承诺期限，则应在该期限内到达。如果要约没有确定承诺期限，则承诺应当依下列规定到达：①要约以对话方式作出的，应当即时作出承诺。②要约以非对话方式作出的，承诺应当在合理期限内到达。要约以信件或者电报方式作出的，承诺期限自信件载明的日期或者电报交发之日开始计算。信件未载明日期的，自投寄该信件的邮戳日期开始计算。要约以电话、传真、电子邮件等快速通信方式作出的，承诺期限自要约到达受要约人时开始计算。

（3）承诺必须与要约的内容一致。承诺与要约内容的一致是指不能对要约内容进行实质性的变更。承诺与要约的内容不一致，称为反要约或还盘，是受要约人向要约人发出的一项新要约。《民法典》"合同编"规定，有关合同标的、数量、质量、价款或者报酬、履行期限、履行地点和方式、违约责任和解决争议方法等的变更，是对要约内容的实质性变更。承诺对要约的内容作出非实质性变更的，除要约人及时表示反对或者要约表明承诺不得对要约的内容作出任何变更的以外，该承诺有效，合同的内容以承诺的内容为准。

（4）承诺的方式应符合要约的要求。承诺应当以通知的方式作出，但根据交易习惯或者要约表明可以通过行为作出的除外。承诺还应当采用与要约一致的通信方式，如要约要求承诺应以发电子邮件的方式作出，则不应采取纸质邮寄的方式。

2.承诺生效的时间

承诺生效的时间是交易中非常关键的问题，因为承诺生效时合同成立。承诺以通知方式作出的，生效的时间适用《民法典》第一百三十七条的规定。承诺不需要通知的，根据交易习惯或者要约的要求作出承诺的行为时生效。

3.承诺的撤回

承诺的撤回是指受要约人发出承诺通知后，为了阻止其发生法律效力的意思表示。《民法典》"合同编"规定承诺到达要约人时生效，所以在其生效前承诺人可以使其失去法律效力。但是撤回意思表示的通知应当在意思表示到达相对人前或者与意思表示同时到达相对人。

4.特殊的承诺

（1）迟延的承诺，即受要约人超过承诺期限发出承诺，或者在承诺期限内发出承诺，按照通常情形不能及时到达要约人的，为新要约；但要约人及时通知受要约人该承诺有效的除外。

（2）迟到的承诺，即受要约人在承诺期限内发出，按照通常情形能够及时到达要约人，但因其他原因使其到达要约人时超过了承诺的期限，除要约人及时通知受要约人因承诺超过期限不接受该承诺的以外，该承诺有效。

（三）合同成立的时间与地点

1.合同成立的时间

《民法典》"合同编"对不同形式的合同，规定了不同的成立时间。

（1）一般情况下，承诺生效时合同成立。

（2）当事人约定采用合同书形式订立合同的，自当事人均签名、盖章或者按指印时合同成立。由于法律规定"承诺生效时合同成立"，所以凡合同不以承诺生效时成立，而以双方当事人在合同书上签名、盖章或者按指印时成立的，当事人就应当事先在要约或承诺中作出明确约定。

（3）当事人采用信件、数据电文等形式订立合同要求签订确认书的，签订确认书时合同成立。确认书是指合同正式成立前，一方要求最终确认的表示。确认书通常采用书面的形式，自签订确认书之日起，合同正式宣告成立。

（4）当事人一方通过互联网等信息网络发布的商品或者服务信息符合要约条件的，对方选择该商品或者服务并提交订单成功时合同成立，但是当事人另有约定的除外。

2.合同成立的地点

承诺生效的地点为合同成立的地点。采用数据电文形式订立合同的，收件人的主营业地为合同成立的地点；没有主营业地的，其住所地为合同成立的地点；当事人另有约定的，按照其约定。当事人采用合同书形式订立合同的，最后签名、盖章或者按指印的地点为合同成立的地点，但是当事人另有约定的除外。

3.实际履行与合同成立的关系

《民法典》"合同编"规定了两种特殊情况下对合同成立的确认：①采用合同书形式订立合同的，在签名、盖章或者按指印之前，当事人一方已经履行主要义务，对方接受时，该合同成立。②法律、行政法规规定或者当事人约定合同应当采用书面形式订立，当事人未采用书面形式但是一方已经履行主要义务，对方接受时，该合同成立。

案例窗 5-3

三、缔约过失责任

缔约过失责任指在合同订立过程中，当事人一方因违背其依据诚信原则所应负的义务，而致另一方产生信赖利益损失，应该承担的损害赔偿责任。

（一）缔约过失责任的特点

（1）这种责任发生在合同订立阶段，所以又称前契约责任。只有在合同尚未成立，或者虽然成立，但因为不符合法定的生效要件而被确认无效或被撤销时，缔约人才应承担缔约过失责任，所以正确把握合同成立的时间，是衡量是否应承担缔约过失责任的关键。

（2）一方当事人违反了依据诚信原则所产生的义务。这种义务发生在缔约阶段，又称为先合同义务，这是法定的义务，不以双方当事人有事先约定为必要，具体包括：①无正当理由不得撤销要约的义务；②使用方法告知义务；③合同订立前重要事情的告知义务；④协作和照顾义务；⑤忠实义务；⑥保密义务；⑦不得滥用谈判自由的义务。①

（3）造成了另一方信赖利益的损失。信赖利益的损失主要是指一方实施某种行为后，另一方对此产生了信赖，并因此而支付了一定的费用，因一方的过失致使该费用不能得到补偿。它既包括因他方的过失行为而致信赖人的直接财产的损失，如支付各种费用等，也包括信赖人的财产应增加而未增加的利益。总之，一方必须给另一方造成损失，才应负缔约过失责任。

（二）缔约过失责任的主要类型

《民法典》"合同编"第五百条、第五百零一条对缔约过失责任的主要类型有明确规定。

（1）假借订立合同，恶意进行磋商。行为人要负此种缔约过失责任，必须在主观上具有恶意。所谓恶意，是指假借磋商、谈判，而故意给对方造成损害。如甲就某项合同的订立与乙进行谈判，目的在于阻止乙与丙订立合同，或者使乙丧失其他商业机会，则甲的行为属恶意无疑。

（2）故意隐瞒与订立合同有关的重要事实或者提供虚假情况。在订约过程中，一方当事人故意隐瞒与订立合同有关的重要情况，或提供虚假情况，实际上已构成欺诈，如因此给对方造成财产损失，应负赔偿责任。

---

① 王利明. 合同法研究：第1卷［M］. 北京：中国人民大学出版社，2002：312-313.

（3）有其他违背诚信原则的行为。这主要包括：①违反合同订立前的信息披露义务；②泄露除商业秘密外的其他秘密信息；③违反初步协议或未生效合同；④要约人违反有效要约。①

（4）泄露或不正当地使用商业秘密。当事人在订立合同过程中知悉的商业秘密或者其他应当保密的信息，无论合同是否成立，不得泄露或者不正当地使用；泄露、不正当地使用该商业秘密或者信息，造成对方损失的，应当承担赔偿责任。

此外，违反《民法典》"合同编"第四百九十四条的强制订约义务及第五百零三条的无权代理规定也可导致缔约过失责任的产生。

第三节　合同的效力

合同的效力对合同当事人具有重要意义，一个没有效力的合同对当事人是没有约束力的，因而当事人必须具备判断合同是否有效的能力。《民法典》"合同编"关于合同效力没有规定的，适用《民法典》"总则编"第六章"民事法律行为"的有关规定，因为合同是一种较为典型的民事法律行为。

一、合同的生效

合同的成立是指当事人经过要约和承诺，意思表示一致而达成协议。合同的生效是指已依法成立的合同，发生相应的法律效力。合同成立是合同生效的前提。当事人还以在合同中约定使用或者不使用电子签名、数据电文；约定使用电子签名、数据电文的文书，不得仅因为其采用电子签名、数据电文的形式而否定其法律效力；但涉及停止供水、供热、供气等公用事业服务的合同不适用上述规定。

（一）合同生效要件

合同生效要件是判断合同是否具有法律效力的标准。合同的一般生效要件如下：①行为人具有相应的民事行为能力。②意思表示真实。所谓意思表示真实，是指表意人的表示行为应当真实地反映其内心的效果意思。③不违反法律、行政法规的强制性规定，不违背公序良俗。④合同必须具备法律所要求的形式。

（二）合同生效的时间

（1）依法成立的合同，自成立时生效，即如无其他约定或法律规定，承诺生效时合同成立并生效。

（2）法律、行政法规规定应当办理批准、登记等手续生效的，依照其规定办理批准、登记等手续后生效。《民法典》"合同编"第五百零二条规定，未办理批准等手续影响合同生效的，不影响合同中履行报批等义务条款以及相关条款的效力。应当办理申请批准等手续的当事人未履行义务的，对方可以请求其承担违反该义务的责任。依照法律、行政法规的规定，合同的变更、转让、解除等情形应当办理批准等手续的，适用上述规定。

（3）当事人对合同的效力可以约定附条件。附生效条件的合同，自条件成就时生效；

---

① 王利明. 合同法研究：第1卷 [M]. 3版. 北京：中国人民大学出版社，2015：356-357.

附解除条件的合同，自条件成就时失效。当事人为自己的利益不正当地阻止条件成就的，视为条件已成就；不正当地促成条件成就的，视为条件不成就。

（4）当事人对合同的效力可以约定附期限。附生效期限的合同，自期限届至时生效；附终止期限的合同，自期限届满时失效。

二、效力待定的合同

效力待定的合同是指合同虽然已经成立，但因其不完全符合有关生效要件的规定，因此其效力能否发生尚未确定，一般须经有权人表示承认才能生效。效力待定合同与无效合同不同，无效合同不发生效力是自始确定的，通常当事人无力改变其无效的状态，而效力待定合同是有可能生效的。效力待定合同与可撤销、可变更合同也不同，可撤销、可变更合同在撤销、变更前是有效的。

（一）限制民事行为能力人订立的合同

限制民事行为能力人订立的合同，经法定代理人追认后，合同有效。合同相对人享有催告权，相对人可以催告法定代理人在1个月内予以追认；法定代理人未作表示的，视为拒绝追认。合同被追认之前，善意相对人有撤销的权利，撤销应当以通知的方式作出。这里的"追认"，是指权利人事后同意或者承认，在效力待定的合同中，追认是有权人对无权人订立的合同予以承认的一种单方意思表示。

限制民事行为人订立的下列合同无须追认即有效：一是纯获利益的合同。纯获利益是指能够获得利益但不负有法律上的负担。一般来说，纯获利益的行为可分为：①无负担的赠与；②义务免除；③作为利益第三人合同受益的第三人；④信托的受益人等。[①]二是与其年龄、智力、精神健康状况相适应的合同。

（二）无权代理人订立的合同

这里所说的无权代理，是指表见代理以外的欠缺代理权的代理。无权代理主要有三种：一是代理人根本没有代理权，即代理人在未得到任何授权情况下，便以本人的名义从事代理活动。二是超越代理权的无权代理，即代理人虽享有一定的代理权，但其实施的代理行为超越了代理权的范围或对代理权的限制。三是代理权消灭以后的无权代理，代理权可能因本人撤销委托、代理期限届满等原因而终止。

无权代理人订立的合同，未经被代理人追认，对被代理人不发生效力，由行为人承担责任。被代理人享有追认的权利，善意相对人则享有撤销的权利。无权代理人以被代理人的名义订立合同，被代理人已经开始履行合同义务或者接受相对人履行的，视为对合同的追认。

（三）表见代理

表见代理的合同有以下类型：

（1）无权代理。被代理人没有明确授权，但存在相对人相信无权代理人有代理权的理由而导致表见代理。

（2）超越代理权。如被代理人授予代理人一定的代理权，但后来又加以限缩，但相对

---

① 王利明. 合同法新问题研究［M］. 北京：中国社会科学出版社，2003：229-230.

人并不知情，这种不知情是由于被代理人未以与授权相同的方式让外界知道代理权被限缩的事实，这种情况下相对人就有正当理由相信行为人有代理权。

（3）代理权终止后，没有告知相对人，使相对人认为该行为人仍然是代理人。

此外，如果无权代理人具有以下文书或物件，一般可认为相对人相信其拥有代理权：代理证书、单位印章、单位介绍信、空白合同等。

（四）表见代表

《民法典》"合同编"第五百零四条对表见代表行为作出了规定，法人的法定代表人或者非法人组织的负责人超越权限订立的合同，除相对人知道或者应当知道其超越权限外，该代表行为有效，订立的合同对法人或者非法人组织发生效力。

三、无效合同、可撤销合同及其法律后果

有些已经成立的合同因不符合法定条件，不能生效或不具备法律效力，对当事人没有约束力；有些合同虽已生效，但只要符合法定的原因，当事人可以选择撤销或变更。

（一）无效合同

无效合同是指已经订立，但因违反法律、行政法规规定的生效条件而不发生法律效力，不具有法律约束力的合同。但是，如果合同部分无效，则其余部分仍然有效。因为合同属典型的民事法律行为，所以，凡符合《民法典》规定的无效民事法律行为情形的合同亦无效，具体情形包括：①违反法律、行政法规的强制性规定的民事法律行为无效。但是，该强制性规定不导致该民事法律行为无效的除外。②违背公序良俗的民事法律行为无效。③行为人与相对人恶意串通，损害他人合法权益的民事法律行为无效。④行为人与相对人以虚假的意思表示实施的民事法律行为无效。以虚假的意思表示隐藏的民事法律行为的效力，依照有关法律规定处理。

无效合同的特征是：①无效合同是已经成立了的合同。②无效合同具有违法性。其违反了法律和行政法规的强制性规定以及社会公共利益。③国家对无效合同可直接干预。这主要表现在，人民法院或仲裁机构在当事人未请求合同无效之情形下，即可主动审查合同是否具有无效的因素。《民法典》"合同编"第五百三十四条也规定，对当事人利用合同实施危害国家利益、社会公共利益行为的，市场监督管理和其他有关行政主管部门依照法律、行政法规的规定负责监督处理。④无效合同自始无效。由于无效合同从本质上违反了法律规定，因此其法律效力始终不被承认。

此外，当事人还可依据合同自由原则在合同中约定免责条款。免责条款是指合同当事人在合同中规定的免除或限制一方或双方当事人违约法律责任的条款。但《民法典》"合同编"第五百零六条规定，合同中的下列免责条款无效：①造成对方人身伤害的；②因故意或者重大过失造成对方财产损失的。免责条款无效不影响合同其他条款的效力。

案例窗 5-4

（二）可撤销合同

1.可撤销合同的含义和特征

可撤销合同是指因存在法定事由，合同一方当事人可请求人民法院或者仲裁机构撤销

的合同。其特征如下：①在被撤销前它是有效的，只有在被撤销以后才是自始无效的。②可撤销的合同主要是当事人的意思表示不真实的合同。③必须由有撤销权的当事人行使撤销权，请求撤销合同。

2.撤销权的行使及消灭

撤销权通常由因意思表示不真实而受损害的一方当事人享有，撤销权人应向人民法院或者仲裁机构请求撤销合同。但是，有下列情形之一的撤销权消灭：①当事人自知道或者应当知道撤销事由之日起1年内、重大误解的当事人自知道或者应当知道撤销事由之日起90日内没有行使撤销权；②当事人受胁迫，自胁迫行为终止之日起1年内没有行使撤销权；③当事人知道撤销事由后明确表示或者以自己的行为表明放弃撤销权。当事人自民事法律行为发生之日起5年内没有行使撤销权的，撤销权消灭。上文中的"1年""90日""5年"时效皆为不变期间，不适用诉讼时效中止、中断或者延长的规定。

3.可撤销合同的种类

（1）因重大误解订立的合同。重大误解是指当事人对合同的性质、对方当事人，以及标的物的种类、质量、数量等涉及合同后果的重要事项存在错误认识，违背其真实意思表示订立合同，并因此受到较大损失的行为。但对订立合同后能否得到经济利益，因商业风险大小而产生的错误认识，不属于重大误解。

构成重大误解应符合下列条件：①重大误解与合同的订立或合同条件存在因果关系。②重大误解是合同当事人自己的误解。③误解必须是重大的，如对标的物本质或性质的误解。误解须造成当事人的重大不利后果，如合同关系对价不充分或达不到履行目的而遭受重大损失。④合同误解方不愿承担对误解的风险。

（2）成立时显失公平的合同。《民法典》第一百五十一条规定，一方利用对方处于危困状态、缺乏判断能力等情形，致使民事法律行为成立时显失公平的，受损害方有权请求人民法院或者仲裁机构予以撤销。其法律特征为：①一方当事人利用对方处于危困状态或者缺乏判断能力等情形签订合同。②合同的内容使当事人双方的权利与义务明显不公平。

（3）一方或者第三人以欺诈、胁迫的手段，使对方在违背真实意思的情况下订立的合同。该类合同受害方有权请求人民法院或者仲裁机构撤销。但《民法典》规定：第三人实施欺诈行为，须对方知道或者应当知道该欺诈行为的，受欺诈方才有权请求撤销；第三人实施胁迫行为，受欺诈方立即有权请求予以撤销。

（三）无效合同、可撤销合同确认之法律后果

可撤销合同与无效合同不同。无效合同因违法而自始没有法律约束力。可撤销合同主要是合同成立时意思表示不真实的合同，在合同成立后，当事人的意思表示还可能改变，不一定非得撤销，所以在被撤销之前仍是有效合同。对可撤销的合同是否撤销，或是采取撤销还是变更措施，完全由当事人决定。

合同不生效、无效、被撤销或者终止的，不影响合同中有关解决争议方法的条款的效力。合同无效、被撤销或者确定不发生效力后，行为人因该合同取得的财产，应当予以返还；不能返还或者没有必要返还的，应当折价补偿。有过错的一方应当赔偿对方因此所受到的损失；各方都有过错的，应当各自承担相应的责任。如果法律另外有规定的，依照其规定处理。

第四节 合同的履行

合同履行是合同债权得到实现，达到订立合同目的的过程。合同的履行是指合同的双方当事人正确、适当、全面地完成合同中规定的各项义务的行为。

一、合同履行的原则

合同履行的原则是法律规定的、合同的当事人在履行合同过程中所必须遵循的基本准则。这些原则贯穿合同履行的全过程，如果当事人没有遵守，即可能导致履行瑕疵而承担法律责任。

1.全面履行原则

《民法典》"合同编"第五百零九条规定，当事人应当按照约定全面履行自己的义务。全面履行原则就是合同当事人按照合同关于履行主体，履行标的、数量以及质量，履行时间，履行地点，履行方式，履行费用等内容的约定，全面准确地履行合同义务。

2.诚信原则

诚信原则为指导合同履行的基本原则，对于一切合同及合同履行的一切方面均应适用。当事人需根据合同的性质、目的和交易习惯履行附随义务，如及时通知、协助、提供必要的条件、防止损失的扩大及保密等。如《民法典》"合同编"规定，债权人分立、合并或者变更住所没有通知债务人，致使履行债务发生困难的，债务人可以中止履行或者将标的物提存。

3.适当履行原则

适当履行是指债务人应当按照法律和债规定的质量标准或适当的方式作出履行。适当履行与全面履行的区别在于，全面履行主要强调债务人履行的数量和期限符合法律规定和合同的约定，而适当履行主要是指债务人履行债务的质量符合法律规定和合同约定，或者债务人以适当的方式履行债务。适当履行原则的内容主要体现在：

（1）履行主体适当。其既包括履行债务的主体适当，也包括接受债务履行的主体适当。合同履行的主体一般限于债务人，接受债务履行的主体是债权人。除法律另有规定或者当事人另有约定的以外，债务人不得向债权人之外的第三人履行债务，否则即违背适当履行原则。

（2）履行标的适当，即债务人所交付的标的物或者提供的服务应当符合法律和合同约定的要求；否则，即违背适当履行原则。

（3）履行方式适当。合同履行方式适当是指在履行方法确定方面，应当考虑法律规定、合同约定以及债的目的等因素。债务人对于履行方式有多种选择的，应当选择对债权人最为有利的方式。①

4.绿色原则

《民法典》总则规定，民事主体从事民事活动，应当有利于节约资源，保护生态环境；在《民法典》"合同编"中又特别规定，在合同履行过程中，当事人应当避免浪费资源、污染环境和破坏生态。

---

① 王利明. 合同法［M］. 北京：中国人民大学出版社，2015：141-142.

二、合同履行的规则

合同履行的规则是指合同履行过程中当事人需要遵守的具体规定。《民法典》"合同编"针对合同没有约定或约定不明规定了具体的履行规则。

(一) 合同的履行主体

合同的履行主体既包括义务主体，也包括权利主体。一般情况下，合同的义务应该由义务人亲自履行，但是对于非人身性质的债、非法定或约定必须由义务人亲自履行之合同债务，可以由第三人代为履行，但第三人即使代为履行了合同义务，其仍然不是合同当事人。《民法典》"合同编"规定：

(1) 当事人约定由债务人向第三人履行债务，债务人未向第三人履行债务或者履行债务不符合约定的，应当向债权人承担违约责任。法律规定或者当事人约定第三人可以直接请求债务人向其履行债务，第三人未在合理期限内明确拒绝，债务人未向第三人履行债务或者履行债务不符合约定的，第三人可以请求债务人承担违约责任；债务人对债权人的抗辩，可以向第三人主张。

(2) 当事人约定由第三人向债权人履行债务，第三人不履行债务或者履行债务不符合约定的，债务人应当向债权人承担违约责任。债务人不履行债务，第三人对履行该债务具有合法利益的，第三人有权向债权人代为履行；但是，根据债务性质、按照当事人约定或者依照法律规定只能由债务人履行的除外。债权人接受第三人履行后，其对债务人的债权转让给第三人，但是债务人和第三人另有约定的除外。

合同生效后，当事人不得因姓名、名称的变更或者法定代表人、负责人、承办人的变动而不履行合同义务。

(二) 合同约定不明时的履行规则

合同生效后，当事人就质量、价款或者报酬、履行地点等内容没有约定或者约定不明确的，可以协议补充；不能达成补充协议的，按照合同相关条款或者交易习惯确定。交易习惯一般指：①在交易行为当地或者某一领域、某一行业通常采用并为交易对方订立合同时所知道或者应当知道的做法；②当事人双方经常使用的习惯做法。对于交易习惯，由提出主张的一方当事人承担举证责任。

当事人在依上述履行规则仍不能确定的，适用《民法典》"合同编"第五百一十一条、五百一十三条的规定：

(1) 质量要求不明确的，按照强制性国家标准履行；没有国家强制性标准的，按照推荐性国家标准履行；没有推荐性国家标准的，按照行业标准履行；没有国家标准、行业标准的，按照通常标准或者符合合同目的的特定标准履行。

(2) 价款或者报酬不明确的，按照订立合同时履行地的市场价格履行；依法应当执行政府定价或者政府指导价的，依照规定履行。合同约定执行政府定价或者政府指导价的，在合同约定的交付期限内政府价格调整时，按照交付时的价格计价。逾期交付标的物的，遇价格上涨时，按照原价格执行；价格下降时，按照新价格执行。逾期提取标的物或者逾期付款的，遇价格上涨时，按照新价格执行；价格下降时，按照原价格执行。

(3) 履行地点不明确，给付货币的，在接受货币一方所在地履行；交付不动产的，在不动产所在地履行；其他标的，在履行义务一方所在地履行。

（4）履行期限不明确的，债务人可以随时请求履行，债权人也可以随时请求履行，但应当给对方必要的准备时间。

（5）履行方式不明确的，按照有利于实现合同目的的方式履行。

（6）履行费用的负担不明确的，由履行义务一方负担；因债权人原因增加的履行费用，由债权人负担。

案例窗 5-5

（三）提前履行与部分履行

《民法典》"合同编"还就当事人提前履行和部分履行作了规定。债权人可以拒绝债务人提前履行或者部分履行债务，但提前履行或者部分履行不损害债权人利益的除外。债务人提前履行或者部分履行债务给债权人增加的费用，由债务人负担。

三、合同履行中的抗辩权

合同履行中的抗辩权是指在符合法定条件时，双务合同中当事人一方享有的暂时拒绝他方当事人请求自己履行债务的权利。合同履行中抗辩权的存在必须以双务合同为前提。

（一）同时履行抗辩权

同时履行抗辩权是指双务合同的一方当事人在另一方当事人未履行以前或履行不符合合同约定时，有权拒绝对方要求自己履行义务的权利。《民法典》"合同编"第五百二十五条规定："当事人互负债务，没有先后履行顺序的，应当同时履行。一方在对方履行之前有权拒绝其履行请求。一方在对方履行债务不符合约定时，有权拒绝其相应的履行请求。"

同时履行抗辩权的成立应满足以下条件：①双方当事人基于同一双务合同而互负债务；②双方当事人互负的债务没有先后履行顺序，且均已到清偿期限；③对方当事人未履行债务或未按照约定履行债务；④对方当事人的对待给付是可能履行的。

（二）后履行抗辩权

后履行抗辩权（有学者称为先履行抗辩权），是指双务合同中，当事人互负债务，有先后履行顺序，应先履行债务的一方当事人未履行或者履行不符合合同约定的，后履行一方当事人有拒绝其履行请求的权利。由此可见，后履行抗辩权的行使应符合下列条件：①双方当事人之互负债务是基于同一双务合同而存在；②双方当事人之互负债务必须有先后履行的顺序；③先履行一方到期未履行债务或履行债务不适当；④对方当事人的对待给付是可能履行的。

（三）不安抗辩权

不安抗辩权是指双务合同中应先履行义务的一方当事人，有确切证据证明对方当事人不能或可能不能履行合同义务时，在对方当事人未履行合同或提供担保之前，有暂时中止履行合同的权利。《民法典》"合同编"第五百二十七条规定，应当先履行债务的当事人，有确切证据证明对方有下列情形之一的，可以中止履行：①经营状况严重恶化；②转移财产、抽逃资金，以逃避债务；③丧失商业信誉；④有丧失或者可能丧失履行债务能力的其他情形。

不安抗辩权适用的条件：①双方当事人基于同一双务合同而存在互负债务；②抗辩方

负有先履行合同的义务，且已到履行期限；③合同签订后，后履行一方当事人的履行能力明显降低，有不能履行对待给付的现实危险；④后履行义务人未提供适当担保。

如果当事人没有确切证据中止履行的，应当承担违约责任。当事人行使不安抗辩权中止履行的，应当及时通知对方。对方提供适当担保时，应当恢复履行。中止履行后，对方在合理期限内未恢复履行能力且未提供适当担保的，视为以自己的行为表明不履行主要债务，中止履行的一方可以解除合同并可以请求对方承担违约责任。

四、代位权与撤销权

代位权与撤销权是合同的保全形式，合同的保全就是为保护合同债权人的债权不受债务人不当行为的损害而对合同债权人采取一定保护措施的法律制度。

（一）代位权

根据《民法典》"合同编"第五百三十五条，代位权是指因债务人怠于行使其债权或者与该债权有关的从权利，影响债权人的到期债权实现的，债权人可以向人民法院请求以自己的名义代位行使债务人对相对人的权利，但是该权利专属于债务人自身的除外。代位权作为一种法定的权利，具有如下特点：

（1）代位权针对的是债务人的消极不行使权利的行为，即怠于行使权利的行为。代位权的行使是为了保持债务人的财产，即旨在对责任财产采取法律措施予以保持。

（2）代位权是债权人向人民法院请求以自己的名义代位行使债务人的债权。代位权是债权人向次债务人而不是向债务人提出请求，这就不同于债权人向债务人以及债务人向次债务人提出的请求。

（3）代位权的行使是债权人向人民法院提出请求。

（4）债权人的代位权是一种权利，而不是义务。也就是说，债权人可以行使代位权，也可以不行使代位权。如果债权人不行使代位权，债权人仍然可以向债务人及其保证人提出履行请求。[①]

在代位权行使过程中，如次债务人（债务人的相对人）提出抗辩，不认为债务人有怠于行使其到期债权情况的，应当承担举证责任。在代位权诉讼中，次债务人对债务人的抗辩，可以向债权人主张。代位权的行使范围以债权人的到期债权为限。债权人行使代位权的必要费用，由债务人负担。

债权人的债权到期前，债务人的债权或者与该债权有关的从权利存在诉讼时效期间即将届满或者未及时申报破产债权等情形，影响债权人的债权实现的，债权人可以代位向债务人的相对人请求其向债务人履行、向破产管理人申报或者作出其他必要的行为。

债权人提起代位权诉讼，应当符合下列条件：①债权人对债务人的债权合法；②债务人怠于行使其到期债权；③债务人的债权已到期，对债权人造成损害；④债务人的债权不是专属于债务人自身的债权。

人民法院认定代位权成立的，由债务人的相对人向债权人履行义务；债权人接受履行后，债权人与债务人、债务人与相对人之间相应的权利和义务终止。债务人对相对人的债权或者与该债权有关的从权利被采取保全、执行措施，或者债务人破产的，依照相关法律

---

① 王利明. 合同法 [M]. 北京：中国人民大学出版社，2015：153-154.

的规定处理。

（二）撤销权

撤销权是指债权人在债务人实施的减少财产的行为危及债权人债权的实现时，有请求人民法院撤销其行为的权利。撤销权的适用对象是债务人的积极行为，撤销权行使的结果是恢复债务人的财产与权利，债权人就撤销权行使的结果并无优先受偿权。但债权人行使撤销权所支付的必要费用，由债务人负担。债务人影响债权人的债权实现的行为被撤销的，自始没有法律约束力。

债权人可以请求人民法院撤销债务人的行为的情形包括：

（1）债务人以放弃其债权、放弃债权担保、无偿转让财产等方式无偿处分财产权益，或者恶意延长其到期债权的履行期限，影响债权人的债权实现的；

（2）债务人以明显不合理的低价转让财产、以明显不合理的高价受让他人财产或者为他人的债务提供担保，影响债权人的债权实现，债务人的相对人知道或者应当知道该情形的。

《民法典》"合同编"对撤销权的行使期限有特别规定，撤销权自债权人知道或者应当知道撤销事由之日起1年内行使。自债务人减少财产的行为发生之日起5年内没有行使撤销权的，该撤销权消灭。

第五节　合同的担保

担保是指法律规定或者当事人约定的确保债务履行、保障债权人利益实现的一种法律制度。合同的担保即合同债的担保，是指促使债务人履行其债务，保障债权人的债权得以实现的法律措施。《民法典》"合同编"在"违约责任"中对定金有详细的规定，在"保证合同"中对保证作了详细规定，《民法典》"物权编"对担保物权（抵押权、质权、留置权）也作了详细规定。

担保具有以下特征：

（1）从属性。担保合同是从属于主合同的从合同。除另有约定者外，主合同无效，担保合同也无效。

（2）补充性，即合同债权人所享有的担保权或者担保利益，对于其债权的实现仅具有补充意义。债权人一般只有在所担保的债务得不到履行时，才行使担保权利。

（3）预防性。担保合同可以是主合同中的重要条款之一，也可以另立担保合同，但目的都是防止违约的发生，保障权利人权利的实现。

（4）相对独立性，是指合同的担保相对独立于被担保的合同债权而发生或者存在。担保法律关系虽然是从属于主合同的，但也是独立的法律关系。但是，当事人在担保合同中约定担保合同的效力独立于主合同，或者约定担保人对主合同无效的法律后果承担担保责任，该有关担保独立性的约定无效。

依担保人和担保内容之不同，担保可分为人的担保（如保证）、物的担保（如抵押、质押、留置）、金钱担保（如定金）三种。依据担保发生的根据，合同的担保可分为约定担保（保证、抵押、质押等）与法定担保（留置）。

《民法典》"物权编"的"担保物权"规定，如果第三人为债务人向债权人提供担保的，可以要求债务人提供反担保，反担保适用《民法典》和其他法律的规定。同理，保证人也可以要求债务人提供反担保。

一、保证

保证合同是典型合同之一，也是常见的合同担保方式，属人的担保，分一般保证和连带责任保证两种。

（一）保证概述

保证是指保证人和债权人约定，当债务人不履行到期债务或者发生当事人约定的情形时，保证人履行债务或者承担责任的行为。

具有代为清偿债务能力的法人、非法人组织或者公民，可以作为保证人。机关法人不得为保证人，但是经国务院批准为使用外国政府或者国际经济组织贷款进行转贷的除外。以公益为目的的非营利法人、非法人组织不得为保证人。

同一债务有两个以上保证人的，保证人应当按照保证合同约定的保证份额，承担保证责任；没有约定保证份额的，债权人可以请求任何一个保证人在其保证范围内承担保证责任。已经承担保证责任的保证人，除当事人另有约定外，有权在其承担保证责任的范围内向债务人追偿，享有债权人对债务人的权利，但是不得损害债权人的利益。

保证具有如下特征：

（1）保证合同为单务无偿合同。保证在本质上是由保证人代替主债务人履行债务，是一种单方面的义务，债权人并不对保证人承担义务。

（2）保证人必须是主合同债权人、债务人以外的第三人。

（3）保证人应当具有清偿债务的能力。保证人承担保证责任最终要落实到财产责任上，所以保证人必须具有清偿债务的能力。

（4）保证是一种人的担保方式。它不是以担保人的特定财产作为履行债务的担保。当需要保证人承担保证责任的时候，债权人不能直接处分保证人的财产。

（5）保证合同是诺成合同。一经保证人与债权人达成一致协议，保证合同就成立，不需有实际履行行为。

（二）保证的方式

1. 一般保证

一般保证也称补充责任保证。当事人在保证合同中约定，债务人不能履行债务或者无力偿还债务时，才由保证人承担保证责任等类似内容的，为一般保证。

一般保证的保证人对债权人享有先诉抗辩权，即在主合同纠纷未经审判或仲裁，并就债务人财产依法强制执行仍不能清偿债务前，保证人有权拒绝向债权人承担保证责任。但是，先诉抗辩权也有例外：①债务人下落不明，且无财产可供执行；②人民法院已经受理债务人破产案件；③债权人有证据证明债务人的财产不足以履行全部债务或者丧失履行债务能力；④保证人书面表示放弃先诉抗辩权。

案例窗 5-6

2. 连带责任保证

当事人在保证合同中约定保证人在债务人不履行债务或者未偿还债务时即承担保证责

任、无条件承担保证责任等类似内容，不具有债务人应当先承担责任的意思表示的，为连带责任保证。在连带责任保证的债务人不履行到期债务或者发生当事人约定的情形时，债权人可以请求债务人履行债务，也可以请求保证人在其保证范围内承担保证责任。

当事人在保证合同中对保证方式没有约定或者约定不明确的，保证人按照一般保证承担保证责任。由于保证人承担了对债务人的保证责任，所以保证人享有债务人的抗辩权。如债务人放弃对债务的抗辩权，保证人仍有权抗辩。

（三）保证合同及保证期间

1.保证合同

保证合同可以是单独订立的书面合同，也可以是主债权债务合同中的保证条款。第三人单方以书面形式向债权人作出保证，债权人接收且未提出异议的，保证合同成立。

保证合同一般包括如下内容：①被保证的主债权种类和数额；②债务人履行债务的期限；③保证的方式；④保证担保的范围和期间；⑤双方认为需要约定的其他事项。

保证合同是主债权债务合同的从合同。主债权债务合同无效的，保证合同无效，但是法律另有规定的除外。保证合同被确认无效后，债务人、保证人、债权人有过错的，应当根据其过错各自承担相应的民事责任。

2.保证期间

保证期间是确定保证人承担保证责任的期间，不发生中止、中断和延长。《民法典》"合同编"关于保证期间的规定为：债权人与保证人可以约定保证期间，但是约定的保证期间早于主债务履行期限或者与主债务履行期限同时届满的，视为没有约定；没有约定或者约定不明确的，保证期间为主债务履行期届满之日起6个月。

债权人与债务人对主债务履行期限没有约定或者约定不明确的，保证期间自债权人请求债务人履行债务的宽限期届满之日起计算。债权人和债务人变更主债权债务合同的履行期限，未经保证人书面同意的，保证期间不受影响。

案例窗 5-7

（四）最高额保证

《民法典》"合同编"第六百九十条规定，保证人与债权人可以协商订立最高额保证的合同，约定在最高债权额限度内就一定期间连续发生的债权提供保证。最高额保证除适用保证合同的规定外，可以参照适用《民法典》"物权编"最高额抵押权的有关规定。

（五）保证债务的诉讼时效

保证债务的诉讼时效不同于保证期间。一般保证的债权人在保证期间届满前对债务人提起诉讼或者申请仲裁的，从保证人拒绝承担保证责任的权利消灭之日起，开始计算保证债务的诉讼时效。连带责任保证的债权人在保证期间届满前请求保证人承担保证责任的，从债权人请求保证人承担保证责任之日起，开始计算保证债务的诉讼时效。

（六）保证责任的承担

1.保证的范围

保证的范围包括主债权及其利息、违约金、损害赔偿金和实现债权的费用。当事人另有约定的，按照约定执行。

2.保证责任的免除

出现下列情形，保证人可以不再承担保证责任或者减轻保证人的保证责任：

（1）一般保证的债权人未在保证期间对债务人提起诉讼或者申请仲裁的，保证人不再承担保证责任。连带责任保证的债权人未在保证期间请求保证人承担保证责任的，保证人不再承担保证责任。

（2）债权人和债务人未经保证人书面同意，协商变更主债权债务合同内容，减轻债务的，保证人仍对变更后的债务承担保证责任；加重债务的，保证人对加重的部分不承担保证责任。

（3）债权人未经保证人书面同意，允许债务人转移全部或者部分债务，保证人对未经其同意转移的债务不再承担保证责任，但是债权人和保证人另有约定的除外。但第三人加入债务的，保证人的保证责任不受影响。

（4）一般保证的保证人在主债务履行期限届满后，向债权人提供债务人可供执行财产的真实情况，债权人放弃或者怠于行使权利致使该财产不能被执行的，保证人在其提供可供执行财产的价值范围内不再承担保证责任。

（5）债务人对债权人享有抵销权或者撤销权的，保证人可以在相应范围内拒绝承担保证责任。

二、抵押

抵押是合同担保的常见方式之一，《民法典》"物权编"有详细的规定，是担保物权中最重要的一种。金融机构发放贷款时经常采用抵押方式进行担保。

（一）抵押的概念及特征

抵押是指债务人或者第三人不转移财产的占有，将该财产作为债权的担保，在债务人不履行到期债务或发生当事人约定的实现抵押权的情形时，债权人有权就该财产优先受偿。这里所指的债务人或者第三人为抵押人，债权人为抵押权人。抵押权人拥有从抵押物的交换价值中优先获得清偿的权利，即抵押权。提供担保的财产为抵押财产。

抵押有以下法律特征：①提供抵押财产的人既可以是主合同的债务人，也可以是主合同以外的第三人。②抵押权是设定在债务人或第三人特定财产上的担保物权。③抵押不转移抵押财产的占有。④抵押担保以债权人行使优先受偿权而实现。

（二）抵押财产

抵押财产即抵押物，是抵押人向抵押权人提供担保的财产。《民法典》"物权编"第三百九十五条规定，债务人或者第三人有权处分的下列财产可以抵押：①建筑物和其他土地附着物；②建设用地使用权；③海域使用权；④生产设备、原材料、半成品、产品；⑤正在建造的建筑物、船舶、航空器；⑥交通运输工具；⑦法律、行政法规未禁止抵押的其他财产。抵押人可以将上述所列财产一并抵押。

同时，《民法典》"物权编"第三百九十九条规定。下列财产不得抵押：①土地所有权；②宅基地、自留地、自留山等集体所有土地的使用权，但是法律规定可以抵押的除外；③学校、幼儿园、医疗机构等为公益目的成立的非营利法人的教育设施、医疗卫生设施和其他公益设施；④所有权、使用权不明或者有争议的财产；⑤依法被查封、扣押、监管的财产；⑥法律、行政法规规定不得抵押的其他财产。

以建筑物抵押的，该建筑物占用范围内的建设用地使用权一并抵押。以建设用地使用权抵押的，该土地上的建筑物一并抵押。抵押人未依据前款规定一并抵押的，未抵押的财产视为一并抵押。

乡镇、村企业的建设用地使用权不得单独抵押。以乡镇、村企业的厂房等建筑物抵押的，其占用范围内的建设用地使用权一并抵押。

（三）抵押合同及抵押登记

当事人设立抵押权应当签订书面形式的抵押合同。抵押合同一般包括以下条款：①被担保债权的种类、数额；②债务人履行债务的期限；③抵押财产的名称、数量等情况；④担保的范围。但是，合同中不得约定在债务履行期届满抵押权人未受清偿时，抵押物的所有权转移为债权人所有的条款，即约定的流押条款无效，但不影响抵押权人对抵押物的优先受偿权。

当事人以法律规定的特定财产抵押，应当办理抵押物登记。以《民法典》"物权编"第三百九十五条第一款第一项至第三项规定的抵押财产或者第五项规定的正在建造建筑物抵押的，应当办理抵押登记。抵押权自登记时设立。以动产抵押的，抵押权自抵押合同生效时设立；未经登记，不得对抗善意第三人。不动产登记簿就抵押财产、被担保的债权范围等所作的记载与抵押合同约定不一致的，以登记记载的内容为准。同日登记的，视为顺序相同。当事人办理抵押物登记，应当向登记部门提供主合同和抵押合同、抵押物的所有权或者使用权证书。

自2021年1月1日起，对动产和权利担保在全国实行统一登记，统一由中国人民银行承担登记职责，并提供基于互联网的全天候登记服务。登记由当事人通过动产融资统一登记公示系统自主办理，并对登记内容的真实性、完整性和合法性负责；登记机构不对登记内容进行实质审查。不动产抵押登记由不动产所在地不动产登记机构负责办理。

（四）抵押担保的范围及抵押权的实现

1.抵押担保的范围

担保物权的担保范围包括主债权及其利息、违约金、损害赔偿金、保管担保财产和实现担保物权的费用。如当事人另有约定，则从其约定。

2.抵押财产的物上代位性

担保期间，担保财产毁损、灭失或者被征收等，担保物权人可以就获得的保险金、赔偿金或者补偿金等优先受偿。被担保债权的履行期限未届满的，也可以提存该保险金、赔偿金或者补偿金等。

3.抵押权的实现

抵押权人应当在主债权诉讼时效期间行使抵押权；未行使的，人民法院不予保护。

抵押权实现的途径如下：

（1）通过协议实现。债务人不履行到期债务或者发生当事人约定的实现抵押权的情形，抵押权人可以与抵押人协议以抵押财产折价或者以拍卖、变卖该抵押财产所得的价款优先受偿。协议损害其他债权人利益的，其他债权人可以请求人民法院撤销该协议。

（2）通过司法机构实现。抵押权人与抵押人未就抵押权实现方式达成协议的，抵押权人可以请求人民法院拍卖、变卖抵押财产。但不管采取哪种方式，不能对抵押财产随意定价；抵押财产折价或者变卖的，应当参照市场价格。

通过上述两种方式所得价款，抵押权人有权优先受偿；所得价款超过债权数额的部分归抵押人所有，不足部分由债务人清偿。

同一财产向两个以上债权人抵押的，拍卖、变卖抵押财产所得的价款依照下列规定清偿：①抵押权已经登记的，按照登记的时间先后确定清偿顺序；②抵押权已经登记的先于未登记的受偿；③抵押权未登记的，按照债权比例清偿。其他可以登记的担保物权，清偿顺序参照适用上述三点规定。

同一财产既设立抵押权又设立质权的，拍卖、变卖该财产所得的价款按照登记、交付的时间先后确定清偿顺序。

（五）抵押财产的出租与转让

抵押权设立前，抵押财产已经出租并转移占有的，原租赁关系不受该抵押权的影响。抵押期间，抵押人可以转让抵押财产；如当事人另有约定，则从其约定。抵押财产转让的，抵押权不受影响。抵押人转让抵押财产时负有及时通知抵押权人的义务；抵押权人能够证明抵押财产转让可能损害抵押权的，可以请求抵押人将转让所得的价款向抵押权人提前清偿债务或者提存。

另外，如果要转让的是抵押权，按照《民法典》"物权编"的规定，抵押权不得与债权分离而单独转让或者作为其他债权的担保。债权转让的，担保该债权的抵押权一并转让，但是法律另有规定或者当事人另有约定的除外。

（六）土地使用权抵押的特别规定

（1）建设用地使用权抵押后，该土地上新增的建筑物不属于抵押财产。该建设用地使用权实现抵押权时，应当将该土地上新增的建筑物与建设用地使用权一并处分。但是，新增建筑物所得的价款，抵押权人无权优先受偿。

（2）以集体所有土地的使用权依法抵押的，实现抵押权后，未经法定程序，不得改变土地所有权的性质和土地用途。

（七）最高额抵押权

最高额抵押是指为担保债务的履行，债务人或者第三人对一定期间内将要连续发生的债权提供担保财产的，债务人不履行到期债务或者发生当事人约定的实现抵押权的情形，抵押权人有权在最高债权额限度内就该担保财产优先受偿。最高额抵押权设立前已经存在的债权，经当事人同意，可以转入最高额抵押担保的债权范围。

除当事人另有约定外，最高额抵押担保的债权确定前，部分债权转让的，最高额抵押权不得转让。最高额抵押担保的债权确定前，抵押权人与抵押人可以通过协议变更债权确定的期间、债权范围以及最高债权额，但变更的内容不得对其他抵押权人产生不利影响。

有下列情形之一的，抵押权人的债权确定：①约定的债权确定期间届满；②没有约定债权确定期间或者约定不明确，抵押权人或者抵押人自最高额抵押权设立之日起满2年后请求确定债权；③新的债权不可能发生；④抵押权人知道或者应当知道抵押财产被查封、扣押；⑤债务人、抵押人被宣告

案例窗 5-8

破产或者解散；⑥法律规定债权确定的其他情形。

（八）其他规定

1.担保物权的消灭

《民法典》"物权编"第三百九十三条规定，有下列情形之一的，担保物权消灭：①主债权消灭；②担保物权实现；③债权人放弃担保物权；④法律规定担保物权消灭的其他情形。上述情形也适用于质押担保与留置担保。

2.抵押财产价值减损的处理

抵押人的行为足以使抵押财产价值减少的，抵押权人有权请求抵押人停止其行为；抵押财产价值减少的，抵押权人有权请求恢复抵押财产的价值，或者提供与减少的价值相应的担保。抵押人不恢复抵押财产的价值，也不提供担保的，抵押权人有权请求债务人提前清偿债务。

3.抵押权人顺位放弃的处理

（1）抵押权人可以放弃抵押权或者抵押权的顺位。抵押权人与抵押人可以协议变更抵押权顺位以及被担保的债权数额等内容。但是，抵押权的变更未经其他抵押权人书面同意的，不得对其他抵押权人产生不利影响。

（2）债务人以自己的财产设定抵押，抵押权人放弃该抵押权、抵押权顺位或者变更抵押权的，其他担保人在抵押权人丧失优先受偿权益的范围内免除担保责任，但是其他担保人承诺仍然提供担保的除外。

4.浮动抵押

企业、个体工商户、农业生产经营者可以将现有的以及将有的生产设备、原材料、半成品、产品抵押，债务人不履行到期债务或者发生当事人约定的实现抵押权的情形，债权人有权就抵押财产确定时的动产优先受偿。《民法典》"物权编"第四百一十一条规定，发生下列情形之一的时候抵押财产确定：①债务履行期限届满，债权未实现；②抵押人被宣告破产或者解散；③当事人约定的实现抵押权的情形；④严重影响债权实现的其他情形。

5.物保与人保竞合的处理

被担保的债权既有物的担保又有人的担保的，债务人不履行到期债务或者发生当事人约定的实现担保物权的情形，债权人应当按照约定实现债权；没有约定或者约定不明确，债务人自己提供物的担保的，债权人应当先就该物的担保实现债权；第三人提供物的担保的，债权人可以就物的担保实现债权，也可以请求保证人承担保证责任。提供担保的第三人承担担保责任后，有权向债务人追偿。

三、质押

质押是指为担保债务的履行，债务人或第三人将出质的动产或权利交债权人占有，作为债权的担保，债务人不履行到期债务或者发生当事人约定的实现质权的情形时，债权人可以将质物折价或拍卖、变卖所得的价款受偿的担保制度。质押是担保物权之一。债务人或者第三人为出质人，债权人为质权人，移交的动产或权利为质物（质押财产）。

质押与抵押的区别如下：

（1）标的物不同。质押的标的为动产及权利，不动产不能作为标的；抵押则可以用动产或不动产作为标的。

（2）抵押权的设立不转移标的物的占有，而质权设立应当转移标的物的占有。

（3）同一质物上面只能设立一个质权，没有受偿顺序；同一抵押物上可以设立数个抵押权，存在受偿顺序问题。

质押担保的突出特点是要转移质物的占有，以及质押人要将质物交给质权人。质押分为动产质押和权利质押；相应地，质权分为动产质权和权利质权。

（一）动产质押

动产质押的质物为动产。法律、行政法规禁止转让的动产不得出质，如毒品、淫秽出版物等。

1.质押合同

质押合同应当采用书面形式。其条款主要包括：①被担保债权的种类和数额；②债务人履行债务的期限；③质押财产的名称、数量等情况；④担保的范围；⑤质押财产交付的时间、方式。

质押合同中不得约定留置条款，即如果约定在债务履行期限届满前，债务人不履行到期债务时质押财产归债权人所有的，只能依法就质押财产优先受偿，即该约定无效。

签订了质押合同并不等于设立了质权，质权自出质人交付质押财产时设立。质押合同是实践合同，须交付质押财产，质押合同才生效。出质人代质权人占有质物的，质押合同不生效；质权人将质物返还出质人后，其质权不能对抗第三人。

质押合同中对质押的财产约定不明，或者约定的出质财产与实际移交的财产不一致的，以实际交付占有的财产为准。动产质权的效力及于质物的从物。但是，从物未随同质物移交质权人占有的，质权的效力不及于从物。出质人和质权人在合同中不得约定在债务履行期限届满质权人未受清偿时，质物的所有权转移为质权人所有。

2.质权人的权利

质权人的权利主要包括：

（1）占有权。质权人在债权未受清偿前，有权占有质押财产。

（2）孳息收取权。《民法典》"物权编"规定除合同另有约定的外，质权人有权收取质押财产的孳息，所收取的孳息应先充抵收取孳息的费用。

（3）质权保全权。《民法典》"物权编"第四百三十三条规定："因不可归责于质权人的事由可能使质押财产毁损或者价值明显减少，足以危害质权人权利的，质权人有权要求出质人提供相应的担保；出质人不提供的，质权人可以拍卖、变卖质押财产，并与出质人通过协议将拍卖、变卖所得的价款提前清偿债务或者提存。"

（4）质权的处分权。质权人可以放弃质权；质权具有可让与性，质权人享有质权转让权。

（5）优先受偿权。质权人在一定条件下可依法将质押财产变价，从该变价中优先得到清偿。质押财产折价或者变卖时应参照市场价格。

3.质权人的义务

质权人的义务主要包括：①妥善保管质押财产；②返还质押财产；③不得擅自使用、处分质押财产；④不得擅自转质。⑤及时行使质权，不及时行使质权将承担损害赔偿责任。

此外，《民法典》"物权编"规定，当事人可以协议设立最高额质权，并可适用最高额抵押的相关规定。

（二）权利质押

权利质押的质物是财产权利。除《民法典》"物权编"另有规定外，动产质押的法律规定适用于权利质押。

《民法典》"物权编"第四百四十条规定，债务人或者第三人有权处分的下列权利可以出质：①汇票、支票、本票；②债券、存款单；③仓单、提单；④可以转让的基金份额、股权；⑤可以转让的注册商标专用权、专利权、著作权等知识产权中的财产权；⑥现有以及将有的应收账款；⑦法律、行政法规规定可以出质的其他财产权利。其他财产权利，主要包括公路桥梁、公路隧道或者公路渡口等不动产的收益权。

以汇票、支票、本票、债券、存款单、仓单、提单出质的，质权自权利凭证交付质权人时设立；没有权利凭证的，质权自有关部门办理出质登记时设立。法律另有规定的，依照其规定。如果上述财产权利的兑现日期或者提货日期先于主债权到期的，质权人可以兑现或者提货，并与出质人协议将兑现的价款或者提取的货物提前清偿债务或者提存。

以基金份额、股权出质的，质权自办理出质登记时设立。出质后，除出质人与质权人协商同意之外，基金份额、股权不得转让；如转让的，所得价款应向质权人提前清偿或提存。

以注册商标专用权、专利权、著作权等知识产权中的财产权出质的，质权自办理出质登记时设立。知识产权中的财产权出质后，出质人不得转让或者许可他人使用，但经出质人与质权人协商同意的除外。

以应收账款出质的，质权自信贷征信机构办理出质登记时设立。

四、留置

留置也是《民法典》"物权编"规定的担保物权之一。不同于其他担保方式的是，留置是法定的。合同担保中留置的适用范围受到一定限制。

（一）留置的含义及构成

留置是指债务人不履行到期债务时，债权人可以依法将已经合法占有的债务人的动产留置，并以该财产折价或者以拍卖、变卖该财产的价款优先受偿。债权人为留置权人，占有的动产为留置财产。

留置权的构成要件：①债权清偿期限已到。②债权人合法占有债务人的动产。法律规定或当事人约定不得留置的动产，不得留置。③债权人留置的动产，应当与债权属于同一法律关系，但企业之间留置的除外。如果企业之间留置的动产与债权并非同一法律关系，债务人以该债权不属于企业持续经营中发生的债权为由请求债权人返还留置财产的，留置权人应当返还。

债务人不履行到期债务，债权人因同一法律关系留置合法占有的第三人的动产，债权人可以主张就该留置财产优先受偿；第三人以该留置财产并非债务人财产为由请求返还的，人民法院不予支持。如果企业之间非居于同一法律关系，则债权人留置的第三人财产经第三人请求应予返还。

拓展阅读5-4

留置与抵押、质押的区别如下：

（1）留置是法定的担保物权，当事人无须约定；抵押、质押都是依据当事人的约定而

产生的。

（2）留置中债权人要占有债务人的财产，而抵押不占有抵押人的财产。

（3）留置权人占有债务人财产是因为履行主合同而占有，在主合同期满后继续占有，其占有与主合同有牵连性；质权人占有出质人财产是依据质押合同，与主合同没有牵连性。

（4）行使优先受偿权的条件不同。留置权人将留置财产变价，从中优先受偿，受宽限期限制；抵押权人、质权人处置抵押质物，优先受偿没有宽限期限制。

（二）留置权人的权利和义务

留置权人的权利主要包括：①留置财产占有权；②留置财产孳息收取权；③留置财产必要的使用权；④必要费用偿还请求权；⑤留置财产变价权；⑥优先受偿权。

留置权人的义务主要包括：①留置财产的保管义务；②不得擅自使用、利用留置财产的义务；③返还留置财产的义务。④留置适当义务。留置财产为可分物的，留置财产的价值应当相当于债务的金额。

（三）留置权的实现

留置物折价或者拍卖、变卖后，其价款超过债权数额的部分归债务人所有，不足部分由债务人清偿。

留置权人与债务人应当约定留置财产后的债务履行期限；没有约定或者约定不明确的，留置权人应当给债务人60日以上履行债务的期限，但鲜活易腐等不易保管的动产除外。债务人逾期未履行的，留置权人可以与债务人协议以留置财产折价，也可以就拍卖、变卖留置财产所得的价款优先受偿。留置财产折价或者变卖的，应当参照市场价格。

同一动产上已设立抵押权或者质权，该动产又被留置的，留置权人优先受偿。留置权人对留置财产丧失占有或者留置权人接受债务人另行提供担保的，留置权消灭。

五、定金

定金是金钱担保的方式，《民法典》"合同编"将定金规定作为承担违约责任的方式加以规定，定金也有相应的担保作用。定金的突出特点是它对合同当事人双方都有担保作用，是柄双刃剑。

（一）定金及其特点

定金是当事人约定一方向对方给付一定数额的货币作为债权的担保，以保证债权实现的担保方式。定金合同自实际交付定金时成立。

定金的特点是：①定金是由债务人自己提供担保，这有别于保证和第三人提供担保的抵押、质押；②定金的担保作用体现在如果违约则丧失定金或双倍返还定金，产生一种请求权或导致请求权的丧失，这与抵押、质押、留置产生担保物权不同；③定金对当事人双方都有担保作用，这与其他担保方式只为债权人提供担保不同。

拓展阅读5-5

（二）定金担保的主要内容

给付定金的一方不履行债务或者履行债务不符合约定，致使不能实现合同目的的，无权请求返还定金；收受定金的一方不履行债务或者履行债务不符合约定，致使不能实现合同目的的，应当双倍返还定金。

当事人约定以交付定金作为订立主合同担保的，给付定金的一方拒绝订立主合同的，无权要求返还定金；收受定金的一方拒绝订立合同的，应当双倍返还定金。当事人约定以交付定金作为主合同成立或者生效要件的，给付定金的一方未支付定金，但主合同已经履行或者已经履行主要部分的，不影响主合同的成立或者生效。

因当事人一方延迟履行或者其他违约行为，合同目的不能实现，可以适用定金罚则，但法律另有规定或者当事人另有约定的除外。当事人一方不完全履行合同的，应当按照未履行部分所占合同约定内容的比例，适用定金罚则。因不可抗力、意外事件致使主合同不能履行的，不适用定金罚则。

此外，定金合同应以书面形式约定。定金的数额由当事人约定，但不得超过主合同标的额的20%。当事人在定金合同中应当约定交付定金的期限。定金合同从实际交付定金之日起生效。

第六节　合同的变更、转让与终止

合同成立之后，客观情况发生了变化使原合同已不能履行或者不应履行，或者当事人有了新的约定，则当事人可以依法定程序变更或者转让合同。如果当事人履行了合同或者出现了法定或约定的条件，合同也可以终止。

一、合同的变更

合同的变更有广义和狭义之分。狭义的变更是指合同部分内容的变化，即在主体不变的条件下，对合同某些条款进行修改和补充。广义的变更是指除包括合同内容的变化外，还包括合同主体的变化，这实质上是合同的转让。《民法典》"合同编"所指合同的变更是指狭义的合同变更，即合同内容的部分变化。

（一）合同变更的条件

《民法典》"合同编"规定，当事人双方协商一致，可以变更合同。法律、行政法规规定变更合同应当办理批准、登记手续的，依照其规定。从该规定看，变更合同应当符合下列条件：

（1）合同变更以合同有效成立及未完全履行为前提。

（2）合同应根据法律、行政法规的规定或者当事人的约定而变更。一是依当事人约定变更，变更合同是双方当事人自愿和真实的意思表示；否则，变更是无效的。二是依据《民法典》"合同编"第五百三十三条的情势变更制度也可变更合同。该条规定，合同成立后，合同的基础条件发生了当事人在订立合同时无法预见的、不属于商业风险的重大变化，继续履行合同对于当事人一方明显不公平的，受不利影响的当事人可以与对方重新协商；在合理期限内协商不成的，当事人可以请求人民法院或者仲裁机构变更或者解除合同。人民法院或者仲裁机构应当结合案件的实际情况，根据公平原则变更或者解除合同。

（3）合同变更须有合同内容的变化。但合同条款的改变，是合同标的本身以外的数量、质量、价款和报酬、履行期限、履行地点及方式、违约责任等的变更，不应该是合同标的的改变，因合同标的的改变将使原合同关系结束，从而也就不存在合同的变更了。

（4）必须遵循法定的形式。对于一些特定的合同，如经过批准、登记等生效的合同，变更后当事人应到相应的部门办理批准、登记手续；否则，变更不发生法律效力。

（二）合同变更的法律效力

合同变更的法律效力主要体现在：

（1）合同变更后，被变更的部分即失去法律上的效力；变更的部分在完成变更程序之后，即产生了新的债权和债务。

（2）合同变更不影响当事人要求赔偿损失的权利。合同中原来约定的争议条款的效力，继续有效。合同变更过程中一方当事人遭受损失，除依法或者依约可以免除责任的以外，有过错的一方应当承担赔偿损失的责任。[①]

（3）合同变更只对合同未履行的部分有效，对已履行的合同内容不发生法律效力，即合同的变更没有溯及力。

此外，当事人通过协商一致对合同内容进行变更时，变更协议的内容应当具体、明确；如果当事人对合同变更的内容约定不明确的，推定为未变更。

拓展阅读5-6

二、合同的转让

合同转让是合同主体的变更，指在不变更合同内容的前提下，将合同规定的权利、义务或者权利与义务概括转让给第三人，由受让方承担合同的权利和义务。合同转让可分为债权的转让和债务的转让，经当事人协商同意一方当事人也可将权利与义务一并转让。但合同债权、债务的转让需符合以下条件：①必须有合法、有效的合同关系存在；②转让人与受让人之间要达成协议；③要符合法律规定的程序。

（一）合同权利的转让

1.合同权利转让的含义

合同权利的转让又称债权的转让，是指不改变合同权利的内容，合同债权人通过协议将其债权全部或部分地转让给第三人的行为。《民法典》"合同编"规定债权人转让权利的，应当通知债务人；未经通知，该转让对债务人不发生效力。此外，债权人转让权利的通知不得撤销，但经受让人同意的除外。

2.禁止转让的情形

具有下列情形的债权不得转让：①根据合同性质不得转让。这主要指基于当事人特定身份而订立的合同，如出版、赠与、委托、雇佣等合同。②按照当事人约定不得转让。③依照法律规定不得转让。

3.合同权利转让的效力

对权利人而言，如果在全部转让的情形，原权利人脱离债权和债务关系，受让人取代权利人地位；在部分转让情形，原权利人就转让部分丧失权利。对受让人而言，权利人转让权利的，受让人取得与权利有关的从权利，如抵押权，但该从权利专属于权利人自身的债权除外。对义务人而言，权利人权利的转让，不得损害义务人的利益，不应影响义务人

---

① 郑玉敏，韩自强. 合同法学［M］. 厦门：厦门大学出版社，2012：114.

的权利：①义务人接到权利转让通知后，义务人对让与人（权利人）的抗辩可以向受让人主张，如提出债权无效、诉讼时效已过等事由的抗辩。②义务人接到债权转让通知时，义务人对让与人享有债权，并且其债权先于转让的债权到期或者同时到期的，债务人的债权与转让的债权基于同一合同产生，则义务人可以向受让人主张抵销。

因债权转让增加的履行费用，由让与人负担。

（二）合同义务的转移

1.合同义务转移的含义

合同义务的转移即合同债务的承担，是指义务人经权利人同意，将合同的义务全部或者部分转让给第三人。经权利人同意是合同义务转移的必要条件；债务人或者第三人可以催告债权人在合理期限内予以同意，债权人未作表示的，视为不同意。

2.合同义务转移的效力

合同义务转移后，在转让人（原债务人）、受让人（第三人）和权利人之间产生相应的法律后果。合同义务转移在转让人和受让人之间的效力是合同义务转移的内部效力，合同义务转移对权利人发生的效力是合同义务转移的外部效力。义务人转移义务的，新义务人可以主张原义务人对权利人的抗辩。新义务人应当承担与主债务有关的从债务，但该从债务专属于原义务人自身的除外。原债务人对债权人享有债权的，新债务人不得向债权人主张抵销。

（三）权利与义务的概括转让

权利与义务的概括转让即债权和债务的概括转让，也称合同承受，是指合同当事人一方将合同权利与义务一并转移给第三人，由第三人概括地继受这些权利与义务。债权和债务的概括转让也涉及从权利、抗辩权、抵销权的转移。债权和债务的概括转让仅仅适用于双务合同。债权和债务的概括转让主要有当事人约定转让和法律规定转让两种情形。

除法律规定不得转让的外，当事人一方经对方同意，可以将自己在合同中的权利与义务一并转让给第三人。约定债权和债务的概括转让应当符合债权转让的条件，也应当符合债务转让的条件。债权和债务的概括转让的法定情形是指有关法律、法规规定的当出现某种特定条件时，合同的权利与义务应当一并转移的情形。《民法典》第六十七条规定："法人合并的，其权利和义务由合并后的法人享有和承担。"所以，合同当事人发生合并或分立时，就会有法定的债权和债务概括移转的发生。

三、合同的终止

合同的终止是指因发生法律规定或当事人约定的情况，使当事人之间的权利与义务关系消灭，终止合同的法律效力。

（一）合同终止的原因及效力

1.合同债权和债务终止的原因

《民法典》"合同编"第五百五十七条规定，有下列情形之一的，债权和债务终止：①债务已经履行；②债务相互抵销；③债务人依法将标的物提存；④债权人免除债务；

⑤债权和债务同归于一人；⑥法律规定或者当事人约定终止的其他情形。同时，该条将"合同解除的，该合同的权利义务关系终止"单独作为一款，以强调合同解除使原权利义务关系终止，但可能产生新的权利义务关系。

2.合同权利义务关系终止的效力

合同权利义务关系的终止，除消灭原债权和债务关系外，还发生以下效力：①债权的从权利同时消灭；但法律另有规定或当事人另有约定的除外。②相互返还债权证书。③当事人应当遵循诚信等原则，根据交易习惯履行通知、协助、保密、旧物回收等义务。④合同的权利义务终止，不影响合同中结算和清理条款的效力。

3.债务清偿不足的处理原则

（1）数项债务的处理。债务人对同一债权人负担的数项债务种类相同，债务人的给付不足以清偿全部债务的，除当事人另有约定外，由债务人在清偿时指定其履行的债务。债务人未作指定的，应当优先履行已经到期的债务；数项债务均到期的，优先履行对债权人缺乏担保或者担保最少的债务；均无担保或者担保相等的，优先履行债务人负担较重的债务；负担相同的，按照债务到期的先后顺序履行；到期时间相同的，按照债务比例履行。

（2）利息与费用的清偿。债务人在履行主债务外还应当支付利息和实现债权的有关费用，其给付不足以清偿全部债务的，除当事人另有约定外，应当按照下列顺序履行：①实现债权的有关费用；②利息；③主债务。

（二）合同的解除

合同的解除是指已成立生效的合同因发生法律规定或当事人约定的情况，或经当事人协商一致，而使合同关系终止。

1.合同解除的分类

（1）合意解除，即协商解除，是指依当事人事先约定的事由或经当事人协商一致而解除合同。在订立合同时，当事人可以约定一方解除合同的事由。解除合同的事由发生时，解除权人可以解除合同。合同订立后，经当事人协商一致，也可以解除合同。

（2）法定解除，是指依法律规定而解除合同。《民法典》"合同编"第五百六十三条规定，有下列情形之一的，当事人可以解除合同：①因不可抗力致使不能实现合同目的；②在履行期限届满之前，当事人一方明确表示或者以自己的行为表明不履行主要债务；③当事人一方迟延履行主要债务，经催告后在合理期限内仍未履行；④当事人一方迟延履行债务或者有其他违约行为致使不能实现合同目的；⑤法律规定的其他情形。

2.合同解除权的行使期限

关于合同解除权的行使期限，《民法典》"合同编"第五百六十四条规定：

（1）法律规定或当事人约定解除权行使期限，期限届满当事人不行使的，该权利消灭。

（2）法律没有规定或者当事人没有约定解除权行使期限，自解除权人知道或者应当知道解除事由之日起1年内不行使，或者经对方催告后在合理期限内不行使的，该权利消灭。

3.合同解除的时间

（1）以持续履行的债务为内容的不定期合同，当事人可以随时解除合同，但是应当在合理期限之前通知对方。

（2）当事人一方依法主张解除合同的，应当通知对方。合同自通知到达对方时解除；通知载明债务人在一定期限内不履行债务，则合同自动解除，债务人在该期限内未履行债务的，合同自通知载明的期限届满时解除。对方对解除合同有异议的，任何一方当事人均可以请求人民法院或者仲裁机构确认解除行为的效力。

（3）当事人一方未通知对方，直接以提起诉讼或者申请仲裁的方式依法主张解除合同，人民法院或者仲裁机构确认该主张的，合同自起诉状副本或者仲裁申请书副本送达对方时解除。

4.合同解除的效力

（1）合同解除后，尚未履行的，终止履行；已经履行的，根据履行情况和合同性质，当事人可以请求恢复原状或者采取其他补救措施，并有权请求赔偿损失。

（2）合同因违约解除的，解除权人可以请求违约方承担违约责任，但是当事人另有约定的除外。

（3）主合同解除后，担保人对债务人应当承担的民事责任仍应当承担担保责任，但是担保合同另有约定的除外。

案例窗 5-9

（三）债务抵销

当事人互为债权人和债务人时，对债务可行使抵销的权利。抵销产生使合同终止的效力。抵销分为法定抵销与约定抵销。

（1）法定抵销是指依法律规定的抵销条件抵销。《民法典》"合同编"第五百六十八条规定：当事人互负债务，该债务的标的物种类、品质相同的，任何一方可以将自己的债务与对方的到期债务抵销；但是，根据致债务性质、按照当事人约定或者依照法律规定不得抵销的除外。当事人主张抵销的，应当通知对方。通知自到达对方时生效。抵销不得附条件或者附期限。

（2）约定抵销是指由当事人自行达成协议抵销。《民法典》"合同编"第五百六十九条规定：当事人互负债务，标的物种类、品质不相同的，经协商一致，也可以抵销。

（四）提存

提存是指由于债权人的原因而无法交付债的标的物时，债务人将标的物提交提存部门而消灭合同关系的法律制度。债务人将标的物或者将标的物依法拍卖、变卖所得价款交付提存部门时，提存成立。如果提存成立，则视为债务人在其提存范围内已经交付标的物。

有下列情形之一，债务人难以履行债务的，可将标的物提存：①债权人无正当理由拒绝受领；②债权人下落不明；③债权人死亡未确定继承人、遗产管理人，或者丧失民事行为能力未确定监护人；④法律规定的其他情形，如债权人分立、合并或者变更住所没有通知债务人。

债务人负有及时通知的义务。标的物提存后，债务人应当及时通知债权人或者债权人的继承人、遗产管理人、监护人、财产代管人。

标的物提存后，毁损、灭失的风险由债权人承担。提存期间，标的物的孳息归债权人所有；提存费用由债权人负担。

债权人可以随时领取提存物，但债权人对债务人负有到期债务的，在债权人未履行债务或者提供担保之前，提存部门根据债务人的要求应当拒绝其领取提存物。债权人领取提存物的权利，自提存之日起5年内不行使则消灭，提存物扣除提存费用后归国家所有。此处规定的"5年"时效为不变期间，不适用诉讼时效中止、中断或者延长的规定。如果债权人未履行对债务人的到期债务，或者债权人向提存部门书面表示放弃领取提存物权利的，债务人负担提存费用后有权取回提存物。

（五）债的免除与混同

债的免除是债权人以消灭债务人的债务为目的而抛弃债权的意思表示。债权人免除债务人部分或者全部债务的，合同的权利与义务部分或者全部终止；但债务人在合理期限内拒绝的除外。

债的混同即债权和债务归于同一个人，如此则债权、债务即终止，但损害第三人利益的除外。混同是一种事实，即由于某种客观事实的发生，使得一项合同中，原本由一方当事人享有的债权，由另一方当事人负担的债务，同归于一人，从而导致合同的权利与义务终止。合同关系的存在必须有债权人和债务人，当事人双方混同，合同失去存在的基础，自然应当终止。混同发生的原因主要有合并、继承等。

第七节 违约责任

当事人签订的合同如果已经生效，则必须依照法律的规定或当事人的约定履行；否则就要承担违约责任。违约责任可以分为很多种，承担违约责任的方式也会因违约性质的不同而不同。

一、违约责任概述

《民法典》"合同编"规定的违约责任是一种民事责任，通常表现为一种财产责任。当事人在什么条件下才承担责任呢？主要是看当事人是否违约，而不是看当事人是否有过错。违约责任有多种类型，有的违约会导致合同一方当事人具有合同解除权，得以解除合同。

（一）违约责任的含义及特征

违约责任是指合同当事人不履行合同义务或履行合同义务不符合约定所承担的民事责任。违约责任因当事人违反合同义务而产生，主要表现为财产责任，可由当事人在法律规定的范围内事先约定，如约定一定数额的违约金，约定对违约产生的损失赔偿额的计算方法，约定免除责任的条款等。

其法律特征主要有：①违约责任是当事人一方不履行合同债务或者履行不符合合同约定或法律规定时所产生的民事责任；②合同的违约责任是当事人之间的责任；③合同的违约责任主要是财产责任；④违约责任可由当事人事先依法约定。

（二）违约责任的归责原则

违约责任的归责原则是指基于一定的归责事由而确定违约方是否承担违约责任的准

则。①违约责任的归责原则包括过错责任原则和严格责任原则。

（1）过错责任原则，以过错的存在作为追究违约责任的要件。对过错的存在采取两种方式确认：一是适用"谁主张，谁举证"的原则，由债权人举证证明债务人存在过错；二是在特定情况下适用"举证责任倒置"的原则，债务人须举证证明自己不存在过错。过错责任原则一般适用于合同中有明确规定的情况，如无规定则适用严格责任原则。

（2）严格责任原则，即无过错责任原则。只要当事人违约，如无免责情形就应承担违约责任。严格责任原则意味着在违约发生以后，确定违约当事人的责任，主要考虑违约的结果是否因违约当事人的行为造成，而不考虑是否因他的故意或过失。但是，严格责任的归责原则并不是绝对不考虑当事人的主观方面是否有过错；如果当事人约定了免责条款，约定了限制责任条款或过错责任的条款，这些条款只要不违背其他有关强制性的法律规定，原则上仍是有效的。

（三）违约责任的种类

1.届期违约和预期违约

按照违约发生在合同履行期限届满后还是届满前，将违约分为届期违约和预期违约。所谓届期违约，是指当事人在合同履行期限届满后不履行合同义务。预期违约也称提前违约，是指当事人在合同履行期限届满前，以明示或者默示的行为表明将不履行合同义务。《民法典》"合同编"第五百七十八条规定，当事人一方明确表示或者以自己的行为表明不履行合同义务的，对方可以在履行期限届满前请求其承担违约责任。预期违约制度的建立对于保护合同当事人的权益，防止损失的扩大具有重要意义。

2.根本违约和非根本违约

按照违约行为是否影响到合同目的的实现，可以将违约分为根本违约和非根本违约。如果合同的当事人不履行合同义务致使合同目的不能实现为根本违约；如果合同当事人不履行合同义务的行为没有达到合同目的无法实现的程度则为非根本违约。

区分某一违约行为是否为根本违约具有重要法律意义。《民法典》"合同编"第五百六十三条规定，因不可抗力致使不能实现合同目的，以及当事人一方延迟履行债务或者有其他违约行为致使不能实现合同目的，当事人可以解除合同；如果当事人一方不履行合同义务的行为没有达到合同目的无法实现的程度，是非根本违约，则另一方就不能立即解除合同，需要履行催告等程序。

案例窗 5-10

3.完全不履行和不适当履行

完全不履行包括履行不能和拒绝履行。履行不能是指合同债务人因可归责于自己的事由而致履行不能的行为。拒绝履行是指在履行期限到来之后届满之前，债务人无正当理由拒绝履行债务的行为。对于履行不能，债权人可以解除合同，并请求赔偿、支付违约金，但不能要求继续履行合同。对于拒绝履行，当事人既可以要求继续履行合同，也可以解除合同。不适当履行是指债务人未按照合同约定的标的、数量、质量、履行方式和地点而履行债务的行为。对于不适当履行，债权人可要求债务人采取适当的补救措施，并赔偿损失。

① 马俊驹，余延满. 民法原论［M］. 2版. 北京：法律出版社，2005：627-628.

4.迟延履行

迟延履行包括给付迟延和受领迟延。给付迟延是指债务人在履行期限到来时，能够履行而没有按期履行。受领迟延是指债权人对于债务人的履行没有正当理由而未及时接受。对于迟延履行，对方当事人可以要求迟延方继续履行，经催告在合理期限内仍不履行的，对方当事人可以解除合同并追究其不履行的合同责任。

二、承担违约责任的方式

《民法典》"合同编"规定的承担违约责任的方式主要有继续履行、补救措施、赔偿损失、支付违约金和定金。

（一）继续履行

继续履行又称实际履行、强制实际履行，是指债权人在债务人不履行合同义务时，可请求人民法院或者仲裁机构强制债务人实际履行合同义务。按《民法典》"合同编"的规定，一是当事人一方未支付价款、报酬、租金、利息，或者不履行其他金钱债务的，对方可以请求其支付。二是当事人一方不履行非金钱债务或者履行非金钱债务不符合约定的，对方可以请求履行，但是有下列情形之一的除外：①法律上或者事实上不能履行；②债务的标的不适于强制履行或者履行费用过高；③债权人在合理期限内未要求履行。如果出现上述三种除外情况之一，致使不能实现合同目的的，人民法院或者仲裁机构可以根据当事人的请求终止合同的权利、义务关系，但违约方仍应承担违约责任。

当事人一方不履行债务或者履行债务不符合约定，根据债务的性质不得强制履行的，对方可以请求其负担由第三人替代履行的费用。

（二）补救措施

补救措施是指债务人履行合同义务不符合约定，债权人在请求人民法院或者仲裁机构强制债务人实际履行合同义务的同时，可根据合同履行情况要求债务人采取的补救履行措施。如《民法典》"合同编"第五百八十二条规定：履行不符合约定的，应当按照当事人的约定承担违约责任。对违约责任没有约定或者约定不明确，依据《民法典》第五百一十条的规定仍不能确定的，受损害方根据标的的性质以及损失的大小，可以合理选择请求对方承担修理、重作、更换、退货、减少价款或者报酬等违约责任。

（三）赔偿损失

赔偿损失指当事人一方不履行合同义务或者履行合同义务不符合约定的，在履行义务或者采取补救措施后，对方还有其他损失的，应当进行赔偿。

损失赔偿额应当相当于因违约所造成的损失，包括合同履行后可以获得的利益，但不得超过违约一方订立合同时预见到或者应当预见到的因违约可能造成的损失。当事人可以在合同中约定因违约产生的损失赔偿额的计算方法。当事人一方违约后，对方应当采取适当措施防止损失的扩大；没有采取适当措施致使损失扩大的，不得就扩大的损失要求赔偿。当事人因防止损失扩大而支出的合理费用，由违约方承担。

如果债务人按照约定履行债务，债权人无正当理由拒绝受领的，则债务

案例窗 5-11

人可以请求债权人赔偿增加的费用。在债权人受领迟延期间，债务人无须支付利息。

（四）支付违约金

违约金是指按照当事人约定或者法律规定，一方当事人违约时应当根据违约情况向对方支付的一定数额的货币。约定的违约金低于造成的损失的，人民法院或者仲裁机构可以根据当事人的请求予以增加；约定的违约金过分高于造成的损失的，人民法院或者仲裁机构可以根据当事人的请求予以适当减少。我国司法实践一般将违约金超过造成损失的30%认定为"过分高于"。当事人就迟延履行约定违约金的，违约方支付违约金后，还应当履行债务。

案例窗 5-12

（五）支付定金

定金具有双重功能，既有保证作用，又有处罚作用。如果债务人履行债务的，定金应当抵作价款或者收回。作为处罚手段表明定金是一种违约责任形式。当事人在合同中既约定违约金，又约定定金的，一方违约时，对方可以选择适用违约金或者定金条款，但两者不可并用。同时，定金不足以弥补一方违约造成的损失的，对方可以请求赔偿超过定金数额的损失。

三、违约责任的免除

违约责任的免除是指在合同履行过程中，由于出现了法定或约定免责事由而导致合同不能履行的，债务人可以免除承担违约责任。免除违约当事人责任的原因和理由被称为免责事由，包括法定免责事由和约定免责事由。

（一）法定免责事由

《民法典》"合同编"规定的一般免责事由为不可抗力，其他法律对特定合同免责事由有规定的，适用于特定合同。因不可抗力不能履行合同的，根据不可抗力的影响，部分或者全部免除责任，但法律另有规定的除外。当事人迟延履行后发生不可抗力的，不能免除责任。当事人一方因不可抗力不能履行合同的，应当及时通知对方，以减轻可能给对方造成的损失，并应当在合理期限内提供证明。

除不可抗力外，如果由于债权人的过错导致债务人不能履行合同的，债务人不承担违约责任。《民法典》"合同编"第八百三十二条规定："承运人对运输过程中货物的毁损、灭失承担赔偿责任。但是，承运人证明货物的毁损、灭失是因不可抗力、货物本身的自然性质或者合理损耗以及托运人、收货人的过错造成的，不承担赔偿责任。"

（二）约定免责事由

约定免责事由是指合同双方当事人在合同中约定旨在排除或限制其未履行责任的免责条款。根据合同自愿原则，当事人可以在合同中为自己设定权利和义务，当然也可以对违约责任承担的范围、方式以及免除条件作出约定；但若此种约定违反法律规定、损害社会公共利益和公序良俗，则约定无效。

关键术语

合同（contract）　合同法（contract law）　要约（offer）　承诺（promise）　合同的履行（implementation of contracts）　合同的效力（effect of contracts）　合同的转让（transfer of contracts）　合同的终止（termination of contracts）　合同担保（contract guarantee）　违约责任（liability for breach of contract）

基本训练

一、单选题

1.下列关于无效合同，说法正确的是（　　　）。

A.从宣告其无效之时起就无效力　　　　B.出现纠纷后就无效力

C.从订立之时起就无效力　　　　　　　D.从履行之时起就无效力

2.依《民法典》"担保编"，下列可以用作抵押的财产有（　　　）。

A.土地所有权　　　　　　　　　　　　B.学校的教育设施

C.交通运输工具　　　　　　　　　　　D.依法被查封的财产

3.合同履行地点不明确，当事人又未达成协议，除货币和不动产外，其他标的履行地在（　　　）。

A.接受一方　　　　B.给付一方　　　　C.履行义务一方　　　　D.享有权利一方

4.定金合同生效的时间是（　　　）。

A.签订合同之日　　　　　　　　　　　B.实际交付定金之日

C.合同约定之日　　　　　　　　　　　D主合同违约之日

5.《民法典》"合同编"规定，要约生效的时间是（　　　）。

A.要约人发出时　　　　　　　　　　　B.到达受要约人时

C.受要约人承诺时　　　　　　　　　　D.要约人收到并查阅时

6.A公司于5月6日向B企业发出签订合同的要约信函。5月11日B企业收到A公司声明该要约作废的传真。5月15日B公司收到该要约的信函。根据《民法典》"合同编"，A公司发出传真声明要约作废的行为属于（　　　）。

A.要约撤回　　　　B.要约撤销　　　　C.要约生效　　　　D.要约失效

7.甲乙双方订立买卖合同，约定收货后1周内付款。甲方在交货前发现乙方经营状况严重恶化，根据《民法典》"合同编"，甲方（　　　）。

A.可行使同时履行抗辩权　　　　　　　B.可行使后履行抗辩权

C.可行使不安抗辩权　　　　　　　　　D.可解除合同

8.北京的A公司与重庆的B公司于202×年4月1日在深圳签订一份不动产转让合同，根据合同约定，A公司以2 000万元的价格将位于广州的不动产转让给B公司，双方未约定合同的履行地点。根据《民法典》"合同编"，该合同履行的地点应当在（　　　）。

A.北京　　　　B.重庆　　　　C.深圳　　　　　　D.广州

9.根据《民法典》"合同编"，对于可撤销合同，具有撤销权的当事人自知道或者应当知道撤销事由之日起一定期间内不行使，撤销权消灭。该期间为（　　）。

  A.6个月   B.1年   C.2年   D.5年

10.根据《民法典》"合同编"，保证人与债权人未约定保证期间的，保证期间为（　　）。

  A.主债务履行期届满之日起3个月 B.主债务履行期届满之日起6个月

  C.主债务履行期届满之日起1年   D.主债务履行期届满之日起2年

11.甲和乙企业于202×年6月1日签订一份甲企业显失公平的买卖合同，6月18日甲企业向人民法院请求撤销该合同，6月28日人民法院依法撤销该合同。根据《民法典》"合同编"，该买卖合同自（　　）起无效。

  A.6月1日   B.6月18日   C.6月28日   D.6月30日

二、多选题

1.下列有关合同成立地点的表述中，正确的有（　　）。

  A.采用数据电文形式订立合同的，收件人的主营业地为合同成立的地点

  B.收件人没有主营业地的，其经常居住地为合同成立的地点

  C.当事人可以约定合同成立的地点

  D.当事人采用合同书形式订立合同的，双方当事人签名或者盖章的地点为合同成立的地点

2.债务人难以履行债务，可以将标的物提存的情形有（　　）。

  A.债权人无正当理由拒绝受领

  B.债权人下落不明

  C.债权人死亡，未确定继承人

  D.债权人丧失民事行为能力，未确定监护人

3.《民法典》"合同编"规定，下列属于无效合同的有（　　）。

  A.因重大误解订立的合同

  B.违反法律、行政法规的强制性规定的合同，但该强制性规定不导致该合同无效的除外

  C.一方以欺诈、胁迫的手段或乘人之危，使对方在违背真实意思的情况下订立的合同

  D.恶意串通，损害国家、集体或者第三人利益的合同

4.下列属于债权人可以行使撤销权，请求人民法院撤销债务人行为的有（　　）。

  A.债务人放弃到期债权，对债权人造成损害的

  B.债务人无偿转让财产，对债权人造成损害的

  C.债务人以明显不合理的低价转让财产，对债权人造成损害，并且受让人知道该情形的

  D.债务人有偿转让财产，第三人善意取得，对债权人造成损害的

5.下列属于保证人不承担或免除保证责任的有（　　）。

  A.保证人对未经其书面同意转让的债务

  B.债权人与债务人协议变更主合同而未经保证人书面同意的

  C.主合同纠纷未经审判或者仲裁并就债务人财产依法强制执行仍不能履行债务之前的

D.债之人放弃物的担保的，在放弃权利的范围内

6.根据《民法典》"合同编"，下列免责条款无效的情形有（　　　）。

A.造成对方人身伤害的　　　　　　　　B.因过失造成对方财产损失的

C.因重大过失造成对方财产损失的　　　D.因故意造成对方财产损失的

7.甲乙双方签订了买卖合同，在合同履行过程中，发现该合同履行费用的负担问题约定不明确。在这种情况下，可供甲乙双方选择的履行规则有（　　　）。

A.双方协议补充　　　　　　　　　　　B.按交易习惯确定

C.由履行义务一方负担　　　　　　　　D.按合同有关条款确定

8.甲违约，造成了乙的经济损失。下列选项中，根据合同约定的定金和违约金条款，乙可选择追究甲违约责任的方式有（　　　）。

A.要求单独适用定金条款

B.要求单独适用违约金条款

C.要求同时适用定金和违约金条款

D.要求同时适用定金、违约金条款，并另行赔偿损失

9.根据《民法典》"合同编"，下列各项中属于无效的格式条款有（　　　）。

A.损害社会公共利益的格式条款　　　　B.违反法律强制性规定的格式条款

C.有两种以上解释的格式条款　　　　　D.以合法形式掩盖非法目的的格式条款

10.根据《民法典》"合同编"，下列各项债权中不得提起代位诉讼的有（　　　）。

A.安置费给付请求权　　　　　　　　　B.劳动报酬请求权

C.人身伤害赔偿请求权　　　　　　　　D.因继承关系产生的给付请求权

11.根据《民法典》"合同编"，下列属于无效合同的有（　　　）。

A.一方以欺诈手段使对方在违背真实意思的情况下订立的合同

B.违背公序良俗的合同

C.行为人与相对人以虚假的意思表示实施的合同

D.显失公平的合同

三、简答题

1.简述合同的概念及特征。

2.简述合同自愿原则和诚信原则。

3.简述要约的概念及有效的条件。

4.简述承诺的概念及有效的条件。

5.试述无效合同。

6.试述合同中的抗辩权、代位权及撤销权。

7.试述合同担保的方式及特征。

8.试述合同的变更、转让及终止。

9.试述违约责任。

四、实务题

A公司（以下简称A）需要某种原材料，于是向B公司（以下简称B）发出传真订货，该传真列明了货物的种类、数量、质量、供货时间、交货方式等，并要求B在5日内报价。B接受A发出传真列明的条件并按期报价，亦要求A在5日内回复；A按期复电同意

其价格，并要求签订书面合同。B收到A的回复后，在未签订书面合同的情况下按A提出的条件发货，A收货后未提出异议，也没付货款。之后不久市场发生变化，该种原材料价格大跌。A遂向B提出，由于双方未签订书面合同，买卖关系不能成立，所以B应尽快取回货物。B不同意A的意见，要求其全额支付货款。随后B发现A放弃其对关联企业的到期债权，并向其子公司无偿转让财产，可能使自己的货款无法得到清偿，遂向人民法院提起诉讼。

问题：

（1）试述A传真订货、B报价、A回复报价行为的法律性质。

（2）买卖合同是否成立？并说明理由。

（3）对A放弃到期债权、无偿转让财产的行为，B可向人民法院提出何种权利请求，以保护其利益不受侵害？对B行使该权利的期限，法律有何规定？

第六章　竞争法

学习目标

◆ 重点掌握垄断行为的类型和法律规制、不正当竞争行为的类型和法律规制。
◆ 掌握竞争法的基本原则。
◆ 了解我国竞争法的立法概况。

第一节　竞争法概述

自由、规范的竞争是市场发挥基础性资源配置作用的前提。竞争法正是以保护自由、规范的市场竞争秩序为自身的立法要旨。

一、竞争法的概念

竞争法在维护市场竞争秩序、促进市场经济健康发展中作用巨大，所以被西方国家称为"经济宪法"。市场经济条件下，市场对社会资源的配置起着基础性的调节作用。公平的市场竞争环境是经营者开展有效竞争、实现市场对社会资源优化配置的前提和条件。正是竞争确保这只"看不见的手"在真正发挥作用，借着这只"看不见的手"，追求着私人利益的各家公司实际上也在推动公共利益。持久的竞争能够促使公司具有高效能并给消费者带来益处。但竞争在发挥积极作用的同时会带来负面影响，那就是会出现垄断和不正当竞争。因为在激烈的市场竞争中，一些经营者由于实力雄厚、技术先进、产品适销对路等，不断发展壮大，在某一生产、流通或服务领域处于垄断地位，控制或支配着市场；还有些经营者为了在竞争中维持生存或牟取暴利，不惜采取假冒他人注册商标、低于成本价格销售商品等不正当手段，损害其他经营者的合法权益，扰乱社会经济秩序。可见，垄断和不正当竞争行为的出现，必然有损公平竞争。因此，要发挥竞争的积极作用，使社会资源得到优化配置，使竞争不致受到阻碍或被扭曲，我们必须创造公平的竞争环境，制止有损竞争的垄断和不正当竞争行为，让经营者在公平条件下参与竞争。如果不能确保有效的竞争，市场就会失灵。竞争法的基本目的就在于通过规制反竞争行为，确保有效的竞争，从而改善和繁荣经济，使消费者享受较低的价格、更多的选择和更好的产品质量。

我国学者大都从调整对象的角度来定义竞争法，但根据上文关于竞争法存在的意义之分析，我们认为竞争法并不调整市场中所有的竞争关系，如市场主体之间在自愿、诚信的基础上进行竞争就不需要竞争法的调整，而是由民商法进行规制。竞争法所要调整的是那些旨在消灭竞争、限制竞争及违背商业道德的不正当竞争行为。所以本书把竞争法定义为：竞争法是以保护和促进竞争为目的、规制反竞争行为的法律规范的总称。

二、竞争法的基本原则

竞争法的基本原则应为以实现竞争法目标为主旨，并能够体现竞争法的本质和特征，贯穿于竞争法的制定和实施过程的根本准则。

1.自由竞争原则

竞争机制是市场经济最为重要的运行机制。竞争是提高经济运行效率的基石，只有自由竞争才能把人的力量解放出来。竞争法的目标是保护和促进竞争；竞争法的目的在于维护市场中的有效竞争，增进效率，使市场竞争与价格机制发挥有效的调控功能。竞争法的设计和运作理应遵循促进和保护自由竞争的原则。

2.公平竞争原则

公平的竞争环境对于维护有效的竞争机制至关重要。公平通常有形式意义上的公平和实质上的公平。前者指各市场主体应具有平等的法律地位，拥有法律赋予的相同性质的权利和承担相同性质的法定义务，使它们能够在平等的基础上自由地开展竞争。但是，这种形式意义上的公平有时会造成实质意义上的不公平。例如，经济实力强的企业可以凭借其经济优势，通过低价销售等手段，损害竞争对手的利益，造成其破产，从而取得市场的独占地位；拥有某些行政权力的机构以及处于基本无竞争状态的公用企业，可以利用自己的特殊地位，限制购买者与其指定的经营者进行交易等，从而产生反竞争的后果。要维护有效的市场竞争环境，竞争法在维护形式公平的同时应当对实质公平问题作出规定，这样才能对市场运行的过程和结果进行控制，实现竞争法之目的。

3.社会效益原则

该原则体现了竞争法的社会本位性和权宜性。

竞争法调控竞争的最终目的是提高社会效益，增进社会福利。一方面，竞争法通过禁止和惩治损害社会利益的垄断与不正当竞争行为以维护和提升全社会的经济福利；另一方面，我们也应看到，并不是所有表面看来是反竞争的行为都被认为是有损社会效益并应受到处罚的。所以，《反垄断法》第十五条规定了为实现节约能源、保护环境、救灾救助等社会公共利益达成的协议可以适用垄断协议豁免原则。

这说明虽然反垄断法原则上要反对任何垄断行为来保障市场机制有效运作，维护有效竞争，但对于一定时期、一定条件下的能促进社会公共利益的必要垄断和限制竞争行为，法律则必须予以保护和鼓励，如危机卡特尔、不景气卡特尔、出口卡特尔等。

4.政府适当干预原则

竞争法的社会本位性决定了维护有效竞争需要政府的干预。自由市场的存在当然并不排除对政府的需要。相反地，政府的必要性在于：它是竞赛规则的制定者，又是解释和强制执行这些已被决定的规则的裁判者。[①]市场失灵和市场缺陷是决定政府对市场竞争行为进行干预的内在要求。为了维护和监督市场竞争，有必要设立专门的国家机构，负责维护市场良好的竞争秩序。如《反垄断法》第四条就规定国家制定和实施与社会主义市场经济相适应的竞争规则，完善宏观调控，健全统一、开放、竞争、有序的市场体系。

---

① 弗里德曼. 资本主义与自由 [M]. 张瑞玉，译. 北京：商务印书馆，1999：16.

三、我国竞争法的立法概况

竞争法并没有统一的立法模式，总结起来，主要有三种立法模式：合并立法模式、两法并立立法模式和分散化立法模式。合并立法模式是把调整垄断行为、限制竞争行为和不正当竞争行为的法律规范，归并在一个立法当中。两法并立立法模式是把反不正当竞争与反垄断作出区分，分别制定反不正当竞争法和反垄断法，两法并行。分散化立法模式是不用任何专门的法典来调整不正当竞争行为，而将反不正当竞争的有关法律规范分散规定在民法典中。

《反不正当竞争法》《反垄断法》采取两法并立立法模式。

1.《反不正当竞争法》

1993年9月颁布的《反不正当竞争法》是我国第一部关于规范市场竞争秩序的法律，于1993年12月1日生效（2017年、2019年进行了修订）。该法内容更多的是原则性的规定，而且有些方面不够完善，为了便于在实践中操作和使用，原国家工商行政管理总局与许多地方政府分别作出解释补充性的规定或适用于当地的反不正当竞争条例，如发布了1993年12月的《关于禁止有奖销售活动中不正当竞争行为的若干规定》《关于禁止公用企业限制竞争行为的若干规定》，1995年7月的《关于禁止仿冒知名商品特有的名称、包装、装潢的不正当竞争行为的若干规定》、11月的《关于禁止侵犯商业秘密行为的若干规定》，1996年11月的《关于禁止商业贿赂行为的暂行规定》等。此外，《中华人民共和国广告法》（以下简称《广告法》）、《中华人民共和国商标法》（以下简称《商标法》）、《中华人民共和国专利法》（以下简称《专利法》）、《中华人民共和国著作权法》、《产品质量法》等法律也有涉及不正当竞争行为的规定，是《反不正当竞争法》的重要补充。2006年12月30日最高人民法院通过了《最高人民法院关于审理不正当竞争民事案件应用法律若干问题的解释》，并于2007年2月1日起施行（2020年12月修正）。2017年11月4日第十二届全国人民代表大会常务委员会和2019年4月23日第十三届全国人民代表大会常务委员会分别完成了对《反不正当竞争法》的修订。

2.《反垄断法》

我国的反垄断立法起步较晚。在改革开放前的相当长一段时间内，我国实行的是高度集中统一领导的计划经济体制。在计划经济体制时代，国家对商品、市场是持否定态度的，不仅不会提出反垄断法的立法主张，相反认为经济越集中越好，从而极力推崇国家垄断。

改革开放之后，商品、市场不仅得到国家的承认，而且市场因素因此而逐渐形成。随着市场因素的不断壮大，一方面新的市场机制作用的发挥要求彻底打破旧有的、高度集中统一领导的经济体制，消除行政垄断；另一方面市场规律发生作用的结果，又势必会导致一定范围内的经济垄断。所以我国在大力提倡鼓励市场竞争的同时，又不得不将消除行政垄断和防止经济垄断作为自己的任务。

最早提出反垄断的规范性文件是1980年国务院发布的《关于推动经济联合的暂行规定》，该规定提出要"打破地区封锁，部门分割"。同年10月国务院又发出《关于开展和保护社会主义竞争的暂行规定》，提出"在经济活动中，除国家指定由有关部门或单位专门经营的产品外，其余都不能进行垄断，搞垄断经营"，还指出"开展竞争必须打破地区封锁和部门分割"。此后，国务院在发布的诸如《价格管理条例》《广告管理条例》《关于企业兼并的暂行办法》中分别规定反对价格垄断、广告经营活动中的垄断行为及为了垄断而进行的企业兼并。在1993年通过并公布的《反不正当竞争法》中规定了几种垄断的具体形式并明确规定其法律责任，同年12月原国家工商行政管理总局为配合《反不正当竞争法》的实施，专门发布了《关于禁止公用企业限制竞争行为的若干规定》，将反不正当竞争中有关垄断的条文具体化。2007年8月30日，第十届全国人民代表大会常务委员会第二十九次会议审议通过了《反垄断法》，该法已于2008年8月1日起实施。此外，《关于相关市场界定的指南》《经营者集中审查暂行规定》《关于知识产权领域的反垄断指南》《关于平台经济领域的反垄断指南》《关于禁止滥用知识产权排除、限制竞争行为的规定》等，对规制垄断、建立良好的竞争秩序起到了重要作用。

第二节 反不正当竞争法

反不正当竞争法从微观层面规制不正当竞争行为。该法的立法目的包括：促进社会主义市场经济健康发展；鼓励和保护公平竞争，制止不正当竞争行为；保护经营者和消费者的合法权益。

一、反不正当竞争法的概念与特征

反不正当竞争法是指规制不正当竞争行为的法律规范的总称。在我国，反不正当竞争法有形式意义和实质意义之分。形式意义上的反不正当竞争法是指《反不正当竞争法》。从实质意义上讲，我国反不正当竞争法是由法律、法规和规章等多个层级的反不正当竞争法律规范构成的整体。除《反不正当竞争法》外，我国目前已有近30个省、自治区、直辖市和较大的市的立法机关制定了反不正当竞争条例或者反不正当竞争法实施办法，原国家工商行政管理总局陆续制定了一些反不正当竞争法的配套行政规章。《价格法》《招标投标法》等相关法律、法规也涉及反不正当竞争法律规范。这些都是反不正当竞争法的必要组成部分。本节重点讲述形式意义上的反不正当竞争法。

《反不正当竞争法》具有如下特征：

1.调整范围广泛

《反不正当竞争法》除了调整传统领域的商品生产经营过程中的不正当竞争行为外，还调整互联网领域的不正当竞争行为。

2.调整手段以行政手段为主，以其他手段为辅

这体现了《反不正当竞争法》作为竞争法所具有的社会本位性以及所遵循的政府适度干预原则。

3.实体与程序相结合

《反不正当竞争法》不仅从实体上界定了不正当竞争行为，也规定了竞争执法部门的职权以及制止不正当竞争行为的行政执法程序。

二、不正当竞争行为的概念及构成

《保护工业产权巴黎公约》第10条第2款规定，不正当竞争是指"在工商业活动中违反诚实惯例的任何竞争行为"。这种对不正当竞争行为的界定在国际上得到了广泛认可，

成为不正当竞争行为的通行定义。

《反不正当竞争法》第二条规定:"本法所称的不正当竞争行为,是指经营者在生产经营活动中,违反本法规定,扰乱市场竞争秩序,损害其他经营者或者消费者的合法权益的行为。"这一定义性规范是从行为主体、行为的违法属性以及危害后果的角度界定不正当竞争行为的。

构成不正当竞争行为应当具备以下条件:①行为的主体是经营者,这里的经营者是指从事商品生产、经营或者提供服务的自然人、法人和非法人组织;②是经营者在生产经营活动中发生的行为;③该项行为违反了平等、自愿、公平、诚信的原则,违反了公认的商业道德;④该行为扰乱了社会经济秩序,损害了其他经营者或消费者的合法权益。

案例窗 6-1

三、不正当竞争行为的具体类型及法律责任

《反不正当竞争法》对常见的不正当竞争行为作了列举,对各种不正当行为的构成和法律责任作了比较详细的规定。

(一)混淆行为

《反不正当竞争法》中的混淆行为,是指经营者违反法律规定,实施了引人误认为是他人商品或者与他人存在特定联系的不正当竞争行为。构成混淆行为的要件主要包括:①实施混淆行为的主体是经营者;②被混淆对象是有一定影响的标识;③从事混淆行为的方式是"擅自使用";④混淆的结果是引人误认为是他人商品或者与他人存在特定联系。《反不正当竞争法》第六条具体规定了以下几类混淆行为。

1.仿冒有一定影响的商业标识的行为

该行为是指擅自使用与他人有一定影响的商品名称、包装、装潢等相同或者近似的标识,造成和他人的有一定影响的商品相混淆,使购买者误认为是该他人商品的行为。这种行为的构成涉及下列要素:

(1)有一定影响的商业标识。有一定影响是指为相关公众所知悉,有一定市场知名度和美誉度。商业标识具有一定知名度是受到《反不正当竞争法》保护的前提。这里的商业标识指未注册商业标识,注册的商标由《商标法》进行专项保护。未注册商业标识既包括商品名称、包装、装潢,也包括商品的形状、具有标识意义的广告语等。这里的"名称"是指知名商品具有的能区别商品来源的商品名称;"包装"是指为了识别知名商品以及方便携带、储运而使用在知名商品上的辅助物或容器;"装潢"是指为识别与美化商品而在商品或者其包装上附加的文字、图案、色彩及其排列组合,包括营业场所、营业用具和营业人员等的装饰、服饰等。同时,不管这些商业标识怎样使用,只要足以引人误认为与他人商品具有关联关系,都可使用《反不正当竞争法》予以保护。

(2)作相同或者近似标识使用。"使用"包括直接将知名商品特有的名称、包装、装潢用于商品、商品包装或者容器以及商品交易文书上,或者用于广告宣传、展览及其他商业活动中。

"相同"是指所使用的商品的名称、包装、装潢与他人知名商品的名称、包装、装潢一模一样,即在文字、图形、记号及其联合形式,以及外观、排列、色彩上完全相同。

所谓"近似",是指因袭他人知名商品的名称、包装、装潢的主要部分,加以不妨碍总体形象的增删或变动,使购买者在购买时施以普通注意力而不免产生混同或误认的情形。《关于禁止仿冒知名商品特有的名称、包装、装潢的不正当竞争行为的若干规定》第五条规定:"对使用与知名商品近似的名称、包装、装潢,可以根据主要部分和整体印象相近,一般购买者施以普通注意力会发生误认等综合分析认定。一般购买者已经发生误认或者混淆的,可以认定为近似。"

(3)造成了市场混淆。在相同商品上使用相同或者视觉上基本无差别的商品名称、包装、装潢,应当视为足以造成和他人有一定影响的商业标识相混淆。

2.擅自使用他人有一定影响的企业名称、社会组织名称或者姓名的行为

这是关于市场主体仿冒混淆行为的规定。此类不正当竞争行为是指经营者擅自使用他人有一定影响的企业名称、社会组织名称或者姓名从事市场交易,引人误认为是他人的商品或者与他人存在特定联系,损害竞争对手的行为。

该行为有两个基本特征:一是未经权利人许可使用其有一定影响的名称或者姓名;二是引人误认为是他人的商品或者服务。企业名称可以是经我国企业注册登记主管机关依法登记注册的企业名称,也可以是在中国境内进行商业使用外国(地区)企业的名称。社会组织名称必须是经有关部门登记注册的合法有效的组织的名称。擅自使用为相关公众所熟知的企业名称、社会组织名称的简称、缩略语、外文名称和企业字号(商号)等,引人误认为是该企业的商品或者服务的,也应当认定是擅自使用他人的企业、社会组织名称。

"姓名"是指从事商品经营或者营利性服务的自然人的姓名,如果被使用姓名的主体不是从事商品经营或者营利性服务的,就不应当被认为是不正当竞争行为,应当依照其他相应的法律进行处理。具有一定的市场知名度、为相关公众所知悉的自然人的笔名、艺名、译名等,亦可以认定为姓名。

案例窗 6-2

案例窗 6-3

3.擅自使用他人有一定影响的网络活动中的特殊标识的行为

该种不正当竞争行为是指擅自使用他人有一定影响的域名主体部分、网站名称、网页等,引人误认为是他人商品或者与他人存在特定联系的不正当竞争行为。随着互联网日益发达,基于互联网的商业活动越来越多,因网络侵权产生的不正当竞争行为日益增多,如网络域名侵权。顶级域名本身并不具有作为商业标识的显著识别性,而二级域名作为域名注册人的网上名称,属于域名主体部分,有着很强的搜索、访问网站的指引功能,具有商业标识意义上的识别性。从标识和市场化的角度看,域名的功能已经从最初的网络技术作用发生了质的转变,域名与商标之间的指代关系逐渐增强,往往商标的主体文字部分也成了域名的主体部分。①所以,应该加强对域名主体部分、网站名称、网页的法律保护。同时,其他属于类似的互联网领域的特殊商业标识也应该一并保护。

除上述3种不正当竞争行为外,其余的足以引人误认为是他人商品或者与他人存在特

---

① 丁春燕. 域名监管制度研究 [M]. 北京:中国政法大学出版社,2016:243.

定联系的混淆行为，也应受到法律的制裁。

经营者违反《反不正当竞争法》第六条规定实施混淆行为的，由监督检查部门责令其停止违法行为，没收违法商品。违法经营额5万元以上的，可以并处违法经营额5倍以下的罚款；没有违法经营额或者违法经营额不足5万元的，可以并处25万元以下的罚款。情节严重的，吊销营业执照。如果权利人因被侵权所受到的实际损失、侵权人因侵权所获得的利益难以确定，则由人民法院根据侵权行为的情节依据《商标法》的有关规定判决给予权利人500万元以下的赔偿。

（二）商业贿赂

1.商业贿赂的概念与构成

商业贿赂是指经营者为了谋取交易机会或竞争优势，通过采用给付财物或者其他手段贿赂交易对方工作人员及其委托办理相关事务的单位或者个人，以及利用职权或者影响力影响交易的单位或个人。《反不正当竞争法》第七条规定：经营者不得采用财物或者其他手段贿赂下列单位或者个人，以谋取交易机会或者竞争优势：①交易相对方的工作人员；②受交易相对方委托办理相关事务的单位或者个人；③利用职权或者影响力影响交易的单位或者个人。

构成商业贿赂有如下几个要件：

（1）行为人采用财物或者其他手段实施了贿赂。理解该要件要注意两点：

①采用"财物或者其他手段"的范围。根据《关于禁止商业贿赂行为的暂行规定》第二条，财物是指现金和实物，包括经营者为销售或者购买商品，假借促销费、宣传费、赞助费、科研费、劳务费、咨询费、佣金等名义，或者以报销各种费用等方式，给付对方单位或者个人的财物。其他手段是指提供国内外各种名义的旅游、考察等给付财物以外的其他利益的手段。

②"财物或者其他手段"的价值标准。我国相关法律、法规中并没有明确，应当在具体情况下根据所称的财物或者其他手段是否足以影响交易对手选择商品或者服务的行为而定。①但是按照《关于禁止商业贿赂行为的暂行规定》第八条，除按照商业惯例赠送小额广告礼品外，经营者在商品交易中向对方单位或者个人附赠现金或者物品均视为商业贿赂行为。从字面意思来理解，不管数额大小或者价值高低，只要经营者在商品交易中向对方单位或者个人附赠现金或者物品就应当视为商业贿赂。

（2）以谋取交易机会或者竞争优势为目的。交易机会意味着利益，是指市场主体在市场竞争中努力争取的目标；竞争优势则是战胜竞争对手的前提条件，其有多种表现形式。

（3）行贿人是经营者。商业贿赂的行为人是指从事商品经营或者营利性服务的法人、其他经济组织和个人。经营者的工作人员进行贿赂的，应当认定为经营者的行为；但经营者有证据证明该工作人员的行为与为经营者谋取交易机会或者竞争优势无关的除外。如经营者已制定合法、合规、合理的措施，采取有效措施进行监管等，可以不认定为经营者的行为。

（4）受贿者是《反不正当竞争法》第七条规定的三类人。

需要注意的是，并不是所有为销售或购买商品而给予对方财物的行为都是商业贿赂。《反不正当竞争法》第七条规定，经营者在生产经营活动中，可以以明示方式给对方折

---

① 王晓晔. 竞争法学 [M]. 北京：社会科学文献出版社，2007：97.

扣，可以给中间人佣金。经营者给对方折扣、给中间人佣金的，必须如实入账；接受折扣、佣金的经营者必须如实入账。折扣即商品购销中的让利，是指经营者在销售商品时，以明示并如实入账的方式给予对方的价格优惠，包括支付价款时对价款总额按一定比例即时予以扣除和支付价款总额后再按一定比例予以退还两种形式。明示和入账是指根据合同约定的金额和支付方式，在依法设立的反映其生产经营活动或者行政事业经费收支的财务账上按照财务会计制度规定明确如实记载。

2.商业贿赂的法律责任

（1）行政责任。经营者以行贿手段销售或者购买商品的，由监督检查部门依照《反不正当竞争法》第十九条，没收违法所得，处10万元以上300万元以下的罚款；情节严重的，吊销营业执照。

（2）民事责任。行贿人的竞争者因为该商业贿赂行为遭受损失的，可以要求民事损害赔偿。

（3）刑事责任。《刑法》第一百六十三条规定：公司、企业或者其他单位的工作人员利用职务上的便利，索取他人财物或者非法收受他人财物，为他人谋取利益，数额较大的，处5年以下有期徒刑或者拘役；数额巨大的，处5年以上有期徒刑，可以并处没收财产。公司、企业或者其他单位的工作人员在经济往来中，利用职务上的便利，违反国家规定，收受各种名义的回扣、手续费，归个人所有的，依照上述的规定处罚。

《刑法》第一百六十四条规定：为谋取不正当利益，给予公司、企业的工作人员以财物，数额较大的，处3年以下有期徒刑或者拘役，并处罚金；数额巨大的，处3年以上10年以下有期徒刑，并处罚金。单位犯前款罪的，对单位判处罚金，并对其直接负责的主管人员和其他直接责任人员依照上述的规定处罚。

（三）虚假宣传行为

虚假宣传是指经营者对其商品的性能、功能、质量、销售状况、用户评价、曾获荣誉等作虚假或者引人误解的商业宣传，欺骗、误导消费者。

经营者具有下列行为之一，足以造成相关公众误解的，可以认定为引人误解的虚假宣传行为：①对商品作片面的宣传或者对比的；②将科学上未定论的观点、现象等当作定论的事实用于商品宣传的；③以歧义性语言或者其他引人误解的方式进行商品宣传的。

以明显的夸张方式宣传商品，不足以造成相关公众误解的，不属于引人误解的宣传行为。对虚假或引人误解的宣传行为进行认定，应当根据日常生活经验、相关公众一般注意力、发生误解的事实和被宣传对象的实际情况等因素。

另外，《反不正当竞争法》明确规定，经营者不得通过组织虚假交易等方式，帮助其他经营者进行虚假或者引人误解的商业宣传。所以，经营者帮助他人刷单炒信用、删除差评、虚构交易等行为，也将受到查处，网络水军、职业差评师等不法经营者将受到相应处罚。

（四）侵犯商业秘密行为

1.侵犯商业秘密行为的概念与构成

侵犯商业秘密行为是指经营者采取不正当手段或者违反约定或保密要求，获取、使用、披露权利人的商业秘密的行为。

《反不正当竞争法》第九条规定："商业秘密，是指不为公众所知悉、具有商业价值并经权利人采取相应保密措施的技术信息、经营信息等商业信息。"

（1）商业秘密是该类行为所侵犯的客体。商业秘密包括经营信息和技术信息。经营信息通常包括经营者的客户名单、经营计划、财务资料、货源渠道、标底、标书等信息。技术信息则包括产品配方、工艺流程、设计图纸、产品模型、计算机源程序、计算机程序文档、关键数据等信息。

衡量信息是否属于商业秘密，应考虑3个因素：①"不为公众所知悉"，是指有关信息不为其所属领域的相关人员普遍知悉和容易获得。按照《最高人民法院关于审理不正当竞争民事案件应用法律若干问题的解释》第九条，具有下列情形之一的，可以认定有关信息已为相关公众所知悉：该信息为其所属技术或者经济领域的人的一般常识或者行业惯例；该信息仅涉及产品的尺寸、结构、材料、部件的简单组合等内容，进入市场后相关公众通过观察产品即可直接获得；该信息已经在公开出版物或者其他媒体上公开披露；该信息已通过公开的报告会、展览等方式公开；该信息从其他公开渠道可以获得；该信息无须付出一定的代价而容易获得。②"具有商业价值"，即有关信息具有现实的或者潜在的商业价值，能为权利人带来经济利益或具有竞争优势。③"经权利人采取保密措施"，应当理解为权利人为防止信息泄露所采取的与其商业价值等具体情况相适应的合理保护措施。具有下列情形之一，在正常情况下足以防止涉密信息泄露的，应当认定权利人采取了保密措施：限定涉密信息的知悉范围，只对必须知悉的相关人员告知其内容；对于涉密信息载体采取加锁等防范措施；在涉密信息的载体上标有保密标志；对于涉密信息采用密码或者代码等；签订保密协议；对于涉密的机器、厂房、车间等场所限制来访者或者提出保密要求；确保信息秘密的其他合理措施。

（2）认定是否构成侵犯商业秘密时，还需考虑行为人侵犯商业秘密的手段，即经营者是否采用了《反不正当竞争法》第九条的规定手段实施了侵犯商业秘密的行为。该条规定的手段包括：①以盗窃、贿赂、欺诈、胁迫、电子侵入或者其他不正当手段获取权利人的商业秘密。②披露、使用或者允许他人使用以前项手段获取的权利人的商业秘密。③违反保密义务或者违反权利人有关保守商业秘密的要求，披露、使用或者允许他人使用其所掌握的商业秘密。④教唆、引诱、帮助他人违反保密义务或者违反权利人有关保守商业秘密的要求，获取、披露、使用或者允许他人使用权利人的商业秘密。经营者以外的其他自然人、法人和非法人组织实施上述所列违法行为的，视为侵犯商业秘密。第三人明知或者应知商业秘密权利人的员工、前员工或者其他单位、个人实施上述所列违法行为，仍获取、披露、使用或者允许他人使用该商业秘密的，视为侵犯商业秘密。

通过自行开发研制或者反向工程等方式获得的商业秘密，不认定为侵犯商业秘密行为。所谓反向工程，是指通过技术手段对从公开渠道取得的产品进行拆卸、测绘、分析等而获得该产品的有关技术信息。

2.侵犯商业秘密行为的法律责任及举证责任

（1）行政责任。根据《反不正当竞争法》第二十一条，经营者以及其他自然人、法人和非法人组织违反本法第九条规定侵犯商业秘密的，由监督检查部门责令停止违法行为，没收违法所得，处10万元以上100万元以下的罚款；情节严重的，处50万元以上500万元以下的罚款。

（2）民事责任。因侵犯商业秘密给权利人造成损失的，受害人可以向人民法院起诉，要求损害赔偿。《反不正当竞争法》第十七条规定，因不正当竞争行为受到损害的经营者的赔偿数额，按照其因被侵权所受到的实际损失确定；实际损失难以计算的，按照侵权人因侵权获得的利益确定。经营者恶意实施侵犯商业秘密行为，情节严重的，可以在按照上述方法确定数额的1倍以上5倍以下确定赔偿数额。赔偿数额还应当包括经营者为制止侵权行为所支付的合理开支。如果权利人因被侵权所受到的实际损失、侵权人因侵权所获得的利益难以确定的，则由人民法院根据侵权行为的情节依据《专利法》规定判决给予权利人500万元以下的赔偿。

（3）刑事责任。《刑法》对侵犯商业秘密的行为规定了刑事制裁。根据《刑法》第二百一十九条，因有侵犯商业秘密行为，情节严重的，处3年以下有期徒刑或者拘役，并处或者单处罚金；情节特别严重的，处3年以上10年以下有期徒刑，并处罚金。为境外的机构、组织、人员窃取、刺探、收买、非法提供商业秘密的，处5年以下有期徒刑，并处或者单处罚金；情节严重的，处5年以上有期徒刑，并处罚金。

《反不正当竞争法》第三十二条规定了当事人诉讼的举证责任。在侵犯商业秘密的民事审判程序中，商业秘密权利人提供初步证据，证明其已经对所主张的商业秘密采取保密措施，且合理表明商业秘密被侵犯，涉嫌侵权人应当证明权利人所主张的商业秘密不属于本法规定的商业秘密。商业秘密权利人提供初步证据合理表明商业秘密被侵犯，且提供以下证据之一的，涉嫌侵权人应当证明其不存在侵犯商业秘密的行为：①有证据表明涉嫌侵权人有渠道或者机会获取商业秘密，且其使用的信息与该商业秘密实质上相同；②有证据表明商业秘密已经被涉嫌侵权人披露、使用或者有被披露、使用的风险；③有其他证据表明商业秘密被涉嫌侵权人侵犯。

（五）不正当有奖销售行为

1.不正当有奖销售行为的概念和类型

有奖销售是以给付奖品的方式促销商品的行为。通常有两种形式：①附赠式有奖销售，即对于所销售的商品均附带性提供赠品的销售行为；②抽奖式有奖销售，即以具有偶然性的方式随机决定赠品的销售。

《反不正当竞争法》第十条规定：经营者进行有奖销售不得存在下列情形：①所设奖的种类、兑奖条件、奖金金额或者奖品等有奖销售信息不明确，影响兑奖；②采用谎称有奖或者故意让内定人员中奖的欺骗方式进行有奖销售；③抽奖式的有奖销售，最高奖的金额超过5万元。所以法律并不禁止所有的有奖销售，只是禁止上述3类不正当有奖销售行为。

2.不正当有奖销售行为的法律责任

根据《反不正当竞争法》第二十二条，经营者进行不正当有奖销售的，监督检查部门应当责令其停止违法行为，处以5万元以上50万元以下的罚款。

有关当事人因有奖销售活动中的不正当竞争行为而受到损害的，可以向行为人要求赔偿。

（六）商业诋毁行为

《反不正当竞争法》第十一条规定："经营者不得编造、传播虚假信息或者误导性信息，损害竞争对手的商业信誉、商品声誉。"按照该规定，商业诋毁行为是指经营者以编造、散布虚假信息或者误导性信息，损害竞争对手的商业信誉、商品声誉的行为。

根据上述规定，诋毁竞争对手的行为应具备以下要件：

（1）编造和散布虚假或者误导性信息。构成这一要件必须是编造和散布虚假或者误导性信息同时具备，即除了编造信息外还要散布信息。散布的方式可以是口头的，也可以是书面的，还可以是其他形式。

（2）以市场竞争为目的。行为人编造和散布虚伪事实的目的是诋毁自己的竞争对手，行为人希望通过诋毁来影响消费者的消费选择，提高自己产品或者服务在消费者心目中的地位。

（3）损害了竞争者的商业信誉和商品声誉。商业信誉是指社会上对经营者的商业道德、服务质量或者厂商资信等情况的综合评价。商品声誉是指社会上对经营者生产或者销售的具体商品或者服务的质量、价格等情况的综合评价。

经营者违反上述规定损害竞争对手商业信誉、商品声誉的，由监督检查部门责令其停止违法行为、消除影响，处10万元以上50万元以下的罚款；情节严重的，处50万元以上300万元以下的罚款。

（七）网络不正当竞争行为

1.网络不正当竞争行为的含义

根据《反不正当竞争法》第十二条，网络不正当竞争行为是指经营者利用技术手段，通过影响用户选择或者其他方式，实施了该法规定的妨碍、破坏其他经营者合法提供的网络产品或者服务正常运行的行为。

网络不正当竞争行为具有如下特点：

（1）普遍性。目前互联网上的各种不正当竞争行为很普遍，诉讼也多发，部分当事人忍无可忍，只能请求法律给予最终的保护。

（2）跨区域性。互联网每时每刻都在全球运行，所以网络不正当竞争行为是国际性的，没有国界的制约，给受害者维权带来了难度。

（3）隐蔽性。网络不正当竞争行为存在于虚拟世界，与传统现实世界看得见的不正当竞争行为相比很隐蔽。

（4）影响深远性。随着经济全球化的发展，不正当竞争行为早已跨越国界成为世界性现象，互联网又为这一行为提供了更快捷、涉及面更广的平台。[1]

2.网络不正当竞争行为的种类

《反不正当竞争法》规定了以下网络不正当竞争行为：①未经其他经营者同意，在其合法提供的网络产品或者服务中，插入链接、强制进行目标跳转；②误导、欺骗、强迫用户修改、关闭、卸载其他经营者合法提供的网络产品或者服务；③恶意对其他经营者合法提供的网络产品或者服务实施不兼容；④其他妨碍、破坏其他经营者合法提供的网络产品或者服务正常运行的行为。

经营者具有网络不正当竞争行为，由监督检查部门责令其停止违法行为，处10万元以上50万元以下的罚款；情节严重的，处50万元以上300万元以下的罚款。

案例窗6-4

案例窗6-5

---

[1]　国家工商行政管理总局网络商品交易监管司. 网络交易管理理论与实务［M］. 北京：中国工商出版社，2014：121.

第三节 反垄断法

反垄断法以预防和规制垄断行为为立法主旨。《反垄断法》也不例外。

一、反垄断法的概念及立法目的

垄断是指市场主体在市场运行过程中通过排他性控制，或对市场竞争进行实质性限制，而妨碍公平竞争秩序的行为或状态。

法律意义上的垄断通常具有两个显著的特征：危害性和违法性。法律上的垄断是对市场竞争构成实质性危害的行为或状态，相应地，也是违反各国法律明文规定的行为或状态。

《反垄断法》规定的垄断行为包括：经营者达成垄断协议；经营者滥用市场支配地位和具有或者可能具有排除、限制竞争效果的经营者集中。

反垄断法就是规制垄断行为的法律规范的总称。反垄断法从维护市场的竞争性出发，目的是保证市场上有足够的竞争者，保障企业有自由参与市场竞争的权利，以便使交易对手和消费者在市场上有选择商品的权利，提高经济运行效率和消费者的社会福利。

立法目的是法律的灵魂，贯穿于整部法律的集体规定当中，是法律实施的重要原则。《反垄断法》的立法目的是预防和制止垄断行为，保护市场公平竞争，提高经济运行效率，维护消费者利益和社会公共利益，促进社会主义市场经济健康发展。

拓展阅读6-1

二、垄断协议及其法律规制

垄断协议是指企业间订立的，旨在限制或者排除竞争的协议。垄断协议造成市场缺乏竞争活力，并损害消费者福利，因此禁止垄断协议是各国反垄断法的核心内容之一。

（一）垄断协议的概念和类型

垄断协议是指两个或者两个以上的经营者（包括行业协会等经营者团体），通过协议或者其他协同一致的行为，实施固定价格、划分市场、限制产量、排挤其他竞争对手等排除限制竞争的行为。垄断协议可以划分为横向垄断协议和纵向垄断协议。

1.横向垄断协议

横向垄断协议是指具有竞争关系的两个或两个以上的经营者以协议、决定或者其他协同行为方式实施的排除、限制竞争的行为。

构成横向垄断协议需要具备以下几个条件：

（1）存在两个或者两个以上具有竞争关系的协议方，各协议方具有独立的法律地位，能独立地参与经济活动。对于订立垄断协议的协议方，首先，应当拥有独立的法律人格。法律上不具有独立性的企业部分如分公司、销售网点等不能视为协议方。其次，应当能独立参与经济活动。如果某子公司在经济上依附于母公司，尽管其有独立的法律地位，但在反垄断法上仍然与母公司一起被视为同一企业。最后，垄断协议各方之间存在竞争关系。存在竞争关系实质上是限制竞争协议产生的前提。

（2）具有限制竞争的目的或者产生限制竞争的效果。限制竞争是一种比较明显的对竞争的限制。如果一份协议并没有限制竞争的目的，而且不会产生限制竞争的后果，那么该协议就不能被认为是垄断协议。

（3）方式是协议、决议或者其他协同行为等。协议并没有形式要求，可以是书面的，也可以是口头的。除了协议之外，垄断协议还可以表现为决议的形式，如行业协会或者企业协会的决议。限制竞争的核心是共谋，而不论其形式如何，因此限制竞争协议还包括限制竞争的协调性行为，即竞争各方出于限制竞争的目的，彼此协调其市场行为。

《反垄断法》第十三条列举了5种横向垄断协议：

（1）固定或者变更商品价格协议。固定价格协议直接限制了价格竞争，价格作为激励生产者改进生产技术和提高管理水平的作用被明显削弱了。固定价格协议可以使价格在一定时期内维持一个较低水平，造成其他竞争者被迫退出市场，并给潜在竞争者进入相关市场设置难以逾越的障碍。因此，固定价格协议作为一种典型的垄断行为为《反垄断法》所禁止。

现实的复杂性要求对固定价格协议作广义的理解。比如通过协议固定或者变更价格变动幅度的，固定或者变更对价格有影响的手续费、折扣的，使用统一的价格作为与第三方谈判的基础的，约定采用据以计算价格的标准公式的，约定未经其他经营者同意不得变更价格的或者通过限制生产销售数量或分割销售采购市场等方式，固定或者变更商品价格的，都应视为固定价格协议而受到《反垄断法》的禁止。另外，垄断协议包括协同行为。

（2）限制商品的生产数量或者销售数量。经营者之间对某种商品的生产或销售数量进行限制，通过减少商品的供应量使所限制生产或销售数量的商品价格上升，以谋取高额利润，损害消费者利益。

（3）分割销售市场或者原材料采购市场。经营者之间通过协议对销售市场或者原材料采购市场进行分割，划定各自的市场范围，在各自的市场范围内享有独占的销售或者采购权，以避免相互竞争。通过这样的分割，协议方实现了在各自的市场范围内的垄断地位，是明显的限制竞争的行为，因此分割市场受到《反垄断法》的禁止。

（4）限制购买新技术、新设备或者限制开发新技术、新产品。经营者之间达成限制购买新技术、新设备或者限制开发新技术、新产品的协议阻碍了新技术的推广和应用，限制了新产品的开发与创新，造成了资源的浪费和生产效率的停滞，不仅损害了消费者的利益，甚至阻碍了社会的进步。

（5）联合抵制交易。这是指经营者之间约定拒绝同某一或某些经营者交易的行为。按照契约自由原则，经营者有选择交易方的自由，但是联合抵制造成被拒绝者从根本上丧失了必要的公平交易机会，经营陷入困境，最终可能被迫退出市场。

此外，《反垄断法》规定了一个弹性条款，规定国务院反垄断执法机构认定的其他垄断协议也在法律禁止范围内。

2.纵向垄断协议

纵向垄断协议是指市场上处于不同生产经营环节企业间的协议。纵向垄断协议的特点是协议双方的给付具有互补性，即一方提供商品，另一方支付价格。

《反垄断法》规定了两种纵向垄断协议：一是固定向第三人转售商品的价格；二是限

定向第三人转售商品的最低价格。

(二) 垄断协议豁免及其类型

企业间订立限制竞争的协议有时对经济是有好处的。例如，统一产品规格或者型号的协议，适用统一的生产、交货及支付条件的协议，中小企业间的合作协议，以及统一出口价格的协议。因为这些限制竞争有利于降低企业的生产成本，改善产品质量，提高企业的生产效率。它们一般被视为合理的限制，可以得到反垄断法的豁免。

《反垄断法》第十五条列举的垄断协议豁免的情形有：①为改进技术、研究开发新产品的；②为提高产品质量、降低成本、增进效率，统一产品规格、标准或者实行专业化分工的；③为提高中小经营者经营效率，增强中小经营者竞争力的；④为实现节约能源、保护环境、救灾救助等社会公共利益的；⑤因经济不景气，为缓解销售量严重下降或者生产明显过剩的；⑥为保障对外贸易和对外经济合作中的正当利益的；⑦法律和国务院规定的其他情形。

经营者要承担垄断豁免的举证责任，即要能够证明符合上述7种情况。对于第①至⑤项经营者还应当证明所达成的协议不会严重限制相关市场的竞争，并且能够使消费者分享由此产生的利益。

(三) 经营者订立和实施垄断协议的法律责任

经营者违反《反垄断法》的规定，达成并实施垄断协议的，由反垄断执法机构责令停止违法行为，没收违法所得，并处上一年度销售额1%以上10%以下的罚款；尚未实施所达成的垄断协议的，可以处50万元以下的罚款。

经营者主动向反垄断执法机构报告达成垄断协议的有关情况并提供重要证据的，反垄断执法机构可以酌情减轻或者免除对该经营者的处罚。

行业协会违反法律规定，组织本行业的经营者达成垄断协议的，反垄断执法机构可以处50万元以下的罚款；情节严重的，社会团体登记管理机关可以依法撤销登记。

经营者实施垄断行为，给他人造成损失的，依法承担民事赔偿责任。

三、滥用市场支配地位

市场支配地位是一种经济现象，反映了企业在市场的地位。拥有市场支配地位本身并不违法，反垄断法只是规制滥用市场支配地位的行为。

(一) 市场支配地位的概念

市场支配地位是指经营者在相关市场内具有能够控制商品价格、数量或其他交易条件，或者能够阻碍、影响其他经营者进入相关市场能力的市场地位。

市场支配地位是指在相关市场的地位，因此理解市场支配地位的前提是要了解什么是相关市场。《反垄断法》规定，相关市场是指经营者在一定时期内就特定商品或者服务进行竞争的商品范围和地域范围。国务院反垄断委员会《关于相关市场界定的指南》明确规定了相关市场的含义、界定相关市场的依据以及界定相关市场的方法等。

(二) 滥用市场支配地位的类型

《反垄断法》列举了6种滥用市场支配地位的行为。

1. 垄断价格

垄断价格是指具有市场支配地位的经营者以垄断低价采购商品或者以垄断高价销售商品，是一种典型的剥削性滥用行为。对于这种垄断行为的判断标准是售价或者卖价是否公平。不公平的高价或低价是指明显超过竞争水平或者明显低于市场平均水平，甚至低于成本。认定"不公平的高价"和"不公平的低价"，应当综合考虑下列因素：①销售价格是否明显高于该产品的成本，或者购买价格是否明显过低，甚至低于该产品的成本；②在成本基本稳定的情况下，是否超过正常幅度提高销售价格或者降低购买价格；③销售商品的提价幅度是否明显高于成本增长幅度，或者购买商品的降价幅度是否明显高于交易相对人成本降低幅度；④是否明显高于或者低于其他经营者销售或者购买的同种商品的价格。

如果交易相对人能够以合理的价格从其他经营者那里获得同种商品或者替代商品的，不应当视为滥用市场支配地位。

2. 掠夺性定价

掠夺性定价是指没有正当理由，以低于成本的价格销售商品。以低于成本的价格销售是指经营者持续以承担损失的方式销售商品，旨在排除竞争者或者潜在竞争者的行为。

正当理由通常包括：①依法降价处理鲜活商品、季节性商品、有效期即将到期的商品和积压商品；②因清偿债务、转产、歇业降价销售商品；③为招徕顾客采取的短期或者小批量的促销行为；④应对其他经营者低于成本销售的策略而被迫采取的降价行为；⑤可以形成规模效应从而降低成本，并能够使消费者分享由此产生的利益。

3. 拒绝交易

拒绝交易是指没有正当理由，拒绝与交易相对人进行交易。正当理由是指基于商业上的正当利益所作的考虑，如产品质量、产品价格、供货时间、运输成本等。

4. 限定交易

限定交易是指没有正当理由，限定交易相对人只能与其进行交易或者只能与其指定的经营者进行交易。

5. 搭售

搭售是指没有正当理由搭售商品，或者在交易时附加其他不合理的交易条件。一个企业如果在销售某种商品或者服务时，强迫交易对手购买从性质或交易习惯上均与第一种商品或者服务无关的其他产品或者服务，这种行为就是搭售。搭售行为对市场竞争有着明显的不利影响。如果一个企业强迫买方购买某种与合同标的没有关系的产品，生产搭售产品的其他企业就处于非常不利的境地。要注意的是，搭售并不总是违法的，《反垄断法》规制的只是不合理的搭售行为。

案例窗 6-6

6. 差别待遇

差别待遇是指没有正当理由，对条件相同的交易相对人在交易价格等交易条件上实行差别待遇。对于条件相同的交易相对人给予差别对待实际上是限制了交易相对人之间的竞争。"条件相同"通常理解为经营者与有关交易相对人交易等级和质量相同的同种商品时，在交易方式、交易环节、交易数量、货款结算、售后服务等方面相近或相同。有合理理由的差别待遇不被视为垄断行为，如价格差异对交易相对人的市场竞争不产生实质性不利影响或者交易相对人能够以合理的价格从其他经营者那里获得同种商品或者替代商品。

（三）市场支配地位的认定与推定

1.市场支配地位的认定

认定和推定市场支配地位，应当在依照有关规定界定相关市场的基础上进行。按照《反垄断法》第十八条，认定经营者的市场支配地位时，应当依据以下因素：

（1）该经营者在相关市场的市场份额以及相关市场的竞争状况。市场份额是指经营者的特定商品销售额或者销售量在相关市场的比重。相关市场的竞争状况包括相关市场的发展状况、现有竞争者的数量、是否存在潜在的竞争者和进入障碍、相关市场其他经营者的市场份额、商品差异程度、市场透明度等。

（2）该经营者控制销售市场或者原材料采购市场的能力。控制销售市场或者原材料采购市场的能力，包括控制销售或采购市场渠道的能力，影响或者决定价格、数量、合同期限或其他交易条件的能力或者优先获得原材料的能力等。原材料包括企业生产经营所必需的原料、半成品、零部件及相关设备等。

（3）该经营者的财力和技术条件。财力和技术条件包括经营者的资产规模、财务能力、盈利能力、融资能力、研发能力、技术装备、技术创新和应用能力、拥有的知识产权等因素。对于经营者的财力和技术条件的分析，应当同时考虑其关联企业的财力和技术条件及其对相关市场进入、扩大产能等的影响。

（4）其他经营者对该经营者在交易上的依赖程度。影响依赖程度的因素包括与该经营者之间的交易量、交易关系的持续时间、交易相对人转向其他经营者的难易程度等。

（5）其他经营者进入相关市场的难易程度。影响经营者进入相关市场的因素包括市场准入制度、拥有管网等必需设施、销售渠道、资金和技术等规模经济要求、成本优势等。

（6）与认定该经营者市场支配地位有关的其他因素。

2.市场支配地位的推定

有下列情形之一的，可以推定经营者具有市场支配地位：①一个经营者在相关市场的市场份额达到1/2的；②两个经营者在相关市场的市场份额合计达到2/3的；③3个经营者在相关市场的市场份额合计达到3/4的。

对于②③项规定的情形，其中有的经营者市场份额不足1/10的，不应当推定该经营者具有市场支配地位。

被推定具有市场支配地位的经营者，有证据证明不具有市场支配地位的，不应当认定其具有市场支配地位。

被推定具有市场支配地位的经营者，如果能够提出证据证明不具有市场支配地位，可以推翻对市场支配地位的推定，例如能证明其他经营者进入该相关市场比较容易；相关市场的竞争比较充分或者经营者不具有在相关市场内控制商品价格、数量或其他交易条件，或者能够阻碍、影响其他经营者进入相关市场的能力。

（四）滥用市场支配地位的法律责任

经营者违反《反垄断法》的规定、滥用市场支配地位的，由反垄断执法机构责令停止违法行为，没收违法所得，并处上一年度销售额1%以上10%以下的罚款。给他人造成损失的，依法承担民事责任。

四、经营者集中

对市场而言，经营者集中是利弊并存。经营者通过集中可以扩大企业规模，实现规模经济。另外，经营者集中也会产生限制竞争的效果。因此，各国对经营者集中的规制主要是进行事前预防，通过对经营者集中的评估和审查，允许能起到优化市场资源配置作用的经营者集中，禁止那些限制和排除竞争的经营者集中。

（一）经营者集中的概念和类型

经营者集中是指经营者合并，或通过收购其他经营者的股份或者资产取得对其他经营者的控制权，或通过委托经营、联营等方式形成控制与被控制的关系或者直接或间接控制其他经营者的业务或人事。

《反垄断法》规定了3种情形的经营者集中：①经营者合并；②经营者通过取得股权或者资产的方式取得对其他经营者的控制权；③经营者通过合同等方式取得对其他经营者的控制权或者能够对其他经营者施加决定性影响。

（二）经营者集中申报与审查制度

有效的竞争需要市场中的竞争者保持一定的数量。经营者集中会减少市场中竞争者的数量，一定程度上妨碍竞争。因此，经营者集中应受到反垄断法的规制。但是经济民主和经济自由要求竞争法对有关企业合并的基本态度应该是允许的，没有必要对所有的企业合并都实施系统的检查和审批。对各种合并，只要竞争主管当局不能证明其将显著地限制竞争，就应予以允许。此外，要求所有的合并都须递交报告，可能是不符合效率要求的。这将给竞争主管当局增添过多的负担，并同时给合并当事人造成不合理的成本和延误。因此，按照社会效益和国家适度干预原则，只有那些大型合并，即那些最可能给竞争带来威胁的合并，才应当列入反垄断法的调整范围。如《反垄断法》第二十一条就规定经营者集中达到国务院规定的申报标准的，经营者应当事先向国务院反垄断执法机构申报，未申报的不得实施集中。

1.申报义务人

经营者集中肯定涉及两者以上的当事人，究竟谁承担申报义务，《反垄断法》规定的是经营者。从字面意思看，经营者包括了参与集中的各方，原则上所有参与集中的经营者均有申报义务，但主要应由并购方承担。

2.申报标准

《反垄断法》并没有规定具体的申报标准。实际上申报标准应该是一个动态的标准，要随着经济的发展而有所变化。具体的标准可以由国务院以及相关的执法机构在行政法规、部门规章或者指南中作出规定。一般采用的申报标准通常包括参与集中的经营者资产、销售额、交易额和市场占有率等方面。

3.申报时间

《反垄断法》确定了事前申报制度。该制度要求申报义务人必须在经营者集中实施之前向执法机构进行申报。如果没有事前申报并获得批准，经营者不得实施集中。

4.申报资料

经营者向国务院反垄断执法机构申报集中，应当提交下列文件、资料：申报书，集中对相关市场竞争状况影响的说明，集中协议，参与集中的经营者经会计师事务所审计的上一会计年度财务会计报告，国务院反垄断执法机构规定的其他文件、资料。

申报书应当载明参与集中的经营者的名称、住所、经营范围、预定实施集中的日期和国务院反垄断执法机构规定的其他事项。

经营者提交的文件、资料不完备的，应当在国务院反垄断执法机构规定的期限内补交文件、资料。经营者逾期未补交文件、资料的，视为未申报。

5.初步审查

国务院反垄断执法机构应当自收到经营者提交的符合法律规定的文件、资料之日起30日内，对申报的经营者集中进行初步审查，作出是否实施进一步审查的决定，并书面通知经营者。国务院反垄断执法机构作出决定前，经营者不得实施集中。国务院反垄断执法机构作出不实施进一步审查的决定或者逾期未作出决定的，经营者可以实施集中。

6.第二阶段审查

国务院反垄断执法机构决定实施进一步审查的，应当自决定之日起90日内审查完毕，作出是否禁止经营者集中的决定，并书面通知经营者。作出禁止经营者集中的决定，应当说明理由。审查期间，经营者不得实施集中。在法律规定的特殊情形下，国务院反垄断执法机构经书面通知经营者，可以延长上述规定的审查期限，但最长不得超过60日。

审查经营者集中，应当考虑下列因素：①参与集中的经营者在相关市场的市场份额及其对市场的控制力；②相关市场的市场集中度；③经营者集中对市场进入、技术进步的影响；④经营者集中对消费者和其他有关经营者的影响；⑤经营者集中对国民经济发展的影响；⑥国务院反垄断执法机构认为应当考虑的影响市场竞争的其他因素。

经营者集中具有或者可能具有排除、限制竞争效果的，国务院反垄断执法机构应当作出禁止经营者集中的决定。但是，经营者能够证明该集中对竞争产生的有利影响明显大于不利影响，或者符合社会公共利益的，国务院反垄断执法机构可以作出对经营者集中不予禁止的决定。对不予禁止的经营者集中，国务院反垄断执法机构可以决定附加减少集中对竞争产生不利影响的限制性条件。国务院反垄断执法机构应当将禁止经营者集中的决定或者对经营者集中附加限制性条件的决定，及时向社会公布。

案例窗 6-7

（三）经营者集中申报豁免制度

申报豁免制度是指一项达到国务院规定的申报标准应当进行反垄断申报的经营者集中，由于满足法律规定的豁免条件而不必向执法机构申报的规定。《反垄断法》规定了豁免的两种情况：一是参与集中的一个经营者拥有其他每个经营者50%以上有表决权的股份或者资产的；二是参与集中的每个经营者50%以上有表决权的股份或者资产被同一个未参与集中的经营者拥有的。

（四）违法实施集中的法律责任

经营者违反《反垄断法》的规定实施集中的，由国务院反垄断执法机构责令停止实施集中、限期处分股份或者资产、限期转让营业以及采取其他必要措施恢复到集中前的状态，可以处50万元以下的罚款。

五、行政垄断

维护和保护公正的市场竞争环境，要求政府必须以中立、公正的裁判员姿态对待市场中的各种竞争行为。但现实中，限制竞争的力量往往会来自政府，因此监督政府的行为，防止政府滥用行政权力、损害市场竞争也是反垄断法的任务之一。

（一）行政垄断的概念和类型

行政垄断是指行政机构及公共组织滥用行政权力排除、限制市场竞争的行为。《反垄断法》规定的行政垄断行为主要包括以下类型：

1. 行政强制交易行为

该行为是指行政机关和法律、法规授权的具有管理公共事务职能的组织滥用行政权力，限定或者变相限定单位或个人经营、购买、使用其指定的经营者提供的商品。

2. 妨碍商品在地区之间的自由流通

该行为是指行政机关和法律、法规授权的具有管理公共事务职能的组织滥用行政权力，实施的妨碍商品在地区之间的自由流通的行为。其具体包括以下行为：①对外地商品设定歧视性收费项目、实行歧视性收费标准，或者规定歧视性价格；②对外地商品规定与本地同类商品不同的技术要求、检验标准，或者对外地商品采取重复检验、重复认证等歧视性技术措施，限制外地商品进入本地市场；③采取专门针对外地商品的行政许可，限制外地商品进入本地市场；④设置关卡或者采取其他手段，阻碍外地商品进入或者本地商品运出；⑤妨碍商品在地区之间自由流通的其他行为。

3. 限制招投标行为

该行为是指行政机关和法律、法规授权的具有管理公共事务职能的组织滥用行政权力，以设定歧视性资质要求、评审标准或者不依法发布信息等方式，排斥或者限制外地经营者参加本地的招投标活动。

4. 限制经营者跨地区投资经营

该行为是指行政机关和法律、法规授权的具有管理公共事务职能的组织滥用行政权力，采取与本地经营者不平等待遇等方式，排斥或者限制外地经营者在本地投资或者设立分支机构。

5. 行政强制限制竞争

该行为是指行政机关和法律、法规授权的具有管理公共事务职能的组织滥用行政权力，强制经营者从事反垄断法规定的垄断行为。

6. 抽象行政垄断行为

该行为是指行政机关滥用行政权力，制定含有排除、限制竞争内容的规定。

案例窗 6-8

（二）行政垄断的法律责任

行政机关和法律、法规授权的具有管理公共事务职能的组织滥用行政权力，实施排除、限制竞争行为的，由上级机关责令改正；对直接负责的主管人员和其他直接责任人员依法给予处分。反垄断执法机构可以向有关上级机关提出依法处理的建议。

法律、行政法规对行政机关和法律、法规授权的具有管理公共事务职能的组织滥用行政权力实施排除、限制竞争行为的处理另有规定的，依照其规定。

六、反垄断执法机构

我国设立了国务院反垄断委员会对全国反垄断工作进行指导，但反垄断执法工作统一由国家市场监督管理总局负责。国家市场监督管理总局直接管辖或者授权有关省级市场监督管理部门管辖下列案件：

（1）跨省、自治区、直辖市的垄断协议、滥用市场支配地位和滥用行政权力排除限制竞争案件，以及省级人民政府实施的滥用行政权力排除限制竞争行为。

（2）案情较为复杂或者在全国有重大影响的垄断协议、滥用市场支配地位和滥用行政权力排除限制竞争案件。

（3）国家市场监督管理总局认为有必要直接管辖的垄断协议、滥用市场支配地位和滥用行政权力排除限制竞争案件。省级市场监督管理部门负责本行政区域内垄断协议、滥用市场支配地位、滥用行政权力排除限制竞争案件反垄断执法工作，以本机关名义依法作出处理。

另外，国家市场监督管理总局在案件审查和调查过程中，可以委托省级市场监督管理部门开展相应的调查。

案例窗6-9

关键术语

垄断协议（monopoly agreement）　滥用市场支配地位（abuse of dominant market position）　经营者集中（concentration of undertakings）　垄断行为（monopolistic conduct）　不公平竞争（unfair competition）　商业道德（business ethics）　仿冒（passing off）　知名商品（well-known goods）　商业秘密（business secret）　虚假宣传（false propaganda）

基本训练

一、单选题

1.《反不正当竞争法》规定，抽奖式有奖销售最高奖金的金额不得超过人民币（　　）。

    A. 5 000元　　　　　　B. 3万元　　　　　　　C. 5万元　　　　　　　　D. 10万元

2.某地板公司在某市电视台做广告，称"某牌原装进口实木地板为你分忧"，并称"强化地板甲醛高、不耐用"。此后，本地市场的强化地板销量有所减少。经查明，该公司生产的实木地板是用进口木材在国内加工而成的。下列关于本广告行为说法正确的是（　　）。

    A. 属于正当竞争行为

    B. 仅属于诋毁商誉的行为

    C. 仅属于虚假宣传行为

    D. 既属于诋毁商誉行为，也属于虚假宣传行为

3.擅自使用他人企业名称或姓名，引人误认为是他人的商品或服务的行为属于（　　）。

    A. 混淆行为　　　　　　　　　　　　B. 虚假宣传行为

    C. 侵犯商业秘密行为　　　　　　　　D. 诋毁商誉行为

4.甲公司因与乙公司有经济合同纠纷，甲不再经营乙的产品，当老客户询问甲有无乙的产品时，甲的职工故意说："乙的产品不行了，价格又高，我们不再经销乙的产品了。"下列有关该行为的表述正确的是（　　）。

  A.甲侵犯了乙的名誉权

  B.甲的行为因未通过宣传媒体诋毁乙的商业信誉，不构成诋毁商业信誉

  C.甲侵犯了乙的荣誉权

  D.甲的行为属于侵犯乙的商业信誉的不正当行为

5.某市一电器商场，在广告牌上写明："凡在本商场购买索尼数码相机的，返还价款的10%；凡是介绍他人购买的，付给介绍者价款2%的佣金。"经另外一家电器商场的举报，有关部门调查后发现，该商场给付的返款和佣金在账上有明确记载；所售数码相机的成本为价款的65%。对于该公司的行为下列说法中正确的是（　　）。

  A.根据《反不正当竞争法》构成不正当竞争

  B.根据《反不正当竞争法》构成低价倾销

  C.根据《反不正当竞争法》构成商业贿赂

  D.正常销售行为

6.依《反垄断法》，下列属于垄断行为的是（　　）。

  A.经营者利用市场支配地位   B.经营者达成垄断协议

  C.经营者集中   D.政府利用行政权力进行宏观调控

7.行政机关滥用行政权力，实施对外地商品设定歧视性收费项目，实行歧视性收费标准，妨碍商品在地区之间自由流通的行为是（　　）。

  A.滥用行政权力排除、限制竞争的行为 B.宏观调控行为

  C.经营者集中行为   D.滥用市场支配者地位行为

8.依《反垄断法》，下列具有市场支配地位的经营者从事的行为是滥用市场支配地位的行为的是（　　）。

  A.以不公平的高价销售商品   B.以低于成本的价格销售商品

  C.限定交易相对人只能与其进行交易 D.拒绝与交易相对人进行交易

二、多选题

1.老丁在某糖酒展销会上购买了一瓶误认为是泸州老窖酒厂生产的酒，其实是某地某厂产的"沪州老窖"，该酒的包装与泸州老窖几乎一样。老丁将该酒送给朋友万某，万某饮后身体不适，万某向泸州老窖酒厂在该市的代表处投诉，此时方发现该酒不是泸州老窖。以下说法错误的是（　　）。

  A.老丁有权要求"沪州老窖"生产厂家依照《反不正当竞争法》承担与知名商品相

   混淆的不正当竞争行为的责任

  B.万某有权要求"沪州老窖"生产厂家承担不正当竞争行为的责任

  C.泸州老窖酒厂有权向法院直接起诉"沪州老窖"生产厂家，要求其依照《反不正

   当竞争法》承担市场混淆不正当竞争行为的法律责任

  D."沪州老窖"生产厂家的行为构成冒用认证标志的不正当竞争行为

2.下列行为中，（　　）属于法律规定的不正当竞争行为。

  A.某市政府发文规定，由于本市最近连续发生煤气中毒事件，因此各单位必须使用

　　　本市煤气公司生产的煤气安全阀

　　B.天气渐暖，某商场决定所有皮衣六折优惠出售

　　C.甲公司为提高本公司产品的市场占有率，通过座谈会的形式，向顾客宣传乙公司的产品不如甲公司的产品

　　D.甲地（不属山东省）出产的苹果品质优良，但市场知名度不高，销路不畅，因此甲地的水果公司在其产品的外包装上全部印上"烟台苹果优质品牌"

3.反不正当竞争行为的监督检查部门，在监督检查不正当竞争行为时，享有的职权有（　　）。

　　A.询问权　　　　　B.查询复制权　　　　C.检查权　　　　　　D.处罚权

4.对于违反《反垄断法》实施集中的经营者，国务院反垄断执法机构可以采取的措施有（　　）。

　　A.责令停止实施集中　　　　　　　　B.限期处分股份或者资产

　　C.限期转让营业　　　　　　　　　　D.处以罚款

5.下列属于垄断协议的是（　　）。

　　A.家乐福和沃尔玛约定：前者占北京市场，后者占天津市场

　　B.因为价格问题，甲和乙两家汽车厂口头约定都不购买丙钢铁公司的钢材

　　C.甲药厂和乙医药连锁超市约定：后者出售前者的某种专利药品只能按某价格出售

　　D.甲药厂和乙医药连锁超市约定：后者出售前者的某种专利药品最高按某价格出售

三、简答题

1.什么是竞争法？竞争法的原则有哪些？

2.试分析垄断协议的概念和类型。

3.如何判断经营者是否具有市场支配地位以及是否构成对市场支配地位的滥用？

4.试述经营者集中申报制度。

5.什么是行政垄断？如何规制行政垄断？

6.简述我国省级反垄断执法机构可以授权管辖的案件。

7.简述侵犯商业秘密行为的含义和构成要素。

四、实务题

甲、乙两厂均为某市生产饮料的企业，使用在饮料上的商标分别注册为A和B。其中，甲厂是老牌企业，乙厂是后起之秀。由于乙厂饮料质优价廉，销路很好，导致甲厂的经济效益下降。202×年3月，甲厂为在竞争中取胜，在该市电视台加大广告宣传力度，其广告词称：目前本市有一些厂家生产的同类产品，与本厂生产的保健饮料在质量上有根本差别，系本厂产品的仿制品，唯有本厂生产的A牌饮料不含化学成分，才是正宗的，特提请广大消费者注意，购买保健饮料时请认准A牌商标，谨防受骗上当。甲厂的广告在市电视台播出后，许多经营乙厂保健饮料的客户纷纷找乙厂退货，称其为仿制产品，致使乙厂生产严重滑坡，造成近100万元的经济损失。于是，乙厂向市场监督管理部门反映，要求处理。

问题：

（1）甲厂行为的性质是什么？

（2）市场监督管理部门应如何处理此案？

（3）乙厂是否有权请求赔偿损失？损失额应当如何计算？

第七章　产品质量法

学习目标

◆ 重点掌握产品质量监督管理制度、产品质量义务和产品质量法律责任。

◆ 掌握产品、产品质量、产品瑕疵、产品缺陷的含义。

◆ 了解产品质量的概念和产品质量法的立法目的。

第一节　产品质量法概述

一、产品质量法及相关概念

理解产品质量的含义是学习《产品质量法》的关键。只有被《产品质量法》确定为产品范围内的产品，才受其约束。

（一）产品

产品是指通过人们的劳动创造出来的具有使用价值，且能够满足人们生产或生活需要的物品。产品最早是经济学的术语，现在，民法和经济法领域也使用这一概念。法学意义上的产品概念和一般意义上的产品概念有所区别，而且不同国家和不同法律制度对产品内涵的规定也不一样。如美国《统一产品责任示范法》认为，产品是指任何具有真正价值、能够整体或者部分转让并用于贸易或商业销售的物品，但人体组织、器官、血液组成成分除外；日本《制造物责任法》把产品称为制造物，是指制造或加工的动产；《海牙公约》规定，产品的范围包括天然品和工业产品，而不论是加工的还是未加工的，是动产还是不动产。

《产品质量法》第二条规定："本法所称产品是指经过加工、制作，用于销售的产品。建设工程不适用本法规定；但是，建设工程使用的建筑材料、建筑构配件和设备，属于前款规定的产品范围的，适用本法规定。"由此可见，《产品质量法》所确定的产品必须满足两个条件：一是必须经过加工、制作；二是必须用于销售，非为销售而加工制作的物品就不是《产品质量法》意义上的产品。

案例窗7-1

（二）产品质量

产品质量是产品应当具备的，符合人们生产或消费所需要的各种特性、功能的总和。这些特性或功能是多方面的，主要包括以下几个方面：

（1）安全性。其强调产品在流通和使用过程中必须安全，能够保证人身及财产不受其损害，环境不受其危害。这是对产品最为基本的要求，包括产品的设计、制造、安装、指示、维修等多方面的安全性。

（2）功能性。产品是为满足人们生产或消费的需要而出现的，因此产品必须具备满足人们特定的生产或消费需要的功能。功能性强调产品在特定条件下，应当具备实现预定目标或规定用途的实际功能。

（3）可靠性。其强调产品性能的稳定，在规定的时间和条件下，产品满足人们特定需求的能力是没有变化的。

（4）经济性。一方面，经济性指产品的定价既要反映其价值，也要符合市场的供求关系；另一方面，经济性指产品在使用构成上不会额外增加使用人的负担，如保养和维修成本在合理的预期范围内。

（5）期限性。产品必须具有正常的使用期限。

产品还应当具备可维修性、美观性、卫生性以及环保性等其他多种属性，一些特殊的产品也应当具有一些特殊的属性。

（三）产品质量法

产品质量法是调整因产品质量而产生的社会关系的法律规范的总和。就《产品质量法》而言，主要调整两种社会关系：

1.产品质量监督管理关系

它主要包括两个方面的内容：一是作为监管者的国家行政管理机关与作为被监管者的生产者、销售者以及相关中介机构之间的产品质量行政监管关系；二是社会公众对产品质量，包括生产者、销售者进行监督所形成的社会监督关系。

2.产品质量责任关系

它主要是生产者、销售者、消费者或其他民事主体因产品质量纠纷而产生的民事法律关系，它是与产品质量有关的人身关系或者财产关系。与产品责任相关的民事主体不仅仅是生产者和销售者，在产品流通过程中的其他民事主体，例如社会团体、相关中介组织都可以成为产品质量责任关系的主体。

二、产品质量法的适用范围

法律的适用范围就是法律的调整范围，也就是规定特定法律在怎样的范围内发挥效力。法律的适用范围一般包括空间、主体、客体等方面。

就适用空间而言，在中华人民共和国境内从事产品生产、销售活动（含销售进口商品）都必须受到《产品质量法》的规范。

就适用主体而言，从事产品生产或销售活动的企业法人、其他经济组织、个人、消费者、用户、相关社会中介组织、国家质量监督管理机关都应遵守《产品质量法》。

就适用客体而言，《产品质量法》只适用于限定的产品范围，即经过加工、制作，并通过流通环节用于销售的产品，而初级农产品和不动产则不在其调整范围之列。初级农产品属于天然产品，如未经加工的玉米、小麦、稻谷等粮食产品，这些天然产品的质量不是人的意志和要求所能决定的，不能按照标准的质量要求生长，主要由《中华人民共和国农产品质量安全法》等进行调整。而不动产主要是指房屋、桥梁、建筑工程等不可移动的产品，不动产有其特殊的质量要求，难以与经过加工、制作的工业产品共用同一种法律要求。比如，建筑工程由《中华人民共和国建筑法》予以调整；军工产品由国务院和中央军委另行制定的《军工产品质量管理条例》等法律、法规进行调整。

三、产品质量立法

产品质量法是伴随着近现代工业生产的迅速发展和市场经济的繁荣而发展起来的。从19世纪中叶开始，以英美两国的判例为开端，西方发达资本主义国家逐步形成了解决产品致人损害案件的产品责任制度。当今，产品质量立法在世界各国都受到极大的重视，大致形成了3种立法模式：一是在民法典中进行规范，不专门立法；二是进行专门的产品责任立法；三是进行专门的产品质量立法。

1986年4月5日我国国务院发布了《工业产品质量责任条例》，1988年12月29日第七届全国人民代表大会常务委员会第五次会议通过了《中华人民共和国标准化法》，为产品质量标准的管理提供了重要的法律规范，除此之外还制定了一批行政法规和地方性法规。但这些法律、法规随着经济体制改革的不断深化，逐渐暴露出其不适应性。在中央提出建立社会主义市场经济体制的目标模式后，全新的《产品质量法》于1993年2月22日由第七届全国人民代表大会常务委员会第三十次会议通过，并于2000年7月8日经由第九届全国人民代表大会常务委员会第十六次会议修改；2018年12月29日通过第十三届全国人民代表大会常务委员会第七次会议再次修改。

《产品质量法》共6章74条，是一部综合的法律规范。它调整的社会关系相当广泛，不同于国际上仅仅调整平等民事主体之间产品责任关系的产品责任法，还把产品质量的监督管理和产品责任合二为一。它的立法宗旨是加强对产品质量的监督管理，提高产品质量，明确产品质量责任，保护消费者的合法权益，维护社会经济秩序，是国家干预市场的经济法精神的体现。

四、产品质量责任和产品责任

产品质量责任，又称产品瑕疵担保责任、产品合同责任，是指行为人违反《产品质量法》规定的义务所应承担的法律责任。这里的"行为人"不仅包括产品的生产者、销售者，而且包括对产品质量负有直接责任的人员以及从事产品质量监督的国家工作人员。这里的"法律责任"，包括民事责任、行政责任和刑事责任三大类，各类责任又可以作更进一步的划分。[①]

产品责任则又称产品缺陷责任、产品侵权损害赔偿责任，是指产品侵权责任，即产品生产者和销售者承担的因生产、销售有缺陷的产品而导致他人遭受人身或财产损害所应承担的特殊的侵权法律责任。《产品质量法》第四十六条规定："本法所称缺陷，是指产品存在危及人身、他人财产安全的不合理的危险；产品有保障人体健康和人身、财产安全的国家标准、行业标准的，是指不符合该标准。"在我国，产品责任并没有单独立法，有关产品责任的法律规定主要体现在《民法典》"侵权责任编"和《产品质量法》中。

产品质量责任与产品责任的区别主要在于以下3个方面：

（1）判定承担责任的依据不同。产品质量责任的判定依据包括默示担保、明示担保、

---

① 李昌麒. 经济法［M］. 北京：清华大学出版社，2008：177.

没有产品缺陷。只要不符合3项依据之一，生产者、销售者就应承担相应的责任。产品责任的判定依据仅指产品是否存在缺陷，即产品是否存在不合理危险。

（2）承担责任的条件不同。承担产品质量责任的条件是只要产品质量不符合默示担保或明示担保之一，无论是否造成实际损害，都应承担相应的责任。承担产品责任的条件是产品存在缺陷，并且实际造成了他人人身伤害或财产损失。

（3）责任的性质不同。产品质量责任包括产品质量违约和侵权的民事责任，也包括产品质量的行政责任和刑事责任，而产品责任仅指侵权民事责任。

第二节　产品质量的监督

产品质量的监督是《产品质量法》的重要内容，是该部门法得以真正发挥效力的重要保障。产品质量的监督体制和监督管理制度的构建是有效监督的客观要求。因此本节我们重点了解产品质量的监督体制和管理制度。

一、产品质量监督体制

根据《产品质量法》第八条，国务院市场监督管理部门主管全国产品质量监督工作；国务院有关部门在各自的职责范围内负责产品质量监督工作；县级以上地方市场监督管理部门主管本行政区域内的产品质量监督工作，县级以上地方人民政府有关部门在各自的职责范围内负责产品质量监督工作。

除国家机关对产品质量进行监督以外，产品质量检验机构、认证机构、消费者以及保护消费者权益的社会组织也可以对产品质量进行监督。据此，我国逐步确立了统一监督与分工监督，国家监督与社会监督、消费者监督相结合的产品质量监督体制。

拓展阅读7-1

二、产品质量监督管理制度

产品质量监督管理制度是督促生产者和经营者提供合格产品的重要管理制度。

1. 产品质量标准制度

根据《产品质量法》，实行产品质量标准制度包括以下内容：

（1）产品质量应符合一定的标准。

（2）产品应检验合格，不得以不合格产品冒充合格产品。为保证产品质量，产品出厂时应当经过检验，质量应符合相应的要求；同时，不得以处理品或劣质品等不合格产品作为或充当合格品。

（3）可能危及人体健康和人身、财产安全的工业产品，必须符合保障人体健康和人身、财产安全的国家标准、行业标准。未制定国家标准或行业标准的，必须符合保障人体健康和人身、财产安全的要求。

2. 企业质量体系认证制度

《产品质量法》第十四条规定，国家根据国际通用的质量管理标准，推行企业质量体系认证制度。企业根据自愿原则可以向国务院市场监督管理部门认可的或者国务院市场监督管理部门授权的部门认可的认证机构申请企业质量体系认证。经认证合格的，由认证机构颁发企业质量体系认证证书。可见，企业是否申请企业质量体系认证，可根据自身的情况来决定，完全自愿。

企业质量体系认证的目的是提高供方的质量信誉，向需方提供质量担保，增强企业在市场上的竞争能力，同时有利于加强企业内部的质量管理，实现质量方针和质量目标。

3.产品质量认证制度

国家参照国际先进的产品标准和技术要求，推行产品质量认证制度。企业根据自愿原则可以向国务院市场监督管理部门认可的或者国务院市场监督管理部门授权的部门认可的认证机构申请产品质量认证；经认证合格的，由认证机构颁发产品质量认证证书，准许企业在产品或者其包装上使用产品质量认证标志。

产品质量认证的目的是提高产品信誉，增强产品的竞争能力。认证标志是指由产品质量认证机构设计，按照法定程序批准发布的一种专用标志。如英国的风筝标志、德国的VDE标志、美国的UL标志，在世界上享有盛名，只要是配有这些标志的产品，消费者对其质量就可以充分信任。我国的产品质量认证标志有长城认证标志、PRC认证标志、方圆认证标志等。

4.产品质量监督检查制度

国家对产品质量实行以抽查为主要方式的监督检查制度，对于依法进行的产品质量监督检查，生产者、销售者不得拒绝。监督抽查工作的重点是可能危及人体健康和人身、财产安全的产品，影响国计民生的重要工业产品，以及消费者、有关组织反映有质量问题的产品。根据监督抽查的需要，有关部门可以对产品进行检验。检验抽取样品的数量不得超过检验的合理需要，并不得向被检查人收取检验费用。监督检查所需检验费用按照国务院规定列支。生产者和销售者对抽查检验的结果有异议的，可以自收到检验结果之日起15日内向实施监督抽查的市场监督管理部门或者其上级市场监督管理部门申请复检，由受理复检的市场监督管理部门作出复检结论。

对于监督抽查不合格的产品，由实施监督抽查的市场监督管理部门责令其生产者、销售者限期改正；逾期不改正的，由省级以上人民政府市场监督管理部门予以公告；公告后经复查仍不合格的，责令停产，限期整顿；整顿期满后经复查产品质量仍不合格的，吊销营业执照。

第三节　生产者、销售者的产品质量责任与义务

《产品质量法》强调了生产者的产品质量责任和义务，但产品的销售者是产品实现其使用价值的中间环节，也应当承担一定的产品质量责任和义务。

一、生产者的产品质量责任和义务

产品质量存在缺陷主要是在设计和生产过程中产生的，明确生产者的产品质量责任和义务，对于为消费者提供合格的产品有重要意义。

1.生产者应当对其生产的产品质量负责

产品质量应当符合以下要求：①不存在危及人身、财产安全的不合理的危险，有保障人体健康和人身、财产安全的国家标准、行业标准的，应当符合该标准；②具备产品应有

的使用性能，但对产品存在使用性能的瑕疵作出说明的除外；③符合在产品或者其包装上注明采用的产品标准，符合以产品说明、实物样品等方式表明的质量状况。

2. 产品包装标识必须真实

产品包装标识要真实，并符合下列要求：①有产品质量检验合格证明。②有中文标明的产品名称、生产厂名和厂址。③根据产品的特点和使用要求，需要标明产品规格、等级、所含主要成分的名称和含量的，应用中文相应予以标明；需要事先让消费者知晓的，应当在外包装上标明，或者预先向消费者提供有关资料。④限期使用的产品，应当在显著位置清晰地标明生产日期和安全使用期或者失效期。⑤使用不当，容易造成产品本身损坏或者可能危及人身、财产安全的产品，应当有警示标志或者中文警示说明。⑥裸装的食品和其他根据产品的特点难以附加标识的裸装产品，可以不附加产品标识。

3. 对某些特殊产品的包装应当履行的义务

《产品质量法》规定，易碎、易燃、易爆、有毒、有腐蚀性、有放射性等危险物品以及储运中不能倒置和其他有特殊要求的产品，其包装质量必须符合相应的要求，依照国家有关规定作出警示标志或中文警示说明，标明储运注意事项。

4. 其他产品质量义务

生产者除了要履行以上产品质量方面的作为义务外，还负有以下不作为义务：①不得生产国家明令淘汰的产品；②不得伪造产地，不得伪造或者冒用他人的厂名、厂址；③不得伪造或者冒用认证标志等质量标志；④不得掺杂、掺假，不得以假充真、以次充好，不得以不合格产品冒充合格产品。

二、销售者的产品质量责任和义务

《产品质量法》规定的销售者的产品质量责任和义务主要包括：

（1）执行进货检查验收制度，验明产品合格证明和其他标识。如果在验收中发现产品的质量、品种、规格、产品标识不符合规定，则销售者应当提出书面异议，要求供货方予以解决；如果销售者不提出异议的，则责任自负。

（2）保持销售产品的质量。销售者应当根据产品特点，采取必要的防雨、防晒、防霉变，对某些特殊产品采取控制温度、湿度等措施，确保销售的产品不失效、不变质。

（3）所销售产品的标识应当符合《产品质量法》对生产的产品或其包装上的标识的规定。

（4）销售产品不得掺杂、掺假，不得以假充真、以次充好，不得销售不合格和冒充合格的产品。

（5）不得伪造产地，不得伪造或者冒用他人的厂名、厂址，不得伪造或冒用认证标志等质量标志。

案例窗7-2

第四节　产品损害赔偿责任

产品损害的归责问题是本章学习的重点和难点，深入了解赔偿责任问题有助于我们分析现实生活中的案例，厘清各方当事人在产品损害案件中的具体责任。

一、产品损害赔偿责任的概念

产品损害赔偿责任即产品责任。产品责任是国际通用术语，而产品损害赔偿责任这一概念是我国所特有的。

生产者、销售者承担损害赔偿责任需满足3个要件：①产品存在缺陷。产品缺陷包括设计上的缺陷、原材料的缺陷、制造上的缺陷、指示上的缺陷等。②存在人身伤害、财产损害的事实。③产品缺陷与损害事实之间有因果关系。在实践中，产品造成人身、财产损害，除了由于产品本身的缺陷外，还可能有其他原因，如外力的破坏、受害人的故意等，而由这些原因造成的损害，不应归结于生产者、销售者。

二、产品损害赔偿责任的归责原则

归责原则是指确定行为人承担民事法律责任的理由和依据。

《产品质量法》对生产者实行严格责任原则，即只要其生产的产品存在缺陷并对他人人身或财产造成了损害，生产者即使没有过错也要负赔偿责任。但生产者能证明有下列情况之一的，可免除责任：①未将产品投入流通的；②产品投入流通时，引起损害的缺陷尚不存在的；③将产品投入流通时的科学技术水平尚不能发现缺陷存在的。

对销售者实行过错责任原则，即销售者由于过错使产品存在缺陷，造成他人人身、财产发生损害的，才承担赔偿责任；销售者不能指明缺陷产品的生产者或供货者的，销售者应当承担赔偿责任。

案例窗7-3

三、损害赔偿范围及责任形式

确定损害赔偿的范围及责任形式有利于权利人行使赔偿请求权及义务人承担侵权赔偿责任。

1.受害人的求偿权与先行赔偿人的追偿权

《产品质量法》第四十三条规定："因产品存在缺陷造成人身、他人财产损害的，受害人可以向产品的生产者要求赔偿，也可以向产品的销售者要求赔偿。"这就是有关受害人求偿权的规定。

关于先行赔偿人的追偿权问题，该条也作了明确规定："属于产品的生产者的责任，产品的销售者赔偿的，产品的销售者有权向产品的生产者追偿。属于产品的销售者的责任，产品的生产者赔偿的，产品的生产者有权向产品的销售者追偿。"这里所指的追偿，是指缺陷产品的生产者或销售者先行承担赔偿之后，有权向负有责任的人追还所支付的赔偿。

2.损害赔偿范围

产品损害赔偿的范围主要包括：①因产品存在缺陷造成受害人人身伤害的，侵害人应当赔偿医疗费、治疗期间的护理费、因误工减少的收入等费用；造成残疾的，还应当支付残疾者生活自助具费、生活补助费、残疾赔偿金以及由其扶养的人所必需的生活费等费用；造成受害人死亡的，并应当支付丧葬费、死亡赔偿金以及由死者生前扶养的人所必需的生活费等费用。②因产品存在缺陷造成受害人财产损失的，侵害人应当恢复原状或者折价赔偿。③受害人因此遭受其他重大损失的，侵害人也应当赔偿损失。

3.诉讼时效和争议的解决

《产品质量法》第四十五条对诉讼时效的规定是：因产品存在缺陷造成损害要求赔偿的诉讼时效期间为2年，自当事人知道或者应当知道其权益受到损害时起计算。因产品存在缺陷造成损害要求赔偿的请求权，在造成损害的缺陷产品交付最初消费者满10年丧失；但是，尚未超过明示的安全使用期的除外。

产品质量民事纠纷可以采取协商、调解、仲裁、诉讼4种方式解决。需要说明的是，当事人可以自由选择这4种方式，但对于仲裁和诉讼则只能选择一种，即申请仲裁后就不能向人民法院起诉，向人民法院起诉后就不能申请仲裁。

案例窗 7-4

第五节　产品质量的行政与刑事责任

了解产品质量的行政和刑事责任有助于生产经营者全面了解《产品质量法》，树立产品质量意识，生产和销售合格产品。

一、生产者、销售者违反《产品质量法》的行政和刑事责任

1.生产、销售不合格产品的行政和刑事法律责任

（1）生产、销售不符合保障人体健康和人身、财产安全的国家标准、行业标准的产品，责令停止生产、销售，没收违法生产、销售的产品，并处违法生产、销售产品（包括已售出和未售出的产品）货值金额等值以上3倍以下的罚款；有违法所得的，并处没收违法所得；情节严重的，吊销营业执照；构成犯罪的，依法追究刑事责任。

（2）生产者、销售者在产品中掺杂、掺假，以假充真，以次充好，或者以不合格产品冒充合格产品的，责令停止生产、销售，没收违法生产、销售的产品，并处违法生产、销售产品货值金额50%以上3倍以下的罚款；有违法所得的，并处没收违法所得；情节严重的，吊销营业执照；构成犯罪的，依法追究刑事责任。

（3）生产国家明令淘汰的产品的，销售国家明令淘汰并停止销售的产品的，责令停止生产、销售，没收违法生产、销售的产品，并处违法生产、销售产品货值金额等值以下的罚款；有违法所得的，并处没收违法所得；情节严重的，吊销营业执照。

（4）销售失效、变质的产品的，责令停止销售，没收违法销售的产品，并处违法销售产品货值金额2倍以下的罚款；有违法所得的，并处没收违法所得；情节严重的，吊销营业执照；构成犯罪的，依法追究刑事责任。

2.以欺诈手段生产、销售产品的行政和刑事法律责任

生产者、销售者伪造产品产地的，伪造或者冒用他人厂名、厂址的，伪造或者冒用认证标志等质量标志的，责令改正，没收违法生产、销售的产品，并处违法生产、销售产品货值金额等值以下的罚款；有违法所得的，并处没收违法所得；情节严重的，吊销营业执照。

3.产品标识不当的法律责任

产品标识不符合产品或其包装上的标识要求的，依据法律规定，应责令改正；有包装的产品标识，不符合"限期使用的产品，应当在显著位置清晰

案例窗 7-5

地标明生产日期和安全使用期或失效日期；使用不当，容易造成产品本身损坏或者可能危及人身、财产安全的产品，应有警示标志或者中文警示说明"等规定，情节严重的，责令停止生产、销售，并处违法生产、销售产品货值金额30%以下的罚款；有违法所得的，并处没收违法所得。

二、国家机关及其工作人员违反《产品质量法》的行政和刑事责任

各级人民政府工作人员和其他国家机关工作人员有下列情形之一的，依法给予行政处分；构成犯罪的，依法追究刑事责任：①包庇、放纵产品生产、销售中违反《产品质量法》行为的；②向从事违反《产品质量法》规定的生产、销售活动的当事人通风报信，帮助其逃避查处的；③阻挠、干预市场监督管理部门依法对产品生产、销售中违反《产品质量法》规定的行为进行查处，造成严重后果的。

市场监督管理部门在产品质量监督抽查中超过规定的数量索取样品或者向被检查人收取检验费用的，由上级市场监督管理部门或者监察机关责令退还；情节严重的，对直接负责的主管人员和其他直接责任人员依法给予行政处分。

市场监督管理部门或者其他国家机关违反《产品质量法》第二十五条的规定，向社会推荐生产者的产品或者以监制、监销等方式参与产品经营活动的，由其上级机关或者监察机关责令改正，消除影响，有违法收入的予以没收；情节严重的，对直接负责的主管人员和其他直接责任人员依法给予行政处分。

产品质量检验机构有上述所列违法行为的，由市场监督管理部门责令改正，消除影响，有违法收入的予以没收，可以并处违法收入1倍以下的罚款；情节严重的，撤销其质量检验资格。

市场监督管理部门的工作人员滥用职权、玩忽职守、徇私舞弊，构成犯罪的，依法追究刑事责任；尚不构成犯罪的，依法给予行政处分。

此外，《产品质量法》第七十条规定，其他行政处罚由市场监督管理部门决定。法律、行政法规对行使行政处罚权的机关另有规定的，依照有关法律、行政法规的规定执行。

当事人对行政处罚决定不服的，可以在接到处罚通知之日起15日内，向作出处罚决定的机关的上一级机关申请复议；当事人也可在接到处罚通知之日起15日之内，直接向人民法院起诉。复议机关应当在接到复议申请之日起60日内作出复议决定。当事人对复议决定不服的，可以在接到复议决定之日起15日内向人民法院起诉。复议机关逾期不作出复议决定的，当事人可以在复议期满之日起15日内向人民法院起诉。当事人逾期不申请复议也不向人民法院起诉，又不履行处罚决定的，作出处罚决定的机关可以申请人民法院强制执行。

关键术语

产品（product）　产品责任（product liability）　产品质量责任（responsibilities for product quality）　产品质量法（product quality law）　生产者（producer）　销售者（seller）

基本训练

一、单选题

1.乙商场销售甲公司的一批玻璃花瓶，甲公司称花瓶上有不规则的抽象花纹为新产品。乙商场接货后就开始销售，后收到很多消费者投诉，说花瓶上的花纹实际上是裂缝，花瓶漏水，要求乙商场退货并赔偿损失。乙商场与甲公司交涉。甲公司称此类花瓶是用于插装塑料花的，裂缝不影响使用，且有特殊的美学效果，拒绝承担责任。经查，消费者所述属实。下列选项中正确的是（　　）。

　　A.乙商场应退换商品并赔偿损失

　　B.乙商场退换商品并赔偿损失后可向甲公司追偿

　　C.消费者丙被花瓶裂缝划伤，可向甲公司直接索赔

　　D.乙商场无过错，不应当对此负责

2.李女士有一天在家中做饭时高压锅突然爆炸，她被炸飞的锅盖击中头部，抢救无效死亡。后据质量检测专家鉴定，高压锅发生爆炸的直接原因是设计不尽合理，使用时造成排气孔堵塞而发生爆炸。本案中，可以以下列（　　）为依据判定生产者承担责任。

　　A.产品存在的缺陷　　　　　　　　B.产品买卖合同约定

　　C.产品默示担保条件　　　　　　　D.产品明示担保条件

3.某厂开发一种新型节能炉具，先后制造出10件样品，后样品有6件丢失。202×年某户居民的燃气罐发生爆炸，查明原因是使用了该厂丢失的6件样品炉具中的一件，而该炉具存在重大缺陷。该户居民要求该厂赔偿损失，该厂不同意赔偿。下列理由中（　　）最能支持该厂立场。

　　A.该炉具尚未投入流通

　　B.该户居民如何得到炉具的事实不清

　　C.该户居民偷盗样品，由此造成的损失应由其自负

　　D.该户居民应向提供给其炉具的人索赔

4.根据《产品质量法》，下列说法正确的是（　　）。

　　A.《产品质量法》对生产者、销售者的产品缺陷责任均实行严格责任

　　B.《产品质量法》对生产者产品缺陷实行严格责任，对销售者实行过错责任

　　C.产品缺陷造成损害要求赔偿的诉讼时效期间为2年，从产品售出之日起计算

　　D.产品缺陷造成损害要求赔偿的请求权在缺陷产品生产日期满10年后丧失

5.下列产品属于《产品质量法》管理的范围是（　　）。

　　A.药品质量　　　　B.建筑工程质量　　　　C.食品安全　　　　D.建筑材料质量

二、多选题

1.下列产品的包装不符合《产品质量法》的要求有（　　）。

　　A.中国某商场销售的某品牌彩电只有韩文和英文的说明书

　　B.某厂生产的火腿肠没有标明厂址

　　C.某厂生产的香烟上没有标明"吸烟有害身体健康"

　　D.某厂生产的瓶装葡萄酒没有标明酒精度

2.以下产品中，（　　）不是存在《产品质量法》中所称的"缺陷"的产品。

  A.损伤皮肤的化妆品   B.制冷效果不好的空调机

  C.图像效果不佳的电视机   D.保温效果不良的保温杯

3.县级以上市场监督管理部门，按照国务院规定的职权范围，对涉嫌违反《产品质量法》规定的行为进行检查时，有权行使（　　）的职权。

  A.对当事人涉嫌从事违反《产品质量法》的生产、销售活动的场所实施现场检查

  B.向当事人的法定代表人、主要负责人和其他有关人员调查了解与涉嫌从事违反
   《产品质量法》的生产、销售活动有关的情况

  C.对有证据认为不符合保障人体健康和人身、财产安全的国家标准、行业标准的，
   予以扣留或封存

  D.查阅、复制当事人有关的合同、发票、账簿以及其他有关资料

4.市场监督管理部门在产品质量检验抽查中不得（　　）。

  A.超过规定数量索取样品   B.向被检查人收取检验费用

  C.向送检人或单位收取检验费   D.向消费者协会收取检验费

5.某个体户为扩大销售，擅自在其生产的冷饮食品外包装袋上印刷免检图案。对上述行为依据《产品质量法》应（　　）。

  A.责令停止违法行为

  B.没收违法生产的产品

  C.并处违法生产产品货值2倍以下罚款

  D.有违法所得的，没收违法所得

三、简答题

1.简述《产品质量法》的适用范围。

2.产品质量责任与产品责任的不同之处在哪里？

3.生产者有哪些产品质量责任和义务？

4.销售者有哪些产品质量责任和义务？

四、实务题

  刘某与某机械厂的王某是好朋友。一日刘某到机械厂办事，顺便找王某聊天。刘某走时发现自行车没气了，就问王某有无打气筒，王某顺手拿起一个打气筒递给刘某说："这是我们厂新出的一批打气筒的样品，你用吧！"当刘某用打气筒打气时，打气筒栓塞脱落，栓塞飞到刘某脸上造成伤害，刘某医疗费花去1 600元，要求机械厂予以赔偿。

问题：

（1）机械厂是否应当承担《产品质量法》的损害赔偿责任？为什么？

（2）刘某如何保护自己的合法权益？

第八章　消费者权益保护法

学习目标

◆ 重点掌握消费者的权利、经营者的义务、消费者权益的法律保护、消费者争议的解决途径。

◆ 掌握消费者与经营者的含义及特征、经营者责任的认定。

◆ 了解消费者权益保护法的立法宗旨、立法状况。

第一节　消费者权益保护法概述

一、消费者

（一）消费者的内涵

对"消费者"定义的界定，是消费者保护理论研究的起点。美国《布莱克法律辞典》对消费者的定义是：消费者是与制造者、批发商和零售商相区别的人，具体指购买、使用、保存和处分商品与服务的个人或最终产品的使用者。①学者普遍认为消费者是应当具有一定的消费目的或者消费动机的主体。

《消费者权益保护法》对于何谓消费者并无明确定义，只是在该法第二条规定："消费者为生活消费需要购买使用商品或接受服务，其权益受到本法保护；本法未作规定的，受其他有关法律、法规的保护。"这里没有明确回答消费者除自然人外是否还包括法人，但是指明了消费者为生活消费进行的消费行为才为法律所保护。此外，《消费者权益保护法》第六十二条明确规定："农民购买、使用直接用于农业生产的生产资料，参照本法执行。"消费者是个人，一切社会成员均为消费者。自然人是最终的消费主体，从狭义上说，法人和其他组织都不是真正的消费者，如某些单位购买一些产品，给自己使用或者分发给他人，这仍然是一种经营行为和分配行为，而不是消费行为。

因此，可以将《消费者权益保护法》规定的消费者界定为为满足个人或家庭的生活需要而购买、使用商品或接受服务的自然人。

案例窗 8-1

（二）消费者问题

消费者问题又称消费者权益问题，是指消费者在生活消费中其合法权益因购买、使用

---

① GARNER. Black's law dictionary ［M］. 7th ed. St. Paul, Minn.: West Group, 1999: 311.

商品或接受服务遭受来自经营者的不法侵害而产生的社会问题。消费者问题是商品经济出现以后才产生的社会问题，是消费者权益保护法产生的根本原因。随着科技的发展、技术的进步，消费者对产品的认识能力严重滞后于经营者，经营者能够利用对产品的信息优势，更巧妙地侵犯消费者权利。相对于组织越来越庞大的经营者，消费者只是孤立分散的个体，越来越处于弱势的地位。

消费者问题发生原因甚多，但主要原因如下：

1. 经济原因

消费者问题是一种社会现象，其本质是经营者利用所处的有利地位损害消费者利益所引发的一系列社会问题。商品的本质决定了经营者与消费者之间存在实际价值与使用价值的利益对立，在追求高利的心理驱动下，经营者在披露商品信息时往往有片面、虚假的倾向，甚至会对商品本身采用欺诈、掺假等手段，这就使消费者的弱势地位问题凸显出来。在现代市场经济条件下，城市化生活方式使人们对商品的依赖性增强；消费者与经营者的实力悬殊；科技的发展、分工的细化使消费者独立判断所选购商品的能力降低；包装技术的发展，新材料、新原料的不断发展和运用又掩盖了商品的瑕疵，为消费者增加了许多潜在的危险；各种推销、宣传、广告等手段的采用使消费者实际上处于盲目的被支配状态；市场全球化和产销多层化导致的消费者救济更为困难；经营者间的联合垄断限制了消费者的选择自由等。因此，消费者保护问题的提出是市场竞争激化的必然结果，是市场经济本身发展难以避免和克服的一种社会现象。①

2. 社会原因

经营者互相结合成为商会或同业公会，具有完善的组织及较强的财力，形成压力团体及利益团体，从而得以强力影响政府的决策及立法。而消费者多属零散群众，欠缺共同利益及权利意识，再加上财力上势单力薄，显然不足以与作为压力团体和利益团体的经营者及其组织对抗。

3. 法律原因

法律制度的不健全使消费者问题进一步激化。现代民法基本上是以个人主义及自由主义为出发点，基于自由平等的理念，以所有权绝对原则、契约自由原则、过失责任及自己责任原则、诚信原则等为立法原则，采用权利与义务对等原则来处理当事人间的权利与义务关系。但随着经济的发展，缺乏消费信息与知识，而且在经济实力及掌握各种知识的能力等均处于劣势地位的消费者，实质上无法以平等之地位主张并实现其应有之权利，所以企业经营者常借契约自由原则之名，滥用格式合同条款，订立不利消费者的条款，消费者毫无磋商及讨价还价之余地，实质上剥夺了消费者的契约自由权。种种不正当行销手段及虚伪夸张不实广告，实质上剥夺了消费者意思决定及选择的自由，因无法证明经营者的故意或过失，以致无法请求损害赔偿，实质上剥夺了消费者请求损害赔偿或其他救济的权利。②

① 丁彩霞. 消费者运动与近代民事立法的变革 [J]. 内蒙古大学学报（人文社会科学版），2000（S1）：119-123.
② 张严方. 消费者保护法研究 [M]. 北京：法律出版社，2003：17.

二、消费者保护运动与消费者权益保护法

（一）消费者保护运动

消费者运动发端于美国。1891年世界上第一个旨在保护消费者利益的消费者组织"纽约消费者协会"在美国纽约市成立。第二次世界大战后，美国经济以惊人的速度增长，与之相伴的是严重的环境破坏、企业事故、缺陷产品致损和道路交通事故，给消费者的人身和财产造成极大损害，在这种背景下，兴起了大规模消费者运动。

之后，消费者运动在其他国家也蓬勃兴起。英国在1957年成立了消费者协会。德国在1952年成立了消费者协会，又于1964年设立商品检验基金会。1960年，由美国、英国、荷兰、澳大利亚、比利时5国消费者组织在海牙（总部现设在英国伦敦）发起成立国际消费者联盟组织，中国消费者协会于1987年被该联盟组织接纳为正式会员。1983年，国际消费者联盟组织将每年的3月15日定为"国际消费者权益日"。自此，消费者运动形成席卷全球、势不可挡的历史潮流。

（二）消费者权益保护法

在西方自由资本主义向垄断资本主义过渡的时期，消费者和经营者的实力出现了严重失衡，超大型的垄断企业开始操控社会各个行业，消费者则沦为经济上的弱者，此时急需形成一股足以与垄断企业相制衡的强大力量以恢复市场的相对平衡，"社会本位"理念则应运而生，法社会学的思潮也随之兴起，国家机器充当了这股强大的制衡力量，而法律又成了国家最重要的调控手段之一。自此，消费者权益保护法在世界各国兴起并不断发展。

国际方面，已经有一批关于国际消费者保护的规范。例如，《保护消费者准则》由国际消费者联盟组织倡导制定，并经联大决议通过，是国际消费者保护方面影响力最大的综合性立法。其主要目标是协助各国加强消费者保护，鼓励企业遵守道德规范，协助各国限制不利于消费者的商业陋习，鼓励消费者组织的发展，推进消费者保护组织的国际合作等。此外，由欧洲理事会制定的《消费者保护宪章》在世界范围内也影响较大。[①]

（三）我国消费者权益保护立法

我国于1993年10月31日第八届全国人民代表大会常务委员会第四次会议通过了第一部关于消费者权益保护的基本法——《消费者权益保护法》，其后于2009年、2013年两次修订。该法的制定和实施对保护消费者的合法权益、维护社会经济秩序、促进社会主义市场经济持续健康发展有十分重要的意义。除此之外，《反不正当竞争法》《产品质量法》《广告法》《中华人民共和国食品卫生法》《中华人民共和国食品安全法》等法律及有关行政法规和地方性法规对保护消费者权益亦作了相关规定，由此形成我国消费者权益保护法体系。

三、《消费者权益保护法》的立法宗旨与基本原则

《消费者权益保护法》是国家基于消费者的弱势地位而给予其特别的保护，以维护真正的公平交易及市场秩序的法律。该法的宗旨在于协调经营者的营利性和社会公益性之间

---

① 杨紫烜. 经济法［M］. 北京：北京大学出版社，2010：247.

的矛盾，兼顾效率与公平，以推动经济的稳定增长，保障社会公共利益和基本人权，从而推动经济和社会的良性运行与协调发展。正如《消费者权益保护法》第一条规定："为保护消费者的合法权益，维护社会经济秩序，促进社会主义市场经济健康发展，制定本法。"

《消费者权益保护法》规定了以下原则：一是经营者应当依法提供商品或者服务的原则；二是经营者与消费者进行交易应当遵循自愿、平等、公平、诚实信用的原则；三是国家保护消费者的合法权益不受侵犯的原则；四是一切组织和个人对损害消费者合法权益的行为进行社会监督的原则。

第二节　消费者的权利与经营者的义务

消费者的权利和经营者的义务是《消费者权益保护法》的主要内容，也是相互矛盾、互为因果的不可分割的统一体。

一、消费者的权利

世界上最早提出消费者权利的是美国前总统肯尼迪。1962年3月15日，肯尼迪向国会提出"关于保护消费者利益的总统特别国情咨文"，首次提出了消费者的4项权利：①有权获得商品的安全保障即安全权；②有权获得正确的商品资料，即知情权；③有权自由决定对商品的选择，即选择权；④有权就消费事务提出意见，即建议权。这项特别国情咨文具有原创性的历史意义，因此，如前所述，1983年国际消费者联盟组织决定将每年的3月15日确定为"国际消费者权益日"。之后，消费者权利得到世界范围内的公认，并在其他国家蓬勃发展。1969年，美国总统尼克松又提出，消费者在其财产或人身遭受损害时具有要求获得适当补偿的权利，即消费者享有索赔权。[①]

消费者的权利和经营者的义务是《消费者权益保护法》的核心内容。消费者的权利是指消费者在消费活动中，即在购买、使用商品和接受服务过程中，依照法律规定所享有的各种权利。《消费者权益保护法》对消费者应享受的权利作了详细规定。

1.安全权

安全权是指消费者在购买、使用商品和接受服务时享有的保障其人身、财产安全不受侵害的权利。它是消费者最基础的权利要求，其他权利以之为基础。安全权又包括以下两个方面：

（1）人身安全权。它包括：其一，生命安全权，即消费者生命不受危害的权利，如因食品有毒而致消费者死亡，即侵犯了消费者的生命权；其二，健康安全权，即消费者的身体健康状况不受损害的权利，如食物不卫生而使消费者中毒或因电器爆炸致消费者残废等均属侵犯消费者的健康安全权。

（2）财产安全权，即消费者的财产不受损失的权利。财产损失有时表现为财产在外观上发生损毁，有时则表现为价值的减少。[②]

2.知情权

知情权是指消费者在消费时享有知悉其购买、使用的商品或接受的服务的真实情况的

---

① 刘益灯. 国际消费者保护法律制度研究［M］. 北京：中国方正出版社，2005：9.
② 许永俊. 消费者权益保护法——案例·学理精解［M］. 北京：中国经济出版社，2004.

权利。根据《消费者权益保护法》，消费者有权知悉产品的各方面信息，包括：

（1）有关商品或者服务的基本情况，主要包括知悉商品的名称、注册商标、产地、生产者名称、生产日期、有效期限，以及服务的内容、规格、费用等。

（2）有关商品的技术指标情况，主要包括知悉商品用途、性能、规格、等级、主要成分、有效期限、检验合格证明、使用方法说明书等。

（3）有关商品或服务的价格以及商品的售后服务情况，主要包括知悉商品的价格和服务的价格，以及知悉商品有无质量担保期、服务的方式、服务是否收费等情况。

案例窗 8-2

3.选择权

选择权是指消费者享有自主选择商品或者服务的权利。消费者的选择权包括：①自主选择提供商品或者服务的经营者；②自主选择商品品种或者服务方式；③自主决定购买或者不购买任何一种商品、接受或不接受任何一项服务；④在自主选择商品或者服务时，有权进行比较、鉴别和挑选。

4.公平交易权

公平交易权是指消费者在购买、使用商品或者接受服务时所享有的获得公平交易条件的权利。《消费者权益保护法》规定，消费者在购买商品或者接受服务时，有权获得质量保障、价格合理、计量正确等公平交易条件，有权拒绝经营者的强制交易行为。同时，《反不正当竞争法》《中华人民共和国计量法》《价格法》《产品质量法》等也严格禁止强制交易、定价不合理、计量不足、质量不合格等损害消费者公平交易权的行为。

5.依法求偿权

这是指消费者在因购买、使用商品或接受服务受到人身、财产损害时享有的要求获得赔偿的情况。依法求偿权是弥补消费者损害的必不可少的救济性权利。为了保障消费者的索赔权能得到充分的实现，法律规定了多种实现索赔权的途径。联合国《保护消费者准则》第28条规定："各国政府应当制定并维护法律，使消费者或有关组织能够通过迅速、公平、花费不多和容易进行的正式或非正式的程序取得赔偿。"享有求偿权的主体包括：①商品的购买者、使用者；②服务的接受者；③第三人，指消费者之外的因某种原因在事故发生现场而受到损害的人。求偿的内容包括：①人身损害的赔偿，无论是生命健康还是精神方面的损害均可要求赔偿；②财产损害的赔偿，依照《消费者权益保护法》和《民法典》"合同编"等相关法律，包括直接损失及可得利益的损失。

6.依法结社权

这是指消费者有权依法成立维护自身合法权益的社会组织，目前主要是各级消费者协会。消费者作为弱者，靠自己单个的力量难以维护自身合法权益，依法行使结社权，可以使消费者由弱小、分散变得集中、强大，并通过集体的力量来改变自己的弱势地位，以尽可能获得与实力雄厚的经营者实质上的地位平等。宪法规定公民有依法结社的权利，消费者的结社权正是这一根本权利的体现。

7.获得消费教育权

这是指消费者享有获得有关消费者和消费者权益保护方面知识的权利。只有保障消费者获得消费教育权，才能使消费者更好地掌握商品和服务的知识和使用技能，以使其正确使用商品和接受服务，提高自我保护意识。这主要包括以下几个方面：①消费者享有获得与商品和服务密切相关的知识与信息的权利；②消费者有获得有关消费者利益保护方面的法律知识的权利；③消费者享有获得有关消费咨询的权利。

8.维护尊严权

消费者的维护尊严权是指消费者在购买、使用商品和接受服务时所享有的使其人格尊严、民族风俗习惯得到尊重的权利。消费者享有维护自身人格尊严的权利，首先，意味着消费者的人格权不受侵犯；其次，意味着消费者的民族风俗习惯受到尊重；最后，消费者享有个人信息依法得到保护的权利。

9.监督批评权

监督批评权是指消费者享有的对商品和服务以及保护消费者权益工作进行监督的权利。监督批评权包括消费者有权检举、控告侵害消费者权益的行为和国家机关工作人员在保护消费者权益工作中的违法失职行为，有权对保护消费者权益工作提出批评、建议。

10.退货权

《消费者权益保护法》第二十五条规定，经营者采用网络、电视、电话、邮购等方式销售商品，消费者有权自收到商品之日起7日内退货，且无须说明理由，但下列商品除外：①消费者定做的；②鲜活易腐的；③在线下载或者消费者拆封的音像制品、计算机软件等数字化商品；④交付的报纸、期刊。除上述所列商品外，其他根据商品性质并经消费者在购买时确认不宜退货的商品，不适用无理由退货。

消费者退货的商品应当完好。经营者应当自收到退回商品之日起7日内返还消费者支付的商品价款。除经营者和消费者另有约定的外，退回商品的运费由消费者承担。

案例窗8-3

二、经营者的义务

经营者是为消费者提供商品和服务的市场主体，是与消费者直接进行交易的另一方。经营者的义务是与消费者的权利相对应的，消费者的权利能否实现取决于经营者是否依法履行了其应尽的义务。《消费者权益保护法》第三章对经营者的义务作了全面的规定。

1.遵守法定义务或约定义务

经营者向消费者提供商品或者服务，应当履行《产品质量法》和其他有关法律、法规规定的义务。法律主要是禁止生产者、销售者向消费者提供不合格的产品。经营者和消费者有约定的，应当按照约定履行义务，但双方的约定不得违背法律、法规的规定。但现实中，经常发生经营者凭借其优势地位以约定的方式利用格式合同、免责条款等损害消费者合法权益的现象。

2.听取意见和接受监督的义务

经营者应当听取消费者对其提供的商品或者服务的意见，接受消费者的监督，不得以任何方式拒绝消费者的监督。法律规定经营者的这一义务，有利于提高和改善消费者的地位。

3.保障消费者人身和财产安全的义务

此义务和消费者的安全权相对应，经营者应当保证其提供的商品或服务符合保障人身、财产安全的要求：

（1）对于可能危及人身、财产安全的商品或服务，应当向消费者作出真实的说明和明确的警示，并说明和表明正确使用商品或服务的方法及防止危害发生的方法。

（2）经营者发现其提供的商品或服务存在严重缺陷，即使正确使用商品或接受服务仍然可能对人身、财产安全造成危害的，应当立即向有关部门报告和告知消费者，并应采取防止危害发生的措施。

（3）宾馆、商场、餐馆、银行、机场、车站、港口、影剧院等经营场所的经营者，应当对消费者尽到安全保障义务。

《消费者权益保护法》第十九条还规定，经营者发现其提供的商品或者服务存在缺陷，有危及人身、财产安全的，应当立即向有关行政部门报告和告知消费者，并采取停止销售、警示、召回、无害化处理、销毁、停止生产或者服务等措施。采取召回措施的，经营者应当承担消费者因商品被召回支出的必要费用。

4.提供真实、明确信息的义务

为了保证消费者知情权的实现，经营者向消费者提供有关商品或者服务的质量、性能、用途、有效期限等信息，应当真实、全面，不得作虚假或者引人误解的宣传。经营者对消费者就其提供的商品或者服务的质量和使用方法等问题提出的询问，应当作出真实、明确的答复。在价格标示方面，经营者提供商品或者服务应当明码标价。

《消费者权益保护法》第二十八条还规定，采用网络、电视、电话、邮购等方式提供商品或者服务的经营者，以及提供证券、保险、银行等金融服务的经营者，应当向消费者提供经营地址、联系方式、商品或者服务的数量和质量、价款或者费用、履行期限和方式、安全注意事项和风险警示、售后服务、民事责任等信息。

案例窗8-4

5.出具相应的凭证和单据的义务

经营者提供商品或服务，应当按照国家有关规定或商业惯例向消费者出具发票等购货凭证或服务单据；消费者索要发票等购货凭证或服务单据的，经营者必须出具。由于发票等购货凭证或服务单据具有重要的证据价值，对于界定消费者和经营者的权利与义务也具有重要意义，因此明确经营者出具相应的发票等购货凭证和服务单据的义务，有利于保护消费者权益。

6.品质担保的义务

经营者有义务为消费者提供符合品质要求的商品和服务：

（1）经营者应当保证在正常使用商品或者接受服务的情况下其提供的商品或者服务应当具有的质量、性能、用途和有效期限；但消费者在购买该商品或者接受该服务前已经知道其存在瑕疵，且存在该瑕疵不违反法律强制性规定的除外。

（2）经营者以广告、产品说明、实物样品或者其他方式表明商品或者服务的质量状况的，应当保证其提供的商品或者服务的实际质量与表明的质量状况相符。

（3）经营者提供的机动车、电视机、电冰箱、空调器、洗衣机等耐用商品或者装饰装修等服务，消费者自接受商品或者服务之日起6个月内发现瑕疵，发生争议的，由经营者承担有关瑕疵的举证责任。

《消费者权益保护法》第二十四条还规定，经营者提供的商品或者服务不符合质量要求的，消费者可以依照国家规定、当事人约定退货，或者要求经营者履行更换、修理等义务。没有国家规定和当事人约定的，消费者可以

案例窗8-5

自收到商品之日起7日内退货；7日后符合法定解除合同条件的，消费者可以及时退货，不符合法定解除合同条件的，可以要求经营者履行更换、修理等义务。依照前述规定进行退货、更换、修理的，经营者应当承担运输等必要费用。

7.保证提供可提供的商品或服务的义务

经营者对已有的、可提供的商品和服务，应当保证提供；不得寻找借口拒绝提供，如对供不应求的紧俏商品不上柜台而进行内部销售、出租车司机无正当理由而拒载等。

8.售后服务的义务

为防止某些经营者重销售、轻售后服务的现象，切实保障消费者权益的实现，法律规定经营者必须建立健全售后服务体系。经营者提供商品或者服务，按照国家规定或者与消费者的约定，应承担包修、包换、包退或者其他售后责任的，应当按照国家规定或者约定履行，不得故意拖延或者无礼拒绝。

9.不得从事不公平、不合理的交易的义务

经营者向消费者提供商品或者服务，应当恪守社会公德，诚信经营，保障消费者的合法权益；不得设定不公平、不合理的交易条件，不得强制交易。为了保证消费者的公平交易权，经营者不得以格式条款（合同）、通知、声明、店堂告示等方式对消费者作出不公平、不合理的规定，或减轻、免除其损害消费者合法权益应当承担的民事责任，不得利用格式条款并借助技术手段强制交易。格式条款、通知、声明、店堂告示等含有上述所列内容的，其内容无效。

经营者在经营活动中使用格式条款的，应当以显著方式提请消费者注意商品或者服务的数量和质量、价款或者费用、履行期限和方式、安全注意事项和风险警示、售后服务、民事责任等与消费者有重大利害关系的内容，并按照消费者的要求予以说明。

10.尊重消费者人格的义务

经营者应当尊重消费者的人格，不得对消费者进行侮辱、诽谤，不得搜查消费者的身体及其携带的物品，不得侵犯消费者的人身自由，不得侵害消费者的身体健康和生命安全。

11.不侵犯消费者信息权的义务

《消费者权益保护法》第二十九条规定，经营者收集、使用消费者个人信息，应当遵循合法、正当、必要的原则，明示收集、使用信息的目的、方式和范围，并经消费者同意。经营者收集、使用消费者个人信息，应当公开其收集、使用规则，不得违反法律、法规的规定和双方的约定收集、使用信息。经营者及其工作人员对收集的消费者个人信息必须严格保密，不得泄露、出售或者非法向他人提供。经营者应当采取技术措施和其他必要措施，确保信息安全，防止消费者个人信息泄露、丢失；在发生或者可能发生信息泄露、丢失的情况时，应当立即采取补救措施。经营者未经消费者同意或者请求，或者消费者明确表示拒绝的，不得向其发送商业性信息。

第三节　消费者权益的保护体系

保护消费者的合法权益，不仅要靠经营者承担直接法律责任，而且需要靠国家和社会各方面力量形成一个保护体系，互相配合，这样才能使消费者的合法权益真正得到保护。

一、国家对消费者权益的保护

（一）在立法方面的保护

有法可依是保护消费者权益的前提，国家立法机关通过制定《消费者权益保护法》，作为对消费者权益保护的基本法律基础，同时制定一系列相应的法律、法规，如《产品质量法》《广告法》《欺诈消费者行为处理办法》等，形成了一个多角度、大范围的法律体系，全方位地保护消费者权益。

（二）行政保护

行政保护即国家各级行政机关通过组织、管理、协调、监督等手段贯彻执行《消费者权益保护法》，保护消费者合法权益，落实保护消费者合法权益的职责。根据《消费者权益保护法》，各级人民政府以及各级市场监督管理部门、物价、卫生、食品检验、商检等行政管理机关，均应在各自的职责范围内，依法加强对经营者的监督管理，保护消费者的合法权益。各行政管理部门都应开辟渠道，听取消费者及社会团体对经营者的交易行为、商品和服务质量的意见，并及时查处解决。消费者向有关行政部门投诉的，该部门应当自收到投诉之日起7个工作日内，予以处理并告知消费者。

有关行政部门在各自的职责范围内，应当定期或者不定期对经营者提供的商品和服务进行抽查检验，并及时向社会公布抽查检验结果。有关行政部门发现并认定经营者提供的商品或者服务存在缺陷，有危及人身、财产安全危险的，应当立即责令经营者采取停止销售、警示、召回、无害化处理、销毁、停止生产或者服务等措施。

（三）司法保护

对违法犯罪行为有惩处权的有关国家机关，如公安机关、检察机关、人民法院等，应当依照法律、法规的规定，惩处经营者在提供商品和服务中侵害消费者合法权益的违法犯罪行为，做到及时处理、及时审判，高效地保护消费者合法权益。

二、社会对消费者权益的保护

国家鼓励、支持一切组织和个人对损害消费者合法权益的行为进行社会监督。

（一）舆论监督

大众传播媒介有责任做好维护消费者合法权益的宣传工作，对损害消费者合法权益的行为进行舆论监督，特别要发挥电视、报刊、网络等大众传播媒介的作用积极宣传《消费者权益保护法》和消费知识；同时，对侵害消费者合法权益的行为进行批评、曝光，任何单位和个人不得干涉新闻机构对保护消费者权益的舆论监督活动。

（二）消费者组织的保护

在保护消费者合法权益方面，各种消费者组织起着至关重要的作用，《消费者权益保护法》第五章对其作了专门的规定。目前，我国消费者组织的主要形式是各地的消费者协会。中国消费者协会于1984年在北京成立，目前，各省（自治区、直辖市）、市、县都有消费者协会，不少地区的街道、乡、村也设有消费者协会，形成了遍布全国的消费者权益保护网，对保护消费者权益发挥了重要的作用。消费者协会必须依法履行其职能，各级人民政府对消费者协会履行职责应当予以必要的经费等支持。

（1）消费者组织的特征是：①它是依法成立的社会组织；②其任务是对商品和服务进行社会监督；③其宗旨和目的是保护消费者的合法权益；④不得从事营利性活动或服务，不得以牟利为目的向社会推荐商品和服务。

（2）消费者协会应当履行的职责是：①向消费者提供消费信息和咨询服务，提高消费者维护自身合法权益的能力，引导文明、健康、节约资源和保护环境的消费方式；②参与制定有关消费者权益的法律、法规、规章和强制性标准；③参与有关行政部门对商品和服务的监督、检查；④就有关消费者合法权益的问题，向有关部门反映、查询，提出建议；⑤受理消费者的投诉，并对投诉事项进行调查、调解；⑥投诉事项涉及商品和服务质量问题的，可以委托具备资格的鉴定人鉴定，鉴定人应当告知鉴定意见；⑦就损害消费者合法权益的行为，支持受损害的消费者提起诉讼或者依照《消费者权益保护法》提起诉讼；⑧对损害消费者合法权益的行为，通过大众传播媒介予以揭露、批评。

消费者协会应当认真履行保护消费者合法权益的职责，听取消费者的意见和建议，接受社会监督。依法成立的其他消费者组织依照法律、法规及其章程的规定，开展保护消费者合法权益的活动。

（三）公益诉讼

公益诉讼是一项重要的权利救济手段，是指任何人和任何组织，可以根据法律的授权，对违反法律，侵犯国家利益、社会公共利益以及不特定个人利益的行为，向人民法院提起诉讼，人民法院依法追究违法者法律责任的诉讼活动。

《消费者权益保护法》第四十七条规定，对侵害众多消费者合法权益的行为，中国消费者协会以及在省、自治区、直辖市设立的消费者协会，可以向人民法院提起诉讼。公益诉讼将成为消费者权益保护的有力武器。2016年2月1日通过的《最高人民法院关于审理消费民事公益诉讼案件适用法律若干问题的解释》明确了消费民事公益诉讼原告资格、适用范围、消费领域社会公共利益类型化、管辖法院、原告处分权的限制、公益诉讼与私益诉讼的关系、请求权类型及责任承担方式、裁判既判力等问题，为构建和谐、公平、诚信的消费市场秩序提供有力的司法保障。

拓展阅读 8-1

三、消费者权益争议的解决

消费者权益争议是指消费者在消费过程中权益受到侵害而与经营者、生产者发生的争议。其解决由于消费者的选择不同而具有不同的途径，但不管途径如何，最终都必须要有人对消费者承担侵权责任。

（一）争议的解决途径

依据《消费者权益保护法》，消费者与经营者发生争议时，可以通过下列途径解决：
（1）与经营者协商和解。消费争议发生后，消费者可以直接向经营者或生产者交涉、索赔，达成和解协议，解决消费纠纷。

（2）请求消费者协会或者依法成立的其他调解组织调解。这种方式是在消费者协会的主持下，使争议双方自愿达成和解协议。消费者协会的调解属民间调解，其调解协议不具有法律强制力，要靠双方自愿履行。

（3）向有关行政部门申诉。消费争议发生后，消费者可以根据商品或服务的性质以及侵害事由向市场监督管理部门申诉，有关部门应当及时查处。

（4）向仲裁机构申请仲裁。仲裁是由争议双方根据达成的仲裁协议，将有关争议提交仲裁机构进行裁决来解决争议的方式。仲裁机构的裁决是最终裁决，当事人应自觉履行，不得再行起诉。

（5）向人民法院提起诉讼。消费争议双方没有签订仲裁条款或协议的，不论是否经过协商、调解、申诉等，消费者都可以直接向人民法院起诉。

（二）最终承担损害赔偿责任的主体的确定

1.由生产者、销售者、服务者承担

（1）消费者在购买、使用商品时，其合法权益受到损害的，可以向销售者要求赔偿。销售者赔偿后，属于生产者的责任或者属于向销售者提供商品的其他销售者的责任的，销售者有权向生产者或其他销售者追偿。

（2）消费者或者其他受害人因商品缺陷造成人身、财产损害的，可以向销售者要求赔偿，也可以向生产者要求赔偿。属于生产者责任的，销售者赔偿后，有权向生产者追偿；属于销售者责任的，生产者赔偿后，有权向销售者追偿。

（3）消费者在接受服务时，其合法权益受到损害时，可以向服务者要求赔偿。

（4）消费者在展销会、租赁柜台购买商品或者接受服务，其合法权益受到损害的，可以向销售者或服务者要求赔偿。展销会结束或者柜台租赁期满后，也可以向展销会的举办者、柜台的出租者要求赔偿。展销会的举办者、柜台的出租者赔偿消费者后，有权向销售者或者服务者追偿。

（5）消费者通过网络交易平台购买商品或者接受服务，其合法权益受到损害的，可以向销售者或者服务者要求赔偿。网络交易平台提供者不能提供销售者或者服务者的真实名称、地址和有效联系方式的，消费者也可以向网络交易平台提供者要求赔偿；网络交易平台提供者作出更有利于消费者的承诺的，应当履行承诺。网络交易平台提供者赔偿后，有权向销售者或者服务者追偿。网络交易平台提供者明知或者应知销售者或服务者利用其平台侵害消费者合法权益，未采取必要措施的，依法与该销售者或者服务者承担连带责任。

2.由变更后的企业承担

消费者在购买、使用商品或者接受服务时，其合法权益受到损害，因原企业分立、合并的，可以向变更后承担其权利与义务的企业要求赔偿。

3.由营业执照的使用人或持有人承担

使用他人营业执照的违法经营者提供商品或者服务，损害消费者合法权益的，消费者可向其要求赔偿，也可以向营业执照的持有人要求赔偿。

4.由从事虚假广告行为的经营者和广告的经营者承担

当消费者因经营者利用虚假广告或者其他虚假宣传方式提供商品或者服务，其合法权益受到损害的，可以向经营者要求赔偿。广告经营者和发布者发布虚假广告的，消费者可以请求行政主管部门予以惩处。广告经营者和发布者不能提供经营者的真实名称、地址和有效联系方式的，应当承担赔偿责任。广告经营者和发布者设计、制作、发布关系消费者生命健康商品或者服务的虚假广告，造成消费者损害的，应当与提供该商品或者服务的经营者承担连带责任。社会团体或者其他组织、个人在关系消费者生命健康商品或者服务的虚假广告或者其他虚假宣传中向消费者推荐商品或者服务，造成消费者损害的，应当与提供该商品或者服务的经营者承担连带责任。

四、法律责任的确定

根据相关法律规定，侵犯消费者的侵权当事人承担的责任可分为民事责任、行政责任和刑事责任，具体承担何种责任要根据不同案例来确定。

（一）民事责任的确定

1.侵犯人身权的民事责任

《消费者权益保护法》第四十九条规定，经营者提供商品或者服务，造成消费者或者其他受害人人身伤害的，应当赔偿医疗费、护理费、交通费等为治疗和康复支出的合理费用，以及因误工减少的收入；造成残疾的，还应当赔偿残疾生活辅助器具费和残疾赔偿金；造成死亡的，还应当赔偿丧葬费和死亡赔偿金。第五十条规定，经营者侵害消费者的人格尊严、侵犯消费者人身自由或者侵害消费者个人信息依法得到保护的权利的，应当停止侵害、恢复名誉、消除影响、赔礼道歉，并赔偿损失。第五十一条规定，经营者有侮辱诽谤、搜查身体、侵犯人身自由等侵害消费者或者其他受害人人身权益的行为，造成严重精神损害的，受害人可以要求精神损害赔偿。

2.侵犯消费者财产权的民事责任

（1）经营者提供商品或者服务，造成消费者财产损害的，应当依照法律规定或者当事人约定承担修理、重作、更换、退货、补足商品数量、退还货款和服务费用或者赔偿损失等民事责任。

（2）经营者提供商品或者服务有下列情形之一的，除《消费者权益保护法》另有规定外，应当依照其他有关法律、法规的规定，承担民事责任：①商品或者服务存在缺陷的；②不具备商品应当具备的使用性能而出售时未作说明的；③不符合在商品或者其包装上注明采用的商品标准的；④不符合商品说明、实物样品等方式表明的质量状况的；⑤生产国家明令淘汰的商品或者销售失效、变质的商品的；⑥销售的商品数量不足的；⑦服务的内容和费用违反约定的；⑧对消费者提出的修理、重作、更换、退货、补足商品数量、退还货款和服务费用或者赔偿损失的要求，故意拖延或者无理拒绝的；⑨法律、法规规定的其他损害消费者权益的情形；⑩经营者对消费者未尽到安全保障义务，造成消费者损害的，应当承担侵权责任。

（3）经营者以预收款方式提供商品或者服务的，应当按照约定提供；未按照约定提供的，应当按照消费者的要求履行约定或者退回预付款，并应当承担预付款的利息、消费者必须支付的合理费用。

（4）依法经有关部门认定为不合格的商品，消费者要求退货的，经营者应当负责退货。

（5）除法律另有规定外，经营者提供商品或者服务有欺诈行为的，应当按照消费者的要求增加赔偿其受到的损失，增加赔偿的金额为消费者购买商品的价款或者接受服务的费用的3倍；增加赔偿的金额不足500元的，为500元。

（6）经营者明知商品或者服务存在缺陷，仍然向消费者提供，造成消费者或者其他受害人死亡或者健康严重损害的，受害人有权要求经营者依照《消费者权益保护法》第四十九条、第五十一条等法律赔偿损失，并有权要求所受损失2倍以下的惩罚性赔偿。

拓展阅读8-2

案例窗8-6

（二）行政责任的确定

（1）经营者有下列情形之一，除承担相应的民事责任外，其他有关法律、法规对处罚机关和处罚方式有规定的，依照法律、法规的规定执行；法律、法规未作规定的，由市场监督管理部门或者其他有关行政部门责令改正，可以根据情节单处或者并处警告、没收违法所得、处以违法所得1倍以上10倍以下的罚款，没有违法所得的，处以50万元以下的罚款；情节严重的，责令停业整顿、吊销营业执照：①提供的商品或者服务不符合保障人身、财产安全要求的；②在商品中掺杂、掺假，以假充真，以次充好，或者以不合格商品冒充合格商品的；③生产国家明令淘汰的商品或者销售失效、变质的商品的；④伪造商品的产地，伪造或者冒用他人的厂名、厂址，篡改生产日期，伪造或者冒用认证标志等质量标志的；⑤销售的商品应当检验、检疫而未检验、检疫或者伪造检验、检疫结果的；⑥对商品或者服务作虚假或者引人误解的宣传的；⑦拒绝或者拖延有关行政部门责令对缺陷商品或者服务采取停止销售、警示、召回、无害化处理、销毁、停止生产或者服务等措施的；⑧对消费者提出的修理、重作、更换、退货、补足商品数量、退还货款和服务费用或者赔偿损失的要求，故意拖延或者无理拒绝的；⑨侵害消费者人格尊严、侵犯消费者人身自由或者侵害消费者个人信息依法得到保护的权利的；⑩法律、法规规定的对损害消费者权益应当予以处罚的其他情形。

经营者有上述规定情形的，除依照法律、法规规定予以处罚外，处罚机关应当记入信用档案，向社会公布。经营者对行政处罚决定不服的，可以依法申请行政复议或者提起行政诉讼。经营者违反《消费者权益保护法》规定，应当承担民事赔偿责任和缴纳罚款、罚金；其财产不足以同时支付的，先承担民事赔偿责任。

（2）以暴力、威胁等方法阻碍有关部门工作人员依法执行职务的，依法追究刑事责任；拒绝、阻碍有关部门工作人员依法执行职务，未使用暴力、威胁方法的，由公安机关依照《中华人民共和国治安管理处罚法》处罚。

（3）国家机关工作人员有玩忽职守或者包庇经营者侵害消费者合法权益的行为，由其所在单位或者上级机关给予行政处分。

（三）刑事责任的确定

（1）经营者提供商品或者服务，造成消费者或者其他受害人人身伤害或死亡，构成犯罪的，应依法追究刑事责任。

（2）以暴力、威胁等方法阻碍有关部门工作人员依法执行职务的，应依法追究刑事责任。

（3）国家机关工作人员有玩忽职守或者包庇经营者侵害消费者合法权益的行为，构成犯罪的，应依法追究刑事责任。

关键术语

消费（consume）　消费者（consumer）　生活消费（consume of living）　消费者权益（rights and interests of consumers）　经营者（proprietor）　经营者义务（incumbency of proprietors）　消费者权益保护法（Law on Protecting Rights and Interests of Consumers）消费争议（dissension between consumers and proprietors）

基本训练

一、单选题

1.《消费者权益保护法》调整的对象是（　　）。

　A.消费者为生产需要购买，使用商品或接受服务时所发生的法律关系

　B.各商家为经营需要而发生的购销关系

　C.消费者为生活消费需要购买，使用商品或者接受服务时所发生的法律关系

　D.消费者为营利而进行的购销活动

2.经营者提供商品或者服务时，消费者索要购货凭证或服务单据，经营者（　　）。

　A.可与消费者协商办理　　　　　　B.对金额较小的可不出具

　C.对金额较大的必须出具　　　　　D.必须出具

3.“售出商品概不退换”侵犯了消费者的（　　）。

　A.依法求偿权　　B.公平交易权　　　C.知悉真情权　　　D.自主选择权

4.经营者提供商品或者服务有欺诈行为的，应当按照消费者的要求增加赔偿其受到的损失，增加赔偿的金额为消费者购买商品的价款或接受服务的费用的（　　）。

　A.1倍　　　　　　　B.2倍　　　　　　　C.3倍　　　　　　　D.4倍

5.甲厂生产一种易拉罐装碳酸饮料。消费者丙从乙商场购买这种饮料后，在开启时被罐内强烈气流炸伤眼部，下列答案中最正确的是（　　）。

　A.丙只能向乙索赔

　B.丙只能向甲索赔

　C.丙只能向消费者协会投诉，请其确定向谁索赔

　D.丙可向甲、乙中的一个索赔

二、多选题

1.消费者和经营者发生消费者权益争议的,可以通过下列(   )途径解决。

A.与经营者协商和解

B.请求消费者协会调解

C.根据与经营者达成的仲裁协议提请仲裁机构仲裁

D.向有关行政部门申诉

2.经营者以(   )等方式表示商品或服务的质量状况的,应保证其提供的商品或服务的实际质量与表明质量状况相符。

A.书面合同条款   B.产品说明   C.广告   D.实物样品

3.经营者侵害消费者的人格尊严或者侵犯消费者人身自由的,应当(   )。

A.停止侵害   B.恢复名誉   C.消除影响   D.赔礼道歉

4.生产者在(   )情况下不对消费者负责赔偿。

A.消费者从销售者处购买的化妆品不具有包装上标明的使用效果

B.某人从生产者处盗窃其开发中的高压锅样品,在使用时被炸伤

C.因销售者贮存不当致使药品变质而使某患者服药后过敏

D.消费者使用产品后发生不适,但现在科学技术无法证明产品与不适之间的关系

5.《消费者权益保护法》中所称的经营者包括(   )。

A.服务者   B.中介者   C.生产者   D.销售者

6.为了保护消费者的公平交易权,经营者不得以(   )方式作出对消费者不公平、不合理的规定。

A.声明   B.通知   C.店堂告示   D.格式合同

7.消费者的自主选择权包括(   )。

A.自主挑选商品   B.自主选择服务方式

C.自主选择经营者   D.自主决定不购买某种商品

8.使用他人营业执照的违法经营者提供商品或服务,损害消费者合法权益的,消费者可向(   )。

A.消费者协会要求赔偿   B.核发营业执照的管理部门要求赔偿

C.侵权人要求赔偿   D.营业执照的持有人要求赔偿

三、简答题

1.消费者有哪些基本权利?

2.经营者有哪些义务?

3.消费者权益保护的社会途径有哪些?

4.消费者协会有哪些职责?

四、实务题

在某广场的某时装店内,某公司的两名女员工正在看时装。其中一名女员工让女营业员拿出一件价值3 888元的女装试穿,试穿后觉得不理想,准备离开。这时营业员将她拦住,说不能只试穿,要么将这件时装买下,要么得给100元的试穿费;否则,不许离开店堂。无奈,另外一名女员工离开时装店找到区消协投诉。区消协同志到达该店后,两名营业员仍然态度蛮横,口出污言,扣留试穿女员工长达2个小时。为了严肃法纪,区消协的

同志找到该时装店的主管单位，要求其向被无理扣留的消费者赔礼道歉并给予精神赔偿。公司经理对营业员无理扣留消费者事件很重视，当即表示将那两名营业员辞退，并郑重向消费者道歉，赔偿消费者3 000元的精神损失费。

问题：

（1）本案中时装店侵犯了消费者的哪些权利？

（2）本案应如何处理？

第九章　税收法律制度

学习目标

◆ 重点掌握增值税、消费税、所得税、印花税、房产税等主要税种的具体规定。

◆ 掌握流转税、所得税、财产税、行为税、资源税法律制度和税收征收管理制度。

◆ 了解税收的概念及特征、税法的构成要素和基本原则。

第一节　税收法律制度概述

税收制度的建立和完善程度是决定国家经济发展顺利程度的重要因素。税收法律制度是国家通过法律、法规建立起来的以税种体系、税收管理体制和征收管理制度等为内容的税收制度的总称。

一、税收概述

税收是财政收入的主要来源，是社会经济发展的主要财力保障，其本质是一种分配关系。税收虽说具有稳定性，但也会随着社会经济的发展而不断调整。

（一）税收的概念

税收，或称租税、赋税、捐税等，简称税，是国家为了实现其公共职能而凭借其政治权力，依法强制、无偿地取得财政收入的活动或手段。它体现了国家主权和国家权力。

（二）税收的特征

税收作为政府筹集财政收入的一种主要形式，同其他财政收入形式相比，具有以下特征：

（1）强制性。这是指税收参与社会产品的分配是依据国家的政治权力，具体表现在税收是以国家法律的形式规定的，税法作为国家法律的组成部分，任何单位和个人都必须遵守，依法按时纳税。

（2）无偿性。这是指在具体征税过程中，国家征税后税款为国家所有，不再直接归还给纳税人。税收的无偿性是相对的，从财政活动的整体来看，税收最终通过政府提供公共产品等方式用之于纳税人，体现了税收取之于民、用之于民的本质。

（3）固定性。这是指税收是国家按照法律规定的范围、标准和环节征收的，这些规定在一定时间内具有相对的稳定性。税收的固定性包括两层含义：第一，税收征收总量的有限性。征税的标准事先确定，且政策短期内不会改变。第二，税收征收具体操作的确定性。税法确定了课税对象及征收比例或数额，具有相对稳定、连续的特点，征纳双方都不可随意改变。

（三）税收的职能

（1）财政职能。税收是财政收入的主要来源，组织财政收入是税收的重要职能。税收具有强制性、无偿性、固定性的特点，筹集财政收入稳定可靠。

（2）经济职能。税收是调控经济运行的重要手段。经济决定税收，税收反作用于经济。税收作为掌握在国家手中的一个重要工具，按照国民经济发展和国家政策的要求，通过征税与免税、多征与少征，可以调节生产、分配和消费，直接影响经济的运行。

（3）监督职能。通过税收征收管理工作中税源变化、收入的多寡等能及时反映出企业的生产经营状况，并促进企业加强经济核算，改善经营管理。税收可以为国家宏观调控提供信息，从而为政府的计划决策提供依据；同时，通过税务监督，查处各类税务违法犯罪案件。

二、税法概述

税法是一国税收制度建立的基础，有其自身的特征。税法主要规定了税收的原则、构成要素以及减免等内容。

（一）税法的概念及特征

税法是指国家机关制定的有关调整税收分配过程中形成的权利与义务关系的法律规范的总称。换言之，税法就是调整税收关系的法律规范的总称。税法是税收制度的核心内容。

税法除具有一般法律规范的共同特征外，还有区别于其他法律规范的自身的特征，主要表现在：①税法以确认征税权利和纳税义务为主要内容。②税法是实体法与程序法的结合。③税法具有高度的集中性和原则性。凡属税种的开征或停征、税目增减、税率调整，均应由国家最高权力机关制定法律予以规定。④税法在确定税法主体的权利与义务关系上，征纳双方的权利和义务具有不对等性。[①]

拓展阅读9-1

（二）税法的构成要素

税法的构成要素一般包括纳税主体、征税客体、税目、税率、纳税环节、纳税期限、纳税地点、减税免税、违章处理。

（1）纳税主体，又称纳税义务人，是指税法规定的直接负有纳税义务的单位和个人。纳税主体不同于税收主体，税收主体指的是国家，在我国，代表国家行使征税权力的机关分别是税务机关、财政机关和海关。税法中往往还规定扣缴义务人，即负有代扣代缴、代收代缴税款义务的单位和个人。

（2）征税客体，即征税对象，主要是指税收法律关系中征纳双方权利与义务所指向的物或行为。这是区分不同税种的主要标志。我国现行税收法律、法规都有自己特定的征税对象，根据征税对象之不同可把我国税收分为流转税、所得税、财产税、行为税和资源税。

---

① 闫卫兵. 中国税法［M］. 贵州：贵州人民出版社，2008：21-22.

（3）税目，是指税法中规定的征税对象的具体项目，是征税对象的具体化。例如，消费税具体规定了烟、酒、高档化妆品等10多个税目。当然，并非所有的税种都规定税目，有些税种的征税对象简单、明确，没有另行规定税目的必要，如房产税等。

（4）税率，是对征税对象的征收比例或征收额度。税率既是计算税额的尺度，也是衡量税负轻重与否的重要标志。我国现行的税率主要有以下几种：

①定额税率，即按征税对象确定的计算单位，直接规定一个固定的税额。目前采用定额税率的有资源税、城镇土地使用税、车船税等。

②比例税率，即对同一征税对象，不分数额大小，规定相同的征收比例。比例税率可以分为单一比例税率、差别比例税率和幅度比例税率。我国的增值税、城市维护建设税、企业所得税等采用的是比例税率。

③累进税率，是指随着征税对象的数额由低到高逐级增加，所适用的税率也随之逐级提高。累进税率又有超额累进税率和超率累进税率两种形式。超额累进税率即把征税对象按数额的大小分成若干等级，每等级规定一个税率，税率依次提高，但每一纳税人的征税对象则依所属等级同时适用几个税率分别计算，将计算结果相加后得出应纳税款。目前采用这种税率的有个人所得税。超率累进税率即以征税对象数额的相对率划分若干级距，分别规定相应的差别税率，相对率每超过一个级距的，对超过的部分就按高一级的税率计算征税。目前，采用这种税率的是土地增值税。

（5）纳税环节，是税法中规定的纳税人履行纳税义务的环节。它规定征纳税行为在什么阶段发生，以及是单环节征税还是多环节征税，如流转税在生产和流通环节纳税、所得税在分配环节纳税等。

（6）纳税期限，是指纳税人缴纳税款的法定期限。纳税期限分为按次缴纳和按期缴纳两种形式。

（7）纳税地点，是指纳税人应向何地征税机关申报纳税并缴纳税款。纳税地点一般为纳税人的住所地，也有规定在营业地、财产所在地或特定行为发生地的。

（8）减税免税，主要是对某些纳税人和征税对象采取减少征税或者免予征税的特殊规定。我国税法中减税免税的规定主要有：

①免征额，是指税法规定的征税对象全部数额中免于征税的数额。征税对象小于免征额时，不征税；超过免征额时，只就其超过的部分征税。

②起征点，是指税法规定的对征税对象开始征税的最低界限。征税对象数额未达到起征点的，不征税；达到起征点的，按全部数额征税。

③减免规定。减税是对应纳税额少征一部分税款，免税是全部免征。

（9）违规处理，是指税务机关对纳税人违反税法的行为采取的惩罚性措施。它是税收强制性的具体表现。税务违规处罚主要有以下3种情形：一是对偷税、抗税行为的处罚；二是对迟缴、拖欠应纳税款的处罚；三是对不按期、不按规定向税务机关登记或报送纳税申报表和有关资料的处罚。

（三）税法的基本原则

1.税收法定原则

税收法定原则是指税法主体的权利与义务必须由法律加以规定。税法的各类构成要素皆必须且只能由法律予以明确规定，征纳主体的权利与义务只以法律规定为依据，没有法律依据，任何主体不得征税或减免税收。它包括课税要素法定、课税要素明确和征税程序合法3个方面的内容。

2.税收公平原则

税收公平原则是指税收负担必须根据纳税人的负担能力在纳税人之间予以公平分配的原则。负担能力相等，税负相同；负担能力不等，税负不同；既要做到横向公平，又要做到纵向公平。

3.税收效率原则

税收效率原则就是以最小的费用获取最大的税收收入，并利用税收的经济调控作用最大限度地促进经济的发展，或者最大限度地减轻税收对经济发展的妨碍。它包括税收行政效率和税收经济效率两个方面。税收行政效率也就是征税过程本身的效率，要求税收在征收和缴纳过程中耗费成本最小；税收经济效率就是征税应有利于促进经济运行效率的提高，或者对经济运行效率的不利影响最小。

4.实质课税原则

实质课税原则是指应根据纳税人的真实负担能力决定纳税人的税负，不能仅考核其表面上是否符合课税要件。

第二节　流转税法律制度

流转税是以商品流转额和非商品流转额为征税对象的一种税。商品流转额是指商品交换的金额，对销售方来说是销售收入额，对购买方来说是商品的采购金额。非商品流转额即各种劳务收入或服务性业务收入的金额。我国现行税制中的增值税、消费税、关税都属于流转税。

一、增值税法律制度

增值税是将单位和个人在生产经营过程中取得的增值额作为征税对象的一种税。我国规范增值税的基本法律规范是《中华人民共和国增值税暂行条例》，自2009年1月1日起施行。2017年10月30日，国务院常务会议通过了修改该条例的决定，并于同年11月19日公布，新条例自公布之日起施行；还通过了废除《中华人民共和国营业税暂行条例》的决定，营业税自此退出历史舞台，营业税改增值税告一段落。

（一）增值税的纳税人

增值税的纳税人是指在中国境内销售货物或者加工、修理修配劳务（以下简称劳务），销售服务、无形资产、不动产以及进口货物的单位和个人。我国依据经营规模及会计核算是否健全将纳税人划分为一般纳税人和小规模纳税人。应税销售额或应税行为的年应征增值税销售额超过财政部和国家税务总局规定标准的纳税人为一般纳税人，未超过规定标准的纳税人为小规模纳税人，当前该标准为年应征增值税销售额500万元。年应税销售额超过规定标准但不经常发生应税行为的单位和个体工商户可以选择按照小规模纳税人纳税。年应税销售额没有超过规定标准的纳税人，只要会计核算健全，能够提供准确的税务资料，也可以向主管税务机关办理一般纳税人资格登记，成为一般纳税人；但登记成为一般纳税人后，不得转为小规模纳税人。

（二）增值税的税率和征收率

我国增值税税率分为基本税率、低税率和零税率。除低税率、零税率外的适用基本税率，2019年4月1日起，基本税率为13%。低税率分为9%和6%两档。

（1）纳税人销售交通运输、邮政、基础电信、建筑、不动产租赁服务，销售不动产，转让土地使用权，销售或者进口下列货物，税率为9%：①粮食等农产品、食用植物油、食用盐；②自来水、暖气、冷气、热水、煤气、石油液化气、天然气、二甲醚、沼气、居民用煤炭制品；③图书、报纸、杂志、音像制品、电子出版物；④饲料、化肥、农药、农机、农膜；⑤国务院规定的其他货物。

（2）纳税人提供金融、现代服务（有形动产租赁服务除外）、生活服务、增值电信服务，销售无形资产，税率为6%。

除国务院另有规定，纳税人出口货物税率为零；境内单位和个人跨境销售国务院规定范围内的服务、无形资产，税率为零。

征收率是不能够进行进项税额抵扣而直接根据纳税人应税销售额征税的税率。除财政部和国家税务总局另有规定外，征收率为3%。小规模纳税人普遍适用征收率征收增值税。

（三）增值税的计税依据

增值税的计税依据是销售额。销售额为纳税人销售货物或者应税服务向购买方收取的全部价款和价外费用，但是不包括收取的销项税额。

（四）增值税的计征办法

（1）一般纳税人销售货物、提供应税服务，应纳税额为当期销项税额抵扣当期进项税额后的余额：

应纳税额=当期销项税额−当期进项税额

当期销项税额=当期销售额×税率

纳税人购进货物或接受应税服务支付或负担的并允许抵扣的增值税额，为进项税额。

（2）小规模纳税人销售货物、提供应税服务，实行按照销售额和征收率计算应纳税额的简易办法，并不得抵扣进项税额。应纳税额=销售额×征收率，小规模纳税人增值税征收率为3%。

自2019年1月1日起，小规模纳税人增值税起征点月销售额由3万元提高至10万元，暂定3年。

（3）纳税人进口货物的，应纳税额=组成计税价格×税率，组成计税价格=关税完税价格+关税+消费税。

（五）增值税的免税

增值税的免税项目包括：①农业生产者销售的自产农产品；②避孕药品和用具；③古旧图书；④直接用于科学研究、科学试验和教学的进口仪器、设备；⑤外国政府、国际组织无偿援助的进口物资和设备；⑥由残疾人的组织直接进口供残疾人专用的物品；⑦销售的自己使用过的物品。

此外，纳税人销售额未达到国务院财政、税务主管部门规定的增值税起征点的，也免征增值税。

二、消费税法律制度

消费税是以特定的消费品和消费行为为征收对象的一种税。我国规范消费税的基本法律规范是《中华人民共和国消费税暂行条例》（以下简称《消费税暂行条例》），自2009年1月1日起施行。

（一）消费税的纳税人

消费税的纳税人是在中华人民共和国境内生产、委托加工和进口《消费税暂行条例》规定的消费品的单位和个人，以及国务院确定的销售《消费税暂行条例》规定的消费品的其他单位和个人。

（二）消费税的税率

消费税的税率有两种形式：一种是比例税率；另一种是定额税率，即单位税额。消费税税率形式的选择，主要是根据课税对象的具体情况来确定的。其中，对雪茄烟及烟丝、酒精、高档化妆品、鞭炮、焰火、汽车轮胎、贵重首饰及珠宝玉石、摩托车、小汽车、高尔夫球及球具、高档手表、游艇、木制一次性筷子、实木地板等采用比例税率，税率自3%~56%不等。黄酒、啤酒、成品油采用定额税率。卷烟和白酒实行从价定率和从量定额复合计税办法征收。自2015年2月1日起，将电池、涂料列入消费税征收范围，在生产、委托加工和进口环节征收，适用税率均为4%。自2016年1月1日起，对铅蓄电池按4%税率征收消费税；对无汞原电池、金属氢化物镍蓄电池（又称氢镍蓄电池或镍氢蓄电池）、锂原电池、锂离子蓄电池、太阳能电池、燃料电池和全钒液流电池免征消费税。对施工状态下挥发性有机物含量低于420克/升（含）的涂料免征消费税。

拓展阅读9-2

（三）消费税的计征办法

消费税实行从价定率、从量定额或者从价定率和从量定额复合计税的办法计算应纳税额。

（1）实行从价定率征收办法征税的消费品，其应纳税额计算公式为：

应纳税额=应税消费品的销售额×比例税率

（2）实行从量定额征收办法征税的消费品，其应纳税额计算公式为：

应纳税额=应税消费品数量×定额税额

（3）实行从价定率和从量定额复合计税的消费品，其应纳税额计算公式为：

应纳税额=销售数量×定额税率+销售额×比例税率

（四）消费税的免税

纳税人（生产、外贸企业）出口应税消费品，免征消费税；国务院另有规定的除外。

三、关税法律制度

关税是由海关根据国家制定的有关法律，以进出关境的货物和物品为征税对象而征收的一种商品税。关税由进口关税和出口关税构成。

（一）关税的纳税人

关税的纳税人包括进口中国准许进口的货物的收货人、出口中国准许出口的货物的发货人和中国准许进出境物品的所有人。

（二）关税的税率

关税税率分为进口税率和出口税率，其税率由国家进出口税则规定，并根据相关法律和实际情况修改。

我国进口关税设置最惠国税率、协定税率、特惠税率、普通税率、关税配额税率等税率。最惠国税率适用原产于与我国共同适用最惠国待遇条款的 WTO 成员方的进口货物，或原产于与我国签订有相互给予最惠国待遇条款的双边贸易协定的国家或地区的进口货物，以及原产于我国境内的进口货物。协定税率适用原产于我国参加的含有关税优惠条款的区域性贸易协定的有关缔约方的进口货物。特惠税率适用原产于与我国签订特殊优惠关税协定的国家或地区的进口货物。普通税率适用于原产于前述国家或地区以外的其他国家或地区的进口货物，以及原产地不明的进口货物。按照国家规定实行关税配额管理的进口货物，关税配额内的，适用关税配额税率；关税配额外的，按其适用税率的规定执行。

我国出口税为一栏税率，即出口税率。国家仅对少数资源性产品及易于竞相杀价、盲目进口、需要规范出口秩序的半制成品征收出口关税。适用出口税率的出口货物有暂定税率的，应当适用暂定税率。

（三）关税的计征办法

进出口货物关税，以从价计征、从量计征或者国家规定的其他方式征收。

从价计征的计算公式为：

应纳关税额=应税进（出）口货物数量×单位完税价格×税率

从量计征的计算公式为：

应纳关税额=应税进（出）口货物数量×单位货物税额

复合税应纳税额的计算公式为：

应纳关税额=应税进（出）口货物数量×单位货物税额+应税进（出）口货物数量×单位完税价格×税率

第三节　所得税法律制度

所得税又称所得课税、收益税，指国家对法人、自然人和其他经济组织在一定时期内的各种所得征收的一类税收。目前我国的所得税主要有企业所得税和个人所得税。

一、企业所得税法律制度

企业所得税是以企业取得的生产经营所得和其他所得为征税对象所征收的一种税。我国规范企业所得税的基本法律规范是《中华人民共和国企业所得税法》，自 2008 年 1 月 1 日起施行。

（一）企业所得税的纳税人

企业所得税的纳税义务人是指在中华人民共和国境内的企业和其他取得收入的组织；

但个人独资企业和合伙企业除外。企业分为居民企业和非居民企业。

1.居民企业

居民企业是指依法在中国境内成立，或者依照外国（地区）法律成立但实际管理机构在中国境内的企业，包括各类企业和有生产经营或其他所得的其他组织。

2.非居民企业

非居民企业是指依照外国（地区）法律成立且实际管理机构不在中国境内，但在中国境内设立机构、场所的或者在中国境内未设立机构、场所但有来源于中国境内所得的企业。

（二）企业所得税的征税对象

企业所得税的征税对象是指企业的生产经营所得、其他所得和清算所得。

1.居民企业的征税对象

居民企业应就来源于中国境内、境外的所得作为征税对象。所得包括销售货物所得、提供劳务所得、转让财产所得、股息红利等权益性投资所得、利息所得、租金所得、特许权使用费所得、接受捐赠所得和其他所得。

2.非居民企业的征税对象

非居民企业在中国境内设立机构、场所的，应当就其所设机构、场所取得的来源于中国境内的所得，以及发生在中国境外但与其所设机构、场所有实际联系的所得，缴纳企业所得税。非居民企业在中国境内未设立机构、场所的，或者虽设立机构、场所，但取得的所得与其所设机构、场所没有实际联系的应当就其来源于中国境内的所得缴纳企业所得税。

上述所称实际联系是指非居民企业在中国境内设立的机构、场所拥有的据以取得所得的股权、债权，以及拥有、管理、控制据以取得所得的财产。

（三）企业所得税的税率

企业所得税实行比例税率，具体参见拓展阅读9-3。

拓展阅读9-3

（四）应纳税额的计算

企业的应纳税所得额乘以适用税率，减除法律规定关于税收优惠减免和抵免的税额后的余额，为应纳税额。国务院为支持小微企业发展，已经多次实施减税降费措施，降低其所得税负担。

应纳税所得额=收入总额-不征税收入-免税收入-各项扣除-允许弥补的以前年度亏损

二、个人所得税法律制度

个人所得税是对个人（自然人）取得的各项应税所得征收的一种税。全国人民代表大会常务委员会于2018年8月31日通过了《中华人民共和国个人所得税法》修改决定，对该法进行了第七次修订。

（一）个人所得税的纳税人

个人所得税的纳税人有两类：①居民纳税人，它是指在中国境内有住所，或者无住所而一个纳税年度内在中国境内居住累计满183天的个人，其境内外所得皆须依法缴纳个人所得税。②非居民纳税人，它是指在中国境内无住所或者无住所而一个纳税年度内在中国境内居住累计不满183天的个人，其境内所得须依法缴纳个人所得税。

（二）个人所得税的征税对象

个人所得税的征税对象是个人取得的应税所得，具体包括：①工资、薪金所得；②劳务报酬所得；③稿酬所得；④特许权使用费所得；⑤经营所得；⑥利息、股息、红利所得；⑦财产租赁所得；⑧财产转让所得；⑨偶然所得。

居民取得的第①至④所得被称为综合所得，按照纳税年度合并计算个人所得税；非居民取得的第①至④所得，按月或者按次分项计算个人所得税。纳税人取得的第⑤至⑨项所得，依法分别计算个人所得税。

（三）个人所得税的税率

个人所得税的税率有超额累进税率和比例税率。综合所得适用3%～45%的7级超额累进税率（见表9-1）；经营所得适用5%～35%的5级超额累进税率（见表9-2）；利息、股息、红利所得，财产租赁所得，财产转让所得和偶然所得，适用比例税率，税率为20%。

表9-1　　　　　　　　　个人所得税税率表（综合所得适用）

级　数	全年应纳税所得额	税率（%）
1	不超过36 000元的部分	3
2	超过36 000元至144 000元的部分	10
3	超过144 000元至300 000元的部分	20
4	超过300 000元至420 000元的部分	25
5	超过420 000元至660 000元的部分	30
6	超过660 000元至960 000元的部分	35
7	超过960 000元的部分	45

表9-2　　　　　　　　　个人所得税税率表（经营所得适用）

级　数	全年应纳税所得额	税率（%）
1	不超过30 000元的部分	5
2	超过30 000元至90 000元的部分	10
3	超过90 000元至300 000元的部分	20
4	超过300 000元至500 000元的部分	30
5	超过500 000元的部分	35

（四）应纳税额的计算

（1）居民个人综合所得，以每一纳税年度的收入额减除费用6万元以及专项扣除、专项附加扣除和依法确定的其他扣除后的余额，为应纳税所得额。其计算公式为：

应纳税额=应纳税所得额×适用税率

这里的专项扣除，包括居民个人按照国家规定的范围和标准缴纳的基本养老保险、基本医疗保险、失业保险等社会保险费和住房公积金等；专项附加扣除，包括子女教育、继续教育、大病医疗、住房贷款利息或者住房租金、赡养老人等支出，具体范围、标准和实施步骤由国务院确定，并报全国人民代表大会常务委员会备案。

劳务报酬所得、稿酬所得、特许权使用费所得以收入减除20%的费用后的余额为收入额。稿酬所得的收入额减按70%计算。

另外，居民个人从中国境外取得的所得，可以从其应纳税额中抵免已在境外缴纳的个人所得税税额，但抵免额不得超过该纳税人境外所得依照本法规定计算的应纳税额。

（2）非居民个人的工资、薪金所得，以每月收入额减除费用5 000元后的余额为应纳税所得额；劳务报酬所得、稿酬所得、特许权使用费所得，以每次收入额为应纳税所得额。

（3）经营所得，以每一纳税年度的收入总额减除成本、费用以及损失后的余额为应纳税所得额。其计算公式为：

应纳税所得额=收入总额-（成本+费用+损失）

应纳税额=应纳税所得额×适用税率

（4）财产租赁所得，每次收入不超过4 000元的，减除费用800元；4 000元以上的，减除20%的费用，其余为应纳税所得额。

（5）财产转让所得，以转让财产的收入额减除财产原值和合理费用后的余额，为应纳税所得额。

应纳税额=应纳税所得额×适用税率

（6）利息、股息、红利所得和偶然所得，以每次收入额为应纳税所得额。

应纳税额=应纳税所得额×适用税率

（五）个人所得税的减免税

（1）减税。有下列情形之一的，经批准可以减征个人所得税：残疾、孤老人员和烈属的所得；因严重自然灾害造成重大损失的；其他经国务院财政部门批准减税的。

（2）免税。下列各项个人所得，免纳个人所得税：①省级人民政府、国务院部委和中国人民解放军军以上单位，以及外国组织、国际组织颁发的科学、教育、技术、文化、卫生、体育、环境保护等方面的奖金；②国债和国家发行的金融债券利息；③按照国家统一规定发给的补贴、津贴；④福利费、抚恤金、救济金；⑤保险赔款；⑥军人的转业费、复员费、退役金；⑦按照国家统一规定发给干部、职工的安家费、退职费、基本养老金或者退休费、离休费、离休生活补助费；⑧依照有关法律规定应予免税的各国驻华使馆、领事馆的外交代表、领事官员和其他人员的所得；⑨中国政府参加的国际公约、签订的协议中规定免税的所得；⑩国务院规定的其他免税所得。

拓展阅读9-4

拓展阅读9-5

第四节 财产、行为与资源税法律制度

根据我国税法的规定，我国现行的税种除了流转税、所得税以外，还有财产税、行为税和资源税。

一、财产税法律制度

财产税是对纳税人拥有或支配的财产额所征收的一种税。我国开征的财产税主要有房产税和契税。

（一）房产税

房产税是以房产为征税对象，依据房产价格或房产租金收入向房屋产权所有人征收的一种税。

1.纳税人

房产税以在征税范围内的房屋产权所有人为纳税人。其中：①产权属国家所有的，由经营管理单位纳税；产权属集体和个人所有的，由集体单位和个人纳税。②产权出典的，由承典人纳税。③产权所有人、承典人不在房屋所在地的，由房产代管人或者使用人纳税。④产权未确定及租典纠纷未解决的，亦由房产代管人或者使用人纳税。⑤无租使用其他房产的问题。纳税单位和个人无租使用房产管理部门、免税单位及纳税单位的房产，应由使用人代为缴纳房产税。

外商投资企业、外国企业和外国人经营的房产不适用房产税。

2.征税范围

《房产税暂行条例》规定，房产税在城市、县城、建制镇和工矿区征收。其中：①城市是指经国务院批准设立的市。城市的征税范围为市区、郊区和市辖县县城，不包括农村。②县城是指县人民政府所在地。③建制镇是指经省、自治区、直辖市人民政府批准设立的建制镇。建制镇的征税范围为镇人民政府所在地，不包括所辖的行政村。④工矿区是指工商业比较发达、人口比较集中，符合国务院规定的建制镇标准，但尚未设立镇建制的大中型工矿企业所在地。开征房产税的工矿区须经省、自治区、直辖市人民政府批准。

3.税率

我国现行房产税采用的是比例税率。由于房产税的计税依据分为从价计征和从租计征两种形式，所以房产税的税率也有两种：一种是依据房产计税余值计税的，税率为1.2%；另一种是依据房产租金收入计税的，税率为12%。2008年3月1日起，对个人出租住房，不区分用途，按4%的税率征收房产税；对企事业单位、社会团体以及其他组织按市场价格向个人出租用于居住的住房，减按4%的税率征收房产税。

4.应纳税额

（1）从价计征是按房产的原值减除一定的比例后的余值计征（减除一定比例是省、自治区、直辖市人民政府规定的10%~30%的减除比例），其计算公式为：

应纳税额=应税房产原值×（1-扣除比例）×1.2%

（2）从租计征是按房产的租金收入计征，其计算公式为：

应纳税额=租金收入×12%（或4%）

（二）契税

契税是以所有权发生转移变动的不动产为征税对象，向产权承受人征收的一种财产税。

1.纳税人

契税的纳税人是在我国境内转移土地、房屋权属过程中的产权承受单位和个人。

2.征税范围

征税范围为转移土地、房屋权属的行为，主要包括：①土地使用权出让；②土地使用权转让，包括出售、赠与、互换；③以作价投资（入股）、偿还债务、划转、奖励方式转移土地、房屋的权属。但上述①②不包括农村集体土地承包经营权的转移。

3.税率

《中华人民共和国契税法》规定，契税实行幅度比例税率，税率幅度为3%~5%。实行幅度比例税率是考虑到我国经济发展的不平衡，各地经济水平差异较大的实际情况，因此具体执行税率，由各省、自治区、直辖市人民政府针对不同主体、地区、类型，在规定的幅度内，根据本地区的实际情况确定。

4.计税依据

（1）土地使用权出让、出售、房屋买卖，计税依据为土地、房屋权属转移合同的成交价格，包括应交付的货币以及实物、其他经济利益对应的价款。

（2）土地使用权赠与、房屋赠与以及其他没有价格的转移土地、房屋权属行为，计税依据为税务机关参照土地使用权出售、房屋买卖的市场价格依法核定的价格。

（3）土地使用权互换、房屋互换，计税依据为所互换的土地使用权、房屋的价格的差额。

纳税人申报的成交价格、互换价格差额明显偏低且无正当理由的，由税务机关依照《税收征收管理法》的规定核定。

5.应纳税额

应纳税额=计税依据×适用税率

二、行为税法律制度

行为税是以纳税人的某些特定行为为征税对象的税种。

（一）印花税

印花税是对在我国境内书立应税凭证、进行证券交易的单位和个人征收的一种税。除证券交易外，印花税由纳税人按规定应税的比例和定额自行购买并粘贴印花税票，即完成纳税义务。

1.印花税的纳税人

印花税的纳税人是在我国境内书立、领受、使用属于征税范围内所列凭证的单位和个人，包括各类企事业单位、机关、团体、部队，以及中外合资经营企业、中外合作经营企业、外资企业和其他经济组织及其在华机构等单位和个人，以及证券交易的出让方。所谓证券交易是指转让在依法设立的证券交易所、国务院批准的其他全国性证券交易场所交易的股票和以股票为基础的存托凭证。

2.征税范围

印花税的征税范围包括购销合同，加工承揽合同，建设工程勘察设计合同，建筑安装工程承包合同，财产租赁合同，货物运输合同，仓储保管合同，借款合同，财产保险合同，技术合同，产权转移书据，营业账簿，权利、许可证照，经财政部门确定征税的其他凭证，以及证券交易。

3.税率

现行印花税采用比例税率和定额税率两种税率。比例税率有5档：1‰、0.5‰、0.3‰、0.25‰和0.05‰。适用定额税率的是"权利、许可证照""营业账簿"税目中的其他账簿，单位税额均为每件5元。

4.计税依据

《中华人民共和国印花税法》规定的印花税的计税依据为：

（1）应税合同的计税依据，为合同所列的金额，不包括列明的增值税税款；

（2）应税产权转移书据的计税依据，为产权转移书据所列的金额，不包括列明的增值税税款；

（3）应税营业账簿的计税依据，为账簿记载的实收资本（股本）、资本公积合计金额；

（4）证券交易的计税依据，为成交金额。

如果应税合同、产权转移书据未列明金额，印花税的计税依据按照实际结算的金额确定。如果无实际结算金额，则按照书立合同、产权转移书据时的市场价格确定；依法应当执行政府定价或者政府指导价的，按照国家有关规定确定。证券交易无转让价格的，按照办理过户登记手续时该证券前一个交易日收盘价计算确定计税依据；无收盘价的，按照证券面值计算确定计税依据。

5.应纳税额

（1）按比例税率计算应纳税额的计算方法为：

应纳税额=计税金额×适用税率

（2）按定额税率计算应纳税额的计算方法为：

应纳税额=凭证数量×单位税额

6.印花税的免征

下列凭证免征印花税：

（1）应税凭证的副本或者抄本；

（2）依照法律规定应当予以免税的外国驻华使馆、领事馆和国际组织驻华代表机构为获得馆舍书立的应税凭证；

（3）中国人民解放军、中国人民武装警察部队书立的应税凭证；

（4）农民、家庭农场、农民专业合作社、农村集体经济组织、村民委员会购买农业生产资料或者销售农产品书立的买卖合同和农业保险合同；

（5）无息或者贴息借款合同、国际金融组织向中国提供优惠贷款书立的借款合同；

（6）财产所有权人将财产赠与政府、学校、社会福利机构、慈善组织书立的产权转移书据；

（7）非营利性医疗卫生机构采购药品或者卫生材料书立的买卖合同；

（8）个人与电子商务经营者订立的电子订单。

（二）车船税

车船税是指在中国境内的车辆、船舶的所有人或者管理人按照《车船税法》应缴纳的一种税。

（1）车船税的纳税人，为在我国境内属于《车船税法》所附车船税税目税额表规定的车辆、船舶的所有人或者管理人。管理人是指对车船具有管理使用权，不具有所有权的单位和个人。

（2）车船税的征税范围，即车辆、船舶。此处的车辆、船舶是指：①依法应当在车船登记管理部门登记的机动车辆和船舶；②依法不需要在车船登记管理部门登记的在单位内部场所行驶或者作业的机动车辆和船舶。

（3）税率。车船税采用定额税率即对征税的车船规定单位固定税额。车船税确定税额总的原则是：①排气量小的车辆税负轻于排气量大的车辆；②载人少的车辆税负轻于载人多的车辆；③自重小的车辆税负轻于自重大的车辆；④小吨位船舶的税负轻于大吨位船舶。由于车辆与船舶的行驶情况不同，车船税的税额也有所不同。

（4）应纳税额。乘用车依排气量从小到大递增税额；客车按照核定载客人数递增税额，以辆为单位征收；货车及其他车辆按照整备质量以吨为单位征收，挂车按货车税额的50%计算；摩托车以辆为单位征收。机动船舶的应纳税额为净吨位乘以适用税额，拖船、非机动驳船按机动船舶税额的50%计算；游艇则按艇身长度乘以每米应纳税额计税。

车辆的具体适用税额由省、自治区、直辖市人民政府依照车船税税目税额表规定的税额幅度和国务院的规定确定。船舶的具体适用税额由国务院在车船税税目税额表规定的税额幅度内确定。

（5）车船税的免征。以下项目免征车船税：①捕捞、养殖渔船；②军队、武装警察部队专用车船；③警用车船；④悬挂应急救援专用号牌的国家综合性消防救援车辆和国家综合性消防救援专用船舶；⑤依照法律规定应当予以免税的外国驻华使领馆、国际组织驻华代表机构及其有关人员的车船。

拓展阅读9-6

（三）车辆购置税

车辆购置税是以在中国境内购置规定的车辆为征税对象，在特定的环节向车辆购置者征收的一种税。

1.纳税人

车辆购置税纳税人是指在我国境内购置规定的应当征税的车辆（以下简称应税车辆）的单位和个人。所称购置，包括购买、进口、自产、受赠、获奖或者以其他方式取得并自用应税车辆的行为。

2.征收范围

车辆购置税的征税范围包括汽车、摩托车、电车、挂车、农用运输车，具体范围为：①汽车，包括各类汽车；②摩托车（排气量超过150毫升），包括轻便摩托车、两轮摩托车、三轮摩托车；③电车，包括无轨电车、有轨电车；④挂车，包括全挂车、半挂车；⑤农用运输车，包括三轮农用运输车、四轮农用运输车。

3. 税率

车辆购置税的税率为10%。

4. 应纳税额

应纳税额=应税车辆计税价格×税率

根据《中华人民共和国车辆购置税法》，应税车辆的计税价格按照下列规定确定：①纳税人购买自用应税车辆的计税价格，为纳税人实际支付给销售者的全部价款，不包括增值税税款；②纳税人进口自用应税车辆的计税价格，为关税完税价格加上关税和消费税；③纳税人自产自用应税车辆的计税价格，按照纳税人生产的同类应税车辆的销售价格确定，不包括增值税税款；④纳税人以受赠、获奖或者其他方式取得自用应税车辆的计税价格，按照购置应税车辆时相关凭证载明的价格确定，不包括增值税税款。

（四）环境保护税

环境保护税是以在中国境内进行污染物的违法、超标排放的单位为征税对象的一种税。

1. 纳税人

在中华人民共和国领域以及管辖的其他海域，直接向环境排放应税污染物的企业、事业单位和其他生产经营者为环境保护税的纳税人。

2. 征收范围

应税污染物是指《中华人民共和国环境保护税法》所附环境保护税税目税额表、应税污染物和当量值表规定的大气污染物、水污染物、固体废物和噪声。

有下列情形之一的，不属于直接向环境排放污染物，不缴纳相应污染物的环境保护税：①企业、事业单位和其他生产经营者向依法设立的污水集中处理、生活垃圾集中处理场所排放应税污染物的；②企业、事业单位和其他生产经营者在符合国家和地方环境保护标准的设施、场所贮存或者处置固体废物的。

依法设立的城乡污水集中处理、生活垃圾集中处理场所超过国家和地方规定的排放标准向环境排放应税污染物的，应当缴纳环境保护税。企业、事业单位和其他生产经营者贮存或者处置固体废物不符合国家和地方环境保护标准的，应当缴纳环境保护税。

3. 计税依据

应税污染物的计税依据，按照下列方法确定：①应税大气污染物按照污染物排放量折合的污染当量数确定；②应税水污染物按照污染物排放量折合的污染当量数确定；③应税固体废物按照固体废物的排放量确定；④应税噪声按照超过国家规定标准的分贝数确定。

应税大气污染物、水污染物的污染当量数，以该污染物的排放量除以该污染物的污染当量值计算。污染当量是指根据污染物或者污染排放活动对环境的有害程度以及处理的技术经济性，衡量不同污染物对环境污染的综合性指标或者计量单位。同一介质相同污染当量的不同污染物，其污染程度基本相当。

4. 应纳税额

环境保护税应纳税额按照下列方法计算：

应税大气污染物、水污染物的应纳税额=污染当量数×具体适用税额

应税固体废物的应纳税额=固体废物排放量×具体适用税额

应税噪声的应纳税额=超过国家规定标准的分贝数对应的具体适用税额

拓展阅读9-7

三、资源税法律制度

资源税是为了保护自然资源、保证自然资源的有序开采和高效利用而设置的一种税。《中华人民共和国资源税法》（以下简称《资源税法》）自2020年9月1日起施行，《中华人民共和国资源税暂行条例》同时作废。

（一）纳税人

资源税的纳税人是指在中华人民共和国领域及管辖海域开发应税资源的单位和个人。单位和个人以应税产品投资、分配、抵债、赠与、以物易物等，视同销售，应按规定计算缴纳资源税。但进口的矿产品和盐不征收资源税，出口相关应税产品不免征或退还已纳资源税。

（二）征税范围

资源税的征税范围由《资源税法》所附资源税税目税率表确定。

（三）税率

资源税的税目、税率，依照资源税税目税率表执行。该表中规定实行幅度税率的，其具体适用税率由省、自治区、直辖市人民政府统筹考虑该应税资源的品位、开采条件以及对生态环境的影响等情况，在该表规定的税率幅度内提出，报同级人民代表大会常务委员会决定，并报全国人民代表大会常务委员会和国务院备案。该表中规定征税对象为原矿或者选矿的，应当分别确定具体适用税率。

拓展阅读9-8

（四）应纳税额

资源税可以从价计征，也可以从量计征。具体计征方式由省、自治区、直辖市人民政府提出，报同级人民代表大会常务委员会决定，并报全国人民代表大会常务委员会和国务院备案。实行从价计征的，应纳税额按照应税资源产品的销售额乘以具体适用税率计算。实行从量计征的，应纳税额按照应税产品的销售数量乘以具体适用税率计算。如果应税产品为矿产品，则包括原矿和选矿产品。

（五）资源税的免征与减征

免征资源税的情况：一是开采原油以及在油田范围内运输原油过程中用于加热的原油、天然气；二是煤炭开采企业因安全生产需要抽采的煤成（层）气。

资源税减征的情况：一是从低丰度油气田开采的原油、天然气，减征20%资源税；二是高含硫天然气、三次采油和从深水油气田开采的原油、天然气，减征30%资源税；三是稠油、高凝油减征40%资源税；四是从衰竭期矿山开采的矿产品，减征30%资源税。

此外，由省、自治区、直辖市人民政府提出具体办法，报同级人民代表大会常务委员会决定，并报全国人民代表大会常务委员会和国务院备案，可以决定有下列情形之一的免征或减征资源税：一是纳税人开采或者生产应税产品过程中，因意外事故或者自然灾害等原因遭受重大损失；二是纳税人开采共伴生矿、低品位矿、尾矿。

第五节　税收征收管理法

税收征收管理法简称税收征管法，是调整征税机关在税款的征收和税务管理过程中所发生的社会关系的法律规范的总称。我国现行的税收征管法包括《税收征收管理法》以及《中华人民共和国税收征收管理法实施细则》。

一、税收征管法的法律适用

（一）客体适用

凡依法由税务机关征收的各种税收的征收管理，均适用税收征管法。耕地占用税、契税、牧业税征收管理的具体办法，由国务院另行制定。关税及海关代征的增值税、消费税的征收管理，适用其他法律、法规的规定。

（二）主体适用

1.税务行政主体——税务机关

我国税务机关是指各级税务局、税务分局、税务所和省以下税务局的稽查局。稽查局专司偷税、逃避追缴欠税、骗税、抗税案件的查处。上述规定明确了税收征收管理的行政主体（执法主体）。

2.税务行政管理相对人——纳税人、扣缴义务人和其他有关单位

《税收征收管理法》第四条规定："法律、行政法规规定负有纳税义务的单位和个人为纳税人。法律、行政法规规定负有代扣代缴、代收代缴税款义务的单位和个人为扣缴义务人。纳税人、扣缴义务人必须依照法律、行政法规的规定缴纳税款、代扣代缴、代收代缴税款。"第六条第二款规定："纳税人、扣缴义务人和其他有关单位应当按照国家有关规定如实向税务机关提供与纳税和代扣代缴、代收代缴税款有关的信息。"根据上述规定，纳税人、扣缴义务人和其他有关单位是税务行政管理的相对人，是《税收征收管理法》的适用主体，必须按照《税收征收管理法》接受税务管理，享受合法权益。

3.有关单位和部门

《税收征收管理法》第五条第二款和第三款规定："地方各级人民政府应当依法加强对本行政区域内税收管理工作的领导或者协调，支持税务机关依法执行职务，依照法定税率计算税额，依法征收税款。各有关部门和单位应当支持、协助税务机关依法执行职务。"因而包括地方各级人民政府在内的有关单位和部门也是《税收征收管理法》的适用主体。

二、税务管理

税务管理是国家及其税务机关，依据客观经济规律和税收分配特点，对税收分配的全过程进行决策、计划、组织、监督和协调，以保证税收职能得以实现的一种管理活动。

税务管理主要包括税务登记、账簿和凭证管理、纳税申报等内容。

（一）税务登记

税务登记又称纳税登记，是指税务机关根据税法规定，对纳税人的生产经营活动进行

登记管理的一项基本制度。税务登记是税务机关对纳税人实施税收管理的首要环节和基础工作，是征纳双方法律关系成立的依据和证明，也是纳税人必须依法履行的义务。

（1）从事生产、经营的纳税人应当自领取营业执照之日起30日内，向生产、经营地或者纳税义务发生地的主管税务机关申报办理税务登记，如实填写税务登记表，并按照税务机关的要求提供有关证件、资料。

（2）扣缴义务人应当自扣缴义务发生之日起30日内，向所在地的主管税务机关申报办理扣缴税款登记，领取扣缴税款登记证件；税务机关对已办理税务登记的扣缴义务人，可以只在其税务登记证件上登记扣缴税款事项，不再发给扣缴税款登记证件。

（3）纳税人税务登记内容发生变化的，应当自市场监督管理部门或者其他机关办理变更登记之日起30日内，持有关证件向原税务登记机关申报办理变更税务登记；纳税人税务登记内容发生变化，不需要到市场监督管理部门或者其他机关办理变更登记的，应当自发生变化之日起30日内，持有关证件向原税务登记机关申报办理变更税务登记。

（4）纳税人发生解散、破产、撤销以及其他情形，依法终止纳税义务的，应当在向市场监督管理部门或者其他机关办理注销登记前，持有关证件向原税务登记机关申报办理注销税务登记；按照规定不需要在市场监督管理部门或者其他机关办理注销登记的，应当自有关机关批准或者宣告终止之日起15日内，持有关证件向原税务登记机关申报办理注销税务登记。

（5）纳税人因住所、经营地点变动，涉及改变税务登记机关的，应当在向市场监督管理部门或者其他机关申请办理变更或者注销登记前或者住所、经营地点变动前，向原税务登记机关申报办理注销税务登记，并在30日内向迁达地税务机关申报办理税务登记。

（6）纳税人被市场监督管理部门吊销营业执照或者被其他机关予以撤销登记的，应当自营业执照被吊销或者被撤销登记之日起15日内，向原税务登记机关申报办理注销税务登记；纳税人在办理注销税务登记前，应当向税务机关结清应纳税款、滞纳金、罚款，缴销发票、税务登记证件和其他税务证件。

（7）从事生产、经营的纳税人到外县（市）临时从事生产、经营活动的，应当持税务登记证副本和所在地税务机关填开的外出经营活动税收管理证明，向营业地税务机关报验登记，接受税务管理。从事生产、经营的纳税人外出经营，在同一地累计超过180天的，应当在营业地办理税务登记手续。

（二）账簿和凭证管理

《税收征收管理法》第十九条规定："纳税人、扣缴义务人按照有关法律、行政法规和国务院财政、税务主管部门的规定设置账簿，根据合法、有效凭证记账，进行核算。"所以，纳税人和扣缴义务人都必须根据合法、有效的凭证进行账务处理。纳税人建立的会计信息系统应当符合国家有关规定，并能正确、完整核算其收入或者所得。

从事生产、经营的纳税人应当自领取营业执照或者发生纳税义务之日起15日内设置账簿。扣缴义务人应当自税收法律、行政法规规定的扣缴义务发生之日起10日内，按照所代扣、代收的税种，分别设置代扣代缴、代收代缴税款账簿。

纳税人使用计算机记账的，应当在使用前将会计信息系统的会计核算软件、使用说明书及有关资料报送主管税务机关备案。

纳税人、扣缴义务人会计制度健全，能够通过计算机正确、完整计算其收入和所得或者代扣代缴、代收代缴税款情况的，其计算机输出的完整的书面会计记录，可视同会计账簿。

纳税人、扣缴义务人会计制度不健全，不能通过计算机正确、完整计算其收入和所得或者代扣代缴、代收代缴税款情况的，应当建立总账及与纳税或者代扣代缴、代收代缴税款有关的其他账簿。

（三）纳税申报

纳税申报是指纳税人、扣缴义务人为了履行纳税义务，就纳税事项向税务机关提出书面申报的一种法定手续。

（1）纳税人必须依照法律、行政法规规定或税务机关依照法律、行政法规的规定确定的申报期限、申报内容如实办理纳税申报，报送纳税申报表、财务会计报表以及税务机关根据实际需要要求纳税人报送的其他纳税资料。扣缴义务人必须依照法律、行政法规规定或者税务机关在依照法律、行政法规的规定确定的申报期限、申报内容如实报送代扣代缴、代收代缴税款报告表以及税务机关根据实际需要要求扣缴义务人报送的其他有关资料。

（2）纳税人、扣缴义务人可以直接到税务机关办理纳税申报或者报送代扣代缴、代收代缴税款报告表，也可以按照规定采取邮寄、数据电文或者其他方式办理上述申报、报送事项。

（3）纳税人、扣缴义务人不能按期办理纳税申报或者报送代扣代缴、代收代缴税款报告表的，经税务机关核准，可以延期申报。经核准延期办理规定的申报、报送事项的，应当在纳税期内按照上期实际缴纳的税额或者税务机关核定的税额预缴税款，并在核准的延期内办理税款结算。

三、税款征收

税款征收是指税务机关依照法律、行政法规的规定将纳税人应纳的税款组织入库的一系列活动的总称。

（一）代扣代缴、代收代缴税款制度

扣缴义务人应依照法律、行政法规的规定履行代扣、代收税款的义务。对法律、行政法规没有规定负有代扣、代收税款义务的单位和个人，税务机关不得要求其履行代扣、代收税款义务。同时，扣缴义务人依法履行代扣、代收税款义务时，纳税人不得拒绝。纳税人拒绝的，扣缴义务人应当及时报告税务机关处理。此外，税务机关应按照规定付给扣缴义务人代扣、代收手续费。

（二）税收滞纳金征收制度

纳税人未按照规定期限缴纳税款的，扣缴义务人未按照规定期限解缴税款的，税务机关除责令限期缴纳外，从滞纳税款之日起，按日加收滞纳税款5‰的滞纳金。

（三）税收保全制度

税收保全措施是指税务机关对可能由于纳税人的行为或者某种客观原因，致使以后税款的征收不能保证或难以保证的案件，采取限制纳税人处理或转移商品、货物或者其他财产的措施。

《税收征收管理法》第三十八条规定，税务机关有根据认为从事生产、经营的纳税人有

逃避纳税义务行为的，可以在规定的纳税期之前，责令限期缴纳应纳税款；在限期内发现纳税人有明显转移、隐匿其应纳税的商品、货物以及其他财产或者应纳税的收入的迹象的，税务机关可以责成纳税人提供纳税担保。如果纳税人不能提供纳税担保，经县以上税务局（分局）局长批准，税务机关可以采取下列税收保全措施：①书面通知纳税人开户银行或者其他金融机构冻结纳税人的金额相当于应纳税款的存款。②扣押、查封纳税人的价值相当于应纳税款的商品、货物或者其他财产。纳税人在规定的限期内缴纳税款的，税务机关必须立即解除税收保全措施；限期期满仍未缴纳税款的，经县以上税务局（分局）局长批准，税务机关可以书面通知纳税人开户银行或者其他金融机构从其冻结的存款中扣缴税款，或者依法拍卖或变卖所扣押、查封的商品、货物或者其他财产，以拍卖或者变卖所得抵缴税款。个人及其所扶养家属维持生活必需的住房和用品，不在税收保全措施的范围之内。

（四）税收强制执行制度

税收强制执行措施是指税务机关在采取一般税收管理措施无效的情况下，为了维护国家依法征税的权力所采取的一种强行征收税款的手段。

《税收征收管理法》第四十条规定，从事生产、经营的纳税人、扣缴义务人未按照规定的期限缴纳或者解缴税款，纳税担保人未按照规定的期限缴纳所担保的税款，由税务机关责令限期缴纳，逾期仍未缴纳的，经县以上税务局（分局）局长批准，税务机关可以采取下列强制执行措施：①书面通知其开户银行或者其他金融机构从其存款中扣缴税款。②扣押、查封、依法拍卖或者变卖其价值相当于应纳税款的商品、货物或其他财产，以拍卖或者变卖所得抵缴税款。税务机关采取强制执行措施时，对上述纳税人、扣缴义务人、纳税担保人未缴纳的滞纳金同时强制执行。个人及其所扶养家属维持生活必需的住房和用品，不在强制执行措施的范围之内。

税务机关将扣押、查封的商品、货物或其他财产变价抵缴税款时，应当交由依法成立的拍卖机构拍卖，或者交由商业企业按照市场价格收购，国家禁止自由买卖的物品应当交由有关单位按照国家规定价格收购。

税务机关采取税收强制执行措施时，必须坚持告诫在先的原则，即纳税人未按照规定的期限缴纳税款的，应当发出"限期缴纳税款通知书"，先行告诫，责令限期缴纳，在逾期仍不缴纳时，再采取强制执行措施。

关键术语

税收（revenue）　税法（law of tax）　增值税（added - value tax）　消费税（consumption tax）　所得税（income tax）　房产税（house duty）　资源税（resources tax）　税务管理（tax management）　税款征收（tax collection）

基本训练

一、单选题

1.根据企业所得税法律制度的规定，下列各项中，不属于企业所得税纳税人的是（　　）。

A.国有企业　　　　B.外商投资企业　　　C.个人独资企业　　　D.股份制企业

2.下列各项中，不符合房产税纳税义务人规定的是（　　　）。

A.房屋产权属于集体的，由集体单位缴纳

B.房屋产权出典的，由出典人缴纳

C.房屋产权纠纷未解决的，由代管人或使用人缴纳

D.房屋产权属于国家所有的，由经营管理的单位缴纳

3.下列各项中，属于个人所得税居民纳税人的是（　　　）。

A.在中国境内无住所，居住也不满1年的个人

B.在中国境内无住所且不居住的个人

C.在中国境内无住所，而在境内居住超过6个月不满1年的个人

D.在中国境内有住所的个人

4.某化工企业为增值税一般纳税人。202×年4月销售一批化妆品，取得不含税销售收入70 000元。已知该化妆品适用消费税税率为30%。该化工企业4月份应缴纳的消费税税额为（　　　）。

A.21 000元　　　　B.22 200元　　　　C.24 570元　　　　D.25 770元

5.我国增值税的低税率为（　　　）。

A.3%　　　　　　B.7%　　　　　　C.13%　　　　　　D.17%

6.根据增值税法律制度的规定，以下单位或者个人中，不属于增值税纳税人的是（　　　）。

A.进口固定资产设备的企业　　　　　B.销售商品房的公司

C.零售杂货的个体户　　　　　　　　D.生产销售家用电器的公司

二、多选题

1.在城市、县城、建制镇和工矿区范围内，依据城镇土地使用税法律、法规的规定，下列应该计算缴纳城镇土地使用税的有（　　　）。

A.国有企业生产经营用地　　　　　　B.私营企业拥有土地使用权的办公用地

C.外商投资企业的仓库用地　　　　　D.公园自用的土地

2.个人取得下列所得可以减免个人所得税的有（　　　）。

A.军人的转业费　　　　　　　　　　B.个人取得保险赔款

C.孤老人员的所得　　　　　　　　　D.国家发行的金融债券利息

3.下列各项中，属于企业不征税收入的有（　　　）。

A.财政拨款

B.依法收取并纳入财政管理的行政事业性收费

C.政府性基金

D.符合规定条件的非营利组织的收入

4.根据消费税法律制度的规定，对部分应税消费品实行从量定额和从价定率相结合的复合计税办法。下列各项中，属于实行复合计税方法的消费品有（　　　）。

A.卷烟　　　　B.烟丝　　　　C.成品油　　　　D.白酒

5.根据增值税的规定，纳税人销售下列货物适用13%税率的有（　　　）。

A.自来水　　　　B.天然气　　　　C.图书　　　　D.汽油

三、简答题

1.简述税收的概念和特征。

2.税法的基本原则是什么？

3.税法的要素有哪些？

4.目前我国流转税包括哪些主要税种？

5.企业所得税中的居民企业和非居民企业分别指的是什么？

6.个人所得税的应税所得包括哪些？

四、实务题

某食品厂主要经营糕点加工制作，兼营小食品加工，为增值税一般纳税人。2020年10月，市税务局收到群众举报信函，反映该食品厂有严重偷税行为，即对其纳税情况进行了检查。税务稽查人员在检查企业产成品账时，发现企业的库存产成品余额高达680余万元，几乎是该企业11个月的销售额，这个库存量对于糕点食品行业来说极不正常。税务稽查人员检查了企业的内部往来账目，其中有一账户为"应付账款——车间业务"。该账户的余额在贷方，而且额度常在850万~950万元之间浮动。经查，截至2020年9月底，该企业利用"应付账款——车间业务"账户共隐匿销售收入1 600.1万元，不含税销售额为998万元；非独立核算部门实现的不含税销售收入为33.65万元。以上两项合计隐匿不含税销售额为1 031.65万元。市税务局认定该食品厂行为构成偷税，并作出以下处理：要求该食品厂补缴增值税，并处以所偷税款1倍的罚款。

问题：

（1）企业的销售收入应该在何时缴纳增值税？

（2）该食品厂利用内部往来账目调节销售收入的行为应如何处理？

第十章　工业产权法

学习目标

◆ 重点掌握工业产权及其特征，商标的概念、特征及种类，我国商标注册的申请和审批条件及程序，专利权的概念及特征，专利权的主体与客体，专利权的授予条件。

◆ 掌握商标注册人的权利与义务、商标侵权行为及其处理程序、专利侵权行为及专利纠纷处理。

◆ 了解商标法的立法发展、加强商标权保护的重要性、专利法的立法发展、专利保护救济实施程序。

第一节　工业产权法概述

工业产权是知识产权最重要的组成部分。知识产权（intellectual property）是涉及知识成果和知识价值的一种权利，是自然人、法人和其他组织对其科学技术、文化艺术、工商经贸等领域里创造的精神财富所依法享有的专有权。简要地说，是人们对通过脑力劳动创造出来的智力成果和知识财产所依法享有的权利。现代知识产权理论认为，知识产权的范围由版权、工业产权和其他知识产权（主要是指科技成果权，其中尤其是技术秘密类技术成果权）三部分组成。

一、工业产权的概念及特征

（一）工业产权的概念

工业产权是人们对应用于商品生产和流通领域的、依靠脑力劳动所创造的显著标记和发明创造依法拥有的专有权。这种无形财产权在工业生产和商业贸易的发展过程中产生和发展，又对工商业的发展起着巨大的推动作用。按其客体的性质不同，可分为发明创造专有权和显著标记专用权这两大类权利。我国所称的工业产权主要是指商标权和专利权。

（二）工业产权的特征

工业产权与民法领域的物权和债权相比，具有下列法律特征：

（1）专有性。一项工业产权由依法取得该项工业产权的单位或者个人专有（包括占有、使用、收益和处分等），排斥他人为生产经营目的利用工业产权。非经专有权人同意，任何单位和个人不得使用该项工业产权，否则即构成侵权行为；但是法律另有规定的除外。

（2）地域性。一项工业产权在一个国家经过批准获得专有权后，其所有人的专有权效力仅限于该国领土范围内，超出该国的地域，不发生法律效力。如果想在他国取得法律保护，必须依照该他国法律规定履行必要的程序，经批准后获得该国的工业产权。

（3）时间性。工业产权作为一种智力成果，如果给予永久保护，则不利于社会的共同进步，因此各国的工业产权法均为其设置了一定的期限，即工业产权的有效保护期。法律一般规定保护期限届满，工业产权的专有权即告结束，成为任何单位或者个人都可以使用的社会财富。

（4）行政授权性。工业产权一般不能自动生成，要由国家专门的机关依专门的法律、特定的程序，通过申请、核准的方式来确认，获得权利证书者为权利人。

二、工业产权立法的发展

工业产权法是调整因确认、保护、转让和使用工业产权而发生的各种社会关系的法律规范的总称。工业产权的法律保护，萌芽于封建社会，发展于资本主义社会。1236年，英王亨利二世授予波尔多的一个市民制作色布15年的垄断权。1474年，工商业昌盛的威尼斯共和国颁布了世界上第一部专利法，并于1594年授予意大利著名物理、天文学家伽利略扬水灌溉机械专利权。18世纪中叶以后，欧美工业发展较快的国家，普遍开始进行专利立法。1804年法国制定了最早的商标法规，保护商标权和商标专用人的利益。19世纪中叶以后，欧美的许多国家先后制定了确认和保护商标专用权的法律。资本主义生产方式确立之后，比较发达的资本主义国家都建立了工业产权法律制度。

我国对工业产权的保护在改革开放之后进入了崭新阶段，1983年实施《商标法》（1993年、2001年、2013年、2019年修正），1985年实施《专利法》（1992年、2000年、2008年修正），1991年实施《企业名称登记管理规定》（2012年修订），1993年实施《反不正当竞争法》（2019年修正），1997年实施《中华人民共和国植物新品种保护条例》（2013年、2014年修订），2001年实施《集成电路布图设计保护条例》，通过这一系列法律、法规的颁布施行，我国建立了较为健全的国内工业产权立法体系。

自19世纪末开始，工业产权法律保护日趋国际化。1883年，11个国家在巴黎签订了《保护工业产权巴黎公约》。1891年在马德里签订《商标国际注册马德里协定》。这两个国际公约经过多次修改，参加的国家越来越多。我国也不断参加知识产权保护的国际公约，1980年加入《建立世界知识产权组织公约》，1985年加入《保护工业产权巴黎公约》，1989年加入《商标国际注册马德里协定》，1994年加入《专利合作公约》。随着2001年我国加入世贸组织，《与贸易有关的知识产权协定》开始在我国适用，我国在更大范围内承担起相应的国际义务。

第二节　商标法

一、商标法概述

（一）商标与注册商标

1.商标的起源

商标起源于原始部落或个人信仰的象征符号，如古人曾用圆形表示宇宙的无限。古埃及、古巴比伦、古印度、古希腊、古罗马等文明古国，很久以前就在各种陶器、金属器具和手工制品上使用各种标记，以便于官方征税，或用于作坊主与工匠之间记账，这是商标的萌芽。13世纪时，欧洲大陆盛行各种行会，并要求在商品上打上行会认可的标记，从而起到区分生产者的作用，这已经具备了现代商标的内涵。当人类在运用符号上逐渐从精神象征走向功利性标记，而且这种符号与商品概念结合起来时，"商标"就出现了。1262年，意大利人在他们制造的纸张上采用了水纹（watermark）作为产品标志，水纹标志设计甚至成为当时造纸技术人员的一项重要的工作内容。

中国使用商标的历史可以追溯到先秦，但商标真正较大规模地被使用是在商品经济较为发达的宋朝。北宋时期，山东济南有一家专造功夫细针的刘家针铺，门前有一石兔，针铺就是以"白兔"作为商品的商标。

2.商标的含义及作用

商标是商品生产者、经营者和服务提供者将自己生产、销售的商品和提供的服务与他人生产、销售的商品和提供的服务区别开来的一种标记。这种标记通常由文字、图形、数字、三维标志及颜色组合表示，置于商品表面或其包装上、服务场所及服务说明书上。《商标法》第八条规定，任何能够将自然人、法人或者其他组织的商品与他人的商品区别开的标志，包括文字、图形、字母、数字、三维标志、颜色组合和声音等，以及上述要素的组合，均可以作为商标申请注册。商标使用人为使所用商标获得法律保护可向商标主管机关申请注册，取得商标专用权，此时的商标成为注册商标。侵犯他人的商标专用权，会受到法律的制裁。

商标具有以下作用：区别商品、服务的标示作用；对商品和服务质量的监督作用；商品和服务的广告作用；国际贸易中的竞争和保护作用。

（二）商标的种类

1.按商标结构分类

（1）文字商标，是指仅用文字构成的商标，包括中国汉字和少数民族文字、外国文字和阿拉伯数字或以各种不同字组合的商标。

（2）图形商标，是指仅用图形构成的商标，其中又能分为：①记号商标，是指用某种简单符号构成图案的商标。②几何图形商标，是以较抽象的图形构成的商标。③自然图形商标，是以人物、动植物、自然风景等自然的物象为对象所构成的图形商标。有的是以实物照片构成商标，有的则是经过加工提炼、概括与夸张等手法进行处理的自然图形构成商标。

（3）字母商标，是指用拼音文字或注音符号的最小书写单位，包括拼音文字、外文字母如英文字母、拉丁字母等所构成的商标。

（4）数字商标，是指用阿拉伯数字、罗马数字或者中文大写数字所构成的商标。

（5）三维标志商标，又称为立体商标，是指用具有长、宽、高三种度量的三维立体物标志构成的商标标志。它与我们通常所见的表现在一个平面上的商标图案不同，是以一个立体物质形态出现，这种形态可能出现在商品的外形上，也可以表现在商品的容器或其他地方。

（6）颜色组合商标，是指由两种或两种以上的颜色排列、组合而成的商标。文字、图案加颜色所构成的商标，不属颜色组合商标，只是一般的组合商标。

（7）组合商标，是指由两种或两种以上成分相结合构成的商标，也称复合商标。

（8）声音商标，也叫音响商标，是指以音符编成的一组音乐或以某种特殊声音作为商品或服务的商标。在我国，以声音标志申请商标注册的，应当在申请书中予以声明，提交符合要求的声音样本；应当以五线谱或者简谱对申请用作商标的声音加以描述并附加文字说明；无法以五线谱或者简谱描述的，应当以文字加以描述；商标描述与声音样本应当一致；需说明声音商标的使用方式。

2.按商标使用者分类

（1）商品商标，就是商品的标记，它是商标的最基本表现形式，通常所称的商标主要是指商品商标。商品商标又可分为商品生产者的产业商标和商品销售者的商业商标。①产业商标，又称制造商标、工业商标、生产商标，指明确表示商品生产者的商标，是企业主要的使用形式。②商业商标，又称销售商标、推销商标，是指销售者（经营者）为了销售商品而使用的商标。这种商标的重点是宣传商品销售者，而不是商品生产者。

（2）服务商标，是指用来与其他同类服务项目相区别的标志，如航空、导游、保险和金融、邮电、饭店、电视台等单位使用的标志，就是服务商标，如"Hilton"等。

（3）集体商标，是指以团体、协会或者其他组织名义注册，供该组织成员在商事活动中使用，以表明使用者在该组织中的成员资格的标志。

3.按商标用途分类

（1）营业商标，是指生产或经营者把特定的标志或者企业名称用在自己制造或经营的商品上的商标，这种标志也有人称其为"厂标""店标""司标"。

（2）证明商标，是指由对某种商品或者服务具有监督能力的组织所控制，而由该组织以外的单位或者个人使用于其商品或者服务，用以证明该商品或者服务的原产地、原料、制造方法、质量或其他特定品质的标志，如绿色食品标志、真皮标志、纯羊毛标志、电工标志等。

（3）等级商标，是指在商品质量、规格、等级不同的一种商品上使用的同一商标或者不同的商标。这种商标有的虽然名称相同，但图形或文字字体不同；有的虽然图形相同，但为了便于区别不同商品的质量、规格、等级，而以不同颜色、不同纸张、不同印刷技术或者其他标志作区别；也有的是用不同商标名称或者图形作区别。

（4）组集商标，是指在同类商品上，由于品种、规格、等级、价格的不同，为了加以区别而使用的几个商标，并把这几个商标作为一个组集一次提出注册申请。组集商标与等级商标有相似之处。

（5）亲族商标，是以一定的商标为基础，再把它与各种文字或图形结合起来，使用于同一企业的各类商品上的商标，也称派生商标。如美国苹果公司推出的iPod、iTouch、iPhone、iPad、iMac等就是亲族商标。

（6）备用商标，也称贮藏商标，是指同时或分别在相同商品或者类似商品上注册几个商标，注册后不一定马上使用，而是先贮藏起来，待需要时再使用。注册备用商标，从商标战略角度主要有三种考虑：一是某商品虽然没投产，但一旦投产，即可及时使用，而不会影响产品销售；二是为了保证名牌商标信誉，一旦由于某种原因，商品质量达不到要求，可使用备用商标（副标）暂时代替；三是万一砸了牌子，可以及时换上备用商标。

（7）防御商标，是指驰名商标所有者为了防止他人在不同类别的商品上使用其商标，而在非类似商品上将其商标分别注册。《商标法》对此种商标尚无明确规定，按照国际惯例，此种商标一般难以注册，但一经注册，则不因其闲置不用而被国家商标主管机关撤销。

（8）联合商标，是指同一商标所有人在相同或类似商品上注册的几个相同或者近似的商标，有的是文字近似，有的是图形近似。这种相互近似的商标注册后，不一定都使用，其目的是防止他人仿冒或注册，从而更有效地保护自己的商标。联合商标以其中的一个商标为主，称其为主商标或正商标。因联合商标作用和功能的特殊性，其中的某个商标闲置不用，不会被国家商标主管机关撤销。由于联合商标相互近似的整体作用，因此联合商标不得跨类分割使用或转让。

4.按商标注册与否分类

（1）注册商标，是指经商标使用人按照法定手续向国家知识产权局商标局（以下简称商标局）申请注册，经过审核后准予注册取得商标专用权的商标。不以使用为目的的恶意商标注册申请将会被商标局驳回。

（2）未注册商标，是指未经过商标注册而在商品或服务上使用的商标。

（三）商标法及其发展

商标法是调整商标的注册、使用、管理、保护过程中所发生的各种社会关系的法律规范的总称。商标的立法经历了一个历史演变的过程。19世纪下半叶是资本主义迅速发展时期，也是商标立法初步建立和完善的时期。法国于1857年制定了世界上第一部单行的成文商标法。20世纪上半叶出现了两部重要的商标立法，即英国和美国的商标法。此后，商标立法有了长足的发展。

我国比较系统的商标立法发生在明末清初，中华人民共和国成立后一直有专门的商标立法。《商标法》是于1982年8月制定，于1983年3月1日开始实施的，并进行了几次修订。2019年修订后的《商标法》的立法宗旨主要有：规范商标管理，保护商标专用权，促使生产、经营者保证商品和服务的质量，维护商标信誉，保障消费者和生产经营者的利益，促进社会主义市场经济的健康有序发展。新的《商标法》加大了对侵权行为的处罚力度；增加了关于恶意注册、商标中介机构代理违法行为的禁止性规定及处罚规定等。

（四）商标管理

商标管理是《商标法》规范的重要内容。国家知识产权局商标局主管全国商标注册和管理工作。地方各级市场监督管理部门是地方各级商标管理机关。商标管理主要指行政管理，一些特殊行业的商标管理以及企业自身的商标管理也日益受到重视。各级市场监督管理部门应当通过商标管理，制止欺骗消费者的行为，督促商标权利人、使用人和市场其他经营者遵循诚信原则。商标使用人应当对其使用商标的商品质量负责。质量保证义务与质量监督责任相关条款的规定充分体现了维护市场秩序和消费者利益的法律宗旨。

1.注册商标的管理

国家规定必须使用注册商标的商品，必须申请商标注册；未经核准注册的，不得在市场销售。商标注册人在使用注册商标的过程中，自行改变注册商标、注册人名义、地址或者其他注册事项的，由地方市场监督管理部门责令限期改正；期满不改正的，由商标局撤销其注册商标。注册商标成为其核定使用的商品的通用名称或者没有正当理由连续3年不使用的，任何单位或者个人都可以向商标局申请撤销该注册商标。商标局应当自收到申请之日起9个月内作出决定；有特殊情况需要延长的，经国务院相关管理部门批准，可以延长3个月。

注册商标被撤销、被宣告无效或者期满不再续展的，自撤销、宣告无效或者注销之日起一年内，商标局对与该商标相同或者近似的商标注册申请，不予核准。

2.未注册商标的管理

未注册商标也可在市场上使用，但不受法律的有效保护。使用未注册商标也要符合相关法律规定。使用未注册商标必须在商品上标明企业名称和地址，否则不得在市场上销售。《商标法》第五十二条规定：将未注册商标冒充注册商标使用的，或者使用未注册商标违反本法第十条规定的，由地方市场监督管理部门予以制止，限期改正，并可以予以通报，违法经营额5万元以上的，可以处违法经营额20%以下的罚款；没有违法经营额或者违法经营额不足5万元的，可以处1万元以下的罚款。该法第五十三条规定：违反本法第十四条第五款规定的，由地方市场监督管理部门责令改正，处10万元罚款。

3.外贸商标的管理

外贸商标是一个特殊的领域，涉及进出口业务，受到商标局和外贸主管部门的重视。国家商务部和国家市场监督管理总局负责对全国对外贸易商标工作的管理、监督、指导工作。各地方外贸主管部门、各地方市场监督管理部门负责对本行政区域内的对外贸易商标工作进行管理、监督、指导。对外贸易经营者享有相应权利并承担相应义务，如使用和自主处置其注册商标的权利；商标管理和使用合法的义务；经注册商标所有人同意并签订商标许可使用合同，方可使用他人注册商标的义务等。

4.商标的企业管理

随着我国市场经济的逐步建立和快速发展，企业的商标法治观念和商标意识明显增强。商标主管机关对企业的商标管理和建设十分重视。企业要逐步建立和完善商标机制，需从几个方面入手：企业的领导和有关人员要提高商标意识；能够恰当地运用商标策略，发展生产，开拓市场；建立和完善企业的商标工作制度；拥有训练有素的商标工作人员。

二、商标注册的申请、审查核准与无效宣告

（一）商标注册的申请

1.商标注册申请的原则

（1）自愿注册与强制注册相结合的原则。是否申请商标注册由商标使用人自主决定，即基本采取自愿注册原则；国家规定必须使用注册商标的商品，必须申请商标注册，未经核准注册的，不得在市场销售，即部分商品采取强制注册原则。此类商品一般与人们生活密切相关，涉及人身安全和健康，如人用药品和烟草制品。

（2）一标多类原则。商标注册申请人应当按规定的商品分类表填报使用商标的商品类别和商品名称，提出注册申请。商标注册申请人可以通过一份申请就多个类别的商品申请注册同一商标。注册商标需要在核定使用范围之外的商品上取得商标专用权的，应当另行提出注册申请。商标局对一件商标注册申请在部分指定商品上予以驳回的，申请人可以将

该申请中初步审定的部分申请分割成另一件申请，分割后的申请保留原申请的申请日期。

（3）申请在先原则。两个或者两个以上的商标注册申请人，在同一种商品或者类似商品上，以相同或者近似的商标申请注册的，初步审定并公告申请在先的商标；同一天申请的，各申请人应当自收到商标局通知之日起30日内提交其申请注册前在先使用该商标的证据，商标局初步审定并公告使用在先的商标，驳回其他人的申请，不予公告。同日使用或者均未使用的，各申请人可以自收到商标局通知之日起30日内自行协商，并将书面协议报送商标局；不愿协商或者协商不成的，商标局通知各申请人以抽签的方式确定一个申请人，驳回其他人的注册申请。已通知未参加抽签的，视为放弃申请。

（4）商标使用原则。注册商标的主要目的是使用，所以应该鼓励因使用而去注册商标，而不是鼓励为了投机、恶意抢注去注册商标。《商标法》第四条规定"不以使用为目的的恶意商标注册申请，应当予以驳回"，从而确立了商标注册申请人的使用义务，有利于打击恶意申请商标注册、恶意诉讼等行为。

（5）优先权原则。《商标法》第二十五条规定：商标注册申请人自其商标在外国第一次提出商标注册申请之日起6个月内，又在中国就相同商品以同一商标提出商标注册申请的，依照该外国同中国签订的协议或者共同参加的国际条约，或者按照相互承认优先权的原则，可以享有优先权。依照前款要求优先权的，应当在提出商标注册申请的时候提出书面声明，并且在3个月内提交第一次提出的商标注册申请文件的副本；未提出书面声明或者逾期未提交商标注册申请文件副本的，视为未要求优先权。

《商标法》第二十六条规定：商标在中国政府主办的或者承认的国际展览会展出的商品上首次使用的，自该商品展出之日起6个月内，该商标的注册申请人可以享有优先权。依照前款要求优先权的，应当在提出商标注册申请的时候提出书面声明，并且在3个月内提交展出其商品的展览会名称、在展出商品上使用该商标的证据、展出日期等证明文件；未提出书面声明或者逾期未提交证明文件的，视为未要求优先权。

（6）诚信原则。当事人申请商标注册、商标代理人在商标代理事务中都需遵循诚信原则；否则，将承担相应的法律责任，商标注册申请也将被驳回。申请商标注册不得有下列行为：①属于《商标法》第四条规定的不以使用为目的恶意申请商标注册的。②属于《商标法》第十三条规定，复制、模仿或者翻译他人驰名商标的。③属于《商标法》第十五条规定，代理人、代表人未经授权申请注册被代理人或者被代表人商标的；基于合同、业务往来关系或者其他关系明知他人在先使用的商标存在而申请注册该商标的。④属于《商标法》第三十二条规定，损害他人现有的在先权利或者以不正当手段抢先注册他人已经使用并有一定影响的商标的。⑤以欺骗或者其他不正当手段申请商标注册的。⑥其他违反诚信原则，违背公序良俗，或者有其他不良影响的。以上这些行为都违背了诚信原则，应予以禁止。

2.商标注册申请的条件

（1）申请人的条件。从事生产经营活动并对其商品或者服务需要取得商标专用权的自然人、法人或者其他组织都可以成为商标注册申请人，包括外国人和外国企业。两个以上的自然人、法人或者其他组织可以共同向商标局申请注册同一商标，共同享有和行使该商标专用权。申请人申请商标注册或者办理其他商标事宜，可以自行办理，也可以委托依法设立的商标代理机构办理；外国人或者外国企业在中国申请商标注册和办理其他商标事宜的，应当委托国家认可的具有商标代理资格的组织代理。

（2）商标注册的法定条件。

①合法性，是指商标不得违反《商标法》及其他法律规范的要求。在我国，不具有合法性的商标不仅不能取得注册，而且禁止作为未注册商标使用。《商标法》第十条规定：下列标志不得作为商标使用：同中华人民共和国的国家名称、国旗、国徽、国歌、军旗、军徽、军歌、勋章等相同或者近似的，以及同中央国家机关的名称、标志、所在地特定地点的名称或者标志性建筑物的名称、图形相同的；同外国的国家名称、国旗、国徽、军旗等相同或者近似的，但经该国政府同意的除外；同政府间国际组织的名称、旗帜、徽记等相同或者近似的，但经该组织同意或者不易误导公众的除外；与表明实施控制、予以保证的官方标志、检验印记相同或者近似的，但经授权的除外；同"红十字""红新月"的名称、标志相同或者近似的；带有民族歧视性的；带有欺骗性，容易使公众对商品的质量等特点或者产地产生误认的；有害于社会主义道德风尚或者有其他不良影响的。县级以上行政区划的地名或者公众知晓的外国地名，不得作为商标。但是，地名具有其他含义或者作为集体商标、证明商标组成部分的除外；已经注册的使用地名的商标继续有效。

②显著性，又称识别性，即商标使用在商品和服务上时，能与其他商品和服务相区别，让消费者感受到它与商品或服务的特定出处有关。根据《商标法》，不得作为商标注册的标志有：仅有本商品的通用名称、图形、型号的；仅直接表示商品的质量、主要原料、功能、用途、重量、数量及其他特点的；其他缺乏显著特征的。但这些标志经过使用取得显著特征，并便于识别的，可以作为商标注册。如两面针是两面针牙膏的主要构成原料，但"两面针"这一商标通过使用而具有了显著性，使得一般公众可以直接将"两面针"牌牙膏与其生产者对应起来，所以"两面针"可以成为注册商标。以三维标志申请注册商标的，仅由商品自身的性质产生的形状、为获得技术效果而需有的商品形状或者使商品具有实质性价值的形状，不得注册。

③非冲突性。《商标法》第九条明确规定，申请注册的商标，不得与他人在先取得的合法权利相冲突。在先权利既包括在先商标，也包括其他在先权利。在先商标是最容易与在后商标发生直接冲突的一种在先权利。其他在先权利一般包括姓名权，肖像权，著作权，外观设计专利权，企业名称及字号权，知名商品特有的名称、包装及装潢权等。

案例窗10-1

3. 商标注册申请的程序

申请商标注册，应当依照公布的商品分类表按类申请，填报申请表。每一件商标注册申请应当向商标局提交商标注册申请书1份、商标图样1份；以颜色组合或者着色图样申请商标注册的，应当提交着色图样，并提交黑白稿1份；不指定颜色的，应当提交黑白图样。

商标注册申请等有关文件，可以以书面方式或者数据电文方式提出。申请人用药品商标注册，应当附送卫生行政部门发给的证明文件。申请卷烟、雪茄烟和有包装烟丝的商标注册，应当附送国家烟草主管机关批准生产的证明文件。申请国家规定必须使用注册商标的其他商品的商标注册，应当附送有关主管部门的批准证明文件。同时，商标注册申请人的名义与所提交的身份证明文件应当一致。

商标注册的申请日期，以商标局收到申请文件的日期为准。当事人直接递交的，以递交日为准；邮寄的，以寄出的邮戳日为准；通过邮政企业以外的快递公司递交的，以快递企业收寄日为准。符合优先权原则的，可以享有优先权，以优先权日为申请日。申请手续齐备并按照规定填写申请文件的，编定申请号，发给受理通知书；申请手续不齐备或者未按照规定填写申请文件的，予以退回，申请日期不予保留。

注册商标需要改变其标志的，应当重新提出注册申请。

（二）商标注册的审查与核准

1.初步审定并公告

申请注册的商标，凡符合《商标法》有关规定的，由商标局初步审定，予以公告。审查过程中可以要求申请人作出说明或者修正。初步审定包括进行形式审查和实质审查。形式审查主要审查商标注册申请是否具备法定条件和手续。实质审查是对申请注册的实质内容进行审查。公告的目的是向社会公众征集意见，防止侵犯他人商标权，有利于正确核准申请注册的商标。

2.驳回与复审

申请注册的商标，凡不符合《商标法》有关规定或者同他人在同一种商品或类似商品上已经注册的或者初步审定的商标相同或近似的，由商标局驳回申请，不予公告。商标中有商品的地理标志，而该商品并非来源于该标志所标示的地区，误导公众的，不予注册并禁止使用；但是，已经善意取得注册的继续有效。地理标志是指标示某商品来源于某地区，该商品的特定质量、信誉或者其他特征主要由该地区的自然因素或者人文因素所决定的标志。对驳回申请、不予公告的商标，商标局应当书面通知商标注册申请人。商标注册申请人不服的，可以自收到通知之日起15日内向商标评审委员会申请复审，商标评审委员会应当自收到申请之日起9个月内作出决定，并书面通知申请人；有特殊情况需要延长的，经国务院相关部门批准，可以延长3个月。当事人对商标评审委员会的决定不服的，可以自收到通知之日起30日内向人民法院起诉。

3.异议、复审与发证

自公告之日起3个月内，在先权利人、利害关系人认为申请注册的商标违反《商标法》相关规定的，或者任何人认为违反《商标法》第四条、第十条、第十一条、第十二条、第十九条第四款规定的，可以向商标局提出异议。公告期满无异议的，予以核准注册，发给商标注册证，并予公告。对初步审定公告的商标提出异议的，商标局应当听取异议人和被异议人陈述事实和理由，经调查核实后，自公告期满之日起12个月内作出是否准予注册的决定，并书面通知异议人和被异议人。有特殊情况需要延长的，经国务院相关部门批准，可以延长6个月。

商标局作出准予注册决定的，发给商标注册证，并予公告。异议人不服的，可以依照《商标法》第四十四条、第四十五条向商标评审委员会请求宣告该注册商标无效。

商标局作出不予注册决定，被异议人不服的，可以自收到通知之日起15日内向商标评审委员会申请复审。商标评审委员会应当自收到申请之日起12个月内作出复审决定，并书面通知异议人和被异议人。有特殊情况需要延长的，经国务院知识产权管理部门批准，可以延长6个月。被异议人对商标评审委员会的决定不服的，可以自收到通知之日起30日内向人民法院起诉。人民法院应当通知异议人作为第三人参加诉讼。

异议法定期限届满，当事人对商标局作出的驳回申请决定、不予注册决定不申请复审或者对商标评审委员会作出的复审决定不向人民法院起诉的，驳回申请决定、不予注册决定或者复审决定生效。

经审查异议不成立而准予注册的商标，商标注册申请人取得商标专用权的时间自初步审定公告3个月期满之日起计算。自该商标公告期满之日起至准予注册决定作出前，对他人在同一种或者类似商品上使用与该商标相同或近似的标志的行为不具有追溯力；但是，因该使用人的恶意给商标注册人造成的损失，应当给予赔偿。

（三）商标注册无效宣告

已经注册的商标，违反《商标法》第四条、第十条、第十一条、第十二条、第十九条第四款规定的，或者是以欺骗手段或者其他不正当手段取得注册的，由商标局宣告该注册商标无效；其他单位或者个人可以请求商标评审委员会宣告该注册商标无效。商标局作出宣告注册商标无效的决定，应当书面通知当事人；当事人不服的，可以在规定的期限内申请复审，对复审决定不服的，可自收到通知之日起30内向法院起诉。其他单位或者个人请求商标评审委员会宣告注册商标无效的，商标评审委员会应限期依法作出维持商标或者宣告注册商标的裁定，并书面通知当事人；当事人不服的，可自收到通知之日起30内向法院起诉。

已经注册的商标，违反《商标法》第十三条第二款和第三款、第十五条、第十六条第一款、第三十条、第三十一条、第三十二条规定的，自商标注册之日起5年内，在先权利人或者利害关系人可以请求商标评审委员会宣告该注册商标无效。对恶意注册的，驰名商标所有人不受5年的时间限制。商标评审委员会收到宣告注册商标无效的申请后，应当书面通知有关当事人，并限期作出维持注册商标或者宣告注册商标无效的裁定，并书面通知当事人；当事人不服的，可自收到通知之日起30日内向法院起诉。

案例窗10-2

三、商标注册人的权利和义务

（一）商标注册人的权利

1.商标专用权

（1）商标专用权的内容。商标专用权是指注册商标的所有人对其注册商标享有的独占使用权，具体内容体现在两个方面：

一是商标使用权，即商标注册人有权在其注册核准范围内使用注册商标并获取合法的经济利益，以及商标注册人有利用注册商标进行相应的广告宣传的权利。商标的使用是指将商标用于商品、商品包装或者容器以及商品交易文书上，或者将商标用于广告宣传、展览以及其他商业活动等中，用于识别商品或服务来源的行为。

二是禁止使用权，即权利人有权排除任何其他人在相同或类似的商品或服务项目上，使用与其注册商标相同或近似的商标。

（2）商标专用权的限制。注册商标中含有的本商品的通用名称、图形、型号，或者直接表示商品的质量、主要原料、功能、用途、重量、数量及其他特点，或者含有的地名，商标注册人无权禁止他人正当使用。

三维标志注册商标中含有的商品自身的性质产生的形状、为获得技术效果而需有的商品形状或者使商品具有实质性价值的形状，商标注册人无权禁止他人正当使用。

商标注册人申请商标注册前，他人已经在同一种商品或者类似商品上先于商标注册人使用与注册商标相同或者近似并有一定影响的商标的，商标注册人无权禁止该使用人在原使用范围内继续使用该商标，但可以要求其附加适当区别标识。

2.商标转让权和使用许可权

注册商标的转让是指商标所有人在法律允许的范围内，将其注册商标转让给他人，自己不再享有该注册商标的专用权。转让注册商标的，转让人和受让人应当签订转让协议，并共同向商标局提出申请。受让人应当保证使用该注册商标的商品质量。转让注册商标的，商标注册人对其在同一种商品上注册的近似的商标，或者在类似商品上注册的相同或近似的商标，应当一并转让。对容易导致混淆或者有其他不良影响的转让，商标局不予核准，书面通知申请人并说明理由。转让注册商标经核准后，予以公告。受让人自公告之日起享有商标专用权。

注册商标的使用许可是注册商标所有人通过签订使用许可合同，许可他人使用其注册商标，其实质是商标使用权的转让，所有权仍归属于许可人（商标注册人）。使用许可的形式可以是独占、排他或普通许可。许可人应当监督被许可人使用其注册商标的商品质量；被许可人应当保证使用该注册商标的商品质量。经许可使用他人注册商标的，必须在使用该注册商标的商品上标明被许可人的名称和商品产地。许可他人使用其注册商标的，许可人应当将其商标使用许可报商标局备案，由商标局公告。商标使用许可未经备案不得对抗善意第三人。

3.请求保护权

当自己的注册商标专用权受到侵害时，商标注册人有权要求国家机关予以保护。

（二）商标注册人的义务

商标注册人应该承担下列义务：

（1）商标注册人应当按照规定正确使用其注册商标。使用注册商标应当标明"注册商标"字样或者标明注册标记"注"或"R"。在商品上不便标明的，应当在商品包装或者说明书以及其他附着物上标明。商标注册人应该在核准的范围内使用其注册商标：一是不得将注册商标使用在未经核准使用的商品或服务项目上；二是不得自行改变注册商标的标志。

（2）商标注册人必须保证使用注册商标的商品或服务的质量，保护广大消费者的利益。

（3）商标注册人依法可以变更、转让、许可他人使用其注册商标，且必须符合法定程序要求。

四、商标权的法律保护

（一）注册商标专用权的续展与变更

注册商标的有效期为10年，自核准注册之日起计算。注册商标有效期满，需要继续使用的，商标注册人应当在期满前12个月内按照规定办理续展手续；在此期间未能办理的，可以给予6个月的宽展期。每次续展注册的有效期为10年，自该商标上一届有效期满次日起计算。期满未办理续展手续的，注销其注册商标，商标专用权便丧失。

注册商标需要变更注册人的名义、地址或者其他注册事项的，应当提出变更申请并依法变更。

（二）商标侵权行为及其处理

《商标法》第五十六条规定，注册商标的专用权，以核准注册的商标和核定使用的商品为限。这表明了商标注册人行使商标权的范围；侵权人侵害商标注册人的权利应承担相应的法律责任。

1.商标侵权行为的认定

有下列行为之一的，均属侵犯注册商标专用权：①未经商标注册人的许可，在同一种商品上使用与其注册商标相同的商标的。②未经商标注册人的许可，在同一种商品上使用与其注册商标近似的商标，或者在类似商品上使用与其注册商标相同或近似的商标，容易导致混淆的。③销售侵犯注册商标专用权的商品的。④伪造、擅自制造他人注册商标标识或者销售伪造、擅自制造的注册商标标识的。⑤未经商标注册人同意，更换其注册商标并将该更换商标的商品又投入市场的（反向假冒）。⑥故意为侵犯他人商标专用权行为提供便利条件，即为侵犯他人商标专用权提供仓储、运输、邮寄、印制、隐匿、经营场所、网络商品交易平台等，帮助他人实施侵犯商标专用权行为的。⑦给他人的注册商标专用权造成其他损害的。

拓展阅读10-1

案例窗10-3

2.商标侵权责任的归责原则

商标侵权行为的认定与民法中对侵权行为的认定是有区别的。除法律另有规定外，不以主观过错作为侵权构成要件。

3.商标侵权行为的处理

有《商标法》第五十七条所列侵犯注册商标专用权行为之一，引起纠纷的，由当事人协商解决；不愿协商或者协商不成的，商标注册人或者利害关系人可以向人民法院起诉，也可以请求市场监督管理部门处理。

商标注册人或者利害关系人有证据证明他人正在实施或者即将实施侵犯其注册商标专用权的行为，如不及时制止将会使其合法权益受到难以弥补的损害的，可以依法在起诉前向人民法院申请采取责令停止有关行为和财产保全的措施。为制止侵权行为，在证据可能灭失或者以后难以取得的情况下，商标注册人或者利害关系人可以依法在起诉前向人民法院申请保全证据。人民法院接受申请后，必须在48小时内作出裁定；裁定采取保全措施的，应当立即开始执行。人民法院可以责令申请人提供担保，申请人不提供担保的，驳回申请。申请人在人民法院采取保全措施后15日内不起诉的，人民法院应当解除保全措施。

市场监督管理部门处理时，认定侵权行为成立的，责令立即停止侵权行为，没收、销毁侵权商品和主要用于制造侵权商品、伪造注册商标标识的工具，违法经营额5万元以上的，可以处违法经营额5倍以下的罚款，没有违法经营额或者违法经营额不足5万元的，可以处 25 万元以下的罚款。对 5 年内实施两次以上商标侵权行为或者有其他严重情节的，应当从重处罚。销售不知道是侵犯注册商标专用权的商品，能证明该商品是自己合法取得并说明提供者的，由市场监督管理部门责令停止销售，可不承担赔偿责任。能证明该商品是自己合法取得的情形包括：①有供货单位合法签章的供货清单和货款收据且经查证属实或者供货单位认可的；②有供销双方签订的进货合同且经查证已真实履行的；③有合法进货发票且发票记载事项与涉案商品对应的；④其他能够证明合法取得涉案商品的情形。

对侵犯商标专用权的赔偿数额的争议，当事人可以请求进行处理的市场监督管理部门调解，也可以依照《民事诉讼法》向人民法院起诉。经市场监督管理部门调解，当事人未达成协议或者调解书生效后不履行的，当事人可以依照《民事诉讼法》向人民法院起诉。侵犯商标专用权的赔偿数额，按照权利人因被侵权所受到的实际损失确定；如难以确定的，可以按照侵权人因侵权所获得的利益确定；如果上述两项都难以确定的，参照该商标许可使用费的倍数合理确定。对恶意侵犯商标专用权，情节严重的，可以在按照上述方法确定数额的 1 倍以上 5 倍以下确定赔偿数额。赔偿数额应当包括权利人为制止侵权行为所支付的合理开支。上述方法都难以确定的，由人民法院根据侵权行为的情节判决给予 500 万元以下的赔偿。

对侵犯注册商标专用权的行为，市场监督管理部门有权依法查处；涉嫌犯罪的，应当及时移送司法机关依法处理。未经商标注册人许可，在同一种商品上使用与其注册商标相同的商标，构成犯罪的，除赔偿被侵权人的损失外，依法追究刑事责任。伪造、擅自制造他人注册商标标识或者销售伪造、擅自制造的注册商标标识，构成犯罪的，除赔偿被侵权人的损失外，依法追究刑事责任。销售明知是假冒注册商标的商品，构成犯罪的，除赔偿被侵权人的损失外，依法追究刑事责任。商标犯罪之最高刑期可至 10 年。

商标代理机构如果违反《商标法》，损害相关当事人利益或有不法行为，也应承担相应法律责任。

案例窗 10-4

（三）驰名商标及其保护

1. 驰名商标的认定

我国于 2003 年出台的《驰名商标认定和保护规定》，界定驰名商标为在中国为相关公众所熟知的商标。相关公众包括与使用商标所标示的某类商品或者服务有关的消费者，生产前述商品或者提供服务的其他经营者以及经销渠道中所涉及的销售者和相关人员等。驰名商标是根据当事人的请求，由商标评审委员会或者人民法院作为处理涉及商标案件需要认定的事实进行认定的。《商标法》第十三条第一款规定："为相关公众所熟知的商标，持有人认为其权利受到侵害时，可以依照本法规定请求驰名商标保护。"

驰名商标的认定一般应当考虑以下因素：①相关公众对该商标的知晓程度；②该商标使用的持续时间；③该商标的任何宣传工作的持续时间、程度和地理范围；④该商标作为驰名商标受保护的记录；⑤该商标驰名的其他因素。

案例窗 10-5

2. 驰名商标的保护

对驰名商标的特殊保护，各国在立法上有两种不同的制度安排：一是实行相对保护，禁止相同或同类商品使用驰名商标，以法国、德国为代表；二是实行绝对保护，即规定禁止同类和不同类商品使用驰名商标，以美国为代表。后者的保护力度远远大于前者。在驰名商标绝对保护主义确立了主导地位以后，各国及国际公约对驰名商标特殊保护明显加强，各国国内法和国际公约对驰名商标的特殊保护措施越来越多元化，在一些方面甚至突破了法律上的传统禁区。多数国家对未注册的驰名商标也加以保护。

我国法律对驰名商标的保护主要体现在三方面：一是赋予驰名商标注册人特别期限的排他权，即商标注册人发现他人已经注册的商标违反《商标法》的规定，或者是以欺骗手段取得注册，并侵犯商标注册人的合法权益的，可以请求有关机构裁定撤销该注册商标。排他权行使的期限是法律规定的特定期限。但是，如果侵犯的对象是驰名商标，可以不受法定年期限的限制，随时可以向执法机关提出异议，如《商标法》第四十五条之规定。二是驰名商标的注册可以获得特殊照顾。如《商标法》规定，不具有显著性的商标不得注册，但这种规定不适用于驰名商标的注册，因为驰名本身就构成了显著性。法律还允许驰名商标注册联合商标和防御商标。三是通过不予注册禁止使用来保护。《商标法》第十三条规定："就相同或者类似商品申请注册的商标是复制、模仿或者翻译他人未在中国注册的驰名商标，容易导致混淆的，不予注册并禁止使用。就不相同或者不相类似商品申请注册的商标是复制、模仿或者翻译他人已经在中国注册的驰名商标，误导公众，致使该驰名商标注册人的利益可能受到损害的，不予注册并禁止使用。"

此外，《商标法》对驰名商标的使用也作了限制性规定，即生产经营者不得将驰名商标字样用于商品、商品包装或者容器上，或者用于广告宣传、展览以及其他商业活动中。

（四）商标权的国际保护

商标权的国际保护主要通过一些各国签署的条约和协定得以保证。这些条约和协定确立了各缔约方应普遍遵循的商标权保护的基本原则和规定，积极促进了各国间的合作，推动了商标权国际保护的发展。

1.《保护工业产权巴黎公约》

除了国民待遇原则和优先权原则之外，《保护工业产权巴黎公约》就商标保护有一些专门的规定，包括以下条款：各国保护的独立性；驰名商标的保护；国徽、官方检验印章和政府间组织徽记的禁用；商标的转让；服务商标的保护；原样保护原则；禁止未经所有人授权以代理人或代表人名义的注册；使用商标的商品的性质；集体商标；厂商名称的保护；不正当竞争；商标、厂商名称、虚假标记、不正当竞争的救济手段及在某些国际展览会中的临时保护。

2.《与贸易有关的知识产权协定》

《与贸易有关的知识产权协定》有3个基本原则：国民待遇原则、最惠国待遇原则、透明度原则。该协定有关商标和地理标志的专门规定共有2节10条，分别涉及可保护客体、授予的权利、保护期限、关于使用的要求、其他要求、许可和转让、地理标志的保护、对葡萄酒和烈酒地理标志的额外保护、国际谈判、例外。

3.《商标国际注册马德里协定》

为了克服商标逐一国家注册所带来的不便，《商标国际注册马德里协定》于1891年4月14日在西班牙首都马德里签订。这份协定是多边国际条约，其宗旨是在协定成员间建立商标国际注册的体系。中国于1989年10月4日正式成为其成员。

按照该协定规定，任何一个缔约方的自然人或法人在所属国办理了某一商标注册后，如果又要求该商标在其他缔约方获得保护，则可以向设在日内瓦的国际局申请国际注册。国际局收到申请即予以公告，并通知申请人要求给予保护的各缔约方，被要求保护的缔约方接到通知后，有权在1年内对是否给予保护作出决定。如果在1年期限内未向国际局提出驳回在该缔约方注册的声明，则该商标即被视为已在该国核准注册，并得到法律保护。

4.《商标注册用商品和服务国际分类尼斯协定》

该协定于1957年6月15日在法国尼斯签订，于1961年4月生效。中国于1988年正式使用商标注册用商品和服务国际分类表，于1994年5月5日加入该协定并于同年8月9日生效。该协定的宗旨是建立一个共同的商标注册用商品和服务国际分类体系，并保证其实施。该分类体系包括：①分类表，视需要附加注释。②按字母顺序排列的商品和服务表，并标明每个商品和服务项目所属类别。采用该分类体系有利于统一各国在办理商标注册时的商品和服务的分类口径，有利于国际商标合作和相互受理商标注册，对于发展商标国际注册是必要的。

5.《商标法条约》

1994年10月，世界知识产权组织（WIPO）在日内瓦主持召开外交会议并签署《商标法条约》（TLT），目的是制定统一的国际标准，简化、协调各方有关商标的行政程序，使商标注册体系更加方便当事人，促进缔约方间商标权的相互保护。2006年3月，各缔约方在充分考虑通信技术迅猛发展的基础上，对TLT的部分条款进行了修订并签署《商标法新加坡条约》（Singapore Treaty on the Law of Trademarks，STLT）。

《商标法新加坡条约》对《商标法条约》的修订主要涉及4个方面：一是扩展了条约的适用范围，使条约不仅适用于含视觉标志的商标，还可适用于由嗅觉及听觉标志构成的商标；二是进一步规范了通过电子方式向商标局提交或传送文件的规则；三是增加了商标申请人、注册持有人或其他利害关系人未遵守期限时的救济措施；四是增加了商标使用许可的备案规则。此外，《商标法新加坡条约》还确定建立"缔约方大会"机制，邀请缔约方及政府间组织参加会议，并根据实际情况及时、合理地修改条约内容。

依照《商标法新加坡条约》的相关条款，经10个缔约方（包括国家和政府间组织）批准后该条约即可生效。我国政府于2007年签署该条约，随着2008年12月澳大利亚的加入，该条约已经于2009年3月生效。

第三节　专利法

一、专利法概述

（一）专利和专利法的概念

从不同角度看，"专利"是一个具有多种含义的名词。从法律意义上来讲，专利即指专利权，是国家专利主管机构根据法律规定的条件和程序，授予申请人在一定期限内对其发明创造所享有的独占实施权。从发明创造的角度讲，专利是符合专利权授予条件并取得了专利权的发明创造成果。有时"专利"一词指记载有发明创造内容并公开了的专利证书。

专利法是调整确认发明创造所有权和利用发明创造过程中所产生的各种社会关系的法律规范的总称，是专门解决发明创造的归属和利用问题的法律。

（二）专利制度的发展

世界专利制度的雏形可以追溯到中世纪的欧洲。在当时的英国，为了鼓励从外国引进新的技术，国王经常通过一种称为"letters patent"的文件向新技术的引进者授予垄断权利。英文"patent"一词来源于拉丁文"patens"，意思是"敞开"或"公开"，"letters patent"就是敞开的证书，它以官方通知的方式将授予的权利告知公众。1474年，意大利威尼斯公布了第一部具有现代专利法特点的专利法。该法规定，任何人在本城市制造了以前未曾制造过的、新而精巧的机械装置，等改进趋于完善以便能够使用和操作，即应向市政机关登记。本城其他任何人在10年内没有得到发明人的许可，不得制造与该装置相同或者相似的产品。如有其他任何人制造，上述发明人有权在本城市任何机关告发，该机关可以命令侵权者赔偿100金币，并将该装置立即销毁。威尼斯专利法奠定了现代专利法的基础，明确了建立专利制度的主要目的，包括有利于社会、鼓励发明活动、回收发明费用及发明人有权享有其智力成果等。早期英国通过"letters patent"对新技术给予保护的制度后来被王室滥用，引起了国民的强烈不满。1623年英国议会制定了《垄断法》（Statute of Monopolies），这是专利制度发展史上的第二个里程碑。该法制定的目的在于废除英王已经授予的所有垄断权，而且禁止国王今后再授予这种权利，但作为例外，准许国王对任何种类的新产品真正第一个发明人授予垄断权。美国1790年根据1787年宪法制定并颁布了专利法，目的在于促进科学和有用技术的进步。法国资产阶级革命后也诞生了第一部专利法，其可谓是《人权宣言》的产物。此后的19世纪，其他国家也相继制定了自己的专利法。第二次世界大战以后，随着科学技术的飞速发展和国际经济技术交流的日益扩大，专利法日趋完善，专利保护进入国际化阶段，其标志就是国际专利条约的签订及国际专利组织的建立。

我国"专利"一词出自汉代实行的盐铁专营制度，其实质是一种官商垄断的商业经营制度，与现代专利制度相去甚远。虽然我国有着灿烂悠久的历史，但真正对专利予以法律保护比发达国家足足滞后了200余年。中华人民共和国的第一部专利法是1984年3月12日第六届全国人民代表大会常务委员会第四次会议通过的《专利法》，于1985年4月1日起正式施行，并于1992年、2000年、2008年、2020年进行修正；《中华人民共和国专利法实施细则》（以下简称《专利法实施细则》）也于1985年1月19日通过，于同年4月1日起实施，此后于2001年、2010年两次修订。

二、专利权的主体与客体

专利权是专利权人对其创造的智力成果依法享有的专有权利。

（一）专利权的主体

1.发明人或设计人

《专利法》第六条第二款规定：非职务发明创造，申请专利的权利属于发明人或者设计人；申请被批准后，该发明人或者设计人为专利权人。发明人或设计人是独立的不从属于任何单位的对发明创造的实质性特点作出创造性贡献的人。在完成发明创造的过程中，只负责组织工作的人、为物质技术条件的利用提供方便的人或者从事其他辅助工作的人，不是发明人或者设计人。两个以上单位或者个人合作完成的发明创造、一个单位或者个人接受其他单位或个人委托所完成的发明创造，除另有协议的以外，申请专利的权利属于完成或者共同完成的单位或个人；申请被批准后，申请的单位或者个人为专利权人。

专利申请权经当事人订立书面合同可以转让，并经专利局登记公告后生效，受让人依法取得对该项发明创造的申请权和专利权。中国单位或者个人向外国人、外国企业或外国其他组织转让专利申请权或者专利权的，应当依照有关法律、行政法规的规定办理手续。

综上，发明人或设计人、共同发明人或设计人及合法受让人，均有权提出申请并取得专利权。

2.拥有职务发明的单位

职务发明创造是指执行本单位的任务或者主要利用本单位的物质技术条件所完成的发明创造，具体包括：在本职工作中作出的发明创造；履行本单位交付的本职工作之外的任务所作出的发明创造；退职、退休或者调动工作后1年内作出的，与其在原单位承担的本职工作或者原单位分配的任务有关的发明创造。本单位包括临时工作单位。主要利用本单位的物质技术条件，是指完成的发明创造虽然不是执行本单位的任务，但是主要利用本单位的资金、设备、零部件、原材料或者不对外公开的技术资料等。

职务发明创造的专利申请权属于该单位；申请被批准后，该单位为专利权人。对于利用本单位的物质技术条件所完成的发明创造，单位与发明人或者设计人订有合同，对申请专利的权利和专利权的归属作出约定的，从其约定。《专利法》第十五条、第十六条明确规定：被授予专利权的单位应当对职务发明创造的发明人或者设计人给予奖励；发明创造专利实施后，根据其推广应用的范围和取得的经济效益，对发明人或者设计人给予合理的报酬。国家鼓励被授予专利权的单位实行产权激励，使发明人或设计人合理分享创新收益，其方式主要有股权、期权、分红等。此外，发明人或者设计人在专利文件中有署名权，专利权人有专利标识权。

案例窗10-6

3.外国自然人或法人

在中国有经常居所或者营业所的，享有与我国单位及个人同样的待遇，申请专利可以自己办理，也可以委托代理人代理。在中国没有经常居所或者营业所的外国人、外国企业或者外国其他组织在中国申请专利和办理其他专利事务的，不得自己办理，应当委托依法设立的专利代理机构办理。适用条件是依照其所属国同中国签订的协议，相互允许对方自然人和组织在本国申请专利；共同参加某项国际条约，条约中有可到其他国家申请专利的规定；依照互惠原则，其所属国允许我国自然人及组织在该国申请专利。

（二）专利权的客体

专利权的客体，即专利法的保护对象，是依法申请并取得专利权的发明创造。《专利法》所称的发明创造，包括发明、实用新型和外观设计三种。

1.基本类型

（1）发明，是指对产品、方法或者其改进所提出的新的技术方案。它是人们利用自然规律通过脑力劳动创造出的前所未有的东西。发明不是发现，发现是人们对客观存在的自然现象及规律的一种认识与揭示。发明一般分为产品发明和方法发明。产品发明是指以有形形式出现的一切发明，既可以是一个独立的产品，也可以是一个产品的一个部件或附件，细分为物品发明、物质发明和材料发明。方法发明是指与某种活动有关的发明，细分为制造产品方法的发明、其他方法的发明，如制造某种物品的工艺方法、通信方法等。

（2）实用新型，是指对产品的形状、构造或者其结合所提出的适于实用的新的技术方案。《专利法》规定，实用新型只适用于产品，不适用于方法。同时，产品必须具有一定的形状和构造。形状是指可以从外部观察到的产品的确定的空间立体外形；构造则是指组件或部件的连接或结合。因此，方法和没有固定形态的产品，不能用实用新型予以保护。实用新型是创造性较低的小发明，弥补了因创造性条件不足不能获得发明专利保护的缺陷，审批程序比较简单，申请实用新型保护也是对产品进行保护的一种有效方式。

（3）外观设计，是指对产品的整体或者局部的形状、图案或者其结合以及色彩与形状、图案的结合所作出的富有美感并适于工业应用的新设计。其特点如下：①以产品作为载体，必须与物品有关。离开了具体产品的单纯美术作品，不属于《专利法》意义上的外观设计。②应是产品形状、图案和色彩的设计。形状、图案和色彩三者很难独立存在，在很多情况下是这三者的结合。③适于在工业上应用。这是对外观设计的工业实用性方面的要求。④能产生美感，具有可见性，给人们一种美的视觉感受，必须是肉眼可以直接看到的。美感是一种带有主观色彩的条件，因人而异，对这一条件的掌握具有较大的差别。

2.不能依《专利法》授予专利权的情形

通常有两类主题被排除在《专利法》保护之外。一类是违反国家法律、社会公德、妨害公共利益的发明创造；另一类是科学领域内非发明创造性的智力成果。

《专利法》第五条规定对违反法律、社会公德或者妨害公共利益的发明创造，不授予专利权。对违反法律、行政法规的规定获取或者利用遗传资源，并依赖该遗传资源完成的发明创造，不授予专利权。《专利法》第二十五条规定对下列各项不授予专利：①科学发现；②智力活动的规则和方法；③疾病的诊断和治疗方法；④动物和植物品种；⑤原子核变换方法以及用原子核变换方法获得的物质；⑥对平面印刷品的图案、色彩或者二者的结合作出的主要起标识作用的设计。对第④项所列产品的生产方法，可以依照《专利法》授予专利权。

3.专利保护客体范围的扩张

根据《专利审查指南》，从自然界分离或者提取的基因或者片段、功能性的计算机程序都可以申请专利保护。现代社会随着互联网技术和电子商务的飞速发展，传统的商业经营方法与互联网相结合运用在电子商务中形成商业方法软件。美、日、欧等发达国家已将商业方法软件作为专利保护客体，对世界各国的专利制度产生了深远影响。

三、授予专利权的条件

不是什么发明创造都可以获得专利权，一个发明创造、外观设计要获得专利保护必须符合法定的条件。

（一）授予发明、实用新型专利权的条件

授予专利权的发明和实用新型，应当具备新颖性、创造性和实用性。在专利法中，这三个条件被称为授予专利权的实质条件。

1.新颖性

《专利法》规定，新颖性是指该发明或者实用新型不属于现有技术（现有技术是指申请日以前在国内外为公众所知的技术）；也没有任何单位或者个人就同样的发明或者实用新型在申请日以前向国务院专利行政部门提出过申请，并记载在申请日以后公布的专利申请文件或者公告的专利文件中。

（1）判断标准。

①时间范围：一项发明或实用新型，只有在申请日或优先权日（申请人要求享有优先权的）前没有公开过，即没有他人就相同主题向专利局提出过专利申请，并记载在以后公布的专利申请文件中才具有新颖性。

②地域范围：《专利法》采用国际通用的绝对新颖性标准，即一项发明或实用新型从未在国内外为公众所知，包括从未在出版物上公开发表过、公开使用过或者公开销售过等。

③公开形式：一项发明或实用新型必须是从未以任何形式（口头、书面、使用或其他形式如展览、演示等）为社会公众所知，才不会丧失新颖性。

（2）不丧失新颖性的例外。发明人、设计人或者发明创造的其他所有人由于某些正当原因在申请日（或优先权日）前公开其发明创造以及第三人通过合法或不合法的手段从上述人那里得到的发明创造，不经其同意而公开的，在一定期限内申请专利的，不丧失新颖性。根据《专利法》第二十四条，申请专利的发明创造在申请日以前6个月内，有下列情形之一的，不丧失新颖性：①在国家出现紧急状态或者非常情况时，为公共利益目的首次公开的；②在中国政府主办或者承认的国际展览会上首次展出的；③在规定的学术会议或者技术会议上首次发表的（学术会议或者技术会议，是指国务院有关主管部门或者全国性学术团体组织召开的学术会议或者技术会议）；④他人未经申请人同意而泄露其内容的。

申请专利的发明创造如有第②种或第③种情形的，申请人应当在提出专利申请时声明，并自申请日起2个月内，提交有关国际展览会或者学术会议、技术会议的组织单位出具的有关发明创造已经展出或者发表，以及展出或者发表日期的证明文件。申请专利的发明创造如有第④种情形的，国务院专利行政部门认为必要时，可以要求申请人在指定期限内提交证明文件。

2.创造性

创造性是指同申请日以前已有的技术相比，该发明有突出的实质性特点和显著的进步，该实用新型有实质性特点和进步。

突出的实质性特点是指申请专利的发明同申请日（或优先权日）以前的技术相比具有本质的区别，或者说具有区别技术特征。申请专利的技术方案必须是经过创造性构思获得的结果，它超越了发明所属技术领域中一般技术人员的技术水平，表现在有了质的突破或飞跃。显著的进步是指申请专利的发明同申请日（或优先权日）以前的技术相比具有良好的效果。良好的效果表现在发明克服了现有技术的缺点与不足，或者使技术具有新的功能与用途，或者表现在发明所代表的新技术发展趋势等方面。

实用新型的创造性和发明的创造性相比，只有程度上的不同，并无实质区别，即对实用新型创造性的要求低于对发明创造性的要求，只需具有实质性特点和进步。由于《专利法》规定对实用新型专利申请不进行实质审查，对实用新型创造性的判断，只有在专利权无效宣告程序中才会具体涉及。

3.实用性

实用性是指该发明或者实用新型能够制造或者使用，并且能够产生积极效果。"实用"一词的主要意义在于能够在产业上利用并创造实际利益。

产业不仅包括传统工业，还包括社会生活的其他领域，如农业、林业、交通运输业、美容业等，即每一个适于授予发明创造专利的有组织的技术领域。如果申请专利的发明或实用新型是一种产品，该产品必须能在产业中制造，并解决相应技术问题。如果申请专利的发明是一种方法，该方法必须能在产业中使用，并且解决相应技术问题。

能够产生积极效果是指发明或实用新型制造或使用后，与现有技术相比具有的有益效果，主要包括三方面含义：能够产生积极的社会效果；能够产生积极的技术效果；能够产生积极的经济效果。

（二）授予外观设计专利权的条件

外观设计要求具有新颖性和原创性，富于美感。《专利法》第二十三条规定，授予专利权的外观设计，应当不属于现有设计；也没有任何单位或者个人就同样的外观设计在申请日以前向国务院专利行政部门提出过申请，并记载在申请日以后公告的专利文件中。所以，外观设计专利也必须具备新颖性。授予专利权的外观设计与现有设计或者现有设计特征的组合相比，应当具有明显区别，就是必须具有原创性，这与发明、实用新型的创造性要求相似。授予专利权的外观设计不得与他人在申请日以前已经取得的合法在先权利相冲突（如著作权、商标权、姓名权、肖像权等）。此外，外观设计必须是应用在工业品的外表上的，因此不能脱离产品独立存在，要与产品融为一体，富于美感。

案例窗 10-7

四、专利的申请与审批

（一）专利的申请

1.专利申请的原则

（1）单一性原则。

除《专利法》有例外规定的外，一件专利申请不能要求保护两项以上的不同发明创造；如就两项以上的发明创造提出申请要求保护，须就两项以上发明创造单独提出分案申请。《专利法》第九条规定，同样的发明创造只能授予一项专利权。但是，同一申请人同日对同样的发明创造既申请实用新型专利又申请发明专利，先获得的实用新型专利权尚未终止，且申请人声明放弃该实用新型专利权的，可以授予发明专利权。《专利法》第三十一条规定，一件发明或者实用新型专利申请应当限于一项发明或者实用新型。属于一个总的发明构思的两项以上的发明或者实用新型，可以作为一件申请提出，如锁与钥匙、插头与插座等。其适用条件是，上述发明或实用新型应当在技术上相互关联，包含一个或者多个相同或者相应的特定技术特征，其中特定技术特征是以每一项发明或者实用新型作为整体，对现有技术作出贡献的技术特征。一件外观设计专利申请应当限于一项外观设计。同一产品两项以上的相似外观设计，或者用于同一类别并且成套出售或者使用的产品的两项以上外观设计，可以作为一件申请提出。同一类别是指产品属于分类表中同一小类，成套出售或者使用的产品的设计构思相同，通常由两件以上各自独立的产品组成，其中每件产品都有独立的特性和使用价值，而各件产品组合在一起又能体现出其组合使用的价值，并且习惯上是同时出售、同时使用的，如咖啡壶与咖啡杯、桌布与餐巾等。将两项以上外观设计作为一件申请提出的，应当将各项外观设计顺序编号标在每件使用外观设计产品的视图名称之前。

（2）先申请原则。

《专利法》第九条规定，两个以上的申请人分别就同样的发明创造申请专利的，专利权授予最先申请的人。明确以申请日作为授予专利权判断标准，国务院专利行政部门收到专利申请文件之日为申请日。如果申请文件是邮寄的，以寄出的邮戳日为申请日。申请日的确定对专利申请具有重大意义，它是发明创造新颖性、创造性判断的时间标准，也是专利权期限的起算之日。

（3）优先权原则。

《专利法》明确了优先权原则：申请人自发明或者实用新型在外国第一次提出专利申请之日起12个月内，或者自外观设计在外国第一次提出专利申请之日起6个月内，又在中国就相同主题提出专利申请的，依照该外国同中国签订的协议或者共同参加的国际条约，或者依照相互承认优先权的原则，可以享有优先权。此为外国优先权。申请人自发明或者实用新型在中国第一次提出专利申请之日起12个月内，或者自外观设计在中国第一次提出专利申请之日起6个月内，又向国务院专利行政部门就相同主题提出专利申请的，可以享有优先权。此为本国优先权。申请人要求优先权的，应当在申请的时候提出书面声明，并提交第一次提出的专利申请文件的副本。提交副本的期限为：发明、实用新型专利为第一次提出申请之日起16个月内；外观设计专利为第一次申请之日起3个月内。申请人未提出书面声明或者逾期未提交专利申请文件副本的，视为未要求优先权。

申请人在一件专利申请中，可以要求一项或者多项优先权。要求多项优先权的，该申请的优先权期限从最早的优先权日起计算。申请人按照《专利法》办理要求优先权手续的，应当在书面声明中写明第一次提出专利申请（以下简称在先申请）的申请日、申请号和受理该申请的国家；书面声明中未写明在先申请的申请日和受理该申请的国家的，视为未提出声明。要求外国优先权的，申请人提交的在先申请文件副本应当经原受理机关证明；提交的证明材料中，在先申请人的姓名或者名称与在后申请的申请人姓名或者名称不一致的，应当提交优先权转让证明材料。要求本国优先权的，申请人提交的在先申请文件副本应当由国务院专利行政部门制作。

申请人要求本国优先权，在先申请是发明专利申请的，可以就相同主题提出发明或者实用新型专利申请；在先申请是实用新型专利申请的，可以就相同主题提出实用新型或者发明专利申请。但是，提出后一申请时，在先申请的主题有下列情形之一的，不得作为要求本国优先权的基础：①已经要求外国优先权或者本国优先权的；②已经被授予专利权的；③属于按照规定提出的分案申请的。

申请人要求本国优先权的，其在先申请自后一申请提出之日起即视为撤回。

在中国没有经常居所或者营业所的申请人，申请专利或者要求外国优先权的，国务院专利行政部门认为必要时，可以要求其提供下列文件：①国籍证明；②申请人是企业或者其他组织的，其营业所或者总部所在地的证明文件；③申请人的所属国，承认中国单位和个人可以按照该国国民的同等条件，在该国享有专利权、优先权和其他与专利有关的权利的证明文件。

2.专利申请的文件

专利申请应当使用中文以书面形式或者国务院专利行政部门规定的其他形式办理，必须依法提交各种申请文件，且提交时必须使用专利局规定的格式，由申请人签名或盖章。以书面形式申请专利的，应当向国务院专利行政部门提交申请文件一式两份。以国务院专利行政部门规定的其他形式申请专利的，应当符合规定的要求。申请人委托专利代理机构向国务院专利行政部门申请专利和办理其他专利事务的，应当同时提交委托书，写明委托权限。申请人有两人以上且未委托专利代理机构的，除请求书中另有声明的外，以请求书中指明的第一申请人为代表人。

（1）申请发明、实用新型专利提交的文件。申请发明或者实用新型专利的，应当提交请求书、说明书及其摘要和权利要求书等文件。

请求书是申请人向专利局表示请求授予专利权愿望的书面文件。请求书应当写明发明或者实用新型的名称，发明人的姓名，申请人姓名或者名称、地址，以及其他事项。其他事项是指：①申请人的国籍；②申请人是企业或者其他组织的，其总部所在地的国家；③申请人委托专利代理机构的，应当注明的有关事项；④申请人未委托专利代理机构的，其联系人的姓名、地址、邮政编码及联系电话；⑤要求优先权的，应当注明的有关事项；⑥申请人或者专利代理机构的签名或者盖章；⑦申请文件清单；⑧附加文件清单；⑨其他需要注明的有关事项。

说明书应当对发明或者实用新型作出清楚、完整的说明，以所属技术领域的技术人员能够实现为准，必要的时候，应当有附图，是对技术内容进行具体说明的陈述性书面文件。摘要不具有法律效力，应当简要说明发明或者实用新型的技术要点。摘要应当写明发明或者实用新型专利申请所公开内容的概要，即写明发明或者实用新型的名称和所属技术领域，并清楚地反映所要解决的技术问题、解决该问题的技术方案的要点以及主要用途。

权利要求书应当以说明书为依据，清楚、简要地限定要求专利保护的范围，是专利申请文件的核心部分。在专利权授予后，权利要求书就是确定发明、实用新型专利权保护范围的依据，也是判断他人是否侵权的依据，具有法律效力。权利要求书应当说明发明或者实用新型的技术特征，清楚、简要地表述请求保护的范围。权利要求书有几项权利要求的，应当用阿拉伯数字顺序编号。

依赖遗传资源完成的发明创造，申请人应当在专利申请文件中说明该遗传资源的直接来源和原始来源；申请人无法说明原始来源的，应当陈述理由。

（2）申请外观设计专利提交的文件。申请外观设计专利的，应当提交请求书、该外观设计的图片或者照片以及对该外观设计的简要说明等文件。外观设计专利请求书与发明、实用新型专利请求书的性质、内容基本相同，只是无须填写外观设计的名称。外观设计的图片或者照片显示的形状、图案和色彩为外观设计要求保护的范围。外观设计的简要说明应当写明使用该外观设计的产品的设计要点、请求保护色彩、省略视图等情况。

申请人可以在被授予专利权之前随时撤回其专利申请。申请人撤回专利申请的，应当向国务院专利行政部门提出声明，写明发明创造的名称、申请号和申请日。申请人也可以对其专利申请文件进行修改，但是对发明和实用新型专利申请文件的修改不得超出原说明书和权利要求书记载的范围，对外观设计专利申请文件的修改不得超出原图片或者照片表示的范围。

(二)专利申请的审查与批准

1.专利审批制度的类型

各国的制度都规定,在专利申请提出后,必须经过政府主管部门的审核才能授予专利权。但审核内容不尽相同,大体形成了3种主要制度:

(1)登记制。这种制度只对专利申请文件进行形式审查,包括申请文件是否完备、填写方式是否符合要求、申请人是否履行了法定的申请手续如申请费是否缴纳等。只要形式要求得到满足,即予以登记,授予专利权。其优点是手续简单、费用低,不需要很多技术人员和大量文献资料。但其缺点也显而易见,就是这种制度授予的专利权专利水平不高,缺乏可靠性和稳定性,品质难以保证。采用这种制度的国家分布在各大洲,欧洲就有一些国家采用登记制,而且近些年来还有所增加。

(2)审查制。这种制度不仅对专利申请文件是否符合形式要求进行审核,而且对申请专利的技术进行实质审查。这种方式可保证专利水平,经过实质审查授予的专利权具有较高的可靠性和稳定性,是一种比较理想的方法,但耗费时间,需要相当数量高水平的技术人员,费用也较高。审查制在部分发达国家和发展中国家实行。

(3)延迟审查制。其兼有以上两种制度的优点。专利申请提出后,首先进行形式审查,审查合格后,自申请日起满规定期限予以公布。申请公布后到颁发专利证书的这段时间,对发明给予临时保护,防止第三人不当利用。自申请日起一定时间内,申请人要求实质审查的,才进行实质审查。申请人逾期不提出实质审查要求的,视为撤回其申请。这种制度既减少了审查工作量,加快了审查速度,申请人还可以得到临时保护,比较灵活。我国对发明专利申请即实行延迟审查制。

2.我国专利申请的审批程序

(1)发明专利的审批程序。

①初步审查。国务院专利行政部门收到发明或者实用新型专利申请的请求书、说明书(实用新型必须包括附图)和权利要求书,或者外观设计专利申请的请求书和外观设计的图片或者照片及简要说明后,应当明确申请日、给予申请号,并通知申请人。初步审查主要包括的内容大体如下:申请手续是否完备;必备的各种证件是否完备;申请人是否具有资格;申请专利的发明创造是否属于不授予专利权的范围。国务院专利行政部门应当将审查意见通知申请人,要求其在指定期限内陈述意见或者补正;申请人期满未答复的,其申请被视为撤回。申请人陈述意见或者补正后,国务院专利行政部门仍然认为不符合规定的,应当予以驳回。

②公开申请。国务院专利行政部门收到发明专利申请后,经初步审查认为符合本法要求的,自申请日起满18个月,即行公布。国务院专利行政部门可以根据申请人的请求早日公布其申请。早期公开的法律效果是申请公布后该发明便成为公开的技术,任何第三人不能就该发明在我国取得专利权;申请公布后,申请人享有临时保护权。任何人不得使用其发明创造,如经申请人同意,申请人可以要求实施其发明的单位或者个人支付适当的费用。我国采用在《发明专利公报》上登载申请公布的内容的方式对申请予以公开。

③请求实质审查。发明专利申请自申请日起3年内,国务院专利行政部门可以根据申

请人随时提出的请求，对其申请进行实质审查；申请人无正当理由逾期不请求实质审查的，该申请即被视为撤回。发明专利的申请人请求实质审查的时候，应当提交在申请日前与其发明有关的参考资料。发明专利已经在外国提出过申请的，国务院专利行政部门可以要求申请人在指定期限内提交该国为审查其申请进行检索的资料或者审查结果的资料；无正当理由逾期不提交的，该申请即被视为撤回。

④实质审查。只有通过实质审查的发明才能获得发明专利权。申请人可以在法定期间申请实质审查，国务院专利行政部门认为必要时，也可自行对发明专利申请进行实质审查。实质审查的内容主要包括：申请专利的发明是否符合发明专利权的授予条件，即是否具有新颖性、创造性和实用性；申请是否符合专利申请的单一性原则；申请优先权的，优先权要求能否成立；说明书、权利请求书是否符合规定。

⑤批准授权。发明专利申请经实质审查没有发现驳回理由的，由国务院专利行政部门作出授予发明专利权的决定，国务院专利行政部门发出授予专利权的通知后，申请人应当自收到通知之日起2个月内办理登记手续。申请人按期办理登记手续的，国务院专利行政部门应当授予专利权，颁发专利证书（申请人获得专利保护权的法律文书），并予以登记公告。期满未办理登记手续的，视为放弃取得专利权的权利。发明专利权自公告之日起生效。

⑥驳回与复审。国务院专利行政部门对发明专利申请进行实质审查后，认为不符合《专利法》规定的，应当通知申请人，要求其在指定的期限内陈述意见或者修改其申请内容；无正当理由逾期不答复的，该申请即被视为撤回。

国务院专利行政部门设立专利复审委员会。依照《专利法》第四十一条向专利复审委员会请求复审的，应当提交复审请求书，说明理由，必要时还应当附具有关证据。专利申请人对国务院专利行政部门驳回申请的决定不服的，可以自收到通知之日起3个月内向国务院专利行政部门请求复审。国务院专利行政部门复审后，作出决定，并通知专利申请人。专利申请人对国务院专利行政部门的复审决定不服的，可以自收到通知之日起3个月内向人民法院起诉。

（2）实用新型、外观设计专利的审批程序。

实用新型和外观设计专利申请经初步审查没有发现驳回理由的，由国务院专利行政部门作出授予实用新型专利权或者外观设计专利权的决定，发给相应的专利证书，同时予以登记和公告。实用新型专利权和外观设计专利权自公告之日起生效，即实行登记制，不需进入实质审查程序。

如申请被驳回，申请人对驳回申请的决定不服的，可以自收到通知之日起3个月内，向专利复审委员会请求复审。专利申请人对专利复审委员会的复审决定不服的，同样可以自收到通知之日起3个月内向人民法院起诉。

五、专利权的保护

（一）专利权的期限、终止与无效

1.专利权的期限及补偿

《专利法》第四十二条规定：发明专利权的期限为20年，实用新型专利权的期限为10

年，外观设计专利权的期限为15年，均自申请日起计算。此处的申请日不包括优先权日，即对享有优先权的专利申请，其保护期仍自申请人在中国提出专利申请之日起计算。

专利权保护期限的补偿是为了更好保护发明人的创造性、积极性而增加专利保护期限的措施。目前我国《专利法》主要有两方面的规定：（1）不合理延迟授予专利的期限补偿。自发明专利申请日起满4年，且自实质审查请求之日起满3年后授予发明专利权的，国务院专利行政部门应专利权人的请求，就发明专利在授权过程中的不合理延迟给予专利权期限补偿，但由申请人引起的不合理延迟除外。（2）新药上市保护期补偿。对在中国获得上市许可的新药相关发明专利，国务院专利行政部门应专利权人的请求给予专利权期限补偿。补偿期限不超过5年，新药批准上市后总有效专利权期限不超过14年。

2. 专利权的终止

专利权的终止是指专利权因某种法定事由而导致其效力的消灭。其中又分为正常终止（专利权保护期限届满）和非正常终止（专利权保护期限届满前终止）。有下列情形之一的，专利权在期限届满前终止：①没有按照规定缴纳年费的；②专利权人以书面声明放弃其专利权的。专利权在期限届满前终止的，由国务院专利行政部门登记和公告。

3. 专利权的无效

自国务院专利行政部门公告授予专利权之日起，任何单位或者个人认为该专利权的授予不符合《专利法》有关规定的，可以请求国务院专利行政部门宣告该专利权无效。国务院专利行政部门对宣告专利权无效的请求应当及时审查和作出决定，并通知请求人和专利权人。宣告专利权无效的决定，由国务院专利行政部门登记和公告。对国务院专利行政部门宣告专利权无效或者维持专利权的决定不服的，可以自收到通知之日起3个月内向人民法院起诉。人民法院应当通知无效宣告请求程序的对方当事人作为第三人参加诉讼。

宣告无效的专利权视为自始即不存在。宣告专利权无效的决定，对在宣告专利权无效前人民法院作出并已执行的专利侵权的判决、调解书，已经履行或者强制执行的专利侵权纠纷处理决定，以及已经履行的专利实施许可合同和专利权转让合同，不具有追溯力。但是因专利权人的恶意给他人造成的损失，应当给予赔偿。专利权人或者专利权转让人不返还专利侵权赔偿金、专利使用费、专利权转让费，明显违反公平原则的，应当全部或者部分返还。无效宣告制度的设置，是为了纠正专利行政部门对不符合专利法规定条件的发明创造授予专利权的错误决定，以维护专利权授予的公正性。

案例窗 10-8

（二）专利实施的特别许可

1. 指定实施与开放许可

《专利法》第四十九条规定，国有企事业单位的发明专利，对国家利益或者公共利益具有重大意义的，国务院有关主管部门和省、自治区、直辖市人民政府报经国务院批准，可以决定在批准的范围内推广应用，允许指定的单位实施，由实施单位按照国家规定向专利权人支付使用费。

《专利法》第五十条规定："专利权人自愿以书面方式向国务院专利行政部门声明愿意许可任何单位或者个人实施其专利，并明确许可使用费支付方式、标准的，由国务院专利行政部门予以公告，实行开放许可。"但就实用新型、外观设计专利提出开放许可声明的，应提供专利权评价报告。专利权的开放许可可以以书面方式提出撤回，并由国务院专利行政部门予以公告；撤回不影响在先给予的开放许可的效力。任何单位或者个人都可书面通知并依专利权人通知要求支付专利许可费后实施开放许可专利。开放许可实施期间，对专利权人缴纳专利年费相应给予减免。开发许可条件下，经过协商，许可方可以给予被许可方普通许可，但不得就该专利给予独占或排他许可。如果当事人因开放许可发生纠纷可以通过协商、国务院专利行政部门调解或者诉讼解决。

2.专利实施强制许可及其法定种类

专利实施强制许可是指国家专利主管机构，不经专利权人同意，许可有关单位或个人实施其专利的一种强制性法律手段，其目的是防止专利权人滥用其权利，维护国家和公众利益。《专利法》第五十三条至五十六条对强制许可作了详细的分类。

有下列情形之一的，国务院专利行政部门根据具备实施条件的单位或者个人的申请，可以给予实施发明专利或者实用新型专利的强制许可：①专利权人自专利权被授予之日起满3年，且自提出专利申请之日起满4年，无正当理由未实施或者未充分实施其专利的。②专利权人行使专利权的行为被依法认定为垄断行为，为消除或者减少该行为对竞争产生的不利影响的。

此外，在国家出现紧急状态或者非常情况时，或者为了公共利益目的，国务院专利行政部门可以给予实施发明专利或者实用新型专利的强制许可；为了公共健康目的，对取得专利权的药品，国务院专利行政部门可以给予制造并将其出口到符合中华人民共和国参加的有关国际条约规定的国家或者地区的强制许可。

一项取得专利权的发明或者实用新型比前已经取得专利权的发明或者实用新型具有显著经济意义的重大技术进步，其实施又有赖于前一发明或者实用新型的实施的，国务院专利行政部门根据后一专利权人的申请，可以给予实施前一发明或者实用新型的强制许可。在该种情形下，国务院专利行政部门根据前一专利权人的申请，也可以给予实施后一发明或者实用新型的强制许可。例如甲拥有一节能热水器的发明专利权，乙对此加以改进后获得重大技术进步，并取得新的专利权，但是专利之实施有赖于甲的专利之实施，双方又未能达成实施许可协议。根据专利法律制度的规定，甲可以申请实施乙之专利的强制许可，乙可以申请实施甲之专利的强制许可。

强制许可涉及的发明创造为半导体技术的，其实施限于公共利益目的和《专利法》第五十三条第二项规定（被依法认定为垄断行为，为消除或者减少该行为对竞争产生的不利影响）的情形。除依照《专利法》第五十三条第二项、第五十五条给予的强制许可外，即除了被认定构成垄断行为或者为了公共健康目的之外，强制许可的实施应当主要为了供应国内市场。

3.专利实施强制许可的处理

（1）提供证据。因专利权人在法定期限内未实施或充分实施其专利（未实现其经济社会价值）或者前后技术关联而申请强制许可的单位或个人应当提供证据，证明其以合理的条件请求专利权人许可其实施专利，但未能在合理的时间内获得许可。

（2）通知、登记和公告。国务院专利行政部门作出的给予实施强制许可的决定，应当及时通知专利权人，并予以登记和公告。给予实施强制许可的决定，应当根据强制许可的理由规定实施的范围和时间。取得实施强制许可的单位或者个人不享有独占的实施权，并且无权允许他人实施。强制许可的理由消除且不再发生时，国务院专利行政部门应当根据专利权人的请求，经审查后作出终止实施强制许可的决定。

（3）支付使用费。取得实施强制许可的单位或者个人应当付给专利权人合理的使用费，或者依照中华人民共和国参加的有关国际条约的规定处理使用费问题。付给使用费的，其数额由双方协商；双方不能达成协议的，由国务院专利行政部门裁决。专利权人对国务院专利行政部门关于实施强制许可的决定不服的，专利权人和取得实施强制许可的单位或者个人对国务院专利行政部门关于实施强制许可的使用费的裁决不服的，可以自收到通知之日起3个月内向人民法院起诉。

（三）专利权的法律保护

《专利法》能否发挥保护专利权人的合法权益、鼓励发明创造、推动发明创造的应用、提高创新能力、促进科学技术进步和经济社会发展的作用，关键在于对专利权进行切实、有效、规范的保护。

1.专利权的保护范围

发明或者实用新型专利权的保护范围以其权利要求的内容为准，说明书及附图在必要时可以用于解释权利要求，需要有书面说明。外观设计专利申请文件中没有权利要求书和说明书，只有体现外观设计的图片或照片及简要说明，因此其专利权的保护范围以表示在图片或者照片中的该产品的外观设计为准，简要说明可以用于解释图片或者照片所表示的该产品的外观设计。

2.专利侵权行为

（1）专利侵权行为的认定。《中华人民共和国商标法实施细则》规定，属于假冒他人专利的行为主要包括以下几种：①在未被授予专利权的产品或者其包装上标注专利标识，专利权被宣告无效后或者终止后继续在产品或者其包装上标注专利标识，或者未经许可在产品或者产品包装上标注他人的专利号，以及销售上述产品的。②在产品说明书等材料中将未被授予专利权的技术或者设计称为专利技术或者专利设计，将专利申请称为专利，或者未经许可使用他人的专利号，使公众将所涉及的技术或者设计误认为是专利技术或者专利设计。③伪造或者变造专利证书、专利文件或者专利申请文件。④其他使公众混淆，将未被授予专利权的技术或者设计误认为是专利技术或者专利设计的行为。

假冒专利的，除依法承担民事责任外，由负责专利执法的部门责令改正并予公告，没收违法所得，可以并处违法所得5倍以下的罚款；没有违法所得的，可以处25万元以下的罚款；构成犯罪的，依法追究刑事责任。

案例窗10-9

（2）不视为侵犯专利权的行为。《专利法》第七十五条规定，有下列情形之一的，不视为侵犯专利权：①专利产品或者依照专利方法直接获得的产品，由专利权人或者经其许可的单位、个人售出后，使用、许诺销售、销售、进口该产品的。②在专利申请日前已经制造相同产品、使用相同方法或者已经做好制造、使用的必要准备，并且仅在原有范围内继续制造、使用的。③临时通过中国领陆、领水、领空的外国运输工具，依照其所属国同中国签订的协议或者共同参加的国际条约，或者依照互惠原则，为运输工具自身需要而在其装置和设备中使用有关专利的。④专为科学研究和实验而使用有关专利的。⑤为提供行政审批所需的信息，制造、使用、进口专利药品或者专利医疗器械的，以及专门为其制造、进口专利药品或者专利医疗器械的。

第⑤项是 Bolar 例外，在保障公众的利益，以便公众容易获得药品和医疗器械，保护公众利益和人民生命健康方面有突出的意义。

为生产经营目的使用、许诺销售或者销售不知道是未经专利权人许可而制造并售出的专利侵权产品，能证明该产品合法来源的，不承担赔偿责任。

3.专利侵权纠纷的处理

（1）专利侵权纠纷的处理方式。

未经专利权人许可，实施其专利，即侵犯其专利权，引起纠纷的，由当事人协商解决；不愿协商或者协商不成的，专利权人或者利害关系人可以向人民法院起诉，也可以请求管理专利工作的部门处理。管理专利工作的部门处理时，认定侵权行为成立的，可以责令侵权人立即停止侵权行为，当事人不服的，可以自收到处理通知之日起15日内依照《中华人民共和国行政诉讼法》向人民法院起诉；侵权人期满不起诉又不停止侵权行为的，管理专利工作的部门可以申请人民法院强制执行。

专利侵权纠纷涉及新产品制造方法的发明专利的，制造同样产品的单位或者个人应当提供其产品制造方法不同于专利方法的证明。专利侵权纠纷涉及实用新型专利或者外观设计专利的，人民法院或者管理专利工作的部门可以要求专利权人或者利害关系人出具由国务院专利行政部门对相关实用新型或者外观设计进行检索、分析和评价后作出的专利权评价报告，作为审理、处理专利侵权纠纷的证据。在专利侵权纠纷中，被控侵权人有证据证明其实施的技术或者设计属于现有技术或者现有设计的，不构成侵犯专利权。

负责专利执法的部门根据已经取得的证据，对涉嫌假冒专利行为进行查处时有权采取相关措施：①询问有关当事人，调查与涉嫌违法行为有关的情况；②对当事人涉嫌违法行为的场所实施现场检查；③查阅、复制与涉嫌违法行为有关的合同、发票、账簿以及其他有关资料；④检查与涉嫌违法行为有关的产品，对有证据证明是假冒专利的产品，可以查封或者扣押。管理专利工作的部门应专利权人或者利害关系人的请求处理专利侵权纠纷时，可以采取前款第①②④项所列措施。

（2）专利侵权赔偿及诉前措施。

①赔偿数额的确定。侵犯专利权的赔偿数额按照权利人因被侵权所受到的实际损失或者侵权人因侵权所获得的利益确定；权利人的损失或者侵权人获得的利益难以确定的，参照该专利许可使用费的倍数合理确定。对故意侵犯专利权，情节严重的，可以在按照上述方法确定数额的1倍以上5倍以下确定赔偿数额。权利人的损失、侵权人获得的利益和专利许可使用费均难以确定的，人民法院可以根据专利权的类型、侵权行为的性质和情节等因素，确定给予3万元以上500万元以下的赔偿。赔偿数额还应当包括权利人为制止侵权行为所支付的合理开支。

②财产保全。专利权人或者利害关系人有证据证明他人正在实施或者即将实施侵犯专利权、妨碍其实现权利的行为，如不及时制止将会使其合法权益受到难以弥补的损害的，可以在起诉前依法向人民法院申请采取财产保全、责令做出或停止有关行为的措施。申请人提出申请时，应当提供担保；不提供担保的，驳回申请。人民法院应当自接受申请之时起48小时内作出裁定；有特殊情况需要延长的，可以延长48小时。裁定责令做出或停止有关行为的，应当立即执行。当事人对裁定不服的，可以申请复议一次；复议期间不停止

裁定的执行。申请人自人民法院采取责令做出或停止有关行为的措施之日起15日内不起诉的，人民法院应当解除该措施。申请有错误的，申请人应当赔偿被申请人因停止有关行为所遭受的损失。

③证据保全。为了制止专利侵权行为，在证据可能灭失或者以后难以取得的情况下，专利权人或者利害关系人可以在起诉前依法向人民法院申请保全证据。人民法院采取保全措施，申请人应提供担保；申请人不提供担保的，驳回申请。人民法院应当自接受申请之时起48小时内作出裁定；裁定采取保全措施的，应当立即执行。申请人自人民法院采取保全措施之日起15日内不起诉的，人民法院应当解除该措施。

4.其他规定

申请专利的发明创造涉及国家安全或者重大利益需要保密的，按照国家有关规定办理。我国单位或者个人将其在国内完成的发明创造向外国申请专利的，应当遵守《专利法》第十九条第一款的规定，任何单位或者个人将在中国完成的发明或者实用新型向外国申请专利的，应当事先报经国务院专利行政部门进行保密审查。保密审查的程序、期限等按照国务院的规定执行。对违反规定未报经保密审查向外国申请专利的发明或者实用新型，在中国申请专利的，不授予专利权。违反《专利法》第十九条的规定向外国申请专利，泄露国家秘密的，由所在单位或者上级主管机关给予行政处分；构成犯罪的，依法追究刑事责任。侵夺发明人或者设计人的非职务发明创造专利申请权和规定的其他权益的，由所在单位或者上级主管机关给予行政处分。管理专利工作的部门不得参与向社会推荐专利产品等经营活动。

管理专利工作的部门违反规定的，由其上级机关或者监察机关责令改正，消除影响，有违法收入的予以没收；情节严重的，对直接负责的主管人员和其他直接责任人员依法给予行政处分。从事专利管理工作的国家机关工作人员以及其他有关国家机关工作人员玩忽职守、滥用职权、徇私舞弊，构成犯罪的，依法追究刑事责任；尚不构成犯罪的，依法给予行政处分。

拓展阅读10-2

（四）专利权的国际保护

1.《保护工业产权巴黎公约》

《保护工业产权巴黎公约》是国际工业产权领域的第一个公约，至今仍发挥着重大影响力。此条约于1883年3月在法国巴黎签订，故得此名。该公约自签订以来经过数次修订，目前大多数国家适用的是1967年的斯德哥尔摩文本。至2017年5月，加入该公约的国家共有177个。我国于1985年3月19日正式成为该公约的成员国。

该公约规定了几项重要原则，作为成员国工业产权立法应当遵循的共同准则：

（1）国民待遇原则。公约任何成员国的国民，在保护工业产权方面，应在其他成员国内享有各该国法律现在或今后给予各该国国民的各种利益；公约所特别规定的权利不得受到任何侵害。他们只要遵守该国国民应遵守的条件和手续，即应受到与该国国民同样的保护，并在他们的权利遭到任何侵害时，同样依法予以纠正。非成员国的国民，在一个成员国的领土内有住所或有真实、有效的工商企业的，都应享有与成员国国民同样的待遇。

（2）优先权原则。申请人或其权利合法继承人已在一个成员国内正式提出专利申请，在规定的期限内又就同一发明创造向其他成员国提出申请，享有优先权，即将首次申请日作为有效申请日。

（3）专利权独立原则。所谓独立，是指一个成员国授予申请人的发明创造专利，与其他国家就同一发明创造所授予的专利是相互独立的，即互不干涉。这是各国主权原则的体现。

2.《与贸易有关的知识产权协定》

《与贸易有关的知识产权协定》是关贸总协定乌拉圭回合谈判的最后文件之一，自1995年1月1日起生效。我国在21世纪初已加入世界贸易组织，该协议对我国已发生效力。

该协议除适用《保护工业产权巴黎公约》规定的国民待遇外，其自身也规定了国民待遇。另外，该协议规定了最惠国待遇原则：关于知识产权的保护，一个成员方给予任何其他国家的国民的任何利益、优惠、特权或者豁免，均应立即无条件地给予所有其他成员方的国民。协议所述的专利，仅指发明专利，不要求各成员方保护实用新型。而对工业品外观设计，允许各成员方用工业产权法保护，或者用著作权法予以保护，这与《保护工业产权巴黎公约》的规定一致。

3.世界知识产权组织

世界知识产权组织是根据1967年7月在斯德哥尔摩签订的《建立世界知识产权组织公约》成立的。该组织于1970年成立，于1974年成为联合国的一个专门机构，总部设在日内瓦。至2019年4月，参加该组织的国家已达到192个。我国于1980年6月成为该组织成员国。

成立世界知识产权组织的目的是促进世界范围内的知识产权保护，保证成员国之间的合作。世界知识产权组织的任务主要是：鼓励缔结新的国际条约；协调各国知识产权立法；给予发展中国家以法律、技术援助；收集、传播信息情报；办理国际注册及成员国之间的其他行政合作事宜。

4.《专利合作条约》

为了避免在许多国家审查和再审查发明，《专利合作条约》（PCT）于1970年建立。《专利合作条约》的方法是申请人可以在一个国家递交一项"国际申请"，该申请递交给在日内瓦的世界知识产权组织，并且由一个指定的主要审查局来审查，由该局作出的检索报告，然后传递给所有那些申请人希望获得专利的国家。每个成员国在由主要审查局作出的检索报告的基础上进行最后的分析并授予专利。

《专利合作条约》是国际专利制度的一大成就。它仍然不允许由一个机构授予一项"国际专利"，但它为不同国家审查和再审查申请节省了时间。

在未来的专利制度下，国家和地区的知识产权局将变成服务组织，它们不仅会通过注册专利权来为研发活动提供支持，更会为获得专利文件中含有的技术和商业信息提供加强的途径。

关键术语

注册商标（registered trademark）　商标法（trademark law）　商标注册（trademark registration）　专用权（exclusive right）　商标侵权（trademark infringement）　专利权

（patent right） 发明（invention） 新颖性（novelty） 创造性（inventiveness） 专利侵权（patent infringement）

基本训练

一、单选题

1.下列可以被核准注册为商标的是（ ）。

A.最亮牌灯泡 B.补血牌营养液 C.巧妙牌手表 D.钢铁牌汽车

2.《商标法》规定商标的构成要素是（ ）

A.文字、图形、字母、数字、气味、三维标志

B.文字、图形、字母、数字、音乐、三维标志

C.文字、图形、字母、数字、三维标志、颜色组合、声音

D.文字、图形、字母、数字、声响组合、三维标志

3.根据《专利法》，下列各项中，不能成为专利申请人的是（ ）。

A.工作人员退休后1年内所完成的，与其在原单位承担的本职工作有关的发明创造

B.职务发明创造的单位

C.发明人的合法继承人

D.完成发明创造的无民事行为能力人

4.A公司为研究开发某项产品技术，成立了以李某为负责人的研究开发小组，王某负责采购工作，张某负责后勤服务工作，李某攻破技术难题并发明了该技术的产品制造方法。该产品制作的发明人是（ ）。

A.A公司 B.李某 C.王某 D.张某

5.申请专利的发明和实用新型在法定期限内，在参加中国政府主办的国际展览会上首次展出，不丧失新颖性。该法定期限是（ ）。

A.申请日以前的2个月内 B.申请日以前的3个月内

C.申请日以前的5个月内 D.申请日以前的6个月内

6.某国有独资企业技术科的技术人员张某，经过长年的技术攻关，发明了一套能够大幅度提高现有机器运行效率的辅助设备，并取得了专利权。根据规定，该企业对其给予的奖金应不低于（ ）。

A.5 000元 B.3 000元 C.500元 D.1 000元

7.下列注册商标申请，（ ）应依法予以核准注册。

A.甲公司以"红十字会"的标识为医药产品的注册商标的申请

B.乙公司注册商标申请图案与美国国旗相似，但美国政府并不知道

C.丙公司申请的注册商标图案有害于社会主义道德风尚

D.丁公司申请以"白雪"作为其雪糕的注册商标

8.转让注册商标的，转让人和受让人应当签订转让协议，并共同向商标局提出申请。受让人（ ）享有商标专用权。

A.自转让协议签订之日起 B.自双方向商标局提出申请之日起

C.自商标局核准之日起 D.自商标局公告之日起

9.下列情形中可以授予专利权的是（　　　　）。

    A.科学发现　　　　　　　　　　　　B.智力活动的规则和方法

    C.动物和植物品种　　　　　　　　　D.疾病的诊断和治疗机械

10.2016年6月1日，国家知识产权局收到了甲公司递交的一项方法发明专利申请，6月5日收到乙公司相同方法的发明专利申请，乙公司的申请是邮寄的，邮戳日为6月1日。根据《专利法》，该项专利应授予（　　　　）。

    A.首先完成该方法的当事人　　　　　B.首先使用该方法的当事人

    C.甲公司　　　　　　　　　　　　　D.由甲、乙公司协商确定的申请人

二、多选题

1.申请专利的发明创造在申请日前6个月内不丧失新颖性的情形包括（　　　　）。

    A.在中国政府主办或者承认的国际展览会上首次展出的

    B.在国务院有关主管部门或者全国性学术团体组织召开的学术、技术会议上首次发表的

    C.申请人在国内外学术刊物上首次发表的

    D.承担保密义务的他人未经申请人同意而泄露其内容的

2.某地市场监督管理局在审查某皮革制品厂拟使用在其生产的皮制品上的商标时，发现其中有不符合法律规定的商标，该商标不包括（　　　　）。

    A.千里牌商标　　　B.七匹狼牌商标　　　C.羊皮牌商标　　　　　D.耐斯牌商标

3.下列发明人或者设计人作出的发明创造，属于职务发明创造的有（　　　　）。

    A.某纺织研究所的科研人员张某利用本单位的资金、设备，发明了一种新型充电器

    B.某汽车研究所研究员李某退休后2年，发明了与其在职时从事工作相关的一项新型汽车点火器

    C.某高校化学教师王某为履行学校领导交办的一项临时任务，发明了一种新型电光源

    D.某政府官员刘某利用自身物质条件和业余时间，发明了一项新型船用柴油机，但刘某2年前在某船舶动力研究所从事船用柴油机的研发

4.外观设计是指对产品的某些方面所作出的富有美感并适用于工业的新设计。这些方面包括（　　　　）。

    A.形状　　　　　　B.构造　　　　　　C.图案　　　　　　D.色彩

5.下列关于专利权无效宣告的表述中，正确的有（　　　　）。

    A.自专利被授予专利权之日起，任何单位或者个人认为该专利权的授予不符合《专利法》有关规定的，可以请求专利复审委员会宣告该专利权无效

    B.宣告专利权无效的决定，由国务院专利行政部门登记和公告

    C.对专利复审委员会宣告专利权无效或者维持专利权的决定不服的，可以自收到通知之日起3个月内向人民法院起诉

    D.宣告无效的专利权自宣告之日起不再发生效力

6.根据《专利法》，可以给予专利实施强制许可的情况包括（　　　　）。

    A.国家因抗震救灾需要，急需使用某项挖掘技术专利的

    B.为治疗H1N1流感而研制出来的取得专利权的特效药

    C.甲在2014年5月取得某项技术专利权的授权，该项技术是其在2013年3月申请

的，截至2017年6月，甲仍未对该专利权进行充分的实施，且无正当的理由

    D.乙取得的技术专利权并行使的行为在中国市场上给同类产品造成极大的冲击，已被依法认定为垄断行为

7.根据《专利法》，下列各项中，应当宣告专利权无效的情形有（   ）。

    A.授予专利权的发明创造不符合《专利法》规定的授予专利权的实质性条件

    B.专利权人以书面形式放弃其专利权的

    C.授予专利权的发明创造不符合先申请原则和单一性原则的

    D.专利权人没有按照规定缴纳年费的

8.下列有关注册商标的期限和续展的叙述，不正确的有（   ）。

    A.注册商标的有效期为10年，自核准注册之日起计算

    B.注册商标有效期满后，应在期满前3个月内申请续展注册

    C.在期满前未提出申请的，可以给予6个月的宽展期

    D.每次续展注册的有效期为15年

9.根据《专利法》，下列各项中，不授予专利权的有（   ）。

    A.甲发明了仿真伪钞机   B.乙发明了一种糖尿病治疗方法

    C.丙发现了某植物新品种   D.丁发明了某植物新品种的生产方法

10.商标局接受了一批商标注册申请，经审查，应当依法驳回（   ）的商标注册申请。

    A.美利坚合众国牌果汁   B.奥林匹克牌运动衣

    C.兰花牌味精   D.红新月牌健身器

三、简答题

1.商标注册申请的条件包括哪些？

2.简述我国的商标注册审批程序。

3.商标注册人的权利与义务体现在哪些方面？

4.试述商标侵权行为及商标权的保护。

5.专利权具有什么特征？

6.试述《专利法》规定的专利权客体。

7.授予专利权的条件包括哪些？

8.简述我国专利申请的审批程序。

9.试述专利侵权行为及专利权的保护。

四、实务题

1.甲服装公司的"Spirit"注册商标被商标局认定为驰名商标。乙服装商行在其销售的服装产品中均使用带有"Spirit"字样的标签和外包装袋。甲服装公司认为乙服装商行的上述行为侵犯了"Spirit"注册商标专用权，并依法向人民法院起诉。

问题：

（1）乙服装商行的行为是否构成侵权？为什么？

（2）假设"Spirit"商标是未注册的驰名商标，某公司将"Spirit"商标用在保健食品上，是否构成侵权？为什么？

（3）在侵权人因侵权所获得的利益或者被侵权人因被侵权所受到的损失均难以确定的

情况下，人民法院应如何确定侵权赔偿的数额？

2.某药品生产单位委托甲科研所开发一项新的药品生产工艺，双方未就开发过程中完成的发明创造的归属作出过约定。研究员 A 受科研所指派去该单位攻关。A 利用了该单位按约定提供的研究设备和技术资料完成了新工艺的开发，并发明了一种新的生产方法。A 欲就该项发明创造提出专利申请。药品生产单位提出异议，认为该项发明创造使用了本单位的设备和资料，所以应与 A 共同享有专利申请权；授予专利权后，专利权归双方共同享有。A 提出专利是一种无形资产，新生产方法是其头脑中的构思，专利申请权和专利权当然归其本人所有。

问题：

（1）该项发明创造的专利申请权和专利权应当归谁？为什么？

（2）该生产方法被授予专利权后，A 有什么权利？

（提示：根据《专利法》第六条、第八条、第十六条、第十七条解答）

第十一章　证券法

学习目标

◆ 重点掌握证券发行的条件及发行规则、证券上市交易的条件及交易规则、上市公司收购及其种类、收购的具体程序规则。

◆ 掌握证券及证券法的概念和特征、证券的种类、上市公司信息公开制度、禁止的证券交易行为、各类证券机构的设立及职责。

◆ 了解证券发行审核的制度、证券法的基本原则、证券市场。

第一节　证券法概述

相对于其他市场而言，证券市场是风险较高的金融市场，尤其需要完善法律规范和制度建设。但我国的证券市场发展较晚，证券法制体系仍不完善。

一、证券法的概念与特征

（一）证券法的概念

证券法是调整证券发行、交易以及国家对证券市场监督管理过程中所发生的社会关系的法律规范的总称。我国于1999年7月1日正式实施了《证券法》，于2005年10月对该法进行了大规模修订，并于2006年1月1日起实施；于2013年、2014年进行了两次修正，缩减了行政审批的范围。2019年12月，第十三届全国人大常委会第十五次会议对《证券法》进行第二次修订。国务院相关部门还出台了数量众多的证券市场管理法规。

（二）证券法的特征

1.既调整纵向法律关系，又调整横向法律关系

证券法调整两方面的法律关系：一是纵向法律关系，即国家对证券市场的监督管理关系，主要有国家证券监督管理机构对证券业所实施的各项监管行为而形成的具有强制性的社会关系、以证券业协会进行自律监管为主要表现形式的证券自律监管关系。二是横向法律关系，主要包括发行人与投资者之间的证券发行关系、证券承销关系、证券交易关系、证券公司与客户之间的关系、证券公司与发行人和上市公司之间的保荐关系、证券交易所与其会员及上市公司之间的民事关系、证券服务机构与发行人（上市公司）之间的证券委托服务关系、证券交易的结算关系等。

2.既是实体法，又是程序法

证券法是实体法，规定了证券法律行为主体的权利与义务及其范围，包括发行人、证券商、投资者及其他主体的权利与义务规范、投资者保护规范、证券法律责任规范等；同时它是程序法，规定了权利实现和义务履行的步骤和过程，包括证券的发行、上市、交易程序，发行人信息公开和持续公开程序，证券商和证券交易场所的设立程序等。因此，证券法是实体法和程序法相结合的综合性规范。

3.是强制性规范法

证券代表特定的可流通的财产与权利，只有以国家强制力保证严格实施，才能有效抑制证券欺诈等违法行为，稳定社会经济秩序，保护广大投资者。因此，证券法强调对社会公众利益的保护，要求行为者必须遵循法律规定，履行法定义务，而完全排除当事人适用法律的选择权。

4.是具有国际性因素的国内法

与其他法律一样，证券法也是由一国立法机关依照法定程序制定的，因而证券法属国内法。但证券市场的发展具有其自身的规律性，加之国际经济的交流和融合，国际化和统一化的趋势已成为世界经济的一个特点，各国证券法中共有的、规律性的内容日趋增多。《证券法》第二条规定，在中华人民共和国境外的证券发行和交易活动，扰乱中华人民共和国境内市场秩序，损害境内投资者合法权益的，依照本法有关规定处理并追究法律责任。该条规定是我国证券法国际性的重要体现。

二、证券法的调整范围

证券法的调整范围因各国证券种类的不同而异，但差别不大。证券法一般调整证券发行与交易行为。

(一) 调整的证券种类

证券一般又称有价证券，是指发行人依照法律、行政法规的规定，经批准签发的表示一定财产权的凭证。证券有广义和狭义之分。广义的证券包括：①财物证券，如提货单；②货币证券，如用作支付工具的票据；③资本证券，如股票和债券。狭义的证券仅指资本证券。

《证券法》调整的证券限于资本证券。《证券法》第二条规定："在中华人民共和国境内，股票、公司债券、存托凭证和国务院依法认定的其他证券的发行和交易，适用本法；本法未规定的，适用《中华人民共和国公司法》和其他法律、行政法规的规定。政府债券、证券投资基金份额的上市交易，适用本法；其他法律、行政法规另有规定的，适用其规定。资产支持证券、资产管理产品发行、交易的管理办法，由国务院依照本法的原则规定。"由此，《证券法》调整的证券包括以下种类：

1.股票

股票是股份有限公司发行的、用以表彰投资者的股东身份和权益的投资证券。股票可以分为以下种类：

（1）普通股和优先股。依股东的权利与义务的不同，股票可分为普通股和优先股。普通股是享有普通权利、承担普通义务的股份，是股份的最基本形式。优先股是享有优先权的股份。公司对优先股的股利须按约定的股利率支付，不受公司盈利大小的影响，当年可供分配股利的利润不足以按约定的股利率支付优先股利的，由以后年度可供分配股利的利润补足。在公司进行清算时，优先股股东先于普通股股东取得公司剩余财产。但优先股参与公司决策管理等权利受到限制，且不参与公司红利分配。

（2）国有股、法人股和社会公众股。国有股包括国家股和国有法人股。国家股是指有权代表国家投资的政府部门或机构以国有资产投入公司形成的股份或依法定程序取得的股份；国有法人股是指具有法人资格的国有企业、事业及其他单位以其依法占用的法人资产向独立于自己的股份有限公司出资形成或依法定程序取得的股份。法人股是指企业法人或具有法人资格的事业单位和社会团体，以其依法可经营的资产向公司投资所形成的股份。社会公众股是我国证券市场上各类合格的投资者以其合法资金购买股份有限公司向社会公开发行的股票而形成的股份。

（3）内资股和外资股。按投资者是以人民币认购和买卖还是以外币认购和买卖股票划分，股票可分为内资股和外资股。内资股一般是需要以人民币认购和买卖的股票；外资股一般是以外币认购和买卖的股票。外资股主要有境内上市外资股和境外上市外资股。境内上市外资股一般标B股；境外上市外资股一般以境外上市地的英文名称中的第一个字母命名，其中包括在中国香港上市的H股、在纽约上市的N股、在新加坡上市的S股、在伦敦上市的L股等。

（4）记名股票和无记名股票。按票面上是否记载股东的姓名或名称，股票又可分为记名股票和无记名股票。记名股票即在票面上记载股东姓名或名称的股票。

2.债券

债券是政府、金融机构、公司、企业等为筹集资金而向投资者发行的，约定在一定期限内还本付息的有价证券，包括公司债券、政府债券、企业债券和金融债券等。

3.存托凭证

存托凭证是指由存托人签发、以境外证券为基础在中国境内发行、代表境外基础证券权益的证券。

4.基金券

基金券或称基金受益凭证是证券投资基金发给投资者，用以记载投资者所持基金单位数的凭证。具有证券属性的基金主要指证券投资基金，而不包括私募股权基金。证券基金的优势是实行专家理财，风险小于股票。公开或非公开募集资金设立证券投资基金的，由基金管理人管理，基金托管人托管，为基金份额持有人的利益进行证券投资活动。

5.认股权证

认股权证是由股份有限公司发行，授予持有人在限定期限内以一定价格购买一定数量的该公司增资发行股票的选择权凭证。认股权证是购买股票的权利凭证，它本身不是股份证明书，凭证持有人不具有股东资格，不享有股东权利。

6.期货

期货是在现货交易的基础上发展起来的、在期货交易所等固定场所内买卖的某种标准化期货合约、期权合约。期货合约是指期货交易场所统一制定的、规定在将来某一特定的时间和地点交割一定数量标的物的标准化合约。期货合约包括商品期货合约和金融期货合约及其他期货合约。期权合约是指期货交易场所统一制定的、规定买方有权在将来某一时间以特定价格买入或者卖出约定标的物（包括期货合约）的标准化合约。期货的风险很高，投资需要具有较高的专业水平。

（二）调整的行为种类或市场范围

证券法既调整证券发行，也调整证券交易行为，因此证券法既调整发行市场也调整交易市场。

证券发行是指发行人以筹集资金为目的，向投资者出售代表一定权利的有价证券的活动。证券发行活动形成发行市场，称证券发行市场。证券交易是指对依法发行的证券进行买卖的行为。证券交易活动形成证券交易市场。

三、证券法的基本原则

证券法的基本原则是贯穿证券法始终的、证券市场上各类主体都必须遵守的一般行为准则规范。各国证券法因为监管理念的不同，所确定的基本原则也不同。《证券法》的基本原则包括以下几方面：

1.保护投资者合法权益的原则

《证券法》将保护投资者的合法权益作为"立法宗旨"，充分体现了保护投资者合法权益的原则。

2.公开、公平、公正原则

《证券法》第三条规定："证券的发行、交易活动，必须遵循公开、公平、公正的原则。"公开原则是要求证券发行、证券交易活动中的所有制度、规范、行为必须公开，对凡是涉及与证券有关的一切真实情况都必须予以公开，以便使每一个投资者都能知悉。公开原则是证券发行、证券交易制度的核心。公平原则是指所有证券市场参与者的法律地位都是平等的，不论证券市场主体的大小、强弱，都应一视同仁，其合法权益受到同样的保护。公正原则是指证券监管机构和司法机关履行职责时，都应一视同仁，严格依法进行。公正原则是证券发行、证券交易稳定、合法、有序的保障；在确定公正原则时，也应注重效率。

3.自愿、有偿、诚信原则

《证券法》第四条规定："证券发行、交易活动的当事人具有平等的法律地位，应当遵守自愿、有偿、诚实信用的原则。"自愿原则是指证券市场的参与者依据自己的意愿参与证券的发行和交易，他人不得干涉。有偿原则是指当事人按照等价有偿原则进行证券发行、交易的活动。诚信原则是指证券市场主体在证券发行、证券交易活动中，不得弄虚作假、欺骗他人，应当实事求是地履行自己的诺言，恪守信用。

4.合法原则

证券发行、交易活动必须遵守法律、行政法规；禁止欺诈、内幕交易和操纵证券交易市场的行为。证券发行、交易的一切活动必须遵照法律、法规的规定进行，合法的证券行为才受法律的保护。严禁证券欺诈、内幕交易和操纵市场的违法行为发生。各国对证券市场的欺诈行为都给予严厉的打击。

5.国务院证券监督管理机构集中统一监管原则

国务院证券监督管理机构依法对全国证券市场实行集中统一监督管理。国务院证券监督管理机构根据需要可以设立派出机构，按照授权履行监督管理职责。

四、证券市场

证券市场是一国金融市场的重要组成部分，按照不同标准可以分为不同类型。证券市场在我国社会经济发展中具有越来越重要的地位。

（一）证券市场的概念

证券市场是指证券发行与交易的场所。按照市场的职能，证券市场分为发行市场和交易市场。证券发行市场又称一级市场，是发行新证券的市场，证券发行人通过证券发行市场将已获准公开发行的证券第一次销售给投资者，以获取资金；证券交易市场又称二级市场，是对已发行的证券进行买卖、转让交易的场所。按照交易的对象，证券市场可以分为股票市场、债券市场、基金市场和衍生证券市场。基金市场是基金证券发行和流通的市场。按照组织形式，证券市场分为场内市场（集中交易市场）和场外市场。场内市场是由证券交易所开设，以提供有价证券竞价买卖的场所；场外市场则主要指店头市场，亦即柜台市场，是指交易所集中交易之外的交易市场。我国证券市场种类繁多，主要分为主板市场、中小板市场、创业板市场、科创板市场和新三板市场。

（二）证券市场的主体和交易对象

证券市场的主体包括证券发行人、投资者、中介机构、交易场所，以及自律性组织和监管机构。发行人是在证券市场上发行证券的单位，一般有企业、金融机构和政府部门。投资者是证券市场上证券的购买者，也是资金的供给者。投资者有个人投资者和机构投资者。个人投资者可以自己直接买卖证券，也可以通过证券经纪人买卖证券。机构投资者是指有资格进行证券投资的法人单位。中介机构主要是指证券经营机构、资产评估机构、会计师事务所、律师事务所等。交易场所是进行证券交易的场所，有场内交易市场和场外交易市场两种。自律性组织和监管机构是对证券市场进行监督管理的机构。自律性组织包括证券交易所、证券业协会等，主要是在本所或本行业内实行自我监管；监管机构是代表政府对证券市场进行监督管理的机构，在我国为中国证监会及其派出机构。

证券市场的交易对象是有关金融工具。金融工具主要包括股票、公司债券、企业债券、基金和国债等。另外，证券市场的交易对象包括一些证券衍生产品，如股票期货、股票期权、认股权证、债券期货、债券期权等。

（三）证券市场的功能

证券市场的功能是指证券市场对经济发展所产生的影响。持续性的证券交易市场对于证券发行具有重要意义。因为它不仅给证券变现创造了必要的市场条件，使持有证券的投资人可以随时出售证券，收回投资并获得收益，也使投资者通过这一市场获得证券投资机会。

证券市场的功能表现在：①证券市场是筹集资金和吸收公众投资的重要桥梁；②证券市场是合理配置市场资源的重要手段；③证券市场是预测经济趋势、提供必要商情的重要场所；④证券市场是政府货币政策的重要依托。①

---

① 李东方. 证券法学 [M]. 北京：中国政法大学出版社，2007：12.

同时，证券法规不完善、证券市场管理不当会导致投机欺诈盛行，加剧社会矛盾，并加剧经济波动。

第二节　证券发行与承销

证券发行是证券交易的前提，是发行主体与投资主体的重要活动。

一、证券发行

证券发行是指经批准符合条件的发行人按照一定程序、以相同条件将有关证券发售给投资者的行为。

（一）证券发行方式

证券发行方式按不同的标准可分成以下几类：

（1）按证券的发行是否要通过承销机构，可分为直接发行与间接发行。

直接发行是指证券发行人无须通过证券经营机构的承销而直接与证券购买人签订购买合同。

间接发行是指证券发行人并不直接与证券购买人发生关系，而是通过证券经营机构承销进行发行。

按照《证券法》，股票发行必须采取间接发行的方式，而债券的发行，特别是企业债券的发行，则可选择采取直接发行方式或间接发行方式。

（2）按发行对象的不同，可分为公开发行与非公开发行。

公开发行是指证券发行人以相同条件向不特定的任何社会公众和组织或向200个以上的特定对象所进行的证券发行。有下列情形之一的，为公开发行：①向不特定对象发行证券；②向特定对象发行证券累计超过200人，但依法实施员工持股计划的员工人数不计算在内；③法律、行政法规规定的其他发行行为。

非公开发行是指仅以不超过200个特定的投资者为募集资金对象而进行的证券发行。非公开发行证券，不得采用广告、公开劝诱和变相公开方式，否则即属于公开发行。

（3）按证券发行时间的不同，可分为设立发行与增资发行。

设立发行发生在股份有限公司设立之时，又称首次发行。

增资发行是公司成立之后发行股票的行为。增资发行的方式有：①向原有股东送股；②向原有股东配售；③向不特定社会公众发行新股。

（二）证券发行制度

发行审核指主管机关依法对发行人提交的发行证券的申请作出是否准予发行的制度。关于发行审核，国际上主要有两种体制，即注册制和核准制。

注册制又称申报制或形式审查制，是指证券监管机构对发行人发行证券，事先不作实质审查，仅对申请文件进行形式审查，发行者在申报申请文件以后的一段时间内，若没有被拒绝注册，即可发行证券。信息披露是注册制的核心，必须加大对欺诈发行的打击力度。发行人提供的材料必须是正式的、真实的、可靠的、全面的。《证券法》第九条规定，公开发行证券，必须符合法律、行政法规规定的条件，并依法报经国务院证券监督管理机构或者国务院授权的部门注册。未经依法注册，任何单位和个人不得公开发行证券。2019年6月，科创板在我国上海证券交易所正式开板。科创板发行股票实行注册制，即由交易所审核，中国证监会认可，不需要经过中国证监会批准即可公开发行股票并在科创板挂牌上市交易。深圳的创业板发行股票也实行注册制。

核准制又称实质审查制，即发行者发行证券，不仅要真实公开全部的可供认购者判断的资料，并且要符合若干实质条件，方可获准发行证券。证券主管机关有权依《公司法》《证券法》规定的限制条件，对发行者作出的发行申请及呈报资料作实质性价值审查，发行人获得证券主管机关的批准后，才能发行证券。核准制的目的是保护投资者利益，便于政府利用公权对证券发行作适当监督。上海主板、深圳主板以及深圳中小板发行股票目前实施的是核准制。

（三）证券发行条件及规则

《证券法》规定公开发行证券即使实施注册制，也需要符合一定的标准才能发行证券。

1.公开发行股票的条件

根据《证券法》第十二条，公司首次公开发行新股，应当符合的条件包括：①具备健全且运行良好的组织机构；②具有持续经营能力；③最近3年财务会计报告被出具无保留意见审计报告；④发行人及其控股股东、实际控制人最近3年不存在贪污、贿赂、侵占财产、挪用财产或者破坏社会主义市场经济秩序的刑事犯罪；⑤经国务院批准的国务院证券监督管理机构规定的其他条件。上市公司发行新股，应当符合经国务院批准的国务院证券监督管理机构规定的条件，具体管理办法由国务院证券监督管理机构规定。公开发行存托凭证的，应当符合首次公开发行新股的条件以及国务院证券监督管理机构规定的其他条件。

除符合上述一般条件外，首次发行新股，还须符合中国证监会颁布的《首次公开发行股票并上市管理办法》所规定的条件，报经国务院证券监督管理机构核准。该办法主要规定了三大类条件：主体资格、规范运行、财务与会计。具体审核时，中国证监会、证券交易所还有更详细的规则和指标。

就目前来看，在上海证券交易所、深圳证券交易所主板上市的公司，其股票发行的条件与在科创板和创业板上市的股票发行条件有所不同，总体上是降低企业的盈利指标、企业规模指标，增加企业的科技类考核指标，支持有市场、有技术的创新、创业企业的发展。如中国证监会发布的《科创板上市公司证券发行注册管理办法（试行）》规定上市公司向不特定对象发行股票，应当符合下列规定：①具备健全且运行良好的组织机构；②现任董事、监事和高级管理人员具备法律、行政法规规定的任职要求；③具有完整的业务体系和直接面向市场独立经营的能力，不存在对持续经营有重大不利影响的情形；④会计基础工作规范，内部控制制度健全且有效执行，财务报表的编制和披露符合企业会计准则和相关信息披露规则的规定，在所有重大方面公允反映了上市公司的财务状况、经营成果和现金流量，最近3年财务会计报告被出具无保留意见审计报告；⑤除金融类企业外，最近一期末不存在金额较大的财务性投资。

与科创板的发行条件比较，中国证监会发布的《创业板上市公司证券发行注册制管理办法（试行）》增加了一个条件：最近2年盈利，净利润以扣除非经常性损益前后孰低者为计算依据。

中国证监会的两个注册制试行办法还进行了禁止性规定，即分别规定了上市公司不得向不特定对象和特定对象发行股票的条件。

首次公开发行股票的发行人必须完整地向中国证监会提交符合法律规定的相关文件。发行人向国务院证券监督管理机构或者国务院授权的部门提交的证券发行申请文件，必须真实、准确、完整。为证券发行出具有关文件的专业机构和人员，必须严格履行法定职责，保证其所出具文件的真实性、准确性和完整性。发行人申请首次公开发行股票的文件提交后，应按照中国证监会的规定预先披露有关申请文件。

上市公司发行新股，应当符合《公司法》有关发行新股的条件，既可以向社会公开募集，也可以向原股东配售。上市公司对发行股票所募集的资金，必须按招股说明书所列资金用途使用。改变招股说明书所列资金用途，必须经股东大会批准。擅自改变用途而未作纠正的，或者未经股东大会认可的，不得发行新股。

股票发行采取溢价发行的，其发行价格由发行人与承销的证券公司协商确定。

案例窗11-1

2.公开发行公司债券的条件

债券发行的条件参见本书第三章"公司法"。发行公司债券必须依照《证券法》报经国务院授权的部门审批。发行人必须向该审批部门提交《证券法》规定的申请文件和该部门规定的有关文件，主要包括：①公司营业执照；②公司章程；③公司债券募集办法；④国务院授权的部门或者国务院证券监督管理机构规定的其他文件。依照《证券法》规定聘请保荐人的，还应当报送保荐人出具的发行保荐书。

3.发行注册

国务院证券监督管理机构或者国务院授权的部门依照法定条件负责证券发行申请的注册。按照国务院的规定，证券交易所等可以审核公开发行证券申请，判断发行人是否符合发行条件、信息披露要求，督促发行人完善信息披露内容。国务院证券监督管理机构或者国务院授权的部门应当自受理证券发行申请文件之日起3个月内，依照法定条件和法定程序作出予以注册或者不予注册的决定，发行人根据要求补充、修改发行申请文件的时间不计算在内；不予注册的，应当说明理由。

依照相关规定参与证券发行申请注册的人员，不得与发行申请人有利害关系，不得直接或者间接接受发行申请人的馈赠，不得持有所注册的发行申请的证券，不得私下与发行申请人进行接触。

证券发行申请经注册后，发行人应当依照法律、行政法规的规定，在证券公开发行前公告公开发行募集文件，并将该文件置备于指定场所供公众查阅。发行证券的信息依法公开前，任何知情人不得公开或者泄露该信息。发行人不得在公告公开发行募集文件前发行证券。

目前，我国主板、中小板首次发行股票仍需要中国证监会审核通过方可发行。

拓展阅读11-1

二、证券承销

证券承销是指证券承销机构以一定方式在法定或约定时间内销售发行人公开发行的证

券，并由此收取承销费用的行为。

（一）证券承销的方式

发行人向不特定对象发行的证券，法律、行政法规规定应当由证券公司承销的，发行人应当同证券公司签订承销协议。证券承销业务采取代销或者包销方式。证券代销是指证券公司代发行人发售证券，在承销期结束时，将未售出的证券全部退还给发行人的承销方式。证券包销是指证券公司将发行人的证券按照协议全部购入或者在承销期结束时将售后剩余证券全部自行购入的承销方式。

代销与包销的最大不同之处在于：代销为一般的委托代理关系，是在法定或约定的期限内不能完成证券发售任务时，余额退还发行人的证券承销方式。包销包括全额包销和余额包销。余额包销是指证券公司在相关的时间内不能全部售出发行证券的，自己买下全部余额，向发行人支付证券发行款的行为；全额包销是指承销商一次购进全部证券，然后再自行或委托中间商出售给投资大众，并支付发行人全部款项的行为。

（二）承销协议的内容

证券公司承销证券，须与证券发行人签订代销或包销协议。该协议的主要条款包括：①当事人的名称、住所及法定代表人姓名；②代销、包销证券的种类、数量、金额及发行价格；③代销、包销的期限及起止日期；④代销、包销的付款方式及日期；⑤代销、包销的费用和结算方式；⑥违约责任；⑦国务院证券监督管理机构规定的其他事项。

此外，由于每次承销业务都或多或少有其特点，承销协议还应包括双方当事人所约定的其他内容。

（三）证券承销的规则

公开发行证券的发行人有权依法自主选择承销的证券公司。证券公司承销证券，应当对公开发行募集文件的真实性、准确性、完整性进行核查；发现含有虚假记载、误导性陈述或者重大遗漏的，不得进行销售活动；已经销售的，必须立即停止销售活动，并采取纠正措施。证券公司承销证券过程中禁止下列行为：①进行虚假的或者误导投资者的广告宣传或者其他宣传推介活动；②以不正当竞争手段招揽承销业务；③其他违反证券承销业务规定的行为。如有上述行为，给其他证券承销机构或者投资者造成损失的，应当依法承担赔偿责任。

向不特定对象发行证券时，发行人也可以聘请由主承销商和参与承销商组成的承销团进行承销。证券代销、包销的期限最长不得超过90天。

证券公司在代销、包销期内，对所代销、包销的证券应当保证先行出售给认购人，证券公司不得为本公司预留所代销的证券和预先购入并留存所包销的证券。股票发行采用代销方式，代销期限届满，向投资者出售的股票数量未达到拟公开发行股票数量70%的，为发行失败。发行人应当按照发行价并加算银行同期存款利息返还股票认购人。公开发行股票，代销、包销期限届满，发行人应当在规定的期限内将股票发行情况报国务院证券监督管理机构备案。

三、欺诈发行股票和债券的刑事处罚

股票发行制度的成功依赖法律制度的完善，股票发行注册制尤甚。为打击股票、债券发行者的违法行为，我国《刑法》对此专门进行了规定：

（1）在招股说明书、认股书、公司、企业债券募集办法等发行文件中隐瞒重要事实或者编造重大虚假内容，发行股票或者公司和企业债券、存托凭证或者国务院依法认定的其他证券，数额巨大、后果严重或者有其他严重情节的，处5年以下有期徒刑或者拘役，并处或者单处罚金；数额特别巨大、后果特别严重或者有其他特别严重情节的，处5年以上有期徒刑，并处罚金。

（2）控股股东、实际控制人组织、指使实施上述（1）行为的，处5年以下有期徒刑或者拘役，并处或者单处非法募集资金金额20%以上1倍以下罚金；数额特别巨大、后果特别严重或者有其他特别严重情节的，处5年以上有期徒刑，并处非法募集资金金额20%以上1倍以下罚金。

单位犯上述（1）（2）的，对单位判处非法募集资金金额20%以上1倍以下罚金，并对其直接负责的主管人员和其他直接责任人员，依照（1）的规定处罚。

第三节　证券交易及其信息公开

证券交易是证券流动性价值的体现。投资者一般都是通过所持证券的价格变动获得交易机会来获利的。正是因为通过证券交易可以获利，所以《证券法》对证券交易有较严格的限制，并禁止非法交易行为。信息公开是减少非法交易的重要手段。

一、证券交易的概念

证券交易是指对已发行并被投资者认购的证券进行转让、买卖的活动。证券交易一般分为两种形式：一是上市交易，是指证券在证券交易所集中交易挂牌买卖。经批准在证券交易所内登记买卖的证券，被称为上市证券；证券能在证券交易所上市交易的公司，被称为上市公司。二是上柜交易，是指公开发行但未达上市标准的证券在证券柜台交易市场买卖。

二、证券交易的一般规则

《证券法》对证券交易的一般规则进行了详细规定，主要包括：

（1）证券交易当事人依法买卖的证券，必须是依法发行并交付的证券。非依法发行的证券，不得买卖。依法发行的证券，法律对其转让期限有限制性规定的，在限定的期限内不得买卖。

（2）公开发行的证券，应当在依法设立的证券交易所上市交易或者在国务院批准的其他全国性证券交易场所转让。非公开发行的证券，可以在证券交易所、国务院批准的其他全国性证券交易场所、按照国务院规定设立的区域性股权市场转让。证券在证券交易所上市交易，应当采用公开的集中交易方式或者国务院证券监督管理机构批准的其他方式。

（3）证券交易场所、证券公司和证券登记结算机构的从业人员，证券监督管理机构的工作人员以及法律、行政法规规定禁止参与股票交易的其他人员，在任期或者法定限期内，不得直接或者以化名、借他人名义持有、买卖股票或者其他具有股权性质的证券，也不得收受他人赠送的股票或者其他具有股权性质的证券。任何人在成为所列上述人员时，其原已持有的股票必须依法转让。

（4）证券交易场所、证券公司、证券登记结算机构、证券服务机构及其工作人员应当依法为投资者的信息保密，不得非法买卖、提供或者公开投资者的信息，也不得泄露所知悉的商业秘密。

（5）为证券发行出具审计报告或者法律意见书等文件的证券服务机构和人员，在该证券承销期内和期满后6个月内，不得买卖该证券。除上述规定外，为发行人及其控股股东、实际控制人，或者收购人、重大资产交易方出具审计报告或者法律意见书等文件的证券服务机构和人员，自接受委托之日起至上述文件公开后5日内，不得买卖该证券。实际开展上述有关工作之日早于接受委托之日的，自实际开展上述有关工作之日起至上述文件公开后5日内，不得买卖该证券。

（6）《证券法》第四十四条规定：①上市公司、股票在国务院批准的其他全国性证券交易场所交易的公司持有5%以上股份的股东、董事、监事、高级管理人员，将其持有的该公司的股票或者其他具有股权性质的证券在买入后6个月内卖出，或者在卖出后6个月内又买入，由此所得收益归该公司所有，公司董事会应当收回其所得收益。但是，证券公司因购入包销售后剩余股票而持有5%以上股份，以及有国务院证券监督管理机构规定的其他情形的除外。②前款所称董事、监事、高级管理人员、自然人股东持有的股票或者其他具有股权性质的证券，包括其配偶、父母、子女持有的及利用他人账户持有的股票或者其他具有股权性质的证券。③公司董事会不按照第一款规定执行的，股东有权要求董事会在30日内执行。公司董事会未在上述期限内执行的，股东有权为了公司的利益以自己的名义直接向人民法院提起诉讼。④公司董事会不按照第一款的规定执行的，负有责任的董事依法承担连带责任。

拓展阅读11-2

三、证券上市交易的条件

证券上市是指证券交易所依据一定的标准承认并接纳发行人的有价证券在证券交易所市场上交易，进行自由公开买卖。

法律允许上市的证券主要有股票、股权证、债券和证券投资基金等。除政府公债等豁免证券按主管机关通知，可直接于证券交易所买卖外，其余证券上市必须满足法定条件，由其发行人提出申请，经证券交易所审查，主管机关核准后，才能上市。

（一）股票上市条件

1.股票上市的条件

申请证券上市交易，应当向证券交易所提出申请，由证券交易所依法审核同意，并由双方签订上市协议；应当符合证券交易所上市规则规定的上市条件。如《上海证券交易所股票上市规则》规定，发行人首次公开发行股票后申请在上海证券交易所主板上市的，应当符合的条件包括：

（1）股票经中国证监会核准已公开发行。

（2）公司股本总额不少于人民币5 000万元。

（3）公开发行的股份达到公司股份总数的25%以上；公司股本总额超过人民币4亿元的，公开发行股份的比例为10%以上。

（4）公司最近3年无重大违法行为，财务会计报告无虚假记载。

（5）本所要求的其他条件。

《深圳证券交易所股票上市规则》有相同的规定。

2.股票上市的程序

下面以《上海证券交易所股票上市规则》为例对股票上市程序等作简要介绍。该规则1.3条规定："申请股票及其衍生品种在本所上市，应当经本所审核同意，并在上市前与本所签订上市协议，明确双方的权利、义务和有关事项。"

（1）上市申请。发行人首次公开发行股票后，应及时向证券交易所提出股票上市申请，并提交下列文件：①上市申请书。②中国证监会核准其股票首次公开发行的文件。③有关本次发行上市事宜的董事会和股东大会决议。④营业执照复印件。⑤公司章程。⑥经具有执行证券、期货相关业务资格的会计师事务所审计的发行人最近3年的财务会计报告。⑦首次公开发行结束后发行人全部股票已经中国证券登记结算有限责任公司上海分公司托管的证明文件。⑧首次公开发行结束后，具有执行证券、期货相关业务资格的会计师事务所出具的验资报告。⑨关于董事、监事和高级管理人员持有本公司股份的情况说明和《董事（监事、高级管理人员）声明及承诺书》。⑩发行人拟聘任或者已聘任的董事会秘书的有关资料。⑪首次公开发行后至上市前，按规定新增的财务资料和有关重大事项的说明（如适用）。⑫首次公开发行前已发行股份持有人，自发行人股票上市之日起1年内持股锁定证明。⑬控股股东和实际控制人规定期限内不减持股份等的承诺函。⑭最近一次的招股说明书和经中国证监会审核的全套发行申报材料。⑮按照有关规定编制的上市公告书。⑯保荐协议和保荐人出具的上市保荐书。⑰律师事务所出具的法律意见书。⑱本所要求的其他文件。

（2）证券交易所核准同意。证券交易所设立的上市委员会对上市申请进行审议，作出独立的专业判断并形成审核意见。证券交易所根据上市委员会的审核意见，作出是否同意上市的决定。

（3）签订上市协议。证券交易所同意发行人的上市申请后，申请人应与证券交易所签订上市协议。

（4）上市公告。发行人应当于其股票上市前5个交易日内，在指定的媒体或者证券交易所网站上披露下列文件：①上市公告书；②公司章程；③上市保荐书；④法律意见书；⑤证券交易所要求的其他文件。

（5）挂牌交易。在公开上市公告书后，申请上市的股票将根据证券交易所安排和上市公告书披露的上市日期挂牌交易，直至该股票丧失上市条件。

3.暂停和终止股票上市

上市公司有下列情形之一的，由证券交易所决定暂停其股票上市交易：

（1）经审计的净利润或者被追溯重述后净利润3年连续亏损。

（2）经审计的净资产或者被追溯重述后净资产2年连续为负值。

（3）连续2个会计年度营业收入低于1 000万元。

（4）连续2个会计年度的财务会计报告被会计师事务所出具无法表示意见或者否定意见的审计报告。

（5）因未在规定期限内改正财务会计报告中的重大差错或者虚假记载，被中国证监会责令改正但未在规定期限内改正，且公司股票已停牌2个，被实施退市风险警示后，公司在2个月内仍未按要求改正财务会计报告。

（6）因未在法定期限内披露年度报告或者中期报告，且公司已停牌2个月，其股票被实施退市风险警示后，公司在2个月内仍未披露应披露的年度报告或者中期报告。

（7）公司股本总额发生变化，不具备上市条件。

（8）上市公司因收购义务人以终止公司上市地位为目的的全面要约收购，股权分布发生变化，不具备上市条件，其股票被实施停牌后，未在停牌后1个月内向证券交易所提交解决股权分布问题的方案，或者提交了方案但未获本所同意；或者因股权分布发生变化，连续20个交易日不具备上市条件被实施停牌，其后1个月内向证券交易所提交解决股权分布问题的方案虽获证券交易所同意，但其股票被实施退市风险警示，之后公司在6个月内其股权分布仍不具备上市条件。

（9）因欺诈发行、重大信息披露违法或者其他涉及国家安全、公共安全、生态安全、生产安全和公众健康安全等领域的重大违法行为，本所对其股票作出实施重大违法强制退市决定，其股票被证券交易所实施退市风险警示后交易满30个交易日。

（10）证券交易所认定的其他情形。

另外，《上海证券交易所股票上市规则》对股票终止上市的条件作了详细规定。如果股票被暂停上市后，在一定期限内仍未具备恢复上市的条件或者未申请恢复上市、申请恢复上市未被受理或未获同意的，将被终止上市。如果公司被依法强制解散或被法院宣告破产，也将失去上市资格，被证券交易所终止上市。

（二）可转换公司债券上市条件

公司申请其可转换债券上市交易必须符合下列条件：①公司可转换债券的期限为1年以上；②公司可转换债券的实际发行额不少于人民币5 000万元；③公司申请可转换债券上市时仍符合法定的可转换公司债券的发行条件。

公司在向证券交易所提出公司可转换债券上市交易申请时，应在可转换公司债券上市前5个交易日向证券交易所提交下列文件：①上市申请书；②有关本次发行上市事宜的董事会和股东大会决议；③按照有关规定编制的上市公告书；④保荐协议和保荐人出具的上市保荐书；⑤发行结束后经具有执行证券、期货相关业务资格的会计师事务所出具的验资报告；⑥中国证券登记结算有限责任公司对新增股份或可转换公司债券登记托管的书面确认文件；⑦证券交易所要求的其他文件。

可转换公司债券上市交易申请经证券交易所审核同意后，签订上市协议的公司应当在规定的期限内公告可转换公司债券上市文件及有关文件，并将其申请文件置备于指定场所供公众查阅。

可转换公司债券上市交易后，公司有下列情形之一的，由证券交易所决定暂停其上市交易：①公司有重大违法行为；②公司情况发生重大变化，不符合可转换公司债券上市条件；③发行可转换公司债券所募集的资金不按照核准的用途使用；④未按照可转换公司债券募集办法履行义务；⑤公司最近2年连续亏损；⑥存在股票被证券交易所暂停上市的情形；⑦证券交易所认为应当暂停其可转换公司债券上市的其他情形。

可转换公司债券出现股票暂停上市条件①至⑤的情形，且情形严重或规定时间内未消除的，将终止上市；同时，公司股票被证券交易所终止上市，其可转换公司债券也终止上市。

四、禁止的证券交易行为

《证券法》公正原则的立法宗旨就在于通过法律手段禁止内幕交易、操纵证券市场、传播虚假信息、证券欺诈等行为，保证投资者在证券市场获得公平、公正的待遇。

(一)禁止内幕交易

内幕交易是指发行证券公司的董事、监事、高级管理人员等内部人员及其他市场相关人员，直接或间接利用其地位、职务之便利或控制关系，获取发行人尚未公开的、对其证券价格有重大影响的信息，自己或通过他人进行证券交易，从中牟利或避免损失的行为。

1.内幕人员

内幕人员即证券交易内幕信息的知情人，主要包括下列人员：①发行人及其董事、监事、高级管理人员；②持有公司5%以上股份的股东及其董事、监事、高级管理人员，公司的实际控制人及其董事、监事、高级管理人员；③发行人控股或者实际控制的公司及其董事、监事、高级管理人员；④由于所任公司职务或者因与公司业务往来可以获取公司有关内幕信息的人员；⑤上市公司收购人或者重大资产交易方及其控股股东、实际控制人、董事、监事和高级管理人员；⑥因职务、工作可以获取内幕信息的证券交易场所、证券公司、证券登记结算机构、证券服务机构的有关人员；⑦因职责、工作可以获取内幕信息的证券监督管理机构的工作人员；⑧因法定职责对证券的发行、交易或者对上市公司及其收购、重大资产交易进行管理可以获取内幕信息的有关主管部门、监管机构的工作人员；⑨国务院证券监督管理机构规定的可以获取内幕信息的其他人员。

2.内幕信息

证券交易活动中，涉及发行人的经营、财务或者对该发行人证券的市场价格有重大影响的尚未公开的信息，被称为内幕信息。

发生可能对上市公司、股票在国务院批准的其他全国性证券交易场所交易的公司的股票交易价格产生较大影响的重大事件，投资者尚未得知时，公司应当立即将有关该重大事件的情况向国务院证券监督管理机构和证券交易场所报送临时报告，并予公告。属于该类内幕信息的，主要是《证券法》第八十条规定的重大事件：①公司的经营方针和经营范围的重大变化；②公司的重大投资行为，公司在1年内购买、出售重大资产超过公司资产总额30%，或者公司营业用主要资产的抵押、质押、出售或者报废一次超过该资产的30%；③公司订立重要合同、提供重大担保或者从事关联交易，可能对公司的资产、负债、权益和经营成果产生重要影响；④公司发生重大债务和未能清偿到期重大债务的违约情况；⑤公司发生重大亏损或者重大损失；⑥公司生产经营的外部条件发生的重大变化；⑦公司的董事、1/3以上监事或者经理发生变动，董事长或者经理无法履行职责；⑧持有公司5%以上股份的股东或者实际控制人持有股份或者控制公司的情况发生较大变化，公司的实际控制人及其控制的其他企业从事与公司相同或者相似业务的情况发生较大变化；⑨公司分配股利、增资的计划，公司股权结构的重要变化，公司减资、合并、分立、解散及申请破产的决定，或者依法进入破产程序、被责令关闭；⑩涉及公司的重大诉讼、仲裁，股东大会、董事会决议被依法撤销或者宣告无效；⑪公司涉嫌犯罪被依法立案调查，公司的控股股东、实际控制人、董事、监事、高级管理人员涉嫌犯罪被依法采取强制措施；⑫国务院证券监督管理机构规定的其他事项。

此外，发生可能对上市交易公司债券价格产生较大影响的重大事件也会构成内幕信息。

证券交易内幕信息的知情人或者非法获取内幕信息的人，在内幕信息公开前，不得买卖该公司的证券或者泄露该信息，或者建议他人买卖该证券。

案例窗 11-2

（二）禁止操纵证券市场

操纵证券市场的行为是指行为人背离市场自由竞价和供求关系原则，以各种不正当的手段，影响或者意图影响证券市场价格或者证券交易量，制造证券市场假象，以引诱他人参与证券交易，为自己谋取不正当利益或者转嫁风险的行为。

操纵证券市场的行为实质上是一种对不特定人的欺诈行为。操纵者利用非法手段，使投资者产生投资决策失误，并以此获利。为了保护投资者的利益，维持证券交易公正、合理进行，必须严格禁止操纵市场行为。

《证券法》规定，操纵证券市场的手段主要有：①单独或者通过合谋，集中资金优势、持股优势或者利用信息优势联合或者连续买卖；②与他人串通，以事先约定的时间、价格和方式相互进行证券交易；③在自己实际控制的账户之间进行证券交易；④不以成交为目的，频繁或者大量申报买入、卖出证券并撤销申报；⑤利用虚假或者不确定的重大信息，诱导投资者进行证券交易；⑥对证券、发行人公开作出评价、预测或者投资建议，同时进行反向证券交易；⑦以其他手段操纵证券市场，如利用在其他相关市场的活动操纵证券市场。

操纵证券，影响证券交易价格或者证券交易量，情节严重的，处 5 年以下有期徒刑或者拘役，并处或者单处罚金；情节特别严重的，处 5 年以上 10 年以下有期徒刑，并处罚金。操纵证券市场行为给投资者造成损失的，应当依法承担赔偿责任。

（三）禁止传播虚假信息

禁止任何单位和个人编造、传播虚假信息或者误导性信息，扰乱证券市场。禁止证券交易所、证券公司、证券登记结算机构、证券服务机构及其从业人员，证券业协会、证券监督管理机构及其工作人员，在证券交易活动中作出虚假陈述或者信息误导。

证券交易信息主要通过各种传播媒介来进行传播，其影响面广，且往往具有一定的权威性。因此，各种传播媒介在传播有关证券信息时，必须做到真实、客观，不得利用传播媒介误导投资者。

（四）禁止损害客户利益

在证券交易中，禁止证券公司及其从业人员从事下列损害客户利益的行为：①违背客户的委托为其买卖证券；②不在规定时间内向客户提供交易的确认文件；③未经客户的委托，擅自为客户买卖证券，或者假借客户的名义买卖证券；④为牟取佣金收入，诱使客户进行不必要的证券买卖；⑤其他违背客户真实意思表示，损害客户利益的行为。

违反上述规定给客户造成损失的，应当依法承担赔偿责任。

《证券法》还规定，在证券交易中，禁止出借自己的证券账户或者借用他人的证券账户从事证券交易；禁止资金违规流入股市；禁止投资者违规利用财政资金、银行信贷资金买卖证券。

五、上市公司信息公开

《证券法》对上市公司信息公开有比较严格的要求，从上市公司招股开始就要求披露相关信息，有的甚至要求在招股前应进行相关信息预先披露。

（一）信息公开的含义

信息公开又称信息披露，是证券发行人按照法定要求将自身财务、经营等情况向证券管理部门和证券交易所报告，并向投资人公告的活动。信息公开制度是规定信息公开被的内容、时间、方式、程序等事项的法律规范。信息公开制度是监管证券市场的重要手段，是证券市场贯彻公开原则的具体体现。

证券发行时的信息公开被称为初次公开或发行公开，发行信息披露的文件主要有招股说明书、招股说明书摘要、招股说明书（申报稿）等；证券上市时及上市后的信息公开被称为持续公开或继续公开，信息公开的义务人主要是上市公司。我们这里主要讨论后者。

（二）信息公开的标准

（1）真实性，是指要求公开的信息内容必须符合上市公司的实际经营状况，不得有任何虚假记载。强调真实性原则，是努力将上市公司所公开的信息客观化，排除对投资者投资判断活动的人为干扰，用投资判断依据的真实性来促进投资判断活动的公平性。

（2）准确性，是指要求公司在公开信息时必须确切表明其含义，其内容不得使人产生误解，不得有误导性陈述，使投资者难以通过其陈述获得准确的信息。

（3）完整性，是指要求必须将能够影响证券市场价格的重大信息都予以公开，不能有重大遗漏，不能将法定事项部分或全部不予以记载，或者未予以公开。证券投资者的判断，是对特定上市公司所公开的全部信息进行的综合判断。对于投资者整体来说，上市公司将各种影响股票市场价格的重大信息都予以公开，是投资判断正确性和公平性的前提条件。在防止内幕交易方面，完整性原则具有更为重要的作用。

（4）及时性。信息具有动态性，信息越新，其利用价值也就越高；反之，陈旧的信息可能因环境的变化而变得毫无利用价值。信息披露的及时性要求披露义务人在定时的信息披露中披露最新的信息，在有重大事件发生而可能影响证券的投资价值时，披露义务人应迅速行动，及时披露相关信息。

（5）易解性。公开披露的信息的受体大部分是不具有多少专业技能的普通公众投资者，而考虑到成本和交易习惯的因素，一般的公众投资者通常只是自行分析判断相关信息，因此使公开的资料容易理解就比较重要了。信息披露的易解性要求披露人尽量以明确、浅显的语言来表述相关信息，尽量使所公开的信息通俗易懂。

案例窗 11-3

（三）持续信息公开的内容

1.定期报告

（1）中期报告。股票或者公司债券上市交易的公司，应当在每一会计年度的上半年结束之日起2个月内，向国务院证券监督管理机构和证券交易所提交记载以下内容的中期报告，并予公告：①公司财务会计报告和经营情况；②涉及公司的重大诉讼事项；③已发行的股票、公司债券变动情况；④提交股东大会审议的重要事项；⑤国务院证券监督管理机构规定的其他事项。

（2）年度报告。股票或者公司债券上市交易的公司，应当在每一会计年度结束之日起4个月内，向国务院证券监督管理机构和证券交易所提交记载以下内容的年度报告，并予公告：①公司概况；②公司财务会计报告和经营情况；③董事、监事、经理及其他高级管理人员的简介及持股情况；④已发行的股票、公司债券情况，包括持有公司股份最多的前10名股东名单和持股数额；⑤公司的实际控制人；⑥国务院证券监督管理机构规定的其他事项。

（3）季度报告。上市公司在第一季度和第三季度结束后1个月内应依法公开披露其季度报告。

2.临时报告

发生可能对上市公司股票、债券交易价格产生较大影响的重大事件，投资者尚未得知时，上市公司应当立即将有关该重大事件的情况向国务院证券监督管理机构和证券交易所报送临时报告，并予公告，说明事件的起因、目前的状态和可能产生的法律后果。

上述所称重大事件除前述《证券法》第八十条规定的事件外，还包括《证券法》第八十一条规定的对债券交易价格产生较大影响的重大事件：①公司股权结构或者生产经营状况发生重大变化；②公司债券信用评级发生变化；③公司重大资产抵押、质押、出售、转让、报废；④公司发生未能清偿到期债务的情况；⑤公司新增借款或者对外提供担保超过上年末净资产的20%；⑥公司放弃债权或者财产超过上年末净资产的10%；⑦公司发生超过上年末净资产10%的重大损失；⑧公司分配股利，作出减资、合并、分立、解散及申请破产的决定，或者依法进入破产程序、被责令关闭；⑨涉及公司的重大诉讼、仲裁；⑩公司涉嫌犯罪被依法立案调查，公司的控股股东、实际控制人、董事、监事、高级管理人员涉嫌犯罪被依法采取强制措施。⑪国务院证券监督管理机构规定的其他事项。

（四）信息公开的监督管理

国务院证券监督管理机构对信息披露义务人的信息披露行为进行监督管理。证券交易场所应当对其组织交易的证券的信息披露义务人的信息披露行为进行监督，督促其依法及时、准确地披露信息。

依法披露的信息，应当在证券交易场所的网站和符合国务院证券监督管理机构规定条件的媒体发布，同时将其置备于公司住所、证券交易场所，供社会公众查阅。

发行人的董事、高级管理人员应当对证券发行文件和定期报告签署书面确认意见。发行人的监事会应当对董事会编制的证券发行文件和定期报告进行审核并提出书面审核意见。监事应当签署书面确认意见。发行人的董事、监事和高级管理人员应当保证发行人及时、公平地披露信息，所披露的信息真实、准确、完整。董事、监事和高级管理人员无法保证证券发行文件和定期报告内容的真实性、准确性、完整性或者有异议的，应当在书面确认意见中发表意见并陈述理由，发行人应当披露。发行人不予披露的，董事、监事和高级管理人员可以直接申请披露。

信息披露义务人披露的信息应当同时向所有投资者披露，不得提前向任何单位和个人泄露。但是，法律、行政法规另有规定的除外。任何单位和个人不得非法要求信息披露义务人提供依法需要披露但尚未披露的信息。任何单位和个人提前获知的前述信息，在依法披露前应当保密。

信息披露义务人未按照规定披露信息，或者公告的证券发行文件、定期报告、临时报告及其他信息披露资料存在虚假记载、误导性陈述或者重大遗漏，致使投资者在证券交易中遭受损失的，信息披露义务人应当承担赔偿责任；发行人的控股股东、实际控制人、董事、监事、高级管理人员和其他直接责任人员，以及保荐人、承销的证券公司及其直接责任人员，应当与发行人承担连带赔偿责任，但是能够证明自己没有过错的除外。

（五）违规或不披露重要信息的刑事处罚

我国《刑法》对违规披露或不披露重要信息的犯罪行为规定了严厉的处罚措施：

（1）依法负有信息披露义务的公司、企业向股东和社会公众提供虚假的或者隐瞒重要事实的财务会计报告，或者对依法应当披露的其他重要信息不按照规定披露，严重损害股东或者其他人利益，或者有其他严重情节的，对其直接负责的主管人员和其他直接责任人员，处5年以下有期徒刑或者拘役，并处或者单处罚金；情节特别严重的，处5年以上10年以下有期徒刑，并处罚金。

（2）上述（1）规定的公司、企业的控股股东、实际控制人实施或者组织、指使实施（1）项行为的，或者隐瞒相关事项导致（1）规定的情形发生的，依照（1）的规定处罚。

犯上述（1）（2）罪的控股股东、实际控制人是单位的，对单位判处罚金，并对其直接负责的主管人员和其他直接责任人员，依照（1）的规定处罚。

第四节　上市公司收购

上市公司收购是上市公司做大做强的重要手段，但由于上市公司是公众公司，影响公众投资者的利益，所以《证券法》对此有较详细的规定。

一、上市公司收购的概念与种类

上市公司收购是指当事人为取得或巩固对某一上市公司的控制权而购入该公司发行在外的股份的行为。实施收购行为的人被称为收购人，收购目标公司被称为被收购公司，也叫目标公司。上市公司收购的形式多种多样，依不同的标准可分为不同的类型。

1.全面收购和部分收购

根据收购要约中对收购所要达到的持股总数有无要求，上市公司收购可分为全面收购和部分收购。全面收购的收购要约中没有对持股总量的要求；部分收购的收购要约中有对持股总数的要求，并对受要约人的应约股份按比例接纳。

2.自愿收购和强制收购

根据收购是否为法律强制性义务，上市公司收购可以分为自愿收购和强制收购。自愿收购是投资者及其一致行动人持有一个上市公司的股份达到一定比例时，自主决定通过发出收购要约以增持目标公司股份。要约人按照自己的收购意愿发出收购要约，并按照在要约中确定的收购价格购入应约人的股份。强制收购是投资者及其一致行动人持有一个上市公司的股份达到法定数额时，强制其向目标公司同类股票的全体股东发出公开收购要约，表示愿意以收购要约中的条件购买该上市公司的股份。

3.场内收购和场外收购

根据收购是否在证券交易所内进行，上市公司收购可分为场内收购和场外收购。凡是在证券交易所内上市的目标公司的收购，被称为场内收购；反之，则被称为场外收购。场外收购必须经国务院证券监督管理机构特别批准方可进行。

此外，上市公司收购根据收购者发出收购要约前是否与目标公司沟通，可分为友好收购和敌意收购；根据收购所要控制的目标和采取的方式不同，可分为直接收购和间接收购；根据收购价格的确定方式不同，可分为协议收购、公开收购和自由竞价收购；根据收购的代价不同，可分为现金收购和股权交换等。

二、上市公司收购的一般规则

《证券法》在上市公司收购的方式、持股披露、强制要约等方面都有详细规定，当事人必须认真履行相应的义务。

1.收购方式

《证券法》规定上市公司收购可以采取要约收购、协议收购及其他合法方式。

要约收购是指当投资者持有一个上市公司的股份达到一定比例时，如果进行收购，则应向目标公司的所有股东发出收购上市公司全部或部分股份的要约，并按收购要约收购目标公司股份的一种收购方式。[①]

协议收购是指收购人通过与上市公司的管理层或者目标公司的股东反复磋商，达成协议，并按照协议所规定的收购条件、收购价格、收购期限以及其他规定事项，收购上市公司股份的收购方式。

2.持股披露规则

《证券法》中有关上市公司收购的规定，借鉴了各国立法的经验，并结合我国的实际情况，规定了持股披露制度，具体有以下两方面的内容：

（1）通过证券交易所的证券交易，投资者持有或者通过协议、其他安排与他人共同持有一个上市公司已发行的有表决权股份达到5%时，应当在该事实发生之日起3日内，向国务院证券监督管理机构、证券交易所作出书面报告，通知该上市公司，并予公告，在上述期限内不得再行买卖该上市公司的股票，但国务院证券监督管理机构规定的情形除外。公告的具体内容有：①持股人的名称、住所；②持有的股票的名称、数额；③持股达到法定比例或者持股增减变化达到法定比例的日期、增持股份的资金来源；④在上市公司中拥有表决权的股份变动的时间及方式。

（2）投资者持有或者通过协议、其他安排与他人共同持有一个上市公司已发行的有表决权股份达到5%后，其所持该上市公司已发行的有表决权股份比例每增加或者减少5%，应当依照规定进行报告和公告，在该事实发生之日起至公告后3日内，不得再行买卖该上市公司的股票，但国务院证券监督管理机构规定的情形除外。

---

① 汪鑫. 金融法学 [M]. 北京：中国政法大学出版社，2007：197.

投资者持有或者通过协议、其他安排与他人共同持有一个上市公司已发行的有表决权股份达到5%后，其所持该上市公司已发行的有表决权股份比例每增加或者减少1%，应当在该事实发生的次日通知该上市公司，并予公告。

3.强制要约规则

强制投资者发出收购要约的条件是：①投资者持有或者通过协议、其他安排与他人共同持有一个上市公司已发行的股份达到30%。②投资者控制上市公司已经发行股份总数的30%，是通过证券交易所的证券交易产生或通过协议产生的。③投资者继续收购上市公司的股份。

投资者应依法向被收购的上市公司的所有股东发出收购要约，不能只向被收购的上市公司的部分股东发出收购要约。收购上市公司部分股份的，应当约定被收购的上市公司股东承诺出售的股份数额超过预定收购的股份数额的，收购人按比例进行收购。

三、上市公司收购程序

要约收购是收购方向目标公司股东发出收购要约而进行的收购，它是上市公司收购的一种最常见、最典型的方式。

（一）要约收购的程序

1.聘请财务顾问，制作并报送上市公司收购报告书

收购人进行上市公司收购，应当聘请符合《证券法》规定的专业机构担任财务顾问，否则不得收购上市公司。

依照《证券法》发出收购要约，收购人必须公告上市公司收购报告书，并载明下列事项：①收购人的名称、住所；②收购人关于收购的决定；③被收购的上市公司名称；④收购目的；⑤收购股份的详细名称和预定收购的股份数额；⑥收购期限、收购价格；⑦收购所需资金额及资金保证；⑧公告上市公司收购报告书时持有被收购公司股份数占该公司已发行的股份总数的比例。

2.收购要约的期限和效力

收购要约约定的收购期限不得少于30日，并不得超过60日。在收购要约确定的承诺期限内，收购人不得撤销其收购要约。收购人需要变更收购要约的，应当及时公告，载明具体变更事项，且不得存在下列情形：①降低收购价格；②减少预定收购股份数额；③缩短收购期限；④国务院证券监督管理机构规定的其他情形。

收购要约提出的各项收购条件，适用于被收购公司的所有股东，这体现了证券市场的公平原则。上市公司发行不同种类股份的，收购人可以针对不同种类股份提出不同的收购条件。

3.终止上市交易与强制收购

收购期限届满，被收购公司股权分布不符合证券交易所规定的上市交易要求的，该上市公司的股票应当由证券交易所依法终止上市交易；其余仍持有被收购公司股票的股东，有权向收购人以收购要约的同等条件出售其股票，收购人应当收购。收购行为完成后，被收购公司不再具备股份有限公司条件的，应当依法变更企业形式。

（二）协议收购的程序

协议收购是一种善意收购。在我国目前的上市公司购并中，协议收购是最常采用的方式，但《证券法》对协议收购的规定较为简单。

采取协议收购方式的，收购人可以依照法律、行政法规的规定同被收购公司的股东以协议方式进行股权转让。以协议方式收购上市公司时，达成协议后，收购人必须在3日内将该收购协议向国务院证券监督管理机构及证券交易所作出书面报告，并予公告。在公告前不得履行收购协议。采取协议收购方式的，协议可以临时委托证券登记结算机构保管协议转让的股票，并将资金存放于指定的银行。

（三）收购结束公告

在上市公司收购中，收购人持有的被收购的上市公司的股票，在收购行为完成后的18个月内不得转让。收购行为完成后，收购人与被收购公司合并，并将该公司解散的，被解散公司的原有股票由收购人依法更换。收购行为完成后，收购人应当在15日内将收购情况报告国务院证券监督管理机构和证券交易所，并予公告。

上市公司分立或者被其他公司合并，应当向国务院证券监督管理机构报告，并予公告。

第五节　证券交易所

证券发行和交易都必须在一定的场所进行，证券交易所就是这样的场所。证券交易所必须依法设立，并承担法律所赋予的职责。

一、证券交易所的概念和特征

证券交易所（以及国务院批准的其他全国性证券交易场所）是为证券集中交易提供场所和设施，组织和监督证券交易，实行自律管理的法人。我国证券交易所具有如下特征：一是它属于会员制事业法人，依法独立享有民事权利和承担民事义务；二是它为证券的集中竞价交易提供场所，本身不从事任何证券的买卖；三是它履行或者设定严格的证券上市、交易规则，在法定权限内对证券上市人、会员等进行监督；四是它应当依法定条件设立；五是名称中必须标明证券交易所字样。

证券交易所的组织形式主要有两种：公司制证券交易所和会员制证券交易所。公司制证券交易所是指依照公司法和证券法等特别法规，由股东共同出资设立的，采取有限责任公司或股份有限公司形式的证券交易所。会员制证券交易所是由会员构成的社团（事业）法人。我国1990年11月26日设立的上海证券交易所和1991年4月11日设立的深圳证券交易所均属会员制证券交易所。

二、证券交易所的功能

第一，保证证券交易的连续性。在证券交易所里，由于各类证券品种都是公开挂牌交易，因此在开市期间，投资人可以随时买进、卖出证券，并实现其变现，减少价格涨落过甚的市场风险，从而使整个证券市场能连续、平衡发展。

第二，形成公平的交易价格。由于实行集中竞价，证券交易价格根据证券的供求关系确定，因此通过公开和竞争的方式产生的交易价格，较为公平合理。证券竞价交易采用集合竞价和连续竞价两种方式。集合竞价是指对一段时间内接受的买卖申报一次性集中撮合的竞价方式。连续竞价是指对买卖申报逐笔连续撮合的竞价方式。

第三，为证券交易各方提供优良服务。证券交易所为证券交易各方提供场地设施和各种服务，如通信系统、电脑设备，办理证券的结算、过户等，使证券交易各方能迅速、便捷地完成各项证券交易活动。

第四，维护证券市场秩序。证券交易所是管理和控制整个证券市场的第一线自律性监管机构。它通过制定和执行交易所的交易规则和交易制度，控制市场风险，处分违规者，从而达到维护市场秩序的目的。

三、证券交易所的设立和组织机构

证券交易所的设立和解散由国务院决定。设立证券交易所必须制定章程，且章程的制定和修改必须经国务院证券监督管理机构批准。证券交易所的章程规定的是证券交易所的根本性问题。

实行会员制的证券交易所设理事会、监事会。理事会由7~13人组成，是证券交易所的决策机构，对会员大会负责。设理事长1人，可设副理事长1~2人，理事长是证券交易所法定代表人。理事长不得兼任总经理。证券交易所设总经理1人，由国务院证券监督管理机构任免。《上海证券交易所章程》规定总经理的职权为：①执行会员大会和理事会决议，并向其报告工作；②主持证券交易所的日常工作；③拟订并组织实施证券交易所工作计划；④拟订证券交易所年度财务预算、决算方案；⑤审定业务细则及其他制度性规定；⑥审定除取消会员资格以外的其他纪律处分；⑦审定除应当由理事会审定外的其他财务管理事项；⑧理事会授予和本章程规定的其他职权。

四、证券交易所的业务范围及职能

我国上海证券交易所、深圳证券交易所的业务范围及职能主要包括：①提供证券集中交易的场所、设施和服务；②制定和修改证券交易所的业务规则；③按照国务院及中国证监会规定，审核证券公开发行上市申请；④审核、安排证券上市交易，决定证券终止上市和重新上市等；⑤提供非公开发行证券转让服务；⑥组织和监督证券交易；⑦组织实施交易品种和交易方式创新；⑧对会员进行监管；⑨对证券上市交易公司及相关信息披露义务人进行监管，提供网站供信息披露义务人发布依法披露的信息；⑩对证券服务机构为证券发行上市、交易等提供服务的行为进行监管；⑪设立或者参与设立证券登记结算机构；⑫管理和公布市场信息；⑬开展投资者教育和保护；⑭法律、行政法规规定的以及中国证监会许可、授权或者委托的其他职能。

第六节 证券公司、证券登记结算机构及证券服务机构

证券公司、证券登记结算机构及证券服务机构是重要的证券中介机构，是证券市场的重要参与者，它们必须依法成立，并在限定的业务范围内从事经营活动。

一、证券公司

证券公司是指由中国证监会批准依《公司法》设立的在证券市场上经营证券业务的金融机构。证券公司有证券有限责任公司和证券股份有限公司两种。证券公司的业

务主要包括承销证券发行、代理买卖证券、自营买卖证券、资产管理、兼并与收购、研究与咨询、代理上市公司还本付息或支付红利等。证券公司的设立应符合法律、法规对证券经营机构的特定条件规定，这些特定条件包括资本、人员、场地和管理制度等方面。

（一）设立证券公司的条件

设立证券公司须经国务院证券监督管理机构批准，且应具备以下条件：

（1）有符合法律、行政法规规定的公司章程；

（2）主要股东及公司的实际控制人具有良好的财务状况和诚信记录，最近3年无重大违法违规记录；

（3）有符合《证券法》规定的公司注册资本；

（4）董事、监事、高级管理人员、从业人员符合《证券法》规定的条件；

（5）有完善的风险管理与内部控制制度；

（6）有合格的经营场所、业务设施和信息技术系统；

（7）法律、行政法规和经国务院批准的国务院证券监督管理机构规定的其他条件。

证券公司设立申请获得批准的，申请人应当在规定的期限内向公司登记机关申请设立登记，领取营业执照。证券公司应当自领取营业执照之日起15日内，向国务院证券监督管理机构申请经营证券业务许可证。未取得经营证券业务许可证，证券公司不得经营证券业务。

（二）证券公司的业务范围及注册资本

证券公司可以经营的业务范围包括：①证券经纪；②证券投资咨询；③与证券交易、证券投资活动有关的财务顾问；④证券承销与保荐；⑤证券融资融券；⑥证券做市交易；⑦证券自营；⑧其他证券业务。

经营不同业务的证券公司所要求的注册资本是不同的。证券公司经营上述①至③项业务的，注册资本最低限额为人民币5 000万元；经营④至⑧项业务之一的，注册资本最低限额为人民币1亿元；经营④至⑧项业务中两项以上的，注册资本最低限额为人民币5亿元。证券公司的注册资本应当是实缴资本。

（三）从业人员的要求与限制

证券公司从事证券业务的人员应当品行良好，具备从事证券业务所需的专业能力。因违法行为或者违纪行为被开除的证券交易场所、证券公司、证券登记结算机构、证券服务机构的从业人员和被开除的国家机关工作人员，不得招聘为证券公司的从业人员。

《证券法》第一百二十四条规定，下列人员不得担任证券公司的董事、监事、高级管理人员：

（1）因违法行为或者违纪行为被解除职务的证券交易场所、证券登记结算机构的负责人或者证券公司的董事、监事、高级管理人员，自被解除职务之日起未逾5年；

（2）因违法行为或者违纪行为被吊销执业证书或者被取消资格的律师、注册会计师或者其他证券服务机构的专业人员，自被吊销执业证书或者被撤销资格之日起未逾5年。

国家机关工作人员和法律、行政法规规定的禁止在公司中兼职的其他人员，不得在证券公司中兼任职务。

二、证券登记结算机构

证券登记结算机构为证券交易提供集中的登记、存管与结算服务，是不以营利为目的的法人。设立证券登记结算机构必须经国务院证券监督管理机构批准。

（一）证券登记结算机构的设立条件

设立证券登记结算机构应当具备下列条件：

（1）自有资金不少于人民币2亿元；

（2）具有证券登记、存管和结算服务所必需的场所和设施；

（3）国务院证券监督管理机构规定的其他条件。

证券登记结算机构的名称中应当标明证券登记结算字样。

（二）证券登记结算机构的职能

证券登记结算机构的职能包括：①证券账户、结算账户的设立；②证券的存管和过户；③证券持有人名册登记；④证券交易的清算和交收；⑤受发行人的委托派发证券权益；⑥办理与上述业务有关的查询、信息服务；⑦国务院证券监督管理机构批准的其他业务。

（三）证券登记结算机构的责任

（1）在证券交易所或者国务院批准的其他全国性证券交易场所交易的证券，应当全部存管在证券登记结算机构。证券登记结算机构不得挪用客户的证券。

（2）证券登记结算机构应当保证证券持有人名册和登记过户记录真实、准确、完整，不得伪造、篡改、毁坏，并依法为证券持有人保密。

（3）证券登记结算机构应当具有必备的服务设备和完善的数据安全保护措施，建立健全的业务、财务和安全防范等管理制度，建立完善的风险管理系统，以保证业务的正常进行。

（4）证券登记结算机构应当妥善保存登记、存管和结算的原始凭证。重要的原始凭证的保存期不少于20年。

（5）证券登记结算机构应当设立证券结算风险基金，并存入指定银行的专门账户，实行专项管理。结算风险基金用于因技术故障、操作失误、不可抗力造成的证券登记结算机构的损失。

（6）投资者委托证券公司进行证券交易，应当通过证券公司申请在证券登记结算机构开立证券账户。证券登记结算机构应当按照规定为投资者开立证券账户。

三、证券服务机构

证券服务机构是指证券发行与交易过程中提供专业服务的会计师事务所、律师事务所以及从事证券投资咨询、资产评估、资信评级、财务顾问、信息技术系统服务的证券服务机构。其从事相关业务时应当勤勉尽责、恪尽职守，按照相关业务规则为证券的交易及相关活动提供服务。

（一）证券投资咨询机构

证券投资咨询机构是指专门从事对大量证券信息资料进行系统分析、向证券投资者提供咨询服务的机构。其形式是证券投资咨询有限责任公司。从事证券投资咨询服务业务，应当经国务院证券监督管理机构核准；未经核准，不得为证券的交易及相关活动提供服务。

证券投资咨询业务是指从事证券投资咨询业务的机构及其投资咨询人员为投资人提供证券分析、预测或者建议等直接或者间接有偿咨询服务的活动。证券投资咨询机构及其从业人员从事证券服务业务不得有下列行为：①代理委托人从事证券投资；②与委托人约定分享证券投资收益或者分担证券投资损失；③买卖本证券投资咨询机构提供服务的证券；④法律、行政法规禁止的其他行为。如有上述行为，给投资者造成损失的，应当依法承担赔偿责任。

（二）证券服务机构的职责

（1）证券服务机构应当妥善保存客户委托文件、核查和验证资料、工作底稿以及与质量控制、内部管理、业务经营有关的信息和资料，任何人不得泄露、隐匿、伪造、篡改或者毁损。上述信息和资料的保存期限不得少于10年，自业务委托结束之日起算。

（2）证券服务机构为证券的发行、上市、交易等证券业务活动制作、出具审计报告及其他鉴证报告、资产评估报告、财务顾问报告、资信评级报告或者法律意见书等文件，应当勤勉尽责，对所依据的文件资料内容的真实性、准确性、完整性进行核查和验证。其制作、出具的文件有虚假记载、误导性陈述或者重大遗漏，给他人造成损失的，应当与委托人承担连带赔偿责任，但是能够证明自己没有过错的除外。

关键术语

证券（security）　　证券法（securities law）　　股票（stock）　　债券（note）　　证券承销（securities underwriting）　　证券交易（exchange of securities）　　要约收购（tender offer）

基本训练

一、单选题

1.根据《证券法》，股票发行的销售期限不得超过（　　）日。

    A.15　　　　　　　　B.30　　　　　　　　C.60　　　　　　　　D.90

2.从事证券服务的机构服务过程中形成的信息和资料保存期限不得少于（　　）。

    A.1年　　　　　　　B.5年　　　　　　　C.10年　　　　　　　D.20年

3.为股票发行出具审计报告、资产评估报告或法律意见书等文件的专业机构和人员，在该股票承销期内和期满后不得买卖该种股票的时间是（　　）。

    A.1个月内　　　　　B.3个月内　　　　　C.6个月内　　　　　D.1年内

4.根据《证券法》，上市公司向国务院证券监督管理机构和证券交易场所报送年度报告并予公告的时间为（　　　）。

    A.每一会计年度结束之日起1个月内　　　B.每一会计年度结束之日起3个月内

    C.每一会计年度结束之日起4个月内　　　D.每一会计年度结束之日起6个月内

5.某公司在其招股说明书中所列的募集资金用途为收购一条制药生产线。股票发行上市后，该上市公司发现该项目市场前景欠佳，遂决定取消该项目，将所募资金用于其他项目。根据《证券法》，上述行为须经（　　　）批准。

    A.国务院证券监督管理机构　　　　　　　B.原投资项目审批机构

    C.公司股东大会　　　　　　　　　　　　D.公司董事会

6.《证券法》规定，证券交易所的设立与解散的决定权在（　　　）。

    A.国务院　　　　　　　　　　　　　　　B.国务院证券监督管理机构

    C.财政部　　　　　　　　　　　　　　　D.中国人民银行

7.某股份公司拟申请发行可转换公司债券。该公司净资产额为5亿元，3年前该公司曾发行可转换债券尚有1.5亿元未转成股票。该公司此次发行可转换公司债券额最多不得超过（　　　）。

    A.10 000万元　　　　B.3 000万元　　　　C.5 000万元　　　　D.8 000万元

8.投资者收购上司公司股份需要发出收购要约的，其收购要约的期限不得少于（　　　）。

    A.30日　　　　　　　B.60日　　　　　　　C.90日　　　　　　　D.120日

9.股票在证券交易所挂牌交易，应当采用公开的交易方式，具体为（　　　）。

    A.价格优先　　　　　B.时间优先　　　　　C.集中竞价　　　　　D.纸面交易

二、多选题

1.《证券法》所指的证券，主要包括（　　　）。

    A.股票　　　　　　　　　　　　　　　　B.债券

    C.汇票　　　　　　　　　　　　　　　　D.国务院确定的其他证券

2.下列属于证券市场主体的是（　　　）。

    A.证券投资者　　　　　　　　　　　　　B.证券登记结算机构

    C.证券交易的服务机构　　　　　　　　　D.证券公司和上市公司

3.收购人需要变更收购要约的，应当及时公告，载明具体变更事项，且不得存在下列（　　　）情形。

    A.降低收购价格

    B.减少预定收购股份数额

    C.缩短收购期限

    D.国务院证券监督管理机构规定的其他情形

4.下列行为属于虚假陈述行为的是（　　　）。

    A.会计师事务所在审计报告中未能如实说明发行人的负债情况

    B.证券经营机构在上市公告书中作出错误的说明

    C.证券经营机构不按国家有关法规和证券交易场所业务规则的规定处理证券买卖委托

    D.发行人或者发行代理人将证券出售给投资者时未向其提供招股说明书

5.依照有关规定，股份有限公司公开发行股票，将其股票在证券交易所上市交易，（　　　）是必须公开披露的信息。

A.招股说明书　　　　　　　　　　　B.上市公告书

C.定期报告　　　　　　　　　　　　D.占公司20%的董事发生变动

6.根据《证券法》,下列选项中,属于知悉证券交易内幕信息的知情人员的有（　　）。

A.发行股票公司的控股股东的高级管理人员

B.持有公司5%以上股份的股东

C.国务院证券监督管理机构的工作人员

D.参与证券上市交易有关业务活动的中介机构工作人员

7.股票和债券的主要相同之处为（　　）。

A.股票和债券的持有人都是股东　　　B.股票和债券都有收益权

C.持有股票和债券都要承担一定风险　D.股票和债券在一定范围内都可以流通

三、简答题

1.简述证券和证券法的概念。

2.试述证券发行的制度。

3.试述证券交易的禁止行为。

4.试述股票上市的条件和信息公开制度。

5.试述上市公司收购的概念、收购规则和收购程序。

6.简述证券交易所的业务范围和职能。

四、实务题

甲公司是一家上市公司。2017年3月18日,该公司通过交易所公开竞价买入持有另一家上市公司乙公司股票的2.8%。A公司和B公司是甲公司投资的两家控股企业,在3月28日所持有的乙公司的股票也已经分别达到1.1%和1.23%。之后,3家公司继续秘密买进乙公司的股票。至4月9日,甲公司持有乙公司的股票已达5.01%,而A公司与B公司持有乙公司的股票则分别达到4.9%和3.83%。4月10日,甲公司扫货（不管股价多高,一概买入）,同时作出其持股比例已超过5%的公告,并据此要求乙公司召开临时股东大会,重新选举公司包括董事长在内的管理层。

问题:

（1）依照《证券法》,甲公司应何时进行公告?

（2）对于甲公司的违规收购行为,依照《证券法》应如何予以处罚?

（3）如果甲公司已合法地持有乙公司10%的股份,并计划继续收购乙公司的股票,最终达到乙公司已发行的股份的30%并继续收购,将会产生什么法律后果?

第十二章　票据法

学习目标

◆ 重点掌握票据的概念及特征、票据行为的概念及特征、票据行为的有效条件、票据行为的代理、票据权利及其取得和种类、票据抗辩权。

◆ 掌握票据的分类，票据的功能，票据法的概念与特征，票据的瑕疵、丧失及补救。

◆ 了解票据法的立法发展、汇票、本票和支票。

第一节　票据法概述

票据在我国经济生活中越来越重要，与人们的商业活动关系密切。但票据也是违法犯罪率很高的领域，因而特别需要法律规范人们的行为。

一、票据的含义

票据一词有广义与狭义之分。广义的票据指各种商业实务中所使用的表彰财产权的书面凭证，包括钞票、发票、提单、仓单、保单、车票、船票、机票、债券、股票、借据、汇票、本票、支票等。狭义的票据则指依照法律规定的形式制成并以无条件支付一定金额为内容，且由票据法规范的有价证券。票据法上的票据仅指狭义的票据。

拓展阅读12-1

在我国，《票据法》中所称的票据，是指出票人依法签发的，约定由本人或委托他人在见票时或者在票载日期到来时无条件支付确定的金额给收款人或持票人的一种有价证券。

有价证券是指代表一定民事财产权利，依法可以自由流转的权利证书。证券上权利的发生、转移和行使均以持有该证书为必要，如债券、股票、提单、票据等。有价证券具有以下特征：①有价性。有价证券仅指代表一定民事财产权利的证书，其权利内容具有一定的财产价值，而不具有单纯的人身关系内容。②权券结合性。证券上权利与证券持有人的身份无关，而仅与对有价证券的占有有关，即证券上权利与有价证券不可分离。③自由流转性。有价证券仅依交易行为人双方的意志即可合法自由流转，其转让无须征得证券上义务人或者第三人的同意。

二、票据的特征

1.票据的完全有价证券性

所谓完全有价证券，是指票据权利与票据证券同时发生、转移和消灭。票据权利的产生以做成票据为必要；票据权利的转移以交付票据为必要；票据权利的行使以持有并提示票据为必要。

2.票据的金钱性

票据的发生和存在都是以支付一定金钱为目的和内容，并且是唯一目的与内容。票据的持票人享有向票据上的债务人请求支付票载金额的请求权和追索权，这种付款请求权和追索权本质上都是债权。

3.票据的无因性

票据法理论上的无因性，指的是票据只要符合票据法规定的形式要件，票据权利就产生，其效力原则上不受产生票据的原因关系（如买卖、租赁、雇佣等合同关系）的影响。

票据原因关系的无效、撤销和消灭对于票据的效力不产生影响。

拓展阅读12-2

4.票据的要式性

票据是依票据法签发的有价证券，其制作、转让、保证及承兑的方式等，票据法都有明确的规定，票据行为必须严格按照票据法规定的要素和款式做成，才能产生票据法上的效力。

5.票据的文义性

根据票据法理论，票据上的一切权利和义务，只能按照票据上记载的文义来确定。在票据上签章者都应依票据所载文义承担责任。

6.票据的流通性

流通是票据的重要特征，是票据所采取之最高原则，票据法之一切制度，无不以此原则为出发点。转让时无须由让与人或者受让人通知票据债务人；票据权利转让后，原则上新的持票人不承受前手在票据上的瑕疵。

三、票据的分类

（一）法律上的分类

各国票据法对票据的种类采取法定主义，不允许当事人自由创设法定种类之外的票据。英美法系国家的票据立法大多采取合并主义或包括主义，把汇票、本票和支票作为票据统一立法；大陆法系国家的票据立法则大多采取分立主义，把汇票和本票作为票据统一立法，而把支票作为另外一种有价证券，将其独立于票据之外单独立法。

在我国，《票据法》第二条第二款规定："本法所称票据，是指汇票、本票和支票。"可见我国票据立法采取了合并主义或包括主义的立法体例。

（二）学理上的分类

1.自付票据与委托票据

这是依据出票人是否直接付款所进行的分类。自付票据是指出票人本人直接对票据无条件付款的票据，如本票。委托票据是指出票人本人不直接承担付款义务，而是委托他人并在票据上加以记载，由该他人承担无条件付款义务的票据，如汇票、支票。

2.信用票据与支付票据

这是依据票据的不同功能所进行的分类。支付票据是指见票即付并只能由银行或者其他金融机构支付的票据，支票属于典型的支付票据。信用票据是依靠出票人的信用而签发的在出票日后的指定日期才能支付票据金额的票据，如汇票、本票。

3.记名票据、无记名票据及指示式票据

这是依据票据是否记载权利人的名称或姓名进行的分类。记名票据是指在票据上明确记载权利人的名称的票据；无记名票据是指在票据上不记载收款人的名称，或者把权利人记作持票人或来人等字样的票据；指示式票据是指在票据上记载的收款人的姓名或名称之后，还附加记载"或其指定之人"的票据。

4.即期票据与远期票据

这是依据票据上所记载的到期日的不同所进行的分类。即期票据是指持票人得随时提示付款，由出票人见票付款的票据；远期票据是指在票据上记载将来某个日期为到期日，付款人在该日期到来时才付款的票据。

四、票据的功能

票据的功能众多，但概括起来主要包括以下几类：

（1）支付功能。这是票据最基本的原始功能之一，票据具有代表定额货币代替现金支付的功能。这是适应贸易活动中支付方便安全的需要而产生的。汇票、本票、支票都具有这一功能，支票是单纯的支付工具。

（2）汇兑功能。这是指票据具有异地输送资金的作用。付款人只需要将一定金额之票据交付或寄给收款人即可达到隔地或同地异处运送一定金额的目的。本票、支票都具有这一作用，在我国，票据的汇兑功能主要是通过汇票来实现的。

（3）信用功能。这是指票据的出票人可以使用未来可期待取得的资金签发票据，即将未来可取得资金的信用能力转变为当前的支付能力。票据的信用功能主要体现在远期票据上。

（4）流通功能。这是指基于票据流通转让的属性，票据权利依背书或交付而随意转让，自由流通，不受民法中有关债权让与规定的限制，可以节约商品流通环节中的货币资金。

（5）融资功能。这是指票据当事人可以通过票据转让或贴现来筹集资金。票据当事人可以利用票据调度资金，功能主要通过票据的转让和贴现来实现。

（6）结算功能。这是指当事人相互持有对方所签发的票据，发生相互支付时，可以用票据进行债务抵销。相互持有的对方票据，可以是相互签发的，也可以是通过背书转让从他人手中取得的对方签发的。使用票据进行结算，手续既方便又安全。复杂的结算则可通过各国普遍建立的票据交换制度来完成。

五、票据法

（一）票据法的概念与特征

1.票据法的概念

票据法是调整票据关系以及与票据关系有关的其他社会关系的法律规范的总称。票据法有广义、狭义之分。广义的票据法，又称实质票据法，是指一切有关票据的法律规范。狭义的票据法，是指主要规范票据关系并以"票据法"命名的法律、法规以及实施细则。

2.票据法的特征

（1）强行性。票据法虽然属于民法的特别法或部门法，但其对于民法中的任意规范采用较少，票据法中的规定几乎都是强行性规定，赋予选择的自由空间很小。

（2）技术性。票据法的规范更多考虑的是方便交易、繁荣市场的技术上的要求，而较少受不同国家、不同民族的思想文化传统和伦理道德的影响，是一种技术性较强的规范。

（3）私法兼具公法性。票据法作为民商法的特别法，调整的是平等主体之间因票据而产生的社会关系，理当属于私法的范畴；但其也规定了大量的公法性规范，体现了票据法的公法性特征。

（4）国内法兼具国际性。票据法虽然属于国内法，但具有较强的国际统一性。各国的票据立法都尽可能地与国际票据规则相接轨，内容上日渐趋同，票据法也因而成为国际统一化程度最高的法律。

（5）实体法兼具程序性。票据法属于实体法，但同时有许多程序性规定。票据的运作注重程序，许多规定都体现了票据法严格的程序性要求。

（二）票据法的历史发展及国际统一化趋势

1.票据法的历史发展

一般认为，近代票据法起源于欧洲中世纪的商人习惯法，它依托于12和13世纪在意大利地中海沿岸城市发展起来的商人法，主要表现为商业习惯和商业规则，为各国商人所共同接受。大约在17世纪以后，随着国家主权的兴起，各国相继颁布自己的商事法律，由此形成了各国成文的票据法。到20世纪30年代《日内瓦统一票据法》制定之前，世界上曾存在有法国法系、德国法系、英美法系三大有代表性的票据法体系。在《日内瓦统一票据法》制定以后，法国法系与德国法系实际上形成了日益趋同的日内瓦票据法系。英美国家的法律理论及实践与大陆法系国家有很大不同，其票据立法也有自己显著的特色。

2.票据法的国际统一化趋势

19世纪末20世纪初，票据随着贸易和旅游的发展在国际经济交往中的应用日趋广泛，票据法各自为政的局面已难以适应这一发展，票据立法国际化的必要性与日俱增，统一化问题引起了国际范围的广泛关注。自20世纪以来，统一票据法的国际活动主要有3次，分别是：海牙统一票据法会议（制定了《统一票据规则》《统一票据法公约》《统一支票规则草案》）、日内瓦统一票据法会议（通过《日内瓦统一票据法》及与其相关的3个国际公约）以及联合国统一票据法活动（签订了《联合国国际汇票和国际本票公约》）。同时，我们应该看到，国际票据立法的冲突依然存在。要制定一部大多数国家普遍认同的国际统一票据法，有待国际社会共同努力。

（三）我国票据立法的发展

我国历史上很早就有了类似于票据的汇兑支付工具，但受封建社会重农抑商制度的制约，在很长一段历史时期内，票据的实践一直未能得到制度化和法律化。

清朝末年，西方银行带来了西方的票据制度，并逐步取代了我国原有的钱庄及票据制度。1907年清政府宪政编查馆聘请日本学者志田钾太郎起草票据法，于1911年完成起草工作。该草案未能颁布实施。

1929年，南京国民政府立法院制定了《票据法》，于1929年9月28日通过，同年10

月30日公布施行，中国历史上第一部票据法从此诞生。次年7月1日，国民政府又公布了《票据法实施法》，共20条。

中华人民共和国成立后，废除了之前包括1929年《票据法》在内的所有法律，在此后的相当长时期内，一直用行政办法来管理票据，对票据的使用进行严格的限制。进入20世纪80年代以后，随着经济体制改革、对外开放扩大及商品经济的发展，票据又重新受到人们的重视和使用，调整票据活动的规则也逐步出现，这些规则起初是零散的地方性法规和行政规章。1995年5月10日，第八届全国人民代表大会常务委员会第十三次会议通过《中华人民共和国票据法》，于1996年1月1日起实施；于2004年8月28日进行了第一次修订。

第二节 票据行为

一、票据行为的概念、特征和种类

（一）票据行为的概念

票据行为有广义与狭义之分。狭义角度的票据行为，是指票据关系人以发生票据债权和债务关系为目的的要式法律行为，主要包括出票、背书、承兑、参加承兑、保证、保付。广义的票据行为，是指以票据上权利与义务关系的发生、变更或消灭为目的而为的法律行为，除了包括上述狭义的票据行为外，还包括付款、参加付款、见票、划线、涂销等。

（二）票据行为的特征

（1）要式性。票据行为具有严格的法定行为方式，票据法对每种票据行为都规定了必要的方式，不允许当事人自由决定或变更，否则票据不生成法律效力，票据因此被称为要式证券。票据行为的要式性有利于票据的安全流通。

（2）文义性，是指票据行为的内容完全以票据所载文字为准，即使文字记载与实际情况不一致，仍然能发生票据上的法律效力。

（3）无因性，是指票据行为一旦成立，就与其赖以产生的基础关系（票据原因关系、票据资金关系、票据预约关系）完全分离，该基础关系有效与否甚至存在与否都不会影响票据行为的效力。

（4）独立性，是指依法成立的各个票据行为，分别依其在票据上所记载的文义独立发生效力，不受其他票据行为的影响。

（5）连带性，是指同一票据上的各种票据行为人均对持票人承担连带责任。由于票据行为具有独立性和无因性，这就使持票人的权利实现受到影响，因此票据法规定了连带原则，以保护持票人的票据债权。

（三）票据行为的种类

从狭义的角度，许多国家规定票据行为包括出票、背书、承兑、参加承兑、保证、保付。在我国，《票据法》仅规定了出票、背书、承兑、保证4种，未规定参加承兑和保付。

1.出票

出票是指出票人依照法定款式做成票据并交付于受款人的行为,是创设票据权利的原始行为。它包括做成和交付两种行为。做成就是出票人按照法定款式制作票据,在票据上记载法定内容并签名。交付是指根据出票人本人的意愿将其交给受款人的行为,不是出于出票人本人意愿的行为,如偷窃票据,不能被称作交付,因而也不能被称作出票行为。

2.背书

背书是指持票人转让票据权利与他人。票据的特点在于流通性。票据转让的主要方法是背书,当然除此之外还有单纯交付。背书是转让票据权利的行为,票据一经背书转让,票据上的权利也随之转让给被背书人。

案例窗 12-1

3.承兑

承兑是指汇票的付款人承诺负担票据债务的行为。承兑为汇票所独有。汇票的出票人和付款人之间是一种委托关系。出票人签发汇票,并不等于付款人就一定付款,持票人为确定汇票到期时能得到付款,在汇票到期前向付款人进行承兑提示。如果付款人签名承兑,那么他就对汇票的到期付款承担责任;否则,持票人有权对其提起诉讼。

4.参加承兑

参加承兑是指票据的预备付款人或票据债务人以外的第三人,为了特定票据债务人的利益,代替承兑人进行承兑的票据行为。它一般是在汇票得不到承兑,付款人或承兑人死亡、逃亡或因其他原因无法承兑,付款人或承兑人被宣告破产的情况下发生。

5.保证

保证是指除票据债务人以外的第三人为担保票据债务的履行、以负担同一内容的票据债务为目的的一种附属票据行为。保证适用于汇票和本票,不适用于支票。

6.保付

保付是指支票的付款人向持票人承诺负绝对付款责任的一种附属票据行为。支票一旦经付款人保付,在支票上注明"照付"或"保付"字样,并经签名后,付款人便负绝对付款责任,不论出票人在付款人处是否有资金,或者即使出票人撤回付款委托,付款人须按规定付款。

二、票据行为的有效要件

票据行为作为一种法律行为,必须同时具备实质有效要件与形式有效要件。

(一)票据行为的实质有效要件

1.票据行为人具有票据能力

票据行为人的票据能力包括票据权利能力和票据行为能力。所谓票据权利能力,是指行为人参与票据法律关系,享受票据权利、承担票据义务的主体资格;所谓票据行为能力,是指行为人依法以自己的行为独立参与票据法律关系,行使票据权利、履行票据义务的资格。在我国,《票据法》没有任何明确的限制性规定,主要依照《民法典》的相关条款来确定。

根据《民法典》,自然人的票据权利能力始于出生,终于死亡,自然人终生享有票据权利能力,一律平等。法人的票据权利能力与法人的民事权利能力一样,始于法人的成立，终于法人的消灭。依法成立的法人自成立时直到终止时享有票据权利，承担票据义务。

《票据法》把限制民事行为能力人和无民事行为能力人都规定为无票据行为能力人。凡具有完全民事行为能力的自然人，也具有票据行为能力；凡属于限制民事行为能力人和无民事行为能力人，均不具有票据行为能力。法人的票据行为能力与法人的民事行为能力是一致的，法人在其票据权利能力范围内享有票据行为能力，它始于法人的设立，终于法人的消灭。

2.意思表示真实

意思表示是民事法律行为的必备要素，也是票据行为不可缺少的要件。由于票据行为具有文义性、无因性等特征，票据行为在对意思表示真实的具体适用上又有一定的特殊性，即以行为的外观来确定票据行为的效力。票据法强调对行为人的意思表示作客观、规范的解释，只要在外观上足以使人相信行为人的意思表示是真实的，票据行为就是有效的。

3.票据行为的合法性

票据行为的合法性分为内容合法与形式合法两个方面。这里的票据行为合法，只要求票据行为的形式合法。

（二）票据行为的形式有效要件

1.票据必须以书面形式做成

票据法上所讲的书面形式，有其严格而具体的含义，不仅要求票据行为必须在特定的纸张上进行，而且对文字字体及书写笔墨等都有明确而具体的规定。

2.票据行为人必须在票据上签章

尽管不同的票据行为的内容不同，但签章是票据法对每一种票据行为所作的共同的强制性要求，票据签章是各种票据行为生效的必备要件。出票人在票据上的签章不符合规定的，票据无效。

承兑人、保证人在票据上的签章不符合规定的，或者无民事行为能力人、限制民事行为能力人在票据上签章的，其签章无效，但不影响其他符合规定签章的效力。

背书人在票据上的签章不符合规定的，其签章无效，但不影响其前手符合规定签章的效力。

3.票据行为必须符合法定的款式

所谓票据行为的款式，是指票据行为的记载事项。票据法对各种票据行为的记载事项都有具体的要求，票据行为必须依票据法的要求记载相关事项，才能产生法律效力。票据法规定的记载事项由于其效力不同，可分为必要记载事项、可以记载事项、不得记载事项及记载不产生票据法上的效力的事项。

必要记载事项又可分为绝对必要记载事项和相对必要记载事项。绝对必要记载事项，即依票据法非记载不可的事项，如缺其一则票据无效。纵观各国票据法的规定，绝对必要记载事项一般包括：①票据种类；②票据金额；③出票时间；④无条件支付或无条件委托支付的文字。相对必要记载事项是指依票据法应该记载的事项。但如果在票据上不作记载，法律另有补充规定，票据不因此而无效。

可以记载事项又称任意记载事项，是根据票据法规定，可由当事人按其意愿任意记载的事项，这些事项一旦记载，则产生票据法上的效力，如不得转让等。

不得记载事项又称有害事项，是指按票据法规定，不得在票据上记载的事项。这类事项分成两种：一是该类记载无效的事项。该事项记载无效，票据仍然有效。二是使票据无效的事项。这些事项记载后，整个票据无效。如附条件支付的记载，票据即归无效。

记载不产生票据法上的效力的事项是指票据上记载了票据法规定以外的事项，如签发票据的原因和用途、收款人银行账号等。这种事项的记载不发生票据法上的效力，但不影响民法上的效力。

4.票据行为人必须交付票据

所谓交付，是指票据行为人将记载完毕的票据交给相对人持有。有效的票据行为，除了行为人以书面在票据上记载法定事项并签章外，还需要将票据交付相对人。

三、票据行为的代理

票据行为的代理与代理的原理相同。

（一）票据行为的代理的概念和构成要件

票据行为的代理是指代理人在代理权限范围内，在票据上载明本人（被代理人）的名称或姓名及为本人代理的意思，以本人名义实施票据行为并在票据上签章，从而对本人直接发生票据法上的效力的行为。

票据行为的有效构成要件包括：①代理人依法享有代理权并在代理权限范围内行使代理权；②代理人行使代理权必须在票据上明示本人（被代理人）的名义；③代理人行使代理权必须在票据上表明为本人代理的意思；④代理人必须在票据上签章。

（二）无权代理、越权代理和表见代理

1.无权代理

所谓无权代理，是指行为人没有代理权，在票据上明示本人（被代理人）的名义，表明自己为被代理人代理的意思并签章的行为。无权代理的后果由代理人自行承担。

2.越权代理

所谓越权代理，是指代理人虽有代理权，但其超越代理权限范围而为的票据行为。在我国，《票据法》第五条第二款规定："代理人超越代理权限的，应当就其超越权限的部分承担票据责任。"

3.表见代理

表见代理是指代理人实质上并无代理权，但外观上足以使第三人相信其有代理权而实施的代理行为。表见代理成立，持票人可以自由选择，依民法理论主张本人承担授权人的义务，本人不得以无权代理为由对抗持票人；持票人也可以根据票据法关于无权代理的规定，直接请求行为人承担票据义务，行为人不得以表见代理成立而主张抗辩。不过，持票人（善意第三人）依法对其中任何一方主张票据权利并获得给付后，不得再向另一方追究责任。

第三节　票据当事人的权利

一、票据权利

票据权利对于持票人很重要，只有真正的无瑕疵的票据权利人行使权利才受法律保护。

（一）票据权利的概念、种类与特征

1. 票据权利的概念和种类

所谓票据权利，是指持票人向票据债务人或关系人请求支付一定金额的权利，包括付款请求权和追索权。

票据权利的种类如下：

（1）付款请求权，是指持票人向票据主债务人或者票据关系人请求支付票据金额的权利。这是票据上的第一次权利，票据主债务人只有基于消灭时效才能免除其票据责任。

（2）追索权，是指当票据到期得不到付款，或者在到期日前得不到承兑，或者在到期日前由于其他法定原因使票据可能得不到承兑或者付款时，持票人在保全票据权利的基础上，向付款人以外的票据债务人请求支付票据金额及其他法定款项的权利。

2. 票据权利的特征

票据权利的特征是：①票据权利是票据持票人向票据债务人或关系人行使的一种权利；②票据权利是一种单纯的金钱给付请求权；③票据权利是双重请求权（付款请求权和追索权）；④票据权利是无因性权利。

（二）票据权利的取得

1. 票据权利的原始取得

（1）出票取得票据权利，是指持票人基于出票人的出票取得票据，实现了对票据的占有，原始取得了票据权利。

（2）善意取得票据权利。善意取得是指票据受让人依票据法所规定的票据转让方式，善意地从无处分权人手中取得票据，从而享有票据权利的一种法律制度。票据的善意取得必须同时具备下列条件：①持票人必须是从无处分票据权利的人手中取得票据；②持票人必须是依票据法上规定的票据转让方式（背书或者交付）取得票据；③持票人取得票据时必须是善意的，无恶意或重大过失；④持票人必须是给付了相应对价而取得票据。

2. 票据权利的继受取得

（1）票据法上的继受取得。持票人按照票据法上规定的背书或者交付方式，从有权处分票据人处受让票据权利，或者票据保证人因履行票据义务而取得票据权利，或者是被追索人因清偿债务而取得票据权利。

（2）一般民商法上的继受取得。持票人按照一般民商法的普通债权的转让、继承、赠与、企业合并等方式取得票据，同时取得票据权利。

（三）票据权利的行使和保全

所谓票据权利的行使，是指票据权利人请求票据义务人履行票据义务的行为。所谓票

据权利的保全，是指票据权利人为防止票据权利的丧失而实施的一切行为。

票据权利的行使和保全方法通常有提示票据、依法取证。所谓提示票据，是指在票据法规定的期间内，现实地向票据债务人或关系人出示票据，请求其履行票据债务（承兑或支付票据金额），是行使请求权的前提。所谓依法取证，是指依法取得相关的证据证明持票人曾经依法行使票据权利而遭到拒绝或者根本无法行使票据权利。

（四）票据权利的消灭

票据权利的消灭是指票据权利由于一定法定事由的出现失去法律效力。这些事实主要有付款、拒绝付款、记载事项的更改、时效期间经过、保全手续欠缺、民法上规定的债权消灭等。

二、利益偿还请求权

所谓利益偿还请求权，是指当票据权利因时效届满或者手续欠缺而消灭时，票据的持票人享有的请求票据的出票人或者承兑人在其所受利益限度内予以偿还的权利。在我国，《票据法》第十八条规定："持票人因超过票据权利时效或者因票据记载事项欠缺而丧失票据权利的，仍享有民事权利，可以请求出票人或者承兑人返还其与未支付的票据金额相当的利益。"

利益偿还请求权的成立需要具备的要件是：①必须有合格的权利行使人。②票据上的权利曾经有效存在过。③票据权利必须是因时效期限届满或欠缺保全手续而消灭。④出票人或者承兑人只在其因持票人的票据权利丧失而实际享有的利益限度之内负偿还责任。

持票人行使利益偿还请求权，不以持有票据并提示票据为必要，但应提供证明自己能够行使该权利的所有事实。利益偿还请求权的诉讼时效适用《民法典》的一般规定。利益偿还请求权行使的结果是完全地消灭票据权利和票据法上的权利。

三、票据抗辩权

（一）票据抗辩权的概念与特征

所谓票据抗辩权，是指票据债务人享有的依法对票据债权人拒绝履行票据债务的权利。这一概念包含了以下几层含义：①票据抗辩权是票据债务人所享有的一种权利；②票据债务人行使票据抗辩权以不履行票据债务为目的；③票据债务人行使票据抗辩权必须存在法定的抗辩事由；④票据债务人行使抗辩权必须符合票据法的规定。

（二）票据抗辩权的类型

票据债务人行使票据抗辩权的类型，也称票据抗辩法定事由或原因，是指法律规定票据债务人可以对票据的持票人进行抗辩的依据，可以分为物的抗辩和人的抗辩两大类。

1. 物的抗辩

所谓物的抗辩，又称绝对的抗辩或客观的抗辩，是指基于票据本身的事由而进行的抗辩。票据债务人可以对一切持票人行使，该抗辩权并不因为持票人的不同而有所影响，权利行使只和票据本身这个物相关。根据抗辩权人范围的不同，物的抗辩可分为：

（1）一切票据债务人可以对一切债权人行使的抗辩。其具体可分为：①欠缺票据上应记载事项或记载了票据上不得记载的事项而使票据无效的抗辩。②票据上记载的到期日未到或票据上记载的付款地点与持票人请求付款的地点不符而对权利人可以行使的抗辩。③票据应依法付款或依法提存而使票据权利消灭的抗辩。④票据因人民法院作除权判决而使票据权利失效的抗辩。

（2）特定的票据债务人可以对一切债权人行使的抗辩。特定的票据债务人是指有效票据上某一不合法行为的直接相对人。有下列情形之一的，特定的票据债务人得行使抗辩权：①签章人为民事行为能力欠缺者；②无权代理和越权代理；③票据伪造、变造；④票据权利的行使和保全手续欠缺；⑤票据权利因时效期限届满而消灭；⑥对不得转让的票据背书转让的。

2.人的抗辩

人的抗辩，又称相对的抗辩或主观的抗辩，是指特定的票据债务人基于票据本身之外的原因对特定的票据债权人的抗辩。这种抗辩是基于当事人之间的特定关系而产生的，一旦持票人发生变更，就不得再进行抗辩。人的抗辩包括：

（1）一切票据债务人可以对特定的票据债权人行使的抗辩，包括以下情形：①持票人欠缺或丧失受偿能力；②持票人取得票据时为恶意；③持票人欠缺形式上、实质上的受领资格的抗辩。

（2）特定票据债务人可以向特定的票据债权人行使的抗辩，包括以下情形：①票据原因关系不合法或不存在或消灭；②欠缺对价；③直接当事人之间特别约定的情势出现；④票据债务已经清偿、抵销或免除而未载于票据上，可对直接当事人抗辩；⑤票据欠缺交付。

（三）票据抗辩权行使的限制

所谓票据抗辩权行使的限制，是指票据法对票据债务人不得对特定的持票人行使抗辩权的规定。在票据抗辩中，物的抗辩是客观的、绝对的，是基于票据自身或票据上记载的债务人自身的原因而发生的，不存在对物的抗辩进行限制的问题。票据抗辩权的行使限制主要指对人的抗辩的限制。

案例窗12-2

第四节　票据的瑕疵、丧失及补救

一、票据的瑕疵

票据的瑕疵是指票据上存在影响票据权利与义务关系的行为，主要包括票据的伪造、变造与涂销。

（一）票据伪造

1.票据伪造的概念及构成要件

票据伪造是指假冒他人的名义或虚构他人名义在票据上进行票据行为并签章的行为。构成票据伪造行为必须具备以下要件：

（1）伪造者所为的行为在形式上符合票据行为的要件。

（2）伪造者必须假冒他人名义或虚构他人名义在票据上签章，即没有得到他人的授权而以他人名义在票据上签章。

2.票据伪造的法律后果

（1）对票据伪造人的法律后果。票据伪造人没有在票据上真正签名或盖章，因而其不承担票据责任，但承担其他法律责任（刑事责任、损害赔偿责任）。

（2）对被伪造人的法律后果。由于被伪造人自己并没有亲自或依法委托他人在票据上签章，既不承担任何票据责任，也不用对任何人承担其他法律责任。

（3）对票据上真正签章人的法律后果。当票据上既有伪造的签章又有其他真实的签章时，伪造的签章不影响真实的签章的效力，真实的签章人应对自己所为的票据行为承担票据义务，这是因为票据行为具有独立性。

（4）对票据付款人的法律后果。在我国，根据《票据法》第五十七条及《支付结算办法》第十七条，付款人或代理付款人在付款时，只要按照法律规定对票据上的签章及各项记载事项进行了通常的审查，不存在恶意及重大过失的情形，那么即使其未能辨认出票据上有伪造的签章而付了款，这一付款行为也是有效的。付款人及其代理付款人以恶意或者有重大过失付款的，应当自行承担责任。

（5）对票据持票人的法律后果。善意取得伪造票据的持票人，对伪造人以及被伪造人均不能主张票据权利，对真实签章的票据债务人仍然可以主张完全的票据权利。

（二）票据变造

1.票据变造的概念与构成要件

票据变造是指没有合法变更权限的人所为的变更除签章以外的其他票据记载事项的行为。构成票据变造行为必须具备以下几个要件：

（1）变造票据必须是没有变更权限的人所为的行为。

（2）票据变造必须是以被变造的票据合法存在为前提。

（3）票据变造必须是变更票据签章以外的其他事项的行为。

2.票据变造的法律后果

（1）对票据变造人的法律后果。如果票据变造人本来就是票据上的行为人，在票据上有其签章，那么该变造人应当按其变造后的票据记载事项承担票据义务，并承担变造票据的刑事责任、民事责任；如果票据变造人在票据上没有签章，则不负有票据上的义务，但应当承担刑事责任、民事责任。

（2）对票据上其他签章人的法律后果。在变造之前签章的人，对变造前的原记载事项负责；在变造之后签章的人，对变造后的记载事项负责；不能辨别是在票据被变造之前还是之后签章的，视为在变造之前签章。

（3）对票据持票人的法律后果。善意取得变造票据的持票人，可以向票据债务人主张完全的票据权利，依其取得票据时记载的文义行使票载金额的请求权。

（4）对票据付款人的法律后果。票据变造对票据付款人的法律后果与票据伪造对票据付款人的法律后果基本相同。

案例窗12-3

（三）票据涂销

1.票据涂销的概念及构成要件

票据涂销是指采用某些方法，涂抹或消除票据上的签名或其他记载事项的行为。票据涂销应具备以下要件：票据涂销应是有涂销权人故意所为的行为；票据涂销仅限于对票据上记载事项的涂抹和消除行为。

2.票据涂销的效力

（1）权利人故意涂销的后果。根据各国票据法的规定，有涂销权的人故意涂销的，被涂销部分的记载事项失去票据记载效力，被涂销部分的票据权利自然消灭。

（2）权利人非故意涂销的后果。各国票据法一般规定权利人的非故意涂销行为不影响票据权利的行使。

（3）非权利人涂销的后果。非权利人的涂销行为，无论行为人主观故意或非故意，均不影响票据权利。

二、票据的丧失及补救

（一）票据丧失的概念及后果

1.票据丧失的概念及构成要件

所谓票据丧失，是指持票人并非出于自己的本意而丧失对票据的占有，简称失票。票据丧失又分为票据的绝对丧失与票据的相对丧失。前者是指票据的物质形态已经发生了根本性的变化，作为一张票据已不存在，也称票据的灭失，如烧毁、腐烂。后者是指票据只是脱离了真正权利人的占有，而在物质形态上并没有发生根本性的变化，作为一张票据仍然存在，只是原来的持票人丧失了对票据的占有，如票据遗失、被盗、被抢。

构成票据丧失应具备三个要件：必须有持票人丧失对票据的占有的事实；持票人丧失票据是由其意志以外的原因造成的；持票人所丧失的票据上的票据权利必须有效存在。

2.票据丧失的法律后果

票据作为完全有价证券，无论是绝对丧失还是相对丧失，都将导致票据权利人无法行使票据权利的法律后果。但是，票据的绝对丧失与相对丧失的风险不同。

（二）票据丧失的补救

1.票据绝对丧失后的补救

票据绝对丧失后，不可能为他人取得占有，票据权利人无法再恢复占有，票据权利人可以向人民法院提出确认之诉。权利人只需提供证据证明其所享有的票据权利及有关票据灭失的事实。管辖人民法院作出裁定确认以后，即可以在票据未到期时，请求原出票人签发新票据，或者票据已到期时，凭人民法院的裁定向票据付款人或其他票据债务人行使付款请求权或追索权。

2.票据相对丧失后的补救

大量的票据丧失的事例属于票据相对丧失的情况。票据本身并未毁灭，仍然可以流通，也有可能被善意第三人取得。票据权利人相对丧失其票据以后，主要是失去了行使票据权利的依据。为防止票据金额被他人冒领，防止票据通过流通转至善意第三人之手，同时为了恢复行使票据权利的依据，票据权利人可以采取相应的补救措施。我国票据相对丧失的补救措施有挂失止付、公示催告和提起诉讼三种。

（1）挂失止付，是指在票据丧失时，失票人将丧失票据的情况通知付款人，并请求付款人停止付款，接受挂失止付的付款人在票据款项未被他人取得的情况下，决定暂停支付的一种失票补救措施，是我国传统商事习惯上对票据丧失的一种补救方法。

①挂失止付的适用范围。只有当依法可以挂失止付的票据丧失时才可以挂失止付。

在我国，《支付结算办法》《中国人民银行关于施行〈中华人民共和国票据法〉有关问题的通知》中"关于票据的挂失止付问题"的规定，都对挂失止付的适用范围作出了限制性规定："已承兑的商业汇票、支票、填明'现金'字样和代理付款人的银行汇票以及填明'现金'字样的银行本票丧失，可以由失票人通知付款人或者代理付款人挂失止付。未填明'现金'字样和代理付款人的银行汇票以及未填明'现金'字样的银行本票丧失，不得挂失止付。"

②挂失止付的程序。失票人应当及时向票据的付款人或代理付款人发出书面通知，并要求通知书记载相关事项。接受挂失止付通知书的付款人或者代理付款人在收到挂失止付通知书后，应当进行核查。如果查明该票据确未付款，应当立即停止付款。如果该票据在此之前已经付款，付款人或代理付款人不再接受挂失止付；但付款人或者代理付款人以恶意或者重大过失付款的除外。

③挂失止付的效力。票据的付款人或者代理付款人接受了失票人提交的挂失止付通知书后，应当立即停止付款。任何持票人在挂失止付有效期内请求付款，都不得支付，否则责任自负。如果付款人或代理付款人在收到挂失止付通知书之日起12日内没有收到人民法院的止付通知书，自第13日起，挂失止付通知书失效，付款人或代理付款人向持票人付款，不再承担责任。

（2）公示催告，其既是票据法中的一种失票救济制度，又是民事诉讼法中的一种诉讼程序。作为票据法中的失票救济制度，是指在票据丧失后，失票人向人民法院提出申请，请求人民法院依法定程序作出宣告票据无效的判决，从而使票据权利与票据本身相分离，失票人可以依据人民法院判决请求票据付款人支付票据金额的一种权利救济制度。

①公示催告适用的范围。在我国，《票据法》对此没有明确规定；依《民事诉讼法》第二百一十八条，公示催告只适用于按规定可以背书转让的票据。

②公示催告的程序见本书第十三章第二节的相关内容。

（3）提起诉讼。所谓票据诉讼，是指票据丧失后，失票人在票据权利时效期限届满以前向人民法院提起的请求人民法院责令票据债务人支付票据金额的诉讼。

票据丧失后，在票据权利时效期限届满以前，失票人可以向出票人提供担保，请求其补发票据；如果出票人拒绝补发，失票人则可以出票人为被告，向出票人住所地或者票据支付地的基层人民法院提起诉讼。票据丧失后，在票据权利时效期限届满以前，失票人也可以向票据的付款人或者承兑人提供担保，请求其付款；如果票据的付款人或者承兑人拒绝付款，则失票人可以付款人或承兑人为被告，向付款人或者承兑人住所地或者票据支付地的基层人民法院提起诉讼。失票人在上述两种情况下所提起的票据诉讼，人民法院应当对失票人所提供的担保进行审查，如果认为担保适当（担保金额相当于票据载明的金额），则应判令出票人补发票据或判令付款人、承兑人承担付款义务；如果认为担保不适当，则应判令失票人重新提供担保或补足担保。

案例窗 12-4

第五节 汇 票

一、汇票的概念和特征

1.汇票的概念

汇票是指由出票人签发的，委托付款人在见票时或者在指定日期无条件支付确定金额给收款人或者持票人的票据。

2.汇票的特征

（1）汇票是委付票据。汇票的出票人并不是汇票的付款人，而是另行委托他人作为付款人支付汇票金额。就这一点而言，汇票与支票相同，与本票不同。

（2）汇票是信用票据。汇票既可以是见票即付的即期汇票，也可以是记载将来某个日期为付款日的远期汇票。

（3）汇票设有承兑制度。承兑是汇票特有的制度，是远期汇票的付款人承诺在汇票到期日无条件支付汇票金额的票据行为。汇票之所以需要设立承兑制度，是由汇票的性质决定的。

二、汇票的类型（学理上的分类）

1.即期汇票与远期汇票

这是根据汇票上记载的到期日的不同所进行的分类。即期汇票是指以汇票的出票日为到期日，持票人可以随时请求付款人对汇票付款，付款人见票即付的汇票。远期汇票是指汇票上记载了将来的某个日期为付款日，在这一日期到来之前，持票人不得提示付款的汇票。

依据出票人对票据付款日期的不同记载，远期汇票又分为定日付款的汇票、出票后定期付款的汇票和见票后定期付款的汇票。

2.记名汇票、指示汇票与无记名汇票

这是根据汇票对权利人记载方式的不同所进行的分类。记名汇票是指出票人在汇票上明确记载了收款人的姓名或名称的汇票，也称抬头汇票。指示汇票是指出票人在汇票上不仅明确记载了收款人的姓名或名称，而且附加了"或其指定人"字样的汇票。无记名汇票是指出票人没有在汇票上记载收款人的姓名或名称，或者将其记载为持票人或来人的汇票。

3.一般汇票与变式汇票

这是根据当事人的资格是否兼任而进行的分类。一般汇票是指汇票的三方基本当事人分别由不同的主体充当、互不兼任的汇票。变式汇票是指某一主体兼任两个或两个以上汇票基本当事人的汇票。

4.国内汇票与涉外汇票

这是根据汇票是否具有涉外因素所进行的分类。国内汇票是指不具有涉外因素的汇票，即汇票上的全部当事人均为中国人，且票据上的全部行为都发生在中国境内的汇票。涉外汇票是指具有涉外因素的汇票，即票据的当事人中有外国人或票据行为中有的发生在我国领域外的汇票。

5.光票与跟单汇票

这是根据汇票的承兑或付款是否要求跟附单据所进行的分类。光票是指无须附带任何商业单据，付款人或承兑人仅依汇票本身即可付款或承兑的汇票。跟单汇票又称押汇汇票或信用汇票，是指必须附带与交易有关的商业单据才能获得承兑或付款的汇票。

三、票据法中的汇票种类

1.银行汇票

银行汇票是由出票银行签发的，由其在见票时按照实际结算金额无条件支付给收款人或者持票人的票据。根据银行汇票的用途，银行汇票可分为现金银行汇票和转账银行汇票。

2.商业汇票

商业汇票是由出票人签发的，委托付款人在指定日期无条件支付确定的金额给收款人或者持票人的票据。根据承兑人的不同，商业汇票可分为银行承兑汇票和商业承兑汇票。银行承兑汇票是收款人开出并经银行等金融机构承兑的汇票。商业承兑汇票可以由收款人或付款人签发，由付款人承兑。

四、汇票的出票

（一）汇票出票的概念

汇票出票是指出票人签发票据并将其交付给收款人的票据行为。这一概念的含义包括：汇票的出票是出票人创设汇票的基本票据行为；汇票出票的内容表现为一种无条件支付的委托；汇票的出票由做成汇票和交付汇票两部分构成，即先要制作好汇票，然后将汇票交付给相对人持有。

（二）汇票出票的款式

汇票出票的款式也称为汇票出票的格式，是指汇票的出票人按照票据法的规定，在汇票上应为或可为的各种记载。

（1）汇票出票的绝对必要记载事项，是指出票时必须在汇票上进行记载，如有欠缺，则汇票无效的事项。在我国，《票据法》第二十二条规定了汇票的绝对必要记载事项，分别是表明"汇票"的字样、无条件支付的委托、确定的金额、付款人名称、收款人名称、出票日期、出票人签章。

（2）汇票出票的相对必要记载事项，是指出票人应当在汇票上记载，但是如果没有记载也不影响汇票的效力，而是按照票据法的规定推定其内容的事项。其主要包括付款日期、付款地和出票地。

（3）汇票出票的可记载事项，又称汇票出票的任意记载事项，是指法律允许当事人自由选择记载，不记载并不影响汇票的效力，但一经记载，即产生票据法上的效力的事项。在我国，《票据法》主要规定了以下两项可记载事项：禁止转让文句和有关汇票支付货币单位的约定条款。

（4）汇票出票的其他记载事项：记载不产生票据法上的效力的事项；记载本身无效的

事项；记载使汇票无效的事项。

（三）汇票出票的效力

1. 对出票人的效力

汇票的出票使出票人成为汇票上的义务人，其义务的内容是对其签发的汇票能够获得承兑和付款承担担保责任，当汇票不获承兑或者付款时承担清偿责任。

2. 对收款人的效力

出票人做成汇票并将汇票实际交付给收款人后，收款人便取得了汇票上的权利，包括付款请求权和追索权。

3. 对付款人的效力

即期汇票的出票，使付款人成为汇票的债务人，负有对汇票付款的义务。而远期汇票的情况大不相同：付款人仅因出票而取得一种地位或资格，即取得对汇票进行承兑和付款的资格；出票行为是单方行为，付款人并不因此而有付款义务，只有在其对汇票进行承兑后，付款人才成为汇票上的主债务人。

五、汇票的背书

（一）背书的概念、特征和性质

1. 背书的概念和特征

所谓背书，是指持票人以转让汇票权利或者将一定的汇票权利授予他人行使为目的，在汇票背面或者粘单上记载有关事项并签章，然后将汇票交付被背书人的一种附属的票据行为。背书具有以下特征：

（1）背书是一种附属的票据行为。汇票的背书必须以汇票的出票行为为前提，出票是基本的票据行为，背书是附属的票据行为，只能在已经做成并交付的汇票上才能进行背书。

（2）背书是由持票人所为的票据行为。背书行为的目的是将汇票权利转让给他人或将一定的汇票权利授予他人行使，只有汇票权利的享有者（持票人）才能进行背书行为。

（3）背书是以转让汇票权利或者将一定的票据权利授予他人行使为目的的票据行为。持票人进行背书行为的主要目的在于转让票据权利，但也有例外，在我国，《票据法》允许以将一定的汇票权利授予他人行使为目的进行背书。

（4）背书是一种要式行为。在我国，《票据法》对背书的形式有严格的要求，必须由背书人在汇票的背面或者粘单上记载有关事项并签章，然后将做成的汇票交付给被背书人。

2. 背书的性质

学术界对背书性质的观点不一，主要有债权让与说、保证行为说、所有权取得说、债权行为与物权契约说、单方法律行为说。

上述观点实质上是分别从不同的角度对背书的性质进行界定，都有一定的合理性，但又都缺乏全面性。应当说，背书是一种附属的票据行为，是一种有相对人的单方法律行为，它具有债权让与的性质、保证的性质和所有权取得的性质。

（二）背书的种类

根据背书的目的不同，汇票的背书可分为转让背书与非转让背书两大类。

1.转让背书

转让背书是指持票人以转让汇票权利为目的而为的背书。转让背书以背书是否存在特殊性为标准，可进一步分为一般转让背书与特殊转让背书。

所谓一般转让背书，是指持票人为转让汇票权利，按照票据法的规定进行背书行为，无论在背书人方面、背书的记载事项方面，还是在被背书人方面都不存在任何特殊情况，一经做成即产生背书法律效力的背书。按照记载方式的不同，一般转让背书可以再分为完全背书与空白背书。

所谓特殊转让背书，是指持票人为转让汇票权利而为的，在某些方面存在特殊情形的背书。依背书的特殊性不同，特殊转让背书可进一步分为限制背书、回头背书和期后背书。

2.非转让背书

非转让背书是指持票人为了将汇票上的一定权利授予他人行使而为的背书。依背书目的不同，非转让背书可进一步分为委托收款背书与质押背书。

（三）背书的款式

1.背书的绝对必要记载事项

背书的绝对必要记载事项是指背书人在背书时必须予以记载的事项。在我国，《票据法》规定背书的绝对必要记载事项有背书人名称和被背书人名称。

2.背书的相对必要记载事项

背书的相对必要记载事项是指背书人应当在背书时予以记载，但如果没有记载也不影响背书的效力，其内容按法律规定进行推定。在我国，《票据法》规定的背书的相对必要记载事项有两项：一是表明背书类型的文句；二是背书日期。

3.背书的可记载事项

背书的可记载事项又称背书的任意记载事项，是指法律没有规定必须记载，背书人依自己的意志决定记载与否，一旦记载即产生票据法上的效力的事项。在我国，按《票据法》，这类事项只有一项，就是"不得转让"字样的记载。

4.记载不产生票据法上的效力的事项

这类事项不属于票据法规定的背书的应当记载事项，但是票据法也不禁止背书人记载，如果背书人在背书时记载了这种事项，也不因此影响背书的效力，只是这一记载不产生票据法上的效力。在我国，按照《票据法》，记载不产生票据法上的效力的事项只有一项，就是有关背书附条件的记载。

5.记载使背书行为无效的事项

这类事项也称禁止记载事项或有害记载事项，是指票据法规定背书人不得记载，一旦记载，将导致背书行为无效的事项。在我国，根据《票据法》，这类事项有两项：一是将汇票金额部分转让的记载；二是将汇票金额分割转让的记载。

（四）背书的连续

背书连续是指在票据转让中，转让汇票的背书人与受让汇票的被背书人在汇票上的签章依次前后衔接。如果背书不连续，付款人可以拒绝向持票人付款；否则，付款人自行承担责任。

（五）背书的效力

转让背书与非转让背书因为目的不同，所以其产生的法律效力也不同。从一般转让背书来看，主要产生四方面的效力：权利转移效力、权利担保效力、权利证明效力和切断抗辩效力。

此外，票据当事人可以在票据背书中进行特别的内容记载，对背书转让加以一定的限制，因而构成限制背书。限制背书实际上是对背书人担保责任或被背书人权利加以限制的背书。主要的限制背书有出票人的限制背书、背书人的限制背书、回头背书、分别背书、部分背书、期后背书、质押背书、附条件背书等。

案例窗12-5

第六节 本票与支票

一、本票

（一）本票的概念和特征

本票是由出票人签发的，承诺自己在见票时无条件支付确定的金额给收款人或者持票人的票据。在我国，《票据法》中所称的本票，特指银行本票，是由银行签发的，承诺自己在见票时无条件支付确定的金额给收款人或者持票人的票据。

本票作为票据的一种，具有票据的共同特征，与汇票、支票及其他国家的本票相比，具有以下特征：是自付票据；没有承兑制度；当事人为两方；出票人为主债务人。《票据法》第七十三条第二款规定："本法所称本票，是指银行本票。"第七十七条规定："本票的出票人在持票人提示见票时，必须承担付款的责任。"可见我国的本票仅限于见票即付的银行本票。

（二）本票的分类

1.学理上的分类

（1）记名本票、指示式本票与无记名本票。这是以本票对权利人的记载方式为标准所进行的分类。记名本票，也称抬头本票，是指在本票上明确记载收款人的名称或姓名的本票；指示式本票，是指在本票上记载的收款人名称或姓名后面记载"或其指定人"字样的本票；无记名本票，是指在本票上不记载收款人的名称或姓名，或记载"持票人"或"来人"字样的本票。

（2）银行本票与商业本票。这是以出票人的身份为标准所进行的分类。银行本票是指出票人是银行的本票；商业本票是指出票人为银行以外的企业、单位或个人的本票。

（3）即期本票与远期本票。这是以本票上记载的到期日为标准所进行的分类。即期本票是见票即付的本票，持票人自出票日起可以随时请求出票人付款；远期本票是指持票人只能在本票上记载的到期日到来时才能请求出票人付款的本票，包括定日付款的本票、出票后定期付款的本票和见票后定期付款的本票。

（4）国内本票与涉外本票。这是以本票是否具有涉外因素为标准所进行的分类。国内本票是指不具有涉外因素的本票；涉外本票是指具有涉外因素的本票。

2.票据法中本票的分类

（1）定额银行本票与不定额银行本票。这是以本票上记载的金额是否固定为标准对银行本票所进行的分类。定额银行本票的金额已由本票的印制部门事先印制于本票正面，签发时不必再另行填写；不定额银行本票则并未印有本票金额，而是由出票银行根据当事人的约定在出票时按规定填写。

（2）现金银行本票与转账银行本票。这是以付款方式为标准对银行本票所进行的分类。用于转账的，是转账银行本票；用于支取现金的，是现金银行本票。

（三）本票不同于汇票的法律规定

1.本票的出票

本票的出票是指出票银行根据企业或者个人的申请，依法签发本票并将其交付给收款人的票据行为。

（1）本票出票的款式。

①绝对必要记载事项。《票据法》第七十五条规定了本票的绝对必要记载事项：表明"本票"的字样，即本票文句；无条件支付的承诺，即支付文句；确定的金额；收款人名称；出票日期；出票人签章。

②相对必要记载事项。《票据法》第七十六条规定了付款地与出票地两项相对必要记载事项。

③可以记载的事项。出票人可以在本票上记载"不得转让"字样，记载这一内容的本票不得转让。

④记载不产生票据法上的效力的事项。这是由出票人记载的票据法规定以外的事项。在我国，依《票据法》，这些事项不产生票据法上的效力，但若符合其他法律的规定，则可产生其他法律上的效力。这类事项的记载也适用于《票据法》对汇票的规定。

⑤不得记载事项。这是指依票据法，行为人不应当记载在票据上的事项，包括记载本身无效的事项和记载使票据无效的事项。

（2）本票出票的效力。

①对出票人的效力。本票出票的效力在于使出票人成为本票的付款人或者主债务人，负有无条件支付本票金额的绝对付款义务，这一义务只能因时效期限届满而消灭，在时效期限内，出票人的付款义务始终存在，即使持票人未在法定提示付款期限内进行提示，也不影响出票人的付款义务。

②对收款人的效力。本票的出票行为成立后，使本票上记载的收款人取得本票的付款请求权和追索权。

案例窗12-6

2.本票的付款

（1）本票的付款人。本票为自付证券，出票人就是付款人，不存在另外的付款人，因此本票的持票人只能向出票人或其代理付款人进行付款提示，而不能向其他人提示付款。

（2）本票的付款期限。《票据法》第七十八条规定，本票自出票日起，付款期限最长不得超过2个月。持票人不在此期限内提示付款，则丧失对出票人以外的前手的追索权。

（四）本票准用汇票的法律规定

《票据法》第八十条规定：“本票的背书、保证、付款行为和追索权的行使，除本章有规定外，适用本法第二章有关汇票的规定。本票的出票行为，除本章规定外，适用本法第二十四条关于汇票的规定。”

（1）本票出票对于汇票的准用。本票的基本当事人只有出票人与收款人双方，因此在出票的记载事项上与汇票存在较大差别，对汇票的准用较少。《票据法》对于本票的绝对应当记载事项和相对应当记载事项作出了特别规定，并同时规定其他事项准用关于汇票的规定。

（2）本票背书对于汇票的准用。《票据法》中的本票与汇票均限于记名本票与记名汇票，都必须以背书方式进行转让，其转让方式并无差别，因此，《票据法》对于本票的背书没有作出任何规定，完全准用对于汇票背书的法律规定。

（3）本票保证对于汇票的准用。本票也可以由债务人以外的第三人充当保证人，《票据法》对本票的保证没有作出特别规定，应当适用该法第二章第四节关于汇票保证的规定。

（4）本票付款对于汇票的准用。本票作为自付证券，在付款人以及付款提示期限方面，与作为委托证券的汇票存在一定差异，《票据法》对本票的提示付款期限也作出了特别的规定。除此之外，本票的付款均适用法律对于汇票付款的规定。

（5）本票追索权对于汇票的准用。《票据法》对于本票的追索权没有作出特别规定，应当适用关于汇票追索权的法律规定。

二、支票

（一）支票的概念和特征

支票是由出票人签发的，委托办理支票存款业务的银行或者其他金融机构在见票时无条件支付确定的金额给收款人或者持票人的票据。

支票作为票据的一种，具有所有票据所共有的特征，与汇票和本票相比，还具有自己的特征：支票的付款人仅限于银行及其他金融机构；支票是见票即付的票据；支票没有承兑制度；支票的出票人与付款人之间必须存在资金关系。

（二）支票的分类

1.学理上的分类

（1）记名支票、无记名支票与指示式支票。这是以支票对收款人的记载方式为标准所进行的分类。记名支票是在支票上明确记载收款人姓名或名称的支票；无记名支票是在支票上不记载收款人姓名或名称，或者将收款人记载为“来人”或“持票人”的支票；指示式支票是在支票上记载的收款人姓名或名称之后记载“或其指定人”字样的支票。

（2）一般支票与变式支票。这是以支票当事人资格是否兼充为标准所进行的分类。所谓一般支票，是指支票关系的三方当事人互不兼充的支票；所谓变式支票，是指支票关系的三方当事人存在资格兼充的支票，主要分为对己支票、指己支票和付受支票。

（3）普通支票与特殊支票。这是以支票的付款有无特殊规定为标准所进行的分类。普通支票是指在付款上没有特殊保障的支票；特殊支票是指在付款上存在特殊保障的支票，主要包括保付支票和划线支票。

2.票据法中的支票分类

票据法根据支付方式的不同，将支票分为普通支票、现金支票、转账支票与划线支票。所谓普通支票，是指支票上未印制"现金"或"转账"字样，持票人依法可以请求付款人以现金方式付款，也可以请求付款人以转账方式付款的支票；所谓现金支票，是指支票上印制有"现金"字样，持票人依法只能请求付款人以现金方式付款的支票；所谓转账支票，是指支票上印制有"转账"字样，持票人依法只能请求付款人以转账方式付款的支票；所谓划线支票，是指在支票正面划两道平行线的支票，只能委托银行代收票款入账，以及只能用于转账，不能支取现金。

（三）支票不同于汇票的制度

1.支票的出票

所谓支票的出票，是指由出票人做成支票并将其交付给收款人的行为。

（1）支票出票的款式。

①绝对必要记载事项。其包括：表明"支票"字样，即支票文句；无条件支付的委托，即支付文句；确定的金额；付款人名称；出票日期；出票人签章。

②相对必要记载事项。其有付款地和出票地两项。

③可以记载事项。出票人可以在支票上记载"不得转让"字样，此时支票不得转让；出票人可以依双方约定在支票上记载支付的货币种类，则在付款时应以支票上记载的货币支付。

④记载不产生票据法上的效力的事项。支票的记载不产生票据法上的效力的事项适用对汇票的法律规定。

⑤不得记载事项。这是指依票据法规定，行为人不应当记载在票据上的事项，包括记载本身无效的事项和记载使票据无效的事项。

（2）支票出票人与付款人之间的资金关系。支票与汇票同属于委托票据，但是支票与汇票不同的是，支票的出票人必须与其委托的付款人之间存在一定的资金关系。也正是这种资金关系的存在，才使付款人不必经过承兑而负有付款义务。

《票据法》第八十七条规定："支票的出票人所签发的支票金额不得超过其付款时在付款人处实有的存款金额。出票人签发的支票金额超过其付款时在付款人处实有的存款金额的，为空头支票。禁止签发空头支票。"

（3）支票出票的效力。

①对出票人的效力。支票出票对出票人而言，使其承担了担保支票付款的义务。

②对付款人的效力。支票出票对付款人而言，使其承担了见票付款的义务。

③对收款人或持票人的效力。支票出票后，收款人或持票人取得票据权利，有权在法定提示付款期间内向付款人请求付款并受领支票金额；如果付款人拒绝付款，则收款人或持票人依法取得追索权；收款人或持票人也有权依法对支票进行转让。

2.支票的付款

（1）支票的付款提示期限。《票据法》第九十一条第一款规定了支票的提示付款期限：支票的持票人应当自出票日起10日内提示付款；异地使用的支票，其提示付款的期限由中国人民银行另行规定。

（2）支票付款的程序。支票付款人对支票的审查，有两点与汇票、本票不同：一是审查出票人在支票上的签章是否与其预留银行的签章相符；银行与出票人约定使用支付密码的，同时应当审查支付密码是否正确。二是付款人在付款时应当审查支票是否为空头支票。只有出票人在付款人处的存款足以支付支票金额时，付款人才于持票人提示付款的当日足额付款。

（四）支票准用汇票的法律规定

《票据法》第九十三条规定："支票的背书、付款行为和追索权的行使，除本章有规定外，适用本法第二章有关汇票的规定。支票的出票行为，除本章规定外，适用本法第二十四条、第二十六条关于汇票的规定。"

（1）支票的出票对于汇票的准用。根据《票据法》第九十三条，支票的出票对汇票的准用内容有两条，即《票据法》第二十四条和第二十六条。

（2）支票背书对于汇票的准用。《票据法》规定的支票既包括记名支票，也包括无记名支票，因此其转让既可以通过背书方式进行，也可以通过直接交付的方式进行。

（3）支票的付款对于汇票的准用。支票的付款，除了付款提示期限，付款人对出票人的印鉴、密码、是否为空头支票的审查以及付款程序以外，均可准用汇票付款的法律规定。

（4）支票追索权对于汇票的准用。《票据法》对于支票的追索权并未作出具体规定，而是在第九十三条规定，适用汇票追索权的规定。

（5）关于支票的保证。国外票据法中一般均有关于支票保证的规定。《票据法》在支票一章既没有就支票的保证作出单独规定，也没有准用条款，一般可理解为我国支票不适用保证制度。

案例窗12-7

关键术语

票据行为（bill act）　　票据权利（right of bill）　　票据抗辩（pleading of negotiable instrument）　　汇票（bill of exchange）　　本票（promissory note）　　支票（cheque）　　追索权（recourse）　　出票（draw a bill）　　承兑（acceptance）

基本训练

一、单选题

1.下列付款方式中，适用于支票的付款方式是（　　）。

　　A.见票即付　　　　B.见票后定期付款　　C.定日付款　　　　　　D.出票后定期付款

2.下列选项中，属于票据权利消灭的情形有（　　）。

　　A.持票人对前手的再追索权，自清偿日或者被提起诉讼之日起1个月未行使

　　B.持票人对前手的追索权，在被拒绝承兑或者被拒绝付款之日起3个月未行使

C.持票人对支票出票人的权利，自出票日起3个月未行使

D.持票人对本票出票人的权利，自票据出票日起2年未行使

3.下列有关汇票的表述中，正确的是（　　　）。

A.汇票未记载收款人名称的，可由出票人授权补记

B.汇票未记载付款日期的，为出票后10日内付款

C.汇票未记载出票日期的，汇票无效

D.汇票未记载付款地的，以出票人的营业场所、住所或经常居住地为付款地

4.如果持票人将出票人禁止背书的汇票转让，则在汇票不获承兑时，下列有关出票人票据责任的表述中正确的是（　　　）。

A.出票人不负任何票据责任

B.出票人仍须对善意持票人负偿还票款的责任

C.出票人与背书人对善意持票人负偿还票款的连带责任

D.出票人与背书人、持票人共同负责

5.对背书人记载"不得转让"字样的汇票，其后手再背书转让的，将产生的法律后果是（　　　）。

A.该汇票无效

B.该背书转让无效

C.背书人对后手的被背书人不承担保证责任

D.背书人对后手的被背书人承担保证责任

6.下列情况中，汇票持票人可以行使追索权的是（　　　）。

A.前手破产　　　　　　　　　　　B.承兑人破产

C.前手以外的背书人破产　　　　　D.保证人破产

7.202×年4月7日甲向乙签发一张本票，乙持票后将该本票背书给丙，丙又背书给丁。丁于6月9日向甲提示付款，因手续欠缺，未得到付款。丁可以向（　　　）行使追索权。

A.甲　　　　　　　　　　　　　　B.乙

C.丙　　　　　　　　　　　　　　D.甲、乙、丙中的任何一人、数人和全体

8.根据《票据法》，伪造票据者，（　　　）。

A.承担票据责任　　　　　　　　　B.承担付款责任

C.不承担法律责任　　　　　　　　D.不承担票据责任

二、多选题

1.下列事项中，汇票必须记载的有（　　　）。

A.确定的金额　　　　　　　　　　B.必须或不得提示承兑

C.无条件支付的委托　　　　　　　D.利息及利率

2.下列各项中，持票人丧失对其前手行使追索权的情形有（　　　）。

A.见票后定期付款的持票人自出票日起1个月内没有向付款人提示承兑

B.见票即付的汇票的持票人自出票日起1个月内没有向付款人提示付款

C.定日付款的汇票的持票人自票据到期日起10日内没有向承兑人提示付款

D.银行本票的持票人自出票日起1个月内没有付款提示付款

3.下列情况中，属于票据伪造的有（　　　）。

A.甲以乙的名义出票

B.甲以乙的名义在票据上更改付款日期

C.甲以乙的名义在票据上更改票据金额

D.甲以乙的名义在票据上签章背书

4.失票人向人民法院提起诉讼以补救票据权利的，诉讼被告可以是下列选项中的（　　）。

A.付款人　　　　B.背书人　　　　C.出票人　　　　D.保证人

5.下列有关付款请求权的表述中不正确的有（　　）。

A.付款请求权的行使与票据当事人之间交付票据的原因行为无关

B.付款请求权是向票据上载明的付款人或持票人向其前手行使的权利

C.持票人不能请求付款人支付多于票据上确定的金额，但可以请求付款人支付少于票据上确定的金额

D.持票人只有在向付款人提供票据原件时才能请求付款

6.名流公司将其持有的一张以光明公司为出票人和付款人、自己为收款人的商业汇票背书赠与希望工程。汇票到期后，希望工程办公机构向光明公司提示付款，被拒绝，理由是名流公司与光明公司之间的合同已被撤销，则（　　）。

A.付款人有权拒付票款，因为持票人系无偿取得票据，其票据权利不优于前手

B.付款人有权拒付票款，因为基础合同撤销即意味着该汇票关系终止

C.付款人无权拒付票款，因为持票人为善意取得票据者

D.付款人无权拒付票款，因为希望工程属于社会公益事业，应予特别保护

7.根据《票据法》，在票据代理中，如果代理人超越代理权限，则（　　）。

A.票据代理无效

B.在权限范围内的代理行为继续有效

C.超越代理权限的部分由被代理人承担票据责任

D.超越代理权限的部分由代理人承担票据责任

8.下列票据中，不得进行挂失止付的有（　　）。

A.未记载付款人的票据

B.绝对应记载事项不全的票据

C.无法确定付款人及其代理付款人的票据

D.票据权利时效期间届满的票据

三、简答题

1.简述票据的概念及特征。

2.票据主要有哪些功能？

3.票据权利包括哪些内容？

4.简述票据行为的无权代理。

5.试述票据善意取得原理。

6.试述票据伪造的概念和法律后果。

7.试述票据变造的概念和法律后果。

8.试述票据行为的有效要件。

9.试述票据抗辩权及行使的限制。

10.简述票据丧失的后果及补救方法。

四、实务题

丁某、袁某、姜某均系个体经营者。丁某因从袁某处进货而拖欠袁某8万余元货款，袁某又因借贷而拖欠姜某8万元，现离借款到期日还有4个月。袁某在征得姜某、丁某同意后，决定以汇票结清他们之间的债权和债务关系，袁某是出票人，丁某是付款人，姜某是收款人，票据金额为8万元，出票后4个月付款。丁某与袁某之间汇票结算后的尾数使用现金了结，姜某拿到汇票后便找丁某进行承兑。此后，姜某在从某食品厂进货时，将汇票背书转让给了食品厂。食品厂接收汇票时距到期日期还有近3个月，遂又决定用该汇票采购原材料。采购员薛某携带已在票据背书栏签有本单位公章的汇票外出时不慎将其丢失。薛某将丢失汇票的情况反映给食品厂，食品厂立即向丁某办理了挂失止付的手续，但未采取其他措施。该丢失汇票被邓某捡到，邓某发现票据背面的最后一次背书未记载被背书人，便喜出望外地签了名，然后持汇票到某音响设备公司购置了一套价值8万元的音响设备，并将汇票背书后交给了音响设备公司，音响设备公司未进行票据的转让。现汇票到期，音响设备公司持汇票请求丁某付款，丁某以汇票已经挂失止付为由拒绝付款。音响设备公司只好追索并对所有前手发出通知，食品厂接到通知后提出自己是票据权利人，音响设备公司的票据权利有缺陷，请求返还票据，双方发生争议，诉至人民法院。

问题：

（1）音响设备公司有无票据权利？为什么？

（2）音响设备公司对所有前手发出追索通知的做法是否妥当？为什么？

（3）丁某作为承兑人能否以挂失止付为由拒绝付款？为什么？

第十三章　经济仲裁与诉讼法律制度

学习目标

◆ 重点掌握仲裁协议的效力、仲裁的程序规则、仲裁决议的执行、经济案件的管辖、一审普通程序的具体规定。

◆ 掌握经济仲裁的概念、特征及仲裁的原则，经济诉讼的含义，审判监督程序，督促程序，公示催告程序，执行程序的具体规定。

◆ 了解经济纠纷的解决方式、仲裁委员会的组成、涉外经济仲裁的相关规定、经济诉讼的基本原则。

根据我国相关法律、法规的规定及实践，解决经济纠纷的主要方式包括协商、调解、经济仲裁、经济诉讼。协商是指当事人在发生经济纠纷后，本着互谅互让的原则，就纠纷的实质问题，在分清是非、消除误解、明确责任的基础上，自愿达成和解协议而解决争议的一种方式。调解是由当事人以外的第三人对当事人之间所发生的纠纷从中调停，在明辨是非、分清责任的基础上，促使双方自愿就争议事项达成和解协议的一种方式。调解要遵循合法原则，不能损害国家、集体和他人的利益。调解主要有仲裁、诉讼外的调解，以及仲裁裁决、人民法院判决前的调解。民间调解、行政调解不具有强制执行效力；但仲裁机关和人民法院的调解书在送达当事人后，和生效的仲裁裁决书、人民法院判决书的效力一样，一方当事人不履行，另一方当事人可向人民法院申请强制执行。

第一节　经济仲裁法律制度

经济仲裁是解决经济纠纷的常用法律手段之一。不仅在中国，在国际上经济仲裁也成为当事人容易接受的解决经济纠纷的重要方式。

一、经济仲裁概述

与协商、调解、经济诉讼相比，经济仲裁有其独特的一面，有自己独立的原则，其仲裁的案件范围是法定的。

（一）经济仲裁的概念

仲裁也称为公断，是解决争议或纠纷的一种方式。《中国大百科全书·29卷》（第二版）将其定义为："双方当事人在争议发生前或争议发生后，约定将争议提交由双方选定的仲裁机构处理，由仲裁员审理后作出对双方当事人具有法律约束力的裁决。"

经济仲裁也称商事仲裁，是指经济纠纷当事人在纠纷发生之前或者发生之后自愿达成书面的仲裁协议，将他们之间的纠纷提交给当事人选定的仲裁机构进行审理并作出有约束力的裁决，以解决纠纷的方式。

经济仲裁是对国内经济仲裁和涉外经济仲裁的一种概括性说法，是指通过仲裁方法解决各类合同纠纷、国际经济贸易纠纷、海事纠纷的裁决活动，有别于解决国家争端的国际仲裁、解决劳动争议的劳动仲裁、解决行政争议的行政仲裁。

有学者将经济仲裁的特征概括为自愿性或自治性、专业性、国际性、灵活性、秘密性、快捷性、经济性、独立性、终局性、民间性。[①]

（二）仲裁法的概念

仲裁法是指调整在仲裁过程中发生的各种关系的法律规范的总称。它是规定仲裁的范围和基本原则、仲裁机构的地位及设立、仲裁庭的组成和仲裁程序的进行、当事人和仲裁机构在仲裁中的权利与义务、仲裁裁决的效力及其执行等内容，以及由此而引起的其他仲裁法律关系的法律规范的总称。为保证公正、及时地仲裁经济纠纷，保护当事人的合法权益，保障社会主义市场经济健康发展，1994年8月31日第八届全国人民代表大会常务委员会第九次会议通过了《中华人民共和国仲裁法》（以下简称《仲裁法》），自1995年9月1日起施行，分别于2009年、2017年进行了修正。

（三）经济仲裁的基本原则

经济仲裁的基本原则是指贯穿经济仲裁组织解决经济纠纷案件的整个过程，对经济仲裁活动起指导作用，或在仲裁活动进行的各阶段起主导作用的行为准则。根据《仲裁法》，仲裁有以下几项基本原则：

1. 自愿原则

自愿原则是仲裁制度中的基本原则，它是仲裁制度赖以存在和发展的基础。仲裁之所以被发生经济纠纷的当事人所普遍接受，正是由于它有别于诉讼的自愿特征。根据《仲裁法》，自愿原则体现在以下几方面：

（1）当事人是否将他们之间发生的纠纷提交仲裁，由其自愿协商决定，即当事人采用仲裁方式解决纠纷，必须双方自愿达成协议。没有仲裁协议，一方申请仲裁的，仲裁委员会不予受理；当事人达成仲裁协议，一方向人民法院起诉的，人民法院不予受理。

（2）当事人双方协商选定仲裁机构，仲裁不实行级别管辖和地域管辖。

（3）仲裁庭的组成形式可以由当事人约定。仲裁庭有两种形式：由3名仲裁员组成的合议庭制；由1名仲裁员组成的独任制。

（4）当事人可约定交由仲裁解决的争议事项，即当事人将哪些纠纷提交仲裁，可以由当事人自主协商确定。

（5）当事人还可以约定审理方式、开庭形式等有关的程序事项。例如，仲裁一般应当开庭进行，但如果当事人协议不开庭，仲裁庭也可以进行书面审理；仲裁一般不公开进行，除涉及国家秘密的外，当事人协议公开的，也可以公开进行等。

① 李广辉，王瀚. 仲裁法［M］. 北京：对外经济贸易大学出版社，2011：4-10.

2.依据事实、符合法律规定、公平合理解决纠纷的原则

这是对"以事实为根据,以法律为准绳"原则的肯定。《仲裁法》第七条规定:"仲裁应当根据事实,符合法律规定,公平合理地解决纠纷。"事实和法律是这一原则不可分割、不可偏废的两个方面。以事实为根据,意味着仲裁庭在仲裁的过程中,必须全面、客观、深入、细致地查明案件当事人的主体资格,查明案件的全部经过、现状及双方争议的焦点,核实当事人为证明自己的观点、主张而向仲裁庭提供的证据;以法律为准绳,意味着仲裁庭在查明事实的基础上,必须搜集、理解与案件有关的法律,并准确地适用法律,公平合理地确认当事人的权利与义务关系。

3.仲裁独立的原则

仲裁员在独立的基础上公正办案,是正确裁决案件的保证。《仲裁法》第八条规定:"仲裁依法独立进行,不受行政机关、社会团体和个人的干涉。"为了保证这一原则的实施,《仲裁法》第十四条进一步规定:"仲裁委员会独立于行政机关,与行政机关没有隶属关系。仲裁委员会之间也没有隶属关系。"这是实现独立仲裁的组织保证。仲裁独立还包括仲裁员办案的独立性,因为仲裁员办案的权力来源于当事人直接或间接的授予,再加上仲裁员与仲裁委员会及其主任、副主任、委员之间并不存在领导与被领导或上级与下级的关系,这样就使得仲裁员办理案件具有相当的独立性。仲裁庭办理案件时,不仅不受行政机关、社会团体和个人的干涉,也不受仲裁委员会本身的干涉。

4.一裁终局原则

《仲裁法》第九条第一款规定:"仲裁实行一裁终局的制度。裁决作出后,当事人就同一纠纷再申请仲裁或者向人民法院起诉的,仲裁委员会或人民法院不予受理。"其含义有二:仲裁程序本身实行一裁终局,当事人不得就同一纠纷再次提请仲裁;仲裁裁决作出后,当事人不得就该纠纷再向人民法院起诉。

因此,裁决书自作出之日起发生法律效力,当事人应当履行裁决。一方当事人不履行的,另一方当事人可以依照《民事诉讼法》向人民法院申请强制执行。一裁终局原则也有例外,即如果仲裁裁决被人民法院撤销或不予以执行,当事人可以重新达成仲裁协议申请仲裁,也可以向人民法院起诉。

(四)经济仲裁的范围

经济仲裁范围是指依法设立的仲裁委员会可以受理何种当事人、何种纠纷的问题。我国经济仲裁的范围包括:平等主体的公民、法人和其他组织之间发生的合同纠纷和其他财产权益纠纷;婚姻、收养、监护、抚养、继承纠纷和依法应由行政机关处理的行政争议,不能仲裁。

二、仲裁机构和仲裁委员会

(一)仲裁机构概述

仲裁机构是当事人解决经济纠纷的场所,我国的经济仲裁机构必须依《仲裁法》而设立。仲裁机构是指常设的备有较为完善的仲裁规则和仲裁员名册,并有完整的管理和服务,保证顺利完成仲裁事项的组织。国际上,仲裁机构通常都是民间组织,如美国、英国、瑞典等国的仲裁机构即如此。我国的仲裁机构是根据《仲裁法》设立于各地的仲裁委员会；我国的涉外仲裁机构是中国国际经济贸易仲裁委员会和中国海事仲裁委员会。

（二）仲裁委员会

仲裁委员会是组织进行仲裁工作，解决经济纠纷的独立于行政机关的事业单位法人。

1.仲裁委员会的设立

（1）仲裁委员会的设立条件。仲裁委员会应具备下列条件：

①有自己的名称、住所和章程。名称是区别不同仲裁委员会的标志，仲裁委员会有了确定的名称，便于当事人协议选定；住所是仲裁委员会的管理机构和办事机构所在地，一般也是其仲裁活动的地点；仲裁委员会的章程是规定其组成、机构，规范其行为的准则。

②有必要的财产。这是仲裁委员会进行仲裁活动的物质基础。

③有该委员会的组成人员，即仲裁委员会主任、副主任和委员，组成为仲裁委员会的管理机构，以委员会的形式实施对仲裁机构的组织、领导和管理，制定仲裁委员会章程，聘任仲裁员，办理仲裁委员会登记手续，管理仲裁工作中的一些程序上的问题。

④有聘任的仲裁员。仲裁员是直接实施具体仲裁行为的人。符合条件的自然人受仲裁委员会聘任，列入其仲裁员名单，当他被当事人直接或间接地指定为某一具体案件的仲裁庭成员后，主持或参加主持该案件的全部仲裁工作，直至作出仲裁裁决以解决纠纷。没有仲裁员，仲裁委员会将不能开展正常工作。

（2）仲裁委员会的设立程序。《仲裁法》第十条规定，仲裁委员会可以在直辖市和省、自治区人民政府所在地的市设立，也可以根据需要在其他设区的市设立，不按行政区划层层设立。由上述规定的市的人民政府组织有关部门和商会统一组建，到省、自治区、直辖市的司法行政部门办理设立登记；未经登记设立的，其仲裁裁决不具有法律效力。登记机关在收到申请登记文件之日起10日内，对符合设立条件的仲裁委员会予以设立登记，并发给登记证书；对不符合条件的，不予登记。

经登记的仲裁委员会变更其住所、组成人员的，应当在变更后10日内向登记机关备案。仲裁委员会决议终止的，也应当向登记机关办理注销登记。登记机关对仲裁委员会的设立登记和注销登记，自作出登记之日起生效，予以公告，并报国家司法行政部门备案。

2.仲裁委员会的组成

按《仲裁法》第十二条，仲裁委员会由主任1人、副主任2至4人和委员7至11人组成。仲裁委员会的主任、副主任和委员由法律、经济贸易专家和有实际工作经验的人员担任，法律、经济贸易专家不得少于2/3。这一规定保证了仲裁员具有较高的专业水平。

3.仲裁员的资格

仲裁员是仲裁经济纠纷的裁判者，其不是一种专门职业，他可能是商人、教授、会计师、技术专家等。仲裁员在具体案件的仲裁过程中，居于主持人和裁决者的地位，对于仲裁案件的进程和裁决结果起着决定性作用，在一裁终局的情况下尤其如此。根据《仲裁法》，仲裁委员会要设置自己的仲裁员名册，仲裁员资格的取得应符合相应条件：

（1）国籍条件。《仲裁法》没有明确规定国内仲裁员的国籍问题，但由原国务院法制局会同有关单位拟订的《重新组建仲裁机构方案》规定："仲裁委员会应当主要在本省、自治区、直辖市的范围内符合仲裁法条件的人中聘任仲裁员。"可以看出，仲裁员应为中国籍公民。而涉外仲裁方面，《仲裁法》第六十七条规定，涉外仲裁委员会可以从外籍人士中聘任仲裁员。

（2）品德条件。《仲裁法》第十三条第一款规定，仲裁委员会应当从公道正派的人中聘任仲裁员，因此，仲裁员应该办事公道、作风正派。因为仲裁的本意就是公断，所以要求仲裁员秉公办事，尊重事实和法律，平等对待双方当事人，不偏不倚，公正裁决。

（3）业务条件。根据《仲裁法》第十三条，仲裁员应当符合下列条件之一：①通过国家统一法律职业资格考试取得法律职业资格，从事仲裁工作满8年的；②从事律师工作满8年的；③曾任法官满8年的；④从事法律研究、教学工作并具有高级职称的；⑤具有法律知识、从事经济贸易等专业工作并且具有高级职称或者具有同等专业水平的。

（三）仲裁协会

《仲裁法》规定中国仲裁协会是我国的仲裁管理机构。中国仲裁协会是社会团体法人。仲裁委员会是中国仲裁协会的成员。中国仲裁协会的章程由全国会员大会制定。中国仲裁协会是仲裁委员会的自律性组织，根据章程对仲裁委员会及其组成人员、仲裁员的违纪行为进行监督。中国仲裁协会依照《仲裁法》《民事诉讼法》的有关规定制定仲裁规则。

三、仲裁协议

仲裁协议是仲裁机构受理当事人经济纠纷的前提，由当事人自愿达成。当事人达成的仲裁协议必须符合一定的条件才有效。

（一）仲裁协议的概念和内容

仲裁协议指当事人一致同意将他们之间业已发生或将来可能发生的商事争议交付仲裁解决的一种协议。仲裁协议一般包括仲裁条款和仲裁协议书两类。仲裁条款是当事人在经济争议发生之前订立的、把将来可能发生的经济争议提交仲裁的书面协议。仲裁协议书是指当事人之间就现在已经发生或将来可能发生的特定经济争议专门达成的一份单独的或专门的文件。此外，当事人可以在争议发生前或争议发生后，通过援引有关合同或者往来信函、电传、传真、双边条约或国际公约中有关仲裁的规定，约定将有关争议提交仲裁。①

仲裁协议包括下列内容：①请求仲裁的意思表示；②仲裁事项；③选定的仲裁委员会。

（二）仲裁协议的效力

1.仲裁协议的生效

仲裁协议一旦订立对当事人就具有了法律约束力。仲裁协议生效必须具备以下条件：①仲裁协议的订立人必须是完全民事行为能力人；②双方自愿申请仲裁；③仲裁事项不超出法律规定的仲裁范围；④仲裁协议须为书面形式。

2.仲裁协议的无效

根据《仲裁法》第十七条，仲裁协议无效的原因有：①约定的仲裁事项超出法律规定的仲裁范围；②无民事行为能力人或限制民事行为能力人订立的仲裁协议；③一方采取胁迫手段，迫使对方订立仲裁协议的。

案例窗13-1

---

① 张冬. 仲裁法教程［M］. 北京：对外经济贸易大学出版社，2007：76-77.

四、仲裁程序

（一）申请和受理

1.申请

仲裁的申请是指平等主体的公民、法人和其他组织就他们之间发生的合同纠纷和其他财产权益纠纷，根据仲裁协议，请求仲裁委员会进行裁决的行为。

根据《仲裁法》第二十一条，经济纠纷当事人申请仲裁应当符合以下条件：

（1）有仲裁协议。仲裁协议对仲裁事项或者仲裁委员会没有约定或约定不明的，当事人可以补充协议；达不成补充协议的，仲裁协议无效。有效的仲裁协议是申请仲裁的首要必备条件，没有仲裁协议，当事人就不能申请以仲裁方式解决其争议。

（2）有具体的仲裁请求和事实、理由。具体的仲裁请求是指仲裁申请人想通过仲裁解决什么问题；事实是有关纠纷发生的经过，申请人还需提供有关证据说明事实；理由是说明自己提出仲裁请求的合理性。

（3）属于仲裁委员会的受理范围。当事人提出仲裁申请的事项，必须属于《仲裁法》第二条规定的范围，并且不属于《仲裁法》第三条规定的不能仲裁事项。同时，接受仲裁申请的仲裁委员会应当是当事人在仲裁协议中选定的仲裁委员会；否则，也不能被受理。

当事人申请仲裁，除应向仲裁机构递交仲裁协议书及副本外，还应递交仲裁申请书及副本。仲裁申请书应载明下列事项：①当事人的基本情况；②仲裁请求和所根据的事实、理由；③证据和证据来源、证人姓名和住所。

另外，仲裁申请书应写明申请书送达的仲裁委员会的名称、提交申请书的日期，申请人还应签名、盖章。

2.受理

仲裁的受理是指仲裁委员会对仲裁申请进行审查后，认为符合法定条件，决定予以仲裁的行为。

《仲裁法》第二十四条规定："仲裁委员会收到仲裁申请书之日起5日内，认为符合受理条件的，应当受理，并通知当事人；认为不符合受理条件的，应当书面通知当事人，并说明理由。"仲裁委员会受理仲裁申请后，应在仲裁规则规定的期限内将仲裁规则和仲裁员名册送达申请人，并将仲裁申请书副本和仲裁规则、仲裁员名册送达被申请人。被申请人应当在规定的期限内提交答辩书，并由仲裁委员会按规定将答辩书副本送达申请人。被申请人未提交答辩书的，不影响仲裁程序进行。

3.仲裁当事人的权利

根据《仲裁法》，仲裁当事人在仲裁中有以下几项重要权利：①申请人放弃或者变更仲裁请求的权利；②被申请人承认或者反驳仲裁请求的权利，提出反请求的权利；③当事人申请财产保全的权利；④委托代理人参加仲裁活动的权利。

（二）仲裁庭的组成和仲裁员的回避

1.仲裁庭的组成形式

仲裁庭是依仲裁规则的规定或双方当事人的约定而由仲裁员组成的审理案件、行使仲裁权的临时性组织。

仲裁庭有两种组织形式：独任制、合议庭。当事人约定由一名仲裁员成立仲裁庭的，应当由当事人共同选定或者共同委托仲裁委员会主任指定仲裁员。当事人约定由3名仲裁员组成仲裁庭的，应当各自选定或者各自委托仲裁委员会主任指定1名仲裁员，第3名仲裁员应当由当事人共同选定或者共同委托仲裁委员会主任指定，由第3名仲裁员担任首席仲裁员，首席仲裁员负责主持案件的仲裁。

2.仲裁员的回避

所谓仲裁员的回避，是指仲裁员在有可能影响案件的公正审理和裁决的情况下，依照法律的规定，自行向仲裁委员会请求退出仲裁或者根据当事人的申请退出仲裁。仲裁员有下列情形之一的，必须回避：①是本案的当事人或者当事人、代理人的近亲属；②与本案有利害关系；③与本案当事人、代理人有其他关系，可能影响公正仲裁的；④私自会见当事人、代理人，或者接受当事人、代理人的请客送礼的。

此外，当事人有权提出回避申请。当事人提出回避申请的，应当在首次开庭前提出，并说明理由。回避事由在首次开庭后知道的，可以在最后一次开庭终结前提出。仲裁员是否回避，由仲裁委员会主任决定；仲裁委员会主任担任仲裁员时，由仲裁委员会集体决定。

仲裁员因回避或者其他原因不能履行职责的，应当依照《仲裁法》重新选定或者指定仲裁员。因回避而重新选定或者指定仲裁员后，当事人可以请求已进行的仲裁程序重新进行，是否准许，由仲裁庭决定；仲裁庭也可以自行决定已进行的仲裁程序是否重新进行。

（三）开庭、调解和裁决

1.开庭

开庭是指在仲裁庭主持下，在当事人和其他仲裁参与人的参加下，对案件进行仲裁的活动。在经济仲裁中，以开庭审理为主，以书面审理为辅。

仲裁委员会应当在开庭10日前将开庭日期通知双方当事人。当事人有正当理由的，可以在仲裁规则规定的期限内请求延期开庭；是否延期，由仲裁庭决定。当事人委托了仲裁代理人的，此项通知也一并通知其仲裁代理人。申请人经书面通知，无正当理由不到庭或未经仲裁庭许可中途退庭的，可以缺席裁决。

在开庭审理案件时，通常应按照下列顺序进行：①当事人陈述。先由申请人陈述案情，然后由被申请人答辩，仲裁员针对案情可向双方当事人提问；当事人经仲裁庭许可，也可以向对方当事人提问。②告知证人的权利与义务，证人作证，宣读未到庭的证人证言。③出示书证、物证和视听资料，并经当事人质证。④宣读勘验笔录和鉴定结论。鉴定人出庭时，当事人经仲裁庭许可，可以向鉴定人提问。⑤申请人及其仲裁代理人发言。⑥被申请人及其仲裁代理人发言。⑦双方互相辩论。⑧按申请人、被申请人的顺序征询当事人的最后意见。

仲裁庭应当将开庭情况记入笔录，并由仲裁员、记录人、当事人和其他仲裁参与人签名或盖章。当事人申请仲裁后，可以自行和解。达成和解协议的，可以请求仲裁庭根据仲裁协议作出裁决书，也可以撤回仲裁申请。

2.调解

仲裁中的调解是指在仲裁庭的主持下，当事人在自愿协商和互谅互让的基础上达成一致意见以解决纠纷的一种结案方式。仲裁庭在作出裁决之前，可以先行调解。当事人自愿调解的，仲裁庭应当调解；调解不成的，应当及时作出裁决。调解达成协议的，仲裁庭应当制作调解书或根据协议的结果制作裁决书。调解书和裁决书具有同等法律效力。

调解书应当写明仲裁请求和当事人协议的结果。调解书由仲裁员签名，加盖仲裁委员会印章，送达双方当事人，经双方当事人签收后即发生法律效力；在签收前双方当事人反悔的，仲裁庭应及时作出裁决。

3.裁决

裁决是指仲裁庭在依法对提交仲裁的案件的审理过程中或进行审理后，根据已查明的事实和认定的证据，对当事人提出的仲裁请求或反请求或与之有关的其他事项作出书面决定的行为。裁决可分为中间裁决、部分裁决和最终裁决；但一般情况下，裁决是指最终裁决。

裁决应当按照多数仲裁员的意见作出，少数仲裁员的不同意见可以记入笔录。仲裁庭不能形成多数意见时，裁决应当按照首席仲裁员的意见作出。裁决书应当写明仲裁请求、争议事实、裁决理由、裁决结果、仲裁费用的负担和裁决日期。当事人协议不愿写明争议事实和裁决理由的可以不写。裁决书由仲裁员签名，加盖仲裁委员会印章。对裁决持不同意见的仲裁员，可以签名，也可以不签名。

仲裁庭仲裁纠纷时，其中一部分事实已经清楚，可以就该部分先行裁决。裁决书自作出之日起发生法律效力。对裁决书中的文字、计算错误或者仲裁庭已经裁决但在裁决书中遗漏的事项，仲裁庭应当补正；当事人自收到裁决书之日起30日内，可以请求仲裁庭补正。

（四）仲裁裁决的撤销

申请撤销裁决是指对不符合法律规定情况的仲裁裁决，经当事人提出申请，人民法院组成合议庭审查核实，裁定撤销仲裁裁决的行为。

《仲裁法》第五十八条规定，可以撤销仲裁裁决的情形有：①没有仲裁协议的；②裁决的事项不属于仲裁协议的范围或仲裁委员会无权仲裁的；③仲裁庭的组成或者仲裁的程序违反法定程序的；④裁决所根据的证据是伪造的；⑤对方当事人隐瞒了足以影响公正裁决的证据的；⑥仲裁员在仲裁该案时有索贿受贿、徇私舞弊、枉法裁决行为的。

申请撤销仲裁裁决应符合下列条件：①提出申请的必须是当事人。②必须在规定的期限内提出申请。当事人申请撤销仲裁裁决的，应当自收到裁决书之日起6个月内提出。③必须向有关的人民法院提出。当事人申请撤销仲裁裁决的，必须向仲裁委员会所在地的中级人民法院提出。④必须有证据证明仲裁裁决有《仲裁法》第五十八条规定的情形。

人民法院受理撤销仲裁裁决的申请后，认为可以由仲裁庭重新仲裁的，通知仲裁庭在一定期限内重新仲裁，并裁定中止撤销程序。仲裁庭拒绝重新仲裁的，或者重新裁决后，当事人提出证据证明未能消除申请撤销仲裁裁决的理由时，人民法院应当裁定恢复撤销程序。对当事人撤销仲裁裁决的申请，人民法院应当组成合议庭审查核实；不能采取独任制，适用简易程序。如果审查核实仲裁裁决确有《仲裁法》规定的可以撤销仲裁裁决的情形，应当裁定撤销仲裁裁决。人民法院认定仲裁裁决违背社会公共利益的，应当裁定撤销。人民法院应当在受理撤销仲裁裁决申请之日起2个月内作出撤销仲裁裁决或驳回申请的裁定。

（五）仲裁裁决的执行

《仲裁法》第六十二条规定："当事人应当履行裁决。一方当事人不履行的，另一方当事人可以依照民事诉讼法的有关规定向人民法院申请强制执行。受申请的人民法院应当执行。"当事人申请人民法院执行时，应当提出申请。申请执行必须遵守《民事诉讼法》规定的申请期限；无正当理由逾期提出申请执行的，人民法院可以驳回申请，不予执行。人民法院在执行中的其他问题，按照《民事诉讼法》办理。

被申请人提出证据证明仲裁裁决有《民事诉讼法》第二百三十七条第二款规定情形之一的，经人民法院组成合议庭审查核实，裁定不予执行。一方当事人申请执行仲裁裁决，另一方当事人申请撤销仲裁裁决的，人民法院应当裁定中止执行。人民法院裁定撤销仲裁裁决的，应当裁定终结执行。撤销仲裁裁定的申请被裁定驳回的，人民法院应当恢复执行。

五、涉外经济仲裁

有些当事人的经济纠纷是具有涉外因素的，那就应当选择涉外仲裁机构进行仲裁。涉外仲裁机构在设立、收案范围等方面与国内仲裁机构都有所不同。

（一）涉外经济仲裁的概念和特征

涉外经济仲裁又称国际商事仲裁，是我国的涉外仲裁机构对涉外经济贸易、运输和海事中所发生的争议，依照仲裁程序进行仲裁的活动。

涉外经济仲裁具有如下特征：①涉外性。这是涉外仲裁同国内经济仲裁的主要区别所在。②自治性。涉外经济仲裁是以当事人的自愿和协议为基础的。③民间性。涉外经济仲裁者，特别是仲裁机构，一般都是非国家机关或非官方机构，具有民间性。④中立性。国际上的一些仲裁机构并不隶属于任何国家，仲裁案件可以中立于当事人所属国之间，不受任何一方当事人所属国司法制度和公共政策的影响。⑤专业性。涉外仲裁会涉及一些专门性或技术性问题，需要具备专门知识的人去解决。⑥保密性。涉外经济仲裁案件是不公开的，有利于争议当事人双方不将其商业秘密和分歧公布于众。⑦准司法性。经济仲裁的准司法性保证了经济仲裁的法律效力和严肃性。⑧终局性。经济仲裁裁决是终局的，有利于迅速解决争议，节省时间和费用。

（二）涉外经济仲裁的法律适用

涉外经济贸易、运输和海事中发生的纠纷的仲裁，适用《仲裁法》第七章"涉外仲裁的特别规定"的规定；如第七章未作规定的，适用《仲裁法》其他有关规定。我国涉外经济仲裁一贯以事实为根据，以法律为准绳，并遵循独立自主、平等互利和参照国际惯例的原则。也就是说，仲裁涉外经济纠纷案件，既要遵守中国的法律，也要尊重双方签订的合同条款，还要参考国际上通行的一些合理的贸易习惯和做法。按照这些原则审理和裁决案件，能做到公正合理、实事求是，有利于维护当事人的合法权益。

（三）涉外仲裁机构

《仲裁法》第六十六条规定："涉外仲裁委员会可以由中国国际商会组织设立。涉外仲裁委员会由主任一人、副主任和委员若干人组成，涉外仲裁委员会的主任、副主任和委员可以由中国国际商会聘任。"第六十七条规定："涉外仲裁委员会可以从具有法律、经济贸易、科学技术等知识的外籍人士中聘请仲裁员。"

中国现有两个常设涉外仲裁机构：一是中国国际经济贸易仲裁委员会；二是中国海事仲裁委员会。两者均附属于中国国际贸易促进委员会（中国国际商会）。

1.中国国际经济贸易仲裁委员会

该仲裁委员会成立于1956年4月2日，当时名为对外贸易仲裁委员会，于1988年6月21日经国务院批准改为现名。其总部设在北京。该仲裁委员会设名誉主任一人，顾问若干人。该仲裁委员会由主任一人、副主任若干人和委员若干人组成。该仲裁委员会设秘书局，在仲裁委员会秘书长的领导下负责处理仲裁委员会的日常事务。该仲裁委员会分别在深圳和上海设立了分会，分会成为仲裁委员会的重要组成部分。

20世纪90年代以来，作为仲裁机构，中国国际经济贸易仲裁委员会的受案数量在世界各国际商事仲裁机构中名列前茅，其裁决的公正性也得到了国内外一致的公认。可以说，中国国际经济贸易仲裁委员会已成为世界上主要的国际商事仲裁机构之一。

2.中国海事仲裁委员会

中国海事仲裁委员会成立于1959年1月，当时名为中国国际贸易促进委员会海事仲裁委员会。1988年6月21日，国务院决定将其改名为中国海事仲裁委员会。该仲裁委员会主要受理涉外海事争议。

（四）涉外经济仲裁的特别规定

《仲裁法》对涉外经济仲裁的特别规定主要有以下几项：

（1）涉外经济仲裁的当事人申请证据保全的，涉外仲裁委员会应当将当事人的申请提交证据所在地的中级人民法院。

（2）涉外经济仲裁的仲裁庭可以将开庭情况记入笔录，或者作出笔录要点，笔录要点可以由当事人和其他仲裁参与人签名或盖章。

（3）被申请人提出证据证明涉外经济仲裁裁决有《民事诉讼法》第二百七十四条第一款规定的情形之一的，经人民法院组成合议庭审查核实，裁定不予执行：①当事人在合同中没有订有仲裁条款或者事后没有达成书面仲裁协议的；②被申请人没有得到指定仲裁员或者进行仲裁程序的通知，或者由于其他不属于被申请人负责的原因未能陈述意见的；③仲裁庭的组成或者仲裁的程序与仲裁规则不符的；④裁决的事项不属于仲裁协议的范围或者仲裁机构无权仲裁的。此外，人民法院认定执行该仲裁裁决违背社会公共利益的，裁定不予执行。

（4）涉外仲裁委员会作出的发生法律效力的仲裁裁决，当事人请求执行的，如果被执行人或者其财产不在中华人民共和国领域内，应当由当事人直接向有管辖权的外国法院申请承认和执行。

（5）涉外经济仲裁规则可以由中国国际商会依照《仲裁法》《民事诉讼法》制定。

拓展阅读13-1

案例窗13-2

第二节 经济诉讼法律制度

诉讼，俗称"打官司"，是指在人民法院主持下，由诉讼参加人参加，依法解决各类矛盾而进行的活动。所谓经济诉讼，是指人民法院在双方当事人和其他诉讼参与人参加下，审理和解决经济纠纷的活动。经济诉讼就其本质而言，是国家强制解决经济纠纷的一种方式，是权利主体凭借国家强制力实现法定或约定权利的司法程序。由于我国没有关于经济诉讼的立法，因此在经济纠纷的诉讼中是依照《民事诉讼法》来解决经济争议的。

一、经济诉讼的基本原则

经济诉讼的基本原则是法律规定的在整个民事诉讼过程中起指导作用的基本准则。

（1）当事人诉讼权利平等原则。《民事诉讼法》规定，诉讼当事人有平等的诉讼权利，人民法院审理经济纠纷案件，应当保障和便利当事人行使诉讼权利；但当事人诉讼权利平等，不等于诉讼权利相同。民事诉讼中的诉讼权利和诉讼义务是对等的。

（2）法院调解原则。这是指人民法院审理民事、经济纠纷案件时，对于能够调解解决的案件，在双方当事人自愿的条件下，查明事实、分清是非，依法说服和指导双方当事人达成协议，以调解方式结案。

（3）辩论原则。这是指在人民法院主持下，当事人有权就案件事实和争议的问题，各自陈述其主张和根据，互相进行反驳和答辩。①辩论权是当事人的一项重要诉讼权利，贯穿审判程序的全过程。

（4）检察监督原则。人民检察院是国家的法律监督机关，对经济审判活动进行监督，是法律赋予它的一项重要职权，也是它行使法律监督权的一项重要内容。人民检察院对经济审判活动进行监督的方式主要有：其一，通过提起刑事公诉的形式，追究在经济审判活动中有贪赃枉法、徇私舞弊等违法犯罪行为的审判人员的刑事责任。其二，通过经济抗诉的形式，引起对经济案件的再审，纠正人民法院已生效的错误裁判。

（5）处分原则。这是指民事诉讼当事人在法律规定的范围内自由支配自己依法享有的民事权利和诉讼权利。当事人行使处分权利贯穿在整个诉讼过程中。

（6）支持起诉原则。机关、社会团体、企事业单位对损害国家、集体或者个人民事权益的行为，可以支持受损害的单位或者个人向人民法院起诉。这通常是对受害人负有保护责任的组织如妇联、共青团或社区居委会对弱势群体履行的职责。

二、经济纠纷审理机构收案范围及案件管辖

人民法院内部设有不同的审判庭受理不同的纠纷案件，经济纠纷的案件目前由民事审判庭第二庭受理。但对于当事人之间产生的纠纷应该由哪个人民法院来审理，在《民事诉讼法》中是通过案件管辖的规定来解决的。

（一）经济纠纷审判机构收案范围

我国经济纠纷审判机构受理的案件主要包括合同纠纷案件、涉外或涉中国港澳台经济

---

① 张晓茹. 民事诉讼法教程［M］. 北京：对外经济贸易大学出版社，2007：48.

纠纷案件、农村土地承包合同纠纷案件、经济损害赔偿纠纷案件、企业破产案件、企业承包合同和企业租赁经营合同纠纷案件等。

我国还分别在大连、天津、青岛、上海、宁波、厦门、广州、海口、北海、武汉等设立了海事法院,它们与普通中级人民法院同级,二审法院为各海事法院所在地的高级人民法院。海事法院内设海事审判庭和海商审判庭。海事法院受理的案件包括海事侵权纠纷案件、海商合同纠纷案件、共同海损纠纷案件、海事执行案件和海事请求保全案件等。

(二)案件管辖

管辖是指确定各级人民法院之间和同级人民法院之间受理第一审经济纠纷案件的分工和权限。就当事人而言,管辖实际上是经济纠纷发生后,当事人应当向哪一级、哪一个人民法院起诉的问题;就人民法院而言,是对具体经济案件如何行使审判权的问题。经济纠纷案件的管辖完全适用《民事诉讼法》的规定。

1.级别管辖

级别管辖是指按照一定的标准划分上下级人民法院之间受理第一审经济案件的分工和权限。确定各级人民法院的级别管辖可依据被诉主体的隶属关系、诉讼标的金额、案件疑难复杂程度、社会影响大小等因素。

我国的人民法院分为最高、高级、中级、基层四级人民法院。基层人民法院管辖除法律规定必须由上级人民法院直接管辖之外的所有第一审案件。中级人民法院管辖下列第一审案件:①重大涉外经济纠纷案件;②在本辖区内有重大影响的经济纠纷案件;③最高人民法院确定由中级人民法院管辖的经济纠纷案件。高级人民法院管辖在本辖区内有重大影响的第一审经济纠纷案件。最高人民法院管辖在全国有重大影响的,以及认为应当由其审理的第一审经济纠纷案件。

拓展阅读13-2

2.地域管辖

地域管辖是指同级人民法院之间受理第一审民事经济案件的分工和权限,它分为一般地域管辖、特殊地域管辖等。

(1)一般地域管辖是指以当事人住所地与人民法院的隶属关系确定的管辖,主要由被告住所地人民法院管辖,即以"原告就被告"为主;以由原告住所地人民法院管辖为辅,即以"被告就原告"为辅。被告住所地与经常居住地不一致的,由经常居住地人民法院管辖。

拓展阅读13-3

(2)特殊地域管辖,又称特别管辖,通常是指不仅以被告住所地,还以引起诉讼的法律事实的所在地、诉讼标的所在地为标准确定诉讼的管辖人民法院。特殊地域管辖的内容有:①因合同纠纷提起的诉讼由被告住所地或合同履行地人民法院管辖;②因保险合同纠纷提起的诉讼,由被告住所地或保险标的物所在地人民法院管辖;③因票据纠纷提起的诉讼,由票据支付地或被告住所地人民法院管辖;④因公司设立、确认股东资格、分配利润、解散等纠纷提起的诉讼,由公司住所地人民法院管辖;⑤因铁路、公路、水上、航空运输和联合运输合同纠纷提起的诉讼,由运输始发地、目的地或被告住所地人民法院管辖;⑥因侵权行为而提起的诉讼,由侵权行为地、被告住所地人民法院管辖;⑦因铁路、公路、水上和航空事故请求赔偿提起的诉讼,由事故发生地、车辆或船舶最先到达地、航空器最先降落地或被告住所地人民法院管辖;⑧因船舶碰撞或其他海事损害事故请求损害赔偿提起的诉讼，由碰撞发生地、碰撞船舶最先到达地、加害船舶被扣留或被告住所地人民法院管辖；⑨因海难救助费提起的诉讼，由救助地或被救船舶最先到达地人民法院管辖；⑩因共同海损提起的诉讼，由船舶最先到达地、共同海损理算地或航程终止地人民法院管辖。

（3）专属管辖是指法律规定某些案件只能由特定的人民法院管辖，它具有强制性和排他性。对专属管辖的案件，其他任何法院均无管辖权，当事人也不得协议变更管辖法院。属于我国人民法院专属管辖的案件，外国法院无权管辖。我国的专属管辖的诉讼分为：①因不动产纠纷提起的诉讼，由不动产所在地人民法院管辖；②因港口作业发生的纠纷提起的诉讼，由港口所在地人民法院管辖；③因继承遗产纠纷提起的诉讼，由被继承人死亡时住所地或主要遗产所在地人民法院管辖。

（4）协议管辖是指双方当事人以书面协议自愿达成选择解决其民事、经济纠纷的管辖人民法院。协议管辖应符合以下条件：①必须是第一审合同纠纷案件；②只能在被告住所地、合同履行地、合同签订地、原告住所地、标的物所在地的人民法院中选择一个人民法院，不得违反《民事诉讼法》关于级别管辖、专属管辖的规定；③必须采用书面形式。

3.裁定管辖

裁定管辖是指根据人民法院的裁定确定诉讼的管辖法院。《民事诉讼法》规定的裁定管辖有：①移送管辖，是指人民法院发现已受理的案件不属于本法院管辖，依法将案件移送有管辖权的人民法院受理，是对地域管辖的补充。②指定管辖，是指上级人民法院因发生特殊情况而指定辖区内的某一下级人民法院行使管辖权。③管辖权转移，是指经上级人民法院决定或同意，将某个案件的管辖权由上级人民法院转交给下级人民法院，或由下级人民法院报请后转交给上级人民法院，是对级别管辖的一种变通和补充。

4.管辖权异议

管辖权异议是指当事人认为受诉人民法院对该案无管辖权，而向该法院提供的不服该法院管辖的意见或主张，是当事人行使诉讼权利的表现。提出管辖权异议的条件是：①提出管辖权异议的主体必须是案件的当事人；②管辖权异议的客体是第一审民事案件的管辖权；③提出管辖权异议的时间须在提交答辩状期间。

拓展阅读13-4

案例窗13-3

三、经济案件审理的具体程序规则

我国人民法院在审理经济案件时采用的是两审终审制，即经过一审的案件，当事人不服判决的，可以向上级人民法院提起上诉；上诉审理的案件的判决为终审判决，不管当事人服不服判决，都应该执行。当事人对终审判决享有申请再审、申诉、申请检察机构抗诉等权利，但不影响案件判决的生效和执行。

（一）第一审程序

第一审程序是指人民法院审理民事、经济案件时普遍适用的基础程序。第一审程序是经济审判程序中体系最完整、内容最完备的一种程序，包括普通程序和简易程序。第一审普通程序具有程序的完整性、广泛的适用性特点，简易程序是普通程序的简化。

1.起诉和受理

起诉是公民、法人或其他组织，认为自己的民事、经济权利受到侵犯或与他人争议，以自己的名义，请求人民法院依法审判，给予司法保护的诉讼行为。受理是指人民法院通过审查原始的起诉，认为符合起诉条件，而决定立案审理的诉讼行为。普通程序的开始是起诉与受理两个诉讼行为的结合。

起诉必须符合下列条件：①原告是与本案有直接利害关系的公民、法人和其他组织；②有明确的被告；③有具体的诉讼请求和事实、理由；④在人民法院受理民事、经济案件的范围内，属于受诉人民法院管辖。

起诉应向人民法院递交起诉状，并按照被告人数提出副本；书写确实有困难的，可以口头起诉。

人民法院审查后，认为符合起诉条件的，应当在7日内立案，并通知当事人；认为不符合起诉条件的，应当在7日内裁定不予受理；原告对裁定不服的，可以在10日内提起上诉。

2.审理前的准备

审理前的准备是指人民法院受理案件后，在开庭审理前，为保证案件顺利开庭审判，依法所做的各项准备工作。例如，人民法院将起诉书的副本在立案之日起5日内送达被告，被告在收到起诉状副本之日起15日内提出答辩状；被告不提出答辩状的，不影响人民法院审理。又如，人民法院在合议庭确定后3日内告知当事人，决定是否采取财产保全和先予执行等；对于案情比较复杂或者证据数量较多的案件，人民法院可以组织当事人在开庭前向对方出示或者交换证据，并将交换证据的情况记录在卷。

3.开庭审理

开庭审理是指人民法院在当事人和其他诉讼参与人的参加下，全面审查，认定案件事实，并依法作出裁定或调解的活动。它是普通程序中最重要的阶段和中心环节，由庭审准备、宣布开庭、法庭调查、法庭辩论、评议和判决等几个阶段组成。

法庭调查按照下列顺序进行：①当事人陈述；②告知证人的权利与义务，证人作证，宣读未到庭的证人证言；③出示书证、物证、视听资料和电子数据；④宣读鉴定意见；⑤宣读勘验笔录。

法庭辩论按照下列顺序进行：①原告及其诉讼代理人发言；②被告及其诉讼代理人答辩；③第三人及其诉讼代理人发言或者答辩；④互相辩论。法庭辩论终结，由审判长按照原告、被告、第三人的先后顺序征询各方最后意见。

经济纠纷案件的审理一般应公开进行，但涉及国家秘密或商业秘密，经当事人申请不公开审理的除外。开庭时，当事人可以辩护；经法庭许可，当事人可以向证人、鉴定人、勘验人发问；当事人还可要求重新进行调查鉴定或勘验。当事人经人民法院传票传唤，无正当理由拒不到庭或未经法庭许可中途退庭的，若是原告，可按撤诉处理，被告反诉的，可以缺席判决；若是被告，可缺席判决。在判决前如当事人愿意，人民法院可主持调解。

人民法院宣告判决，不论案件是否公开审理，一律公开进行。宣告判决分为当庭宣判和定期宣判两种。当庭宣判的，人民法院应当在10日内送达判决书；定期宣判的，宣判后立即送达判决书。送达判决书时还应告知当事人上诉权利、上诉期限和上诉人民法院。当事人在判决书送达之日起15日内不上诉的，判决即发生法律效力。

简易程序是指基层人民法院和它派出的法庭审理简单案件所运用的既独立又简便易行的诉讼程序。简易程序适用于事实清楚、权利与义务关系明确、争议不大的简单案件。原告可以口头起诉，当事人双方可以同时到基层人民法院或者它派出的法庭请求解决纠纷。适用简易程序审理的案件，由审判员一人独任审理，可随时传唤当事人、证人，不受普通程序中的法庭调查、法庭辩论等程序的限制。

4.诉讼中的证据

诉讼中的证据很复杂，也很重要，是权利人的权利能否得到法律保护的关键。证据是能够合法证明案件真实情况的一切客观事实。

证据包括以下类型：①当事人陈述，即指原告、被告或第三人等就案件事实向法庭所作的陈述。但只有当事人关于案件事实的陈述，才可能归属于诉讼证据的范畴。法定诉讼代理人就案情所作的陈述视为当事人陈述。②书证，是指用文字、符号、图案等所记载和表达的思想内容来证明案件事实的证据，如合同、借据、不动产权证书、建筑图纸等。③物证，是指以自己存在的外形、重量、质量、规格、损坏程度等标志和特征来证明待证事实的物品和痕迹，如买卖合同中的标的物、所有权存在争议的物品、受到损坏的物品或受到伤害的身体等。④视听资料，是指采用先进科学技术，利用图像、音响以及电脑储存的资料等来证明案件待证事实的证据。常见的视听资料有录像、录音、电影胶片、微型胶卷等。⑤电子证据，是指通过电子邮件、电子数据交换、网上聊天记录、博客、微博、手机短信、电子签名、域名等形成或者存储在电子介质中的信息。随着移动通信的发展，使用手机等移动通信工具进行聊天形成的微信、QQ聊天记录等也可以作为电子数据证据。数据电文不得仅因为其是以电子、光学、磁或者类似手段生成、发送、接收或者储存的而被拒绝作为证据使用。存储在电子介质中的录音资料和影像资料，适用电子数据的规定。⑥证人证言，是指证人就其所了解的案件情况，以口头或书面形式向人民法院所作的陈述。证人是指知晓案件事实并向人民法院作证的人。证人的范围既可以是自然人，也可以是单位。《民事诉讼法》第七十二条规定，"凡是知道案件情况的单位和个人，都有义务出庭作证"，但"不能正确表达意思的人，不能作证"。⑦鉴定结论，是指鉴定人运用自己的专门知识和技能，对民事案件的某些专门性问题进行分析、鉴别后所作出的结论性意见，如医学鉴定、产品质量鉴定、技术鉴定、文书鉴定、工程质量鉴定、会计鉴定等。⑧勘验记录，是指为了查明案件事实，人民法院对与案件有关的现场或物品进行勘查、检验后制作的笔录。勘验记录既是一种独立的证据，也是一种固定和保全证据的方法。①

在开庭审理前，双方当事人应当在审判人员的主持下交换彼此所持证据。当事人向人民法院提交证据是有时间限制的，具体期限由人民法院规定或当事人协商确定，但第一审普通程序案件不得少于15日，当事人提供新的证据的第二审案件不得少于10日。举证期限届满后，当事人对已经提供的证据，申请提供反驳证据或者对证据来源、形式等方面的瑕疵进行补正的，人民法院可以酌情再次确定举证期限，该期限不受前款规定的限制。当事人还可以书面形式向人民法院申请延长举证期限。

案例窗13-4

---

① 江伟. 民事诉讼法 [M]. 5版. 北京：中国人民大学出版社，2011：152-159.

（二）第二审程序

第二审程序是指当事人不服第一审人民法院作出的判决或裁定，依法请求上一级人民法院对案件进行审理所适用的程序。第二审程序因当事人上诉引起，上诉是当事人的诉讼行为，上诉权是当事人的重要诉讼权利。

第二审程序又称上诉审程序，上诉审判决为终审判决，生效后必须执行，不能再上诉。根据《民事诉讼法》，有些案件的裁判不允许上诉，实行的是一审终审，包括：①最高人民法院直接受理和审判的一审民事案件；②依照特别程序审理的案件；③依照督促程序和公示催告程序审理的案件；④依照《民事诉讼法》第一百六十二条所审理的小额诉讼案件。另外，根据《企业破产法》，在企业破产程序中，除了对不予受理破产申请的裁定和驳回破产申请的裁定可以提起上诉外，对于其他裁定不允许提起上诉。

拓展阅读 13-5

上诉必须在法定期限内提出，即判决的上诉期限是判决书送达之日起15日内，裁定的上诉期限是裁定书送达之日起10日内。上诉必须递交上诉状，不允许以口头形式上诉。上诉状应当通过原审人民法院提出，并按照对方当事人或者代理人的人数提供副本。

审理上诉案件，应由审判员组成合议庭进行。合议庭认为不需要开庭审理的，可直接判决或裁定。上诉审人民法院只对上诉请求的有关事实和适用的法律问题进行审查。

上诉审的几种裁判方式是：①认为原判决认定事实清楚、适用法律正确的，判决驳回上诉、维持原判；②认为原判决适用法律错误的，依法改判；③认为原判决认定事实错误，或认定事实不清，证据不足的，裁定撤销原判决，发回原审人民法院重审，或查清事实后改判；④认为原判决违反法定程序，可能影响案件正确判决的，裁定撤销原判决，发回原审人民法院重审。

（三）审判监督程序

审判监督程序是人民法院发现已发生法律效力的判决、裁定和调解书确有错误，依法决定对案件进行再审的程序。它是纠正人民法院已发生法律效力的判决、裁定错误的补救程序。

各级人民法院院长对本院已生效的判决、裁定、调解书，发现确有错误，认为需要再审的，应当提交审判委员会讨论决定。最高人民法院对地方各级人民法院已生效的判决、裁定、调解书，上级人民法院对下级人民法院已生效的判决、裁定、调解书，发现确有错误的，有权提审或指令下级人民法院再审。最高人民检察院对各级人民法院已生效的判决、裁定，上级人民检察院对下级人民法院已生效的判决、裁定，发现确有错误的，或者发现调解书损害国家利益、社会公共利益的，应当提出抗诉。人民检察院提出抗诉的案件，接受抗诉的人民法院应当自收到抗诉书之日起30日内作出再审的裁定。

当事人对已生效的判决、裁定，认为有错误的，可依法向上一级人民法院申请再审，但不停止原判决、裁定的执行。当事人的申请符合下列情形之一的，人民法院应当再审：①有新的证据，足以推翻原判决、裁定的；②原判决、裁定认定的基本事实缺乏证据证明的；③原判决、裁定认定事实的主要证据是伪造的；④原判决、裁定认定事实的主要证据未经质证的；⑤对审理案件需要的证据，当事人因客观原因不能自行收集，书面申请人民法院调查收集，人民法院未调查收集的；⑥原判决、裁定适用法律确有错误的；⑦审判组织的组成不合法或者依法应当回避的审判人员没有回避的；⑧无诉讼行为能力人未经法定代理人代为诉讼或者应当参加诉讼的当事人，因不能归责于本人或者其诉讼代理人的事由，未参加诉讼的；⑨违反法律规定，剥夺当事人辩论权利的；⑩未经传票传唤，缺席判决的；⑪原判决、裁定遗漏或者超出诉讼请求的；⑫据以作出原判决、裁定的法律文书被撤销或者变更的。此外，审判人员在审理该案件时有贪污受贿、徇私舞弊、枉法裁判行为的，人民法院应当再审。

当事人申请再审，应当在判决、裁定发生法律效力后6个月内提出。对于有新的证据，足以推翻原判决、裁定的，原判决、裁定认定事实的主要证据是伪造的，据以作出原判决、裁定的法律文书被撤销或者变更的，或者审判人员审理该案件时有贪污受贿、徇私舞弊、枉法裁判行为的，应当自知道或者应当知道之日起6个月内提出。

（四）督促程序

督促程序是指人民法院根据债权人给付金钱和有价证券的申请，以支付令的形式，催促债务人限期履行义务的特殊程序。它的特点是简便、快捷，非常适合市场经济对快速流转的需要。

督促程序的适用必须符合以下条件：①督促程序的标的必须是具有给付内容的金钱和有价证券；②申请人的请求必须没有对待给付的义务，即债权人与债务人无其他债务纠纷；③支付令能够送达债务人；④必须向有管辖权的基层人民法院申请支付令。

债权人提出申请后，人民法院应当在5日内通知债权人是否受理。人民法院受理申请后，经审查债权人提供的事实、证据，对债权和债务关系明确、合法的，应当在受理之日起15日内向债务人发出支付令；申请不成立的，裁定予以驳回。债务人自收到支付令之日起15日内清偿债务，或向人民法院提出书面异议。若债务人在法定期限内提出书面异议并成立的，人民法院应裁定终结督促程序，支付令自动失效。若债务人逾期不提异议又不履行支付，债权人可向人民法院申请强制执行。

（五）公示催告程序

公示催告程序是指人民法院根据申请人的申请，以公示方式催告不明的利害关系人在一定期间内申请权利；否则，产生票据无效或失权后果的程序。

公示催告程序只适用于可以背书转让的票据或法律规定的其他事项，当事人一方必须处于不明的状态。申请公示催告的条件是：①必须是可以背书转让的票据或其他事项；②必须是基于票据遗失、灭失或被盗；③申请人是票据丧失前的最后持有人；④必须向票据支付地的基层人民法院申请。

人民法院受理申请后，应当通知支付人停止支付，并在3日内发出公告，催促利害关系人申请权利；公示催告的期间不得少于60日。受公示催告的利益关系人，在公示催告期间可向人民法院申报；人民法院收到申报后，应裁定终结公示催告程序，并通知申请人和支付人。此时，申请人或申报人可向人民法院起诉。若无人申报或申报被驳回，人民法院应根据申请人的再次申请作出判决，宣告票据无效。自判决公告之日起，申请人有权向支付人请求支付。如果利害关系人因正当理由不能在判决前向人民法院申报，自知道或应当知道判决公告之日起1年内，可向作出判决的人民法院起诉。

（六）执行程序

执行程序是指人民法院执行组织进行执行活动和申请执行人、被执行人以及协助执行人进行执行活动必须遵守的程序。执行程序是审判程序完成之后的一个独立的程序，但不是审判程序完成之后的必经程序。

人民法院实行审执分离。人民法院设立执行局专门负责生效判决的执行，执行工作由执行员负责。执行根据是人民法院执行所依据的具有给付内容的生效法律文书，具体有人民法院制作的判决书、裁定书、调解书、支付令，仲裁机构制作的裁决书，公证机关制作的具有强制执行效力的债权文书。该类文书须符合权利和义务主体明确、给付内容明确的条件。执行对象只能是被执行人的财产和行为，不能是被执行人的人身。执行主要由当事人申请执行，申请执行的期间为2年。申请执行时效的中止、中断，适用法律有关诉讼时效中止、中断的规定。

根据《民事诉讼法》，执行措施有以下几种：①查询、冻结、划拨被执行人的存款；②扣留、提取被执行人的收入；③查封、扣押、冻结、拍卖、变卖被执行人的财产；④搜查被执行人隐匿的财产；⑤强制被执行人迁出房屋或退出土地；⑥强制被执行人交付法律文书指定的财物或票证；⑦强制转移有关财产证照；⑧强制被执行人完成法律文书指定的行为；⑨强制被执行人支付迟延履行期间的利息或迟延履行金。

案例窗 13-5

四、经济案件的在线诉讼规则

2021年5月最高人民法院发布《人民法院在线诉讼规则》，从2021年8月1日起施行。在线诉讼活动与线下诉讼活动具有同等法律效力。人民法院、当事人及其他诉讼参与人等可以依托电子诉讼平台，通过互联网或者专用网络在线完成立案、调解、证据交换、询问、庭审、送达等全部或者部分诉讼环节。

人民法院开展在线诉讼应当遵循如下原则：①公正高效原则；②合法自愿原则；③权利保障原则；④便民利民原则；⑤安全可靠原则。

适用在线诉讼的涉及经济纠纷的案件，由人民法院综合考虑案件情况、当事人意愿和技术条件等因素决定。主要包括：①民事、行政诉讼案件；②民事特别程序、督促程序、破产程序和非诉执行审查案件；③民事、行政执行案件和刑事附带民事诉讼执行案件；④其他适宜采取在线方式审理的案件。

人民法院开展在线诉讼，应当征得当事人同意，并告知适用在线诉讼的具体环节、主要形式、权利义务、法律后果和操作方法等。在诉讼过程中，如存在当事人欠缺在线诉讼能力、不具备在线诉讼条件或者相应诉讼环节不宜在线办理等情形之一的，人民法院应当将相应诉讼环节转为线下进行。

《人民法院在线诉讼规则》还对在线诉讼的其他程序规则作了具体规定，在此不再详述。

关键术语

经济仲裁（economic arbitration）　　诉讼（lawsuit）　　当事人（party）　　原告

（plaintiff）　　被告（defendant）　　证据（evidence）

基本训练

一、单选题

1.仲裁庭应由仲裁员组成，具体人数为（　　　）。

　　A.3名或1名　　　　B.5名或3名　　　　C.7名或3名　　　　D.5名或7名

2.下列选项中，不属于《仲裁法》适用范围的是（　　　）。

　　A.房地产转让纠纷　　　　　　　　B.财产继承纠纷

　　C.财产租赁纠纷　　　　　　　　　D.财产保险合同纠纷

3.当事人一方申请执行仲裁裁决，另一方申请撤销仲裁裁决的，人民法院应当裁定（　　　）。

　　A.执行仲裁裁决　　　　　　　　　B.终止执行仲裁裁决

　　C.不执行仲裁裁决　　　　　　　　D.中止执行仲裁裁决

4.在我国，第一审程序包括简易程序和（　　　）。

　　A.特殊程序　　　　B.一般程序　　　　C.主要程序　　　　D.普通程序

5.当事人不服人民法院第一审判决的，有权在判决书送达之后向上级人民法院提起上诉的期限是（　　　）。

　　A.5日　　　　　　B.10日　　　　　　C.15日　　　　　　D.20日

6.在审理上诉案件时，若合议庭认为原判决适用法律错误的，应（　　　）。

　　A.依法改判　　　　　　　　　　　B.裁定原审人民法院收回重审

　　C.撤销原判决　　　　　　　　　　D.与原审人民法院进行合议

7.对发生法律效力的判决、裁定，一方拒绝履行的，对方当事人可以向人民法院申请执行。申请执行的期限从法律文书规定履行期间的最后一日起开始计算，具体为（　　　）。

　　A.3个月　　　　　B.6个月　　　　　C.1年　　　　　　D.2年

二、多选题

1.仲裁协议的主要内容一般包括（　　　）。

　　A.提交仲裁的事项　　　　　　　　B.仲裁地点

　　C.仲裁机构　　　　　　　　　　　D.仲裁规则

2.根据《仲裁法》《民事诉讼法》，下列各项说法正确的是（　　　）。

　　A.仲裁必须由双方当事人自愿达成仲裁协议方可进行，而诉讼只要有一方当事人起诉即可进行

　　B.仲裁实行一裁终局制度，而诉讼实行两审终审制度

　　C.仲裁不公开进行，诉讼一般公开进行

　　D.仲裁不实行回避制度，诉讼实行回避制度

3.在下列情形中，属于仲裁协议无效的是（　　　）。

　　A.约定的仲裁事项超出了法律规定的仲裁范围

　　B.无民事行为能力人订立的仲裁协议

　　C.限制民事行为能力人订立的仲裁协议

D.一方采取胁迫手段，迫使对方订立的仲裁协议

4.甲公司与乙公司发生买卖合同纠纷，根据《民事诉讼法》，甲公司在起诉乙公司时，可以选择的人民法院有（　　）。

A.合同履行地人民法院　　　　　　　B.合同标的物所在地人民法院

C.被告住所地人民法院　　　　　　　D.合同签订地人民法院

5.下列各项中，符合《仲裁法》规定的有（　　）。

A.仲裁实行自愿原则　　　　　　　　B.仲裁一律公开进行

C.仲裁不实行级别管辖和地域管辖　　D.当事人不服仲裁裁决可以向人民法院起诉

6.协议管辖不能违背（　　）。

A.指定管辖　　　　B.移送管辖　　　　C.级别管辖　　　　D.专属管辖

7.下列属于我国法律规定的终审判决和裁定的是（　　）。

A.第二审人民法院的判决和裁定

B.中级人民法院的判决和裁定

C.已经超过上诉期仍未上诉的第一审人民法院的判决和裁定

D.最高人民法院的判决和裁定

三、简答题

1.简述经济仲裁的范围。

2.什么是仲裁协议？它包括哪些内容？

3.试述经济纠纷案件的管辖。

4.简述第一审程序。

5.简述诉讼时效期间的中止、中断和延长。

四、实务题

2019年10月，A县水果农场（甲）与B县副食品企业（乙）签订了一份水果购销合同。合同规定：由甲供应乙水果40吨，单价为每吨3 800元，质量要每只200克以上，完好率为96%；交货时间为2019年11月10日；交货地点在A县某仓库，由需方自提，并规定如一方违约，按价款的8%向对方支付违约金。

2019年11月10日上午8时，甲派人到A县某仓库将40吨水果从冰库提出，等待乙提货。同日下午，乙因本公司汽车外出未归，发电报给甲，要求延迟8天提货。甲因派人到A县某仓库将水果提出，等待乙提货，如运回冰库会加速变质，故接电后即回电答复乙，不同意延迟提货。乙接到回电后，未予置理。8天后，乙派车前往提货，发现已有35%左右的水果产生了不同程度的变质情况，向甲提出削价处理要求，否则拒绝提货。双方发生纠纷，经有关部门调解未成。在乙拒绝提货的情况下，甲为防止水果继续变质，对这批水果作了合理处理，但由此造成的实际损失为5万元，于是甲在B县人民法院提起诉讼。7日后，B县人民法院通知其同意受理，并让其交了诉讼费。一星期后甲担心在B县打官司会吃亏，又向A县人民法院提出诉讼。

问题：

（1）对于本案，哪些人民法院有管辖权？为什么？

（2）本案应由哪个人民法院审理？为什么？

主要参考文献

［1］黄辉. 现代公司法比较研究［M］. 北京：清华大学出版社，2020.

［2］王瑞贺. 中华人民共和国证券法释义［M］. 北京：法律出版社，2020.

［3］杨立新. 物权法［M］. 7版. 北京：中国人民大学出版社，2020.

［4］中国注册会计师协会. 经济法［M］. 北京：中国财政经济出版社，2020.

［5］黄晖. 商标法［M］. 2版. 北京：法律出版社，2019.

［6］江帆. 竞争法［M］. 北京：法律出版社，2019.

［7］金善明. 反垄断法解释［M］. 北京：中国社会科学出版社，2019.

［8］李广辉，林泰松. 仲裁法学［M］. 北京：中国法制出版社，2019.

［9］林红珍. 经济法［M］. 3版. 上海：立信会计出版社，2019.

［10］刘文华. 经济法［M］. 6版. 北京：中国人民大学出版社，2019.

［11］赵威. 经济法［M］. 7版. 北京：中国人民大学出版社，2019.

［12］江伟，肖建国. 民事诉讼法［M］. 8版. 北京：中国人民大学出版社，2018.

［13］刘心稳. 票据法［M］. 4版. 北京：中国政法大学出版社，2018.

［14］宋旭平，林志辉. 合同法学［M］. 成都：四川大学出版社，2018.

［15］周黎明. 经济法理论与实务［M］. 杭州：浙江大学出版社，2018.

［16］张守文. 经济法学［M］. 7版. 北京：北京大学出版社，2018.

［17］冯果. 公司法［M］. 3版. 武汉：武汉大学出版社，2017.

［18］李昌麒. 经济法学［M］. 5版. 北京：中国政法大学出版社，2017.

［19］李永军，王欣新，邹海林，等. 破产法［M］. 北京：中国政法大学出版社，2017.

［20］王利明. 中华人民共和国民法总则详解［M］. 北京：中国法制出版社，2017.

［21］谢怀栻. 票据法概论［M］. 2版. 北京：法律出版社，2017.

［22］张玉敏. 专利法［M］. 厦门：厦门大学出版社，2017.

［23］崔建远. 合同法［M］. 6版. 北京：法律出版社，2016.

［24］卢代富. 经济法学［M］. 厦门：厦门大学出版社，2016.

［25］刘少军，王一鹤. 经济法学总论［M］. 北京：中国政法大学出版社，2015.

［26］王利明. 合同法研究：第1卷［M］. 3版. 北京：中国人民大学出版社，2015.

［27］王利明. 合同法研究：第2卷［M］. 3版. 北京：中国人民大学出版社，

2015.

　　[28] 程宝山. 中国经济法基本理论 [M]. 郑州：郑州大学出版社，2013.

　　[29] 全国人民代表大会常务委员会法制工作委员会. 中华人民共和国公司法释义 [M]. 最新修正版. 北京：法律出版社，2013.